Katja Kessler
Silicon Wahnsinn

Katja Kessler

SILICON WAHNSINN

Wie ich mal mit Schatzi nach Kalifornien auswanderte

Marion von Schröder

MEINEM VATER

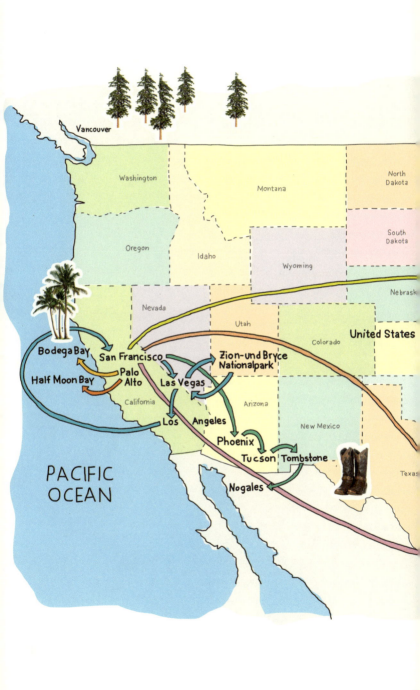

Zum Schutz von Personen wurden Namen, Biographien und Orte zum Teil verändert und Handlungen, Ereignisse und Situationen an manchen Stellen abgewandelt.

Wir danken den Rechteinhabern für die Erlaubnis zum Abdruck der Abbildungen. Trotz intensiver Bemühungen war es nicht möglich, alle Rechteinhaber zu ermitteln. Wir bitten diese, sich gegebenenfalls an den Verlag zu wenden.

Die Zitate auf den Seiten 39, 402 und 403 stammen aus »Harry Potter und der Stein der Weisen«.
Alle deutschen Rechte bei Carlsen Verlag GmbH, Hamburg 1998
Deutsche Übersetzung: Klaus Fritz
Originaltextcopyright © Joanne K. Rowling 1997

Marion von Schröder ist ein Verlag
der Ullstein Buchverlage GmbH
ISBN 978-3-547-71201-8
© 2014 by Ullstein Buchverlage GmbH, Berlin
Alle Rechte vorbehalten
© der Illustrationen: semper smile Werbeagentur, München
© der Fotos: Kai Diekmann
Gesetzt aus der Minion Pro
Buchgestaltung: Anja Trentepohl
Druck und Bindearbeiten: GGP Media GmbH, Pößneck
Printed in Germany

Wer will, findet einen Weg.
Wer nicht will, findet Gründe.

Irgendein schlauer Chinese

TEIL I

> When I'm good, I'm very good.
> But when I'm bad, I'm better.
>
> *Mae West*

August

**Monday
13**

7:00 PM

Es ist sieben Uhr abends, Pacific Standard Time.

Ich sitze auf blauem Kunstleder in der neonbeleuchteten, überfüllten Notaufnahme des Stanford Emergency Room. Ich habe meinen Sohn Caspar im Arm. Er wimmert.

Ein paar Stühle weiter eine schlecht gefärbte Blondine, die nach Alkohol und Pizza riecht. Und zwar nach einer Pizza, die sie bereits gegessen hat. Auf dem Kopf ein Handtuch, unter dem heraus es *plitsch, platsch, plitsch* macht. Rote Spritzer auf beigem Linoleum.

»Mama?«, will Lilly, die Jüngste, wissen und zeigt mit dem Finger. »Was hat die Frau da? Warum blutet die?«

»Die war nicht lieb zu ihrem Haustier«, antworte ich und stopfe das Gesicht meiner Vierjährigen in meine Ellenbeuge.

»My cat fell on my face«, hat die Frau der Krankenschwester am Empfang zugelallt. Wenn ich die tiefen Fleischwunden so sehe, denke ich: Der ist nicht ihre Katze aufs Gesicht gefallen, die hat ein Puma auf zwei Beinen erwischt.

»Wie lange dauert das denn noch?«, will Caspars kleiner

Bruder Kolja wissen. Er ist gerade in die Schule gekommen und kann noch nicht die Uhr. »Geht gleich weiter«, lüge ich.

Ich suche Yellas Blick und drücke ihre Hand. Oder drückt sie meine? Sie ist erst zehn, aber sie sitzt da, kerzengerade, wie eine kleine Soldatin.

In meinem Kopf pocht es, als ob da die Handwerker wären. In den letzten sechsundneunzig Stunden habe ich nur zwanzig Stunden geschlafen.

»Ahhh …«, weint Caspar.

Vor vier Tagen noch war ich eine glückliche Ehefrau, Mutter und Kaninchenhalterin aus Potsdam. Jetzt sitze ich hier ohne Plan, mit einem Knochenbruch und vier kleinen Kindern zehntausend Kilometer von zu Hause entfernt zwischen lauter Figuren, wie sie auch in *Nightmare on Elm Street* mitspielen könnten.

Wo ist mein Kerl?

Wo ist mein Leben?

Wie konnte ich nur in diesen Schlamassel geraten?

May

**Sunday
20**

21:15 MEZ

Alles begann an einem Maiabend vor drei Monaten mit einem »Duhu?«.

Wir waren gerade zehn Jahre verheiratet. Andere Ehefrauen bekommen da ja gern einen Ring, eine Reise, ein paar neue Brüste spendiert. Mir schenkte mein Kerl mal eben ein neues Leben. Wusste ich natürlich da noch nicht.

Alles, was ich hörte, war: »Duhu?« Schatzis verbales Zäpfchen. Mit ihm führt er gern neue Dinge ganz sanft ein. Sie flutschen quasi in unser Gespräch, in unsere Beziehung, in unser Leben.

»Duhu? Es könnte sein, dass ich für einige Zeit nach San Francisco muss …« Schatzi kam gerade frisch von der Schicht. Er arbeitet in einem Buchstaben verarbeitenden Unternehmen.

Nun hat der Kerl schon diverse ›Duhus‹ auf seinem Konto: Mal ein paar Monate Polen, als ich gerade mit Caspar schwanger war. Mal ein Umzug nach Berlin, da hatten wir soeben unser frisch saniertes Häuschen in Hamburg bezogen. Der Mörtel war sozusagen noch am Trocknen. Mit »Duhu?« und kugelsicherer Weste ist er auch schon nach Afghanistan geflogen.

Kurz: Mit Schatzi zusammen zu sein heißt, ohne ihn zu sein. Ich bin Profi-Strohwitwe. Seine Nettoverweildauer in meinem Leben liegt in schlechten Wochen unter der unseres Postboten. Wir führen eine sehr moderne, sehr glückliche, sehr verliebte, sehr leidenschaftliche Ein-Per-

sonen-Ehe, in der ich mit mir selbst verheiratet bin und mein Mann mich ab und an besuchen kommt. Mit dieser Technik schaffen wir auch die Goldene.

Schatzi ist meine große Liebe. Ich kann großartig mit ihm lachen. Und manchmal noch besser über ihn. Er sagt sich dann immer: ›Happy wife, happy life.‹ Er ist ein typischer Typ: Er liebt schlechte Filme, er isst nur, was er kennt. Und er hat null Ahnung von Mode. Aber er bemüht sich. Er mag zum Beispiel Uggs. Fragst du ihn, warum, wird er sagen: »Wegen der roten Sohle!«

Wie gesagt: Schatzi ist keine Sonderanfertigung, eher der Mann von der Stange. Aber als ich ihn seinerzeit anprobierte, passte er mir gleich. Seit dem Abend unseres Kennenlernens sind wir zusammen. Am zweiten Abend beschlossen wir, ein Kind miteinander zu bekommen. Ganz oder gar nicht. Ich bin nicht die mit dem großen Lebensplan, ich glaube ans Springen. Schatzi macht gerne Pläne – jeden Tag neue. Positiv gesprochen, es wird nie langweilig bei uns.

Streiten wir uns, bin ich diejenige, die schmollt, und Schatzi ist der Brummer an der Scheibe, der nicht so ganz begreift, warum's hier jetzt grad nicht weitergeht. Ich brauche meine Zeit. Aber als kluge Frau, für die ich mich halte, bin ich immer wieder bereit, Schatzi zu verzeihen, dass er nur ein Mann ist. Es gibt eine Maxime in unserer Ehe, die lautet: Jeder kann gern machen, was ich will.

Was würde es nun bedeuten, wenn Schatzi nicht nur weg wäre, sondern ›wegweg‹? Auf der anderen Seite der Erdkugel?

Ich deutete es schon an: So ein Kerl bringt nicht nur Liebe und Licht in dein Leben, er ist auch betreuungsintensiv. Einmal pro Woche greift meiner sich an die Kehle und röchelt: »Ich glaub, mich hat's erwischt!« Man könnte meinen, es spricht ein Soldat im Schützengraben, dabei kratzt es nur ein bisschen im Hals. Nach dem Husten, der nicht kommt, ist vor dem Schnupfen, der ausbleibt. Ich glaube,

dem Grippevirus bei Axel Springer müssen sie mal kündigen. Der macht eine Menge Überstunden, bei denen nichts rumkommt.

Nun habe ich vier Kinder zu versorgen, ein Haus, einen Haufen Kaninchen, eine Omi, zweihunderttausend Bienen. Da ist mein Job. In der Kernzeit zwischen Montag und Sonntag brauche ich eigentlich gar keinen Mann. Zumal ich zu Hause zwei Bonsai-Schatzis rumlaufen habe. Jede Jungsmutter weiß um die Problematik: Noch zu klein, um über die Klobrille zu gucken, aber schon im Stehen pinkeln wollen.

Und wenn ich doch emotionale Entzugserscheinungen bekäme? Soll ja passieren, selbst nach zehn Jahren Ehe. Mit Sicherheit gäb's da was in der Apotheke, das hilft: ein Spray, ein Inhalator, ein Pflaster. So nicorettemäßig eben.

»Hey, weißt du was?«, rief ich. »San Francisco find ich cool! Mach das!«

June

Friday 1

Bild-Chef zieht ins Silicon Valley

Gemeinsam mit zwei weiteren Springer-Verantwortlichen geht „Bild"-Chef Kai Diekmann, 48, für mindestens ein halbes Jahr in das globale Zentrum der Computer- und Internetindustrie. Wie das Unternehmen gestern mitteilte, wolle man im Rahmen eines Forschungsprojekts neue unternehmerische Ideen für Digit...

»Na? Wie schaut's aus, schon was Neues gehört?«, hatte ich jetzt schon siebenunddreißig Mal nachgehakt. Auch das ist typisch Schatzi: Er beherrscht die Kunst des Nicht-Redens, so dass du plötzlich meinen könntest, es sei dein Projekt, nicht seins.

Und bislang hatte ich ein ganzes Füllhorn von Antworten bekommen. Mal hatte es geheißen: »Nö, ich glaub, das ist alles abgeblasen!« Dann der Salto rückwärts: »Noch ist nichts sicher, aber könnte sein, dass ich doch nach San Francisco muss!« Gefolgt von einem dreifach eingesprungenen Rittberger-Lutz mit Doppelpirouette: »Also, San Francisco ist vom Tisch, wir reden jetzt über Palo Alto.«

Palo wie?
Alto wo?

Ich hatte schnell mal gegoogelt:

> ... 50 Kilometer südlich von San Francisco ... Silicon Valley ... IT-Hochburg ... Apple, Microsoft, Hewlett-Packard, Google, Skype, PayPal, Facebook, Wikipedia ...

Gott! Das klang nach vielen blassen Brillenträgern. Was

für eine Nerd-Hölle. Mich würden da ja keine zehn Pferde hinbringen. Ich gebe zu, ich war etwas enttäuscht. In meinem Kopf gab's den fertigen Kalifornien-Film: Schatzi auf dem Surfbrett. Ein bisschen mein Traum, den er für mich leben sollte. Ich finde das legitim. Wir leben im dritten Jahrtausend. Da kann dein Mann das Baby kriegen. Wie bei den Seepferdchen.

Und so ganz langsam waren auch die Restinfos gekleckert gekommen: »Wir fahren zu dritt!«, war eine. »Mitte September geht's los!«, die nächste. »Wird wohl ein halbes Jahr werden!«, die aktuell letzte.
Peter und Martin hießen Schatzis Mitstreiter. Verschwörerstimmung hing in der Luft. Entzückend, die drei miteinander telefonieren zu hören. Wie Mädels, die zum Ponyhof wollen und vorher klären, wie viele T-Shirts man braucht und wer den Fön mitnimmt. Dann wieder gab's Momente, da konnte man meinen, es geht in den Krieg.
»Duhu?«, hatte Schatzi wissen wollen. »Was meinst du, sollte ich mir den Kopf scheren?«
»Klar, mach mal.«

22:15 MEZ

Ich saß da und überlegte, wie unser zukünftiges Familienleben aussehen könnte. Es geht doch nichts über das gute alte Vektorendiagramm.
Schatzi könnte jedes achte Wochenende geflogen kommen: Pfeil nach rechts. Mit Abzweigung nach oben, sollte die Zeit knapp sein und wir uns in der Mitte, zum Beispiel Neufundland, treffen müssten.
Ich würde auch ab und an ins Flugzeug steigen: Pfeil nach links. Mit direkter Umkehroption. Konnte ja immer passieren, dass zwischenzeitlich zu Hause die Masern ausbrachen.

Auf jeden Fall würde ich auch immer ein Kind mitnehmen: vier Kullern. ① ② ③ ④
Und wer passte auf, wenn ich nicht da war? Klar. Omi.

Nach meiner Rechnung war Lilly, die Vierjährige, in der zweiunddreißigsten Woche das erste Mal mit Papa-Besuchen dran. Konnte sie sich ja schon mal losfreuen. Schatzi, sonst ganz der markige, ostwestfälische Suppenknochen, fing ein wenig an zu schlucken bei der Vorstellung, seinen blonden Augenstern so wenig zu sehen. Lilly legte aber gleich mal ihre Patschehand an seine Wange und meinte: »Nicht traurig sein, Papa, wir können doch telenovieren!«

Das war der Moment, in dem ich ein wenig unsicher wurde: »Machen wir das alles richtig?«

»Tja, was meinst *du*?«, kam es zurück. Mit Männern ist es ja gern mal wie auf der Hundewiese. Du wirfst das Stöckchen, er apportiert. Schatzi guckte mich fragend an. Dann schob er nach: »Ganz ehrlich! *Du* musst sagen, ob *dir* alles zu viel wird. *Ich* bin da völlig frei. Wir können *alles* absagen.«

Guten Tag, Schwarzer Peter. Und die nächsten dreißig Jahre würde mein Kerl abends neben mir im Bett liegen und mit Dackelblick Kalifornienreiseführer lesen. Oder das Buch *Mit dickem Fell auf die Reise zu Authentizität und Selbstverwirklichung*. Männeremanzipation liegt ja sehr im Trend.

June

Saturday
5

9:23 MEZ

»Passt auf, Kinder!« Schatzi hatte unsere Belegschaft in der Küche zusammengetrommelt. »Wir müssen mal mit euch was besprechen!«

Alle standen stramm. Nicht, weil unsere Kinder so rasend gut erzogen sind. Sondern weil sie auf iPad-Zeit spekulierten. Wir haben ein Punkteprogramm: 10 x lieb = 5 Minuten spielen. Und bei unseren Kindern ist das so: Gib ihnen *Minecraft* und die Blinddarm-OP geht auch ohne Narkose.

»Du, Caspi«, fing er mit dem Gierigsten an. »Es könnte sein, dass der liebe, liebe Papa für ein paar Wochen nach Amerika muss. Wie fändest du das, wenn dir die liebe Mama für die Zeit ihren Laptop leiht, damit wir immer skypen können?«

In Caspis Gesicht ging die Sonne auf. Ein bisschen mehr Trennungsschmerz wäre nett gewesen. »Echt? Ich krieg den Laptop?!« Er konnte sein Glück gar nicht fassen – und fing gleich mal an zu planen, wo er die digitale Ausgabe seines alten Herrn zukünftig zwischen Wurst und Käse auf dem Abendbrottisch platzieren wollte.

Yella zu bestechen brauchte etwas länger: »Nein, Papa, das ist jetzt nicht dein Ernst. Das machst du nicht! Das verbiete ich dir«, erklärte sie freundlich. Aber nach einigem Hin und Her und dem Versprechen ›Ist ja nur für kurz!‹ war auch sie bereit, sich belügen zu lassen und ihren Vater gegen ein zerschrammeltes Alt-Handy aus Mamas umfangreicher Sammlung zu tauschen.

Kolja gab's zum Dumpingpreis, der fragte nämlich gleich: »Und was krieg ich?« So machten wir ihn mit einem ausrangierten iPod glücklich. Er wollte auch gar nicht wissen: »Und wo ist hier der Knopf, wenn ich mit Papa sprechen will?«

Die Einzige, die in Tränen ausbrach, war Lilly. Zwar hatte sie nicht so richtig verstanden, was Sache war. Aber was sie geschnallt hatte: Jeder kriegte was, nur sie nicht. Sie wollte jetzt auch eine neue Barbie.

Mir kam eine Idee. Eine ziemlich bescheuerte, wie sich noch rausstellen sollte. »Weißt du was, Schatzi? Wenn schon, denn schon! Eigentlich dürft ihr nicht ins Hotel! Eigentlich müsstet ihr eine Männer-WG aufmachen!«

»Hey, coole Idee!« Mein Kerl war spontan begeistert. Wobei er sich wohl auch nicht so ganz im Klaren darüber war, was es bedeutet, im zarten Alter von achtundvierzig Jahren noch mal bei null anzufangen und mit zwei anderen Alphas Tisch, Kühlschrank und Klo zu teilen.

June

Friday 15

P1 x Daumen !!!

Was Auswandern so kostet:

* Ticket Berlin - San Fran = 100 x Kino
* Visum = 1 x Volltanken
* Container von Haus zu Haus = 48 Paar Uggs

12:00 MEZ

Dann kam dieses heiße Juni-Wochenende.

Wasser, Heilandskirche, Nudistenpimmel, Schilf, Reiher, Aldi mit Bootsanleger, Wind, japanische Touristen, springende Fische, Seerosen, Plattenbau: Sommer in Potsdam ist so, als wenn Renoir gesoffen und ein paar Stilelemente durcheinandergekriegt hätte.

Wir waren zu einer Taufe eingeladen und tuckerten mit dem Wassertaxi über den Jungfernsee: »Yella, Caspar, Kolja, Lilly, ist das nicht schön?«, rief ich.

Neben mir an Deck: Gert, unser Freund und Nachbar, der bis heute nicht wahrhaben will, dass er einen seidenen Bademantel besitzt, in dem ich ihn mal zum Postkasten hab schlurfen sehen.

»Tja, ich weiß nicht«, meinte Gert leicht blutarm, nachdem ich ihm bestimmt fünf Minuten begeistert von unseren Pendelplänen erzählt hatte: »Habe ich das richtig verstanden? Kai muss für zehn Monate in die USA – und ihr bleibt alle hier?« Er guckte mich durch seine randlosen Brillengläser skeptisch an. »Zehntausend Kilometer, neun

Stunden Zeitverschiebung? Ich glaube, dir ist noch nicht ganz klar, was das bedeutet, Katja. Dein Mann wird morgens aufstehen, wenn du gerade die Zahnbürste im Mund hast und ins Bett willst. Das wird nix.«

Na toll, da hatte ich es mir gerade mit meinem Plan so richtig kuschelig eingerichtet und dann kam dieser Gert und stellte alles auf den Kopf.

Also, ich muss es jetzt hier mal loswerden: Dieser Gert hat echt was Lästiges. Nicht zum ersten Mal fiel mir störend auf, dass er nie die Antworten gab, die man ihm zugedacht hatte. Konnte er nicht einfach sagen: ›Toll. Ich bin beeindruckt!‹?

»Also, ich wüsste ja, was ich täte.«

Nun bin ich eine Expertin für Männerkonjunktiv. Ich hab einen Typen zu Hause, der spricht nur so: ›Katja, wenn ich wüsste, wo die Schuhe der Kinder sind, könnte ich dir dabei helfen, ihre Füße zu suchen.‹ Fauler Sack.

In diesem Fall war mir aber nicht ganz klar: »Soll Kai das lassen oder soll ich mit?«

»Quatsch!« Gert tippte sich an die Stirn. »Natürlich gehst du mit. Das ist doch gar keine Frage. Kai geht doch nicht alleine. Das müsst ihr selbstverständlich als *Familie* machen. Ich glaube, da bist du gerade echt auf einem falschen Trip.«

Wie redete der mit mir?

Wo war Schatzi? Der sollte ihm mal ordentlich auf die Füße treten.

»Mach dich doch jetzt mal frei, Katja. Denk andersrum! *Kalifornien. Wie großartig. Was für eine Chance!* EINS zu EINER MILLION.« Er redete, als wäre er in der Hotline und aufgefordert: ›Sprechen Sie jetzt – Ziffer für Ziffer!‹ Er guckte wie ein Röntgengerät: »Hast du schon mal im Ausland gelebt?«

»Nein.«

»Und warum nicht?«

»Hat sich nicht ergeben.«

»Hättest du denn Lust, im Ausland zu leben?«

»Klar. Will ich mit dem Katamaran durch die Südsee? Wer will nicht mal im Ausland leben? Das ist doch ein Traum von der Stange.«

»Und warum machst du's denn dann jetzt nicht?«

»Also, das ist doch klar. Die Kinder müssen zur Schule. Wir haben das Haus. Das lohnt doch alles nicht für ein Jahr. Das ist nur Stress, das kostet eine irre Kohle. Da kann man sein Geld ja gleich verbrennen.«

Gert guckte wieder mit seinem Gert-Spezial-Blick: »Weißt du, es gibt doch diesen klugen Satz: Nicht weil die Dinge unerreichbar sind, wagen wir sie nicht. Weil wir sie nicht wagen, bleiben sie unerreichbar.«

Und dann meinte Gert noch: »Prost! Auf die Taufe!« Er grinste schelmisch. Altes Schlitzohr.

19:30 MEZ

Mitgehen?

Was sollte der Mehrwert sein? Spinnt dieser Gert?

Hin und zurück in einem Jahr? Die Kinder von der Schule runter – rauf auf eine neue Schule? Dann wieder runter? Das ganze Klamotteneingepacke? Der gigantische Organisationskrempel? Ich kriegte schon Zustände, wenn ich nur daran dachte. Was war mit meinem Beruf?

Gert hatte leicht reden. Er war ein Mann.

Ich war jetzt dreiundvierzig. Jenes Alter, in dem du als Frau anfängst, deinen Dispo im Griff zu haben, aber dafür das Östrogen in die Miesen rutscht. In dem die Höschen größer werden, die BHs nicht. In dem du feierst wie immer. Aber ganz anders am nächsten Tag in Essig liegst. In dem du dich nicht mehr nur für Birkin Bags interessierst, sondern auch sehr für Zahnfleischtaschen. In dem du keine Babys mehr im Arm hältst, sondern fortan bevorzugt Hunde.

Es gab tausend Gründe zu denken: Für die Revolution bin ich zu alt. Für meinen Geschmack mussten es nicht mehr die ganz großen Veränderungen sein. Reichte, wenn bei meinem Lieblingsitaliener ab und an die Speisekarte wechselte. Ich war zufrieden, dort wo ich war: zu Hause.

Nach vier Umzügen in zehn Jahren war ich endlich angekommen in meinem Leben – in unserem Häuschen mit Garten in Potsdam.

Auswandern? Wie gesagt: Super Sache! Unbedingt machen. Im nächsten Leben. Das hier war schon voll.

Albert Schweitzer hat mal gesagt: Viele Menschen wissen, dass sie unglücklich sind. Noch mehr Menschen wissen nicht, dass sie glücklich sind.

Das sollte mir nicht passieren.

June

Sunday
24

In meinem Rücken blubberte ein Goldfischaquarium. Aus den Boxen plätscherte es fernöstlich.

Schatzi und ich saßen bei Chi-Hoa Phung, unserem Lieblingschinesen. Wichtige Dinge habe ich mit ihm noch nie bei Schampus und Kerzenschein besprochen. Es hat sich gezeigt: Fettige Frühlingsrollen und Bier schärfen den Blick.

»Schatzi, hör erst mal zu, bevor du sagst, dass es nicht geht«, fing ich an. »Ich habe da jetzt sehr, sehr, sehr lange drüber nachgedacht. Ich weiß, es ist Wahnsinn. Und sicherlich auch nicht der einfachste Weg. Aber ich glaube, der beste. Für die Kinder. Und auch für mich. Ich möchte mit nach Kalifornien.«

Schatzi hätte fast seine Frühlingsrolle über den Tisch gespuckt. Den Blick kannte ich. Aus dem Kreißsaal. Da hatte die Hebamme Schatzi seinerzeit zur Geburt seines Sohnes gratuliert: »Prima, Herr Diekmann, Frau und Kind wohlauf. Sie können gleich zu dritt nach Hause!« Da war Schatzi auch ganz blass geworden. So Neugeborene sind ja dann doch etwas stressig für frisch gebackene Papis. Immer musste man sich merken, wo bei denen oben war und wo unten. Einfach Hightech. Und zu Hause warteten auch schon die Kumpels und der Kühlschrank voller Bier. Das Babypinkeln ausfallen lassen, weil das Baby da ist? Das ist ein schwieriger Umdenkprozess für so eine Bielefelder Lokomotive auf der Schiene. Als dedicated daddy, der seine kleine Familie von Herzen liebt, hatte Schatzi die nächsten zwanzig Jahre natürlich auch schon komplett durchgeplant. Einmal um die Erde zu ziehen war da nicht vorgesehen.

»Bist du dir sicher? Ich mein, du weißt, gut und gut gemeint sind oft zwei ganz verschiedene Dinge. Das heißt wirklich, noch mal ganz von vorne anfangen.«

Ich glaube, bei uns läuft das wie in jeder gut funktionierenden Ehe. Wir reden nicht, wir tauschen Floskeln. Und haben dabei ganz tolle Gespräche: ›Hör erst mal zu‹, ›gut und gut gemeint‹, ›darüber müssen wir noch mal in Ruhe reden‹. Eigentlich könnten wir auch vorspulen bis zu dem Punkt, an dem Schatzi fragt: »Und wer kümmert sich?« Wie jeder Mann lebt er nämlich mit der großen Sorge, seine Frau könnte sich alle Arbeit unter den Nagel reißen und es bliebe nicht genügend Verantwortung für ihn übrig. Das Vorspulen hätte auch den Vorteil: Ich käme schneller in die Badewanne und Schatzi zu seinem DVD-Bildungsprogramm: *Monster Worms versus Killer Shark – die Rache.* Zum Beispiel.

Schatzi guckte sorgenvoll. Wenn es nach ihm ginge, würde er seine ganze Familie in Bernstein gießen wie fünf Fliegen und auf seinen Schreibtisch stellen. Er nahm seine Brille ab und begann sie am Bügel zu kreiseln. »Gut ...«, meinte er, »lass mich mal ein paar Stunden nachdenken.«

June

**Wednesday
27**

14:30 MEZ

Jetzt saß ich hier also an meinem Schreibtisch und ging meiner neuen Lieblingsbeschäftigung nach: To-do-Listen schreiben. Wie mach ich das denn jetzt mal mit dem Auswandern? Punkt eins bis dreiundzwanzig:

- Wirft man wie in diesen altmodischen Hollywoodfilmen weiße Bettlaken über die Möbel und lässt die Rollläden runter?
- Kommen seltsame Dinge aus dem Klo gekrochen, wenn du nicht mindestens einmal pro Woche an der Spülkette ziehst?
- Was ist mit OMI? Dem Fleisch in der Kühltruhe? Den Häschen, den Bienen, dem Pony? Aufessen, aufheben, verschenken, zwischenparken, in Pension geben?
- Wer mäht den Rasen? Wer leert den Postkasten?
- Premiere-Abo kündigen? Kommen wir da überhaupt raus?
- Ballettkurs kündigen? Kommen wir da je wieder rein?
- Wo sind unsere Impfpässe?
- Haben wir genügend Koffer?
- Wollen wir eine Abschiedsparty? Was, wenn da dann alle stehen wie Trauernde in der Aussegnungshalle und sich goldige Katja-&-Kai-Anekdoten von früher erzählen, als wären wir tot? Dabei wollen wir nur auswandern.

Nach dem Chinesen war Schatzi zur Klausurtagung vor dem Fernseher verschwunden. Und hatte bei *Wenn die Gondeln Trauer tragen* offensichtlich grundlegende Ant-

worten auf drängende Fragen bei Lebenskrisen gefunden. Jedenfalls kam er anschließend ins Bett, gab mir einen langen Kuss und erklärte: »Ich freu mich.«

* * *

Tausend Dinge mussten nun angeleiert und in Erfahrung gebracht werden. Alles möglichst heimlich, damit ich auch möglichst heimlich scheitern konnte. Schatzi schusterte ich gleich mal all die öden To-dos zu, auf die ich keine Lust hatte. Visa beantragen, Auto abmelden, Müllabfuhr abbestellen. Diese Sachen. Natürlich moserte Schatzi ein bisschen, wäre ja sonst nicht Schatzi: »Ich kann mich aber nicht um alles kümmern!« Dabei musste er mir dankbar sein. Ich übernahm nämlich Dinge, die er noch viel schrecklicher findet: mit den Kids zum Kinderarzt, zum Beispiel, um ihnen Körperflüssigkeiten abzapfen zu lassen. Die US-Behörden forderten nämlich einen Blei-Check im Blut. Oder Kleiderschränke durchprobieren. Motto: Passt das Höschen, geht das Blüschen? Musikalisch untermalt von Gejaule: »Ich mag keine Knöpfe!«, »Ich hasse diese Hose!«, »Warum machen wir das hier? Was soll das?«

Schatzi liebt seinen Nachwuchs zwar heiß und innig, aber die Wartungsarbeiten daran, wie gesagt, die machen ihn völlig fertig.

* * *

Schon am ersten Tag war mein Schreibtisch komplett übersät gewesen mit Memo-Zetteln, es klebten überall Post-its. Ich verlor die Übersicht über die Übersicht. Gestern war mir die Idee gekommen: Ich schicke mir selbst SMS und E-Mails. So konnte ich unterwegs sein, und meine Gedanken machten es sich schon mal auf dem Rechner bequem. Nichts ging verloren.

Freunde erzählten uns von ihrem Bekannten, der auf Long Island vom Fahrrad gefallen und sich den Arm gebrochen hatte. Drei Tage und eine OP später war er mit einer 40 000-Dollar-Rechnung entlassen worden. Übernahm natürlich keine deutsche Kasse. Wie also richtig versichern? Insbesondere Caspar, unser Aua-Kind, lässt ja ungern eine Beule aus. Und man will ja mit gesundem Kind, aber nicht pleite zurückkommen.

Auch die Visa-Anträge hatten es in sich. Es gibt siebzig verschiedene, ein verwirrender Buchstaben-Kürzel-Kosmos, man weiß gar nicht, für was man sich zuerst bewerben soll. ›O‹ für Model? ›R‹ für angehende Nonne? ›U‹ für Person im Zeugenschutzprogramm? Klang alles schick. Schatzi hatte schon vor vier Wochen ›L1‹ beantragt.

»Ist das ein Geschmacksverstärker?«, frotzelte ich.

»Nein, Austausch-Visum für Firmenmitarbeiter!«, belehrte er mich wichtig, als handelte es sich um einen Orden.

Das Späßchenmachen verging mir, als ich merkte: Für mich ist das alles andere als ein »Wünsch dir was« hier. Wie die Dinge lagen, kam nur ›L2‹ in Frage. Eine Art Blinddarmausstülpung von ›L1‹, man kann es nicht anders sagen. Ich war nur so lange aufenthaltsberechtigt, wie ich meinen Kerl an der Seite hatte. Den musste ich also an die kurze Leine legen. Und die Chance ergreifen, Hollywoodstar zu werden in den kommenden zehn Monaten, konnte ich auch nicht: Mit ›L2‹ darfst du nämlich nicht arbeiten. Shit. Dabei hätte ich noch Zeit gehabt für eine Hauptrolle neben George Clooney.

Überhaupt wurde schnell klar: So cool, wie wir Deutschen uns finden, finden uns die Amerikaner noch lange nicht. Nicht klar, ob ich überhaupt ein Visum bekam: Seit Nine Eleven sind die Auflagen drastisch. Du musst in die Botschaft zum persönlichen Interview. Dort sitzt ein Mitarbeiter hinter Panzerglas, spezialisiert auf Immigrationsschummelei, dem du versicherst, dass Deutschland ein

lovely country ist. Und du fragst dich, ob er das vielleicht etwas kritischer sieht.

»Du, Mama?«, stand Kolja plötzlich neben mir am Schreibtisch. Mein kleiner Spring-ins-Feld. Kommt gern mal für zwei Krauleinheiten angelaufen und dann, hopp, wieder über alle Berge: »Iß Angela Merkel eigentlich auch ßefin von Deußland, wenn Krieg iß?«, wollte er wissen. Vier Milchzähne hatten quasi über Nacht gekündigt. So hat jeder seine Sorgen.

»Ja, ich denke.«

»ßo wie Hitler?«, hakte Kolja nach.

»Na ja, fast.«

Ich guckte meinem kleinen Mann fest in die Augen. »Du? Kolja?«

»Ja, Mama?« Er guckte irritiert, weil ich nichts sagte. Um dann schon mal vorsorglich zu erklären: »Alßo, ich war lieb! Ich hab NICHTS gemacht.«

»Ja, ich weiß.« Ich zog ihn an den Armen zu mir heran. »Sag mal, wie fändest du das eigentlich, wenn wir zusammen mit Papa nach Amerika umziehen?«

Kolja zog die Brauen zusammen und dachte einen Augenblick nach: »Gibt eß da auch *Legoß*?«

»Ja, da gibt es auch *Legos*.«

»Ja, okay. Ich komm mit.« *Zack*! Im Sack. So leicht kann's gehen.

19 : 10 MEZ

Abends zwischen Zähneputzen und *TKKG*-CD war Caspi fällig. Im Gegensatz zu seinem kleinen Brüderchen schnallte der allerdings sofort, was die Stunde geschlagen hatte. Ganz Papis Sohn eben. »Wie? Krieg ich jetzt keinen Laptop mehr?«, wollte er wissen und guckte völlig entsetzt zwischen seinem Erzeuger und mir hin und her.

»Aber na klar doch, Caspi!«, log ich. »Mach dir mal keine

Sorgen! Natürlich kriegst du den Laptop. Wir essen immer Pommes und gucken uns Mammutbäume und See-Elefanten an. Genau wie Urlaub ist das.«

»Richtig, Mama hat recht!«, nahm Schatzi Fahrt auf. Wir saßen zu zweit am Piratenbett unseres Sohnes. »Wie Urlaub!«, echote er. »Und weil der so lang ist, der Urlaub, geht ihr sogar mal zwischendurch zur Schule!«

Caspar guckte, als wollte er fragen: ›Seid ihr beide plemplem?‹

Und ich dachte: Danke auch. Immer dasselbe! Da besprichst du mit deinem Kerl vorher: ›Hier müssen wir ein bisschen klug vorgehen!‹ Und unter ›ein bisschen‹ versteht er ›ein bisschen‹. Am besten, ich drückte Schatzi in Zukunft vor wichtigen Talks mit seinen Kids ein Drehbuch in die Hand. Oder ließ ihn gleich auf seiner Fernsehcouch.

June

Wednesday 28

Es gab ein Riesenproblem. Yellas Pony. Das hörte auf den Namen Mister Carlos. Wenn's denn hörte. Ein widerborstiger, felltragender Verdauungstrakt mit vielen langen Haaren vorne und noch mehr langen Haaren hinten, Fachbücher nennen das auch Shetlandpony. Yella hatte ihn nach vier Jahren Bitten und Betteln zum zehnten Geburtstag bekommen. Für sie war es die große Liebe, für mich auch irgendwas, hm – das kleinere Übel? Wer ein reitbegeistertes Kind hat, kennt die Steigerungsform: Wir fahren einmal pro Woche/wir fahren fünfmal/wir hängen die ganze Woche von mittags bis abends im Stall. Und du denkst dir als Eltern: Dann aber bitte mit Hand und Fuß. So war Carlos zu uns gestoßen und ignorierte seither stur, dass wir große reiterische Hoffnungen in ihn setzten. Carlos machte, was Carlos wollte. Du sagtest ›brr!‹, er machte ›hü!‹. Möglicherweise lernen Mädchen da schon mal für die Ehe.

Also, was sagten wir jetzt dieser zehnjährigen Träumerin, die quasi schon als Embryo angekündigt hatte, in

die Pferdehochburg Aalen ziehen zu wollen, um Pferdepflegerin zu werden? Der alles egal war, Hauptsache Stall? Die nur deswegen wusste, wie Kämmen und Flechten geht, weil auch der Gaul immer Zöpfchen brauchte? Die alle Labels dieser Welt kannte – sofern sie Trensen und Pferdedecken herstellten?

Zu meiner Überraschung stieg Yella überaus fröhlich und guter Dinge in den VW-Bus, als ich sie an diesem Sommerferienmorgen bei ihrer Freundin Paulina abholte. Lag natürlich an unserer Erziehung: Kinder stark machen. Und eventuell auch daran, dass ich ihr, ähm, noch nichts gesagt hatte. Seit fünf Tagen lauerte ich nun auf den richtigen Moment.

Ich nahm all meinen Mut zusammen und versuchte es für den Anfang mal mit der halben Wahrheit. ›White lie‹ heißt das in Amerika: »Nun, Yelli, du weißt ja: Papa muss für ein Jahr nach Amerika. Und wir haben jetzt mal so überlegt für uns – nur so als Idee –, wie es wäre, wenn wir vielleicht alle mitfahren …«

»Ja, und?«, guckte mich Yella neugierig an.

»Na ja, und du kannst dir ja vielleicht vorstellen, so ein Pony kannst du nicht einfach in den Koffer packen und mitnehmen …«

»Was willst du mir sagen?« Sie guckte mich jetzt misstrauisch und alarmiert an.

»Also, Süße, wir, tja, überlegen, dass wir dann vielleicht Carlos hierlassen.«

»Nein, dann komme ich auch nicht mit!«, schrie Yella, drehte sich von mir weg und brach in Tränen aus. Und ich gleich mit. Ja, ich weiß, vor zehn Jahren kappte Schatzi im Kreißsaal unsere Nabelschnur, seitdem gelten mein Kind und ich als zellenmäßig getrennt. Aber es gibt eben unsichtbare Fasern, die erwischt keine Schere. Yellas Kummer fühlte sich an wie mein Kummer. Ihr Schmerz – mein Schmerz.

»Schschsch, ist gut, Süße!«, beschwichtigte ich. »Du musst natürlich nicht mitkommen, wenn du nicht willst! Du kannst …«, ich schwamm, »also … du kannst natürlich auch hierbleiben!« Doll, was einem alles so einfällt in der Sekunde der Not. Ich wusste, Yella würde jetzt gleich sagen: ›Aber nein, Mama, ich komm natürlich mit!‹ Dafür kannte ich sie zu gut, ich war schließlich ihre Mutter.

»Ja, gut!«, erklärte Yella. »Ich bleib hier.«

Fein, man muss auch Geheimnisse voreinander haben dürfen.

Jetzt war Zeit für die ›black lie‹ – diese Art Wahrheit, bei der du sagst, dem Pony geht's gut, dabei liegt es schon als Wurst auf dem Grill. »Wir könnten Carlos natürlich auch mitnehmen.« Ich wusste, ich würde in die Hölle dafür kommen. Und nicht nur das. In ein Doppelzimmer mit mir selbst. Aber nicht lügen kann ja auch die Hölle sein.

»Ja?«, fragte Yelli hoffnungsfroh und wischte sich die Augen.

»Jawohl! Und weißt du noch was, Süße? In Amerika werde ich nicht arbeiten. Ich lasse den Computer zu Hause. Wir werden ganz viel backen und basteln und singen. Wie findest du das?« Ich war begeistert von mir und meinem Projekt.

Im Gegensatz zu meiner Tochter. Die sah jetzt erst recht unglücklich aus. »Nee, Mama, nicht dein Ernst.«

Typisch Kinder. Kein Konzept. Ging mir früher ja ähnlich. Wenn in der Perwoll-Werbung das Angora-Häschen auftauchte, fragte ich mich immer: ›War das jetzt auch in der Waschmaschine?‹

Yella wusste gar nicht, wie viel Glück ihr drohte.

July

Monday
2

10:05 MEZ

»Ja? Enders hier«, meldete sich die Schuldirektorin.

Jede Mutter weiß: Zehn Uhr ist der perfekte Time Slot für ein Direktorinnengespräch. Alle Klassen sitzen brav im Unterricht. Die tägliche Info-Mail, in welcher Klasse heute die Kopfläuse unterwegs sind und wo die Noroviren wüten, ist schon raus. Meist ist auch noch kein Kind vom Klettergerüst gefallen und sitzt mit Eisbeuteln auf dem Kopf vorne bei der Sekretärin. Kurz: Zeit für ein erstes Tässchen Hagebuttentee.

Nach dem ersten ›Guten Tag‹-Geplänkel beschloss ich: Kein Zurück, ich springe. »Frau Enders, weswegen ich anrufe«, ich hole Luft, »mein Mann geht beruflich nach Kalifornien. Und wir haben beschlossen, wir gehen als Familie mit. Das ist jetzt alles sehr kurzfristig, ich weiß. Aber ich möchte die Kinder von der Schule abmelden.«

»Gut, Frau Kessler«, sagte Frau Enders.

Wie jetzt? So leicht?

Wollte sie denn gar nicht versuchen, meine Kinder zu retten? So wenigstens ein bisschen? War es nicht ihre Aufgabe, dagegen zu sein?

Ich hatte das große Bedürfnis, Frau Enders von meinen Sorgen abzugeben. Damit sie die Chance bekam, mir das Projekt auszureden. Vielleicht hatte ich den Sachverhalt ja zu lapidar formuliert.

»Sie müssen wissen, Frau Enders, die Kinder sprechen kein Englisch. Die haben da null Freunde. Die können ihre ganzen Sachen nicht mitnehmen. Wir haben auch keine Ahnung, wie die Schulen sind. Oder wo wir wohnen werden.«

Jetzt musste sie mich doch verstanden haben. Damit hatte sie dann sogar einen Wissensvorsprung mir gegenüber. Ich selbst war nämlich noch nicht so weit. Und auf jeden Fall konnte ich mir jetzt etwas wohlverdientes Mitleid abholen.

»Ach«, meinte Frau Enders. »Machen Sie sich mal nicht so'n Kopp, Frau Kessler. Versteh ich ja. Aber Kinder sind viel zäher, als wir alle denken. Meint man immer gar nicht. Aber die kriegen das schon gewuppt. Ich halte das für die absolut richtige Entscheidung. Jetzt freuen Sie sich mal. Das wird schon.«

✳ ✳ ✳

Sämtliche Freunde und Bekannten fanden unsere Entscheidung total richtig. Richtig ist gar kein Ausdruck. Bis eben noch hatten uns alle Bob-der-Baumeister-mäßig angefeuert: ›Jo, ihr schafft das! Pendeln? Super Idee!‹ Dazu gab es ein kumpeliges Knüffchen in die Seite. Ab sofort hieß es nun: ›Dieser ganze Plan mit dem Hin- und Hergefliege war ja auch echt Käse!‹ Man nahm uns warm und froh und erleichtert in den Arm. Fast, als wären wir unbeschadet von einem seltsamen Drogentrip zurück. Ich bin mir sicher: Du kannst auch zehn Jahre mit bestialischem Mundgeruch rumlaufen und keiner sagt was. Nicht böse gemeint. Man will dich nur schonen.

Aber dann war da noch eine Riesenbaustelle: Omi.

Sie hatte gerade ihre Kieler Wohnung aufgelöst, vierzig

Jahre ihr Zuhause, hatte dem Südfriedhof den Rücken gekehrt, wo unter einer alten Birke, Parzelle W15, ihr geliebter Hans lag. Und war zu uns nach Potsdam gezogen.

Durften wir der jetzt sagen: ›Ätsch, wir sind dann mal weg?‹ Oder sollten wir sie verhaften? ›Keine Widerrede – du kommst mit!?‹

Wir manövrierten sie zum Küchentisch.

»Omi, setz dich mal«, fing ich als Erste an. Schatzi ist – wie das so seine Art ist, wenn Zwischenmenschliches droht – beim Sprechen gern auch die Nummer zwei.

»Na, was habt ihr mit mir vor?«, schmunzelte Omi. Sie mochte alt sein, aber nicht doof. Ihr war nicht entgangen, dass da ihr Lieblingsgetränk vor ihr stand, eine dampfend heiße Tasse Filterkaffee mit schön viel fettiger Sahne drin. Widerwärtig schleimig. Ich mein den Kaffee.

»Wir müssen dir etwas sagen.«

Nun gibt es Sätze, die sind einfach besetzt. Bei Omi machte es sogleich klickerklacker, sie fing über das ganze Gesicht an zu strahlen. »Sagt nicht, ihr kriegt noch mal Nachwuchs!«

Ich guckte hilfesuchend zu Schatzi. Jetzt war er mal dran. Er holte auch gleich seine Allzweckwaffe raus: ein doofes Sprüchlein. »Also, da musst du schon deine Tochter fragen, Ina.«

Ich sparte es mir, die Augen zu verdrehen.

»Nein, Ina, pass auf. Wir haben noch mal über Amerika nachgedacht, und Katja würde sehr gerne mitkommen mit den Kindern.«

Hä? ICH? *Wir. Unsere* Entscheidung! Männer sind solche Schisser manchmal.

»Ups ...«, machte es hinter der Kaffeetasse.

Man kennt die Szene: Dunkles Zimmer, plötzlich geht das Licht an, alle springen hinter der Couch hervor und rufen ›Überraschung!‹. So guckte Omi jetzt. Vielleicht nicht ganz so beglückt, um ehrlich zu sein.

»UND DU KOMMST NATÜRLICH MIT!«, schob Schatzi schnell hinterher. Die totale Verkaufsniete. So schwatzte man noch nicht mal einem schweren Alkoholiker eine Flasche Johnny Walker auf. »Das wird ganz toll für dich. Kannst du auch noch mal den Leus besuchen.«

Jens, Spitzname Leus, mein kleiner Bruder. Seit einem Jahr jobbedingt in Los Angeles. Schon kurios: Da ist die Welt riesengroß. Und wir drängelten uns alle in ein bisschen Kalifornien.

Omi dachte einen kleinen Augenblick nach, dann nahm sie die Schultern zurück, schüttelte den Kopf und sagte fest, langsam und ganz freundlich: »Lasst mich hier, Kinder. Das ist nichts mehr für mich.«

Ich war geschockt.

»Oh, wir akzeptieren natürlich deine Entscheidung, Ina«, beeilte sich Schatzi. Wie war der denn drauf? Seit wann rief jemand ›kusch!‹ und er trollte sich? Das war ja was ganz Neues.

Ich selbst kann ja mit Neins nichts anfangen. Ich denke immer: Da geht doch noch was. Muss eine Familienkrankheit sein. Als meine Großmutter beerdigt und in ihr Grab abgesenkt wurde, meinte mein kleiner Cousin zu meinem Bruder: »Wenn die Großen weg sind, buddeln wir sie wieder aus und bringen sie zum Arzt.«

»Und wenn du's dir noch mal so ein bisschen durch den Kopf gehen lässt?«, drängte ich.

»Liebes, sei nicht böse – nein.« Sie schaute mich bedauernd an. Typisch meine Mutter: Du trittst *ihr* auf die Füße, sie entschuldigt sich. Dafür hätte ich sie schon ganz oft umbringen können. Ich spürte einen Kloß in der Kehle. Wir hatten in der letzten Woche ziemliches Harakiri gemacht mit unserem Leben: in der Schule alle abgemeldet, den Kindergarten, den Ballettunterricht, den Fußballverein gekündigt. Verwandte, Freunde, Nachbarn in Aufruhr versetzt. Jetzt sprengten wir auch noch die Idee von der

glücklichen Großfamilie in die Luft. »Einen Tod muss man sterben«, sagt meine Freundin Ulli immer.

Und es gab eine weitere Kröte zu schlucken: getrennte Wohnungen.

Denn dummerweise hatte mein Vorschlag, Schatzi könnte doch im zarten Alter von achtundvierzig mit seinen zwei Männer-Herzblättchen in eine WG ziehen, gleich das ganz große Rad in Gang gesetzt:

»Hey, coole Idee von deiner Alten!«, war Schatzi gelobt worden. Und sofort – ganz die kleinen Hausfrauen – waren die Jungs in Detailplanungen eingestiegen, wer welches Fach im Kühlschrank bekommen würde und wie man das zukünftig mit Damenbesuchen halten wollte. Herzlich willkommen bei den drei Zwergen hinter den drei Bergen: dein Tellerchen, dein Bettchen, unser XXL-Grill.

Man hörte förmlich das Dosenbier zischen. Man sah schon die Käsemauken auf dem Couchtisch.

Und jetzt? Drei Wochen danach? Alles zu spät! Alles unter Dach und Fach.

Pech.

Und ich muss sagen: Für mich war das auch ein bisschen eine Frage des Stolzes. Ich hatte keine Lust auf die Rolle des Spaltpilzes und Dealbreakers, auf Flunsch und ›ach, menno!‹.

Unter der Woche würde ich meinen Mann also noch weniger sehen als in Deutschland. So gaga muss man das erst mal hinkriegen: Ich zog einmal um die Erde, meinem Kerl hinterher, um am Ende Strohwitwe zu werden. Bislang war Swantje aus Hausnummer 14 die meist bedauerte Ehefrau unserer Straße, weil ihr Typ nie da war. Den Rang lief ich ihr nun ab.

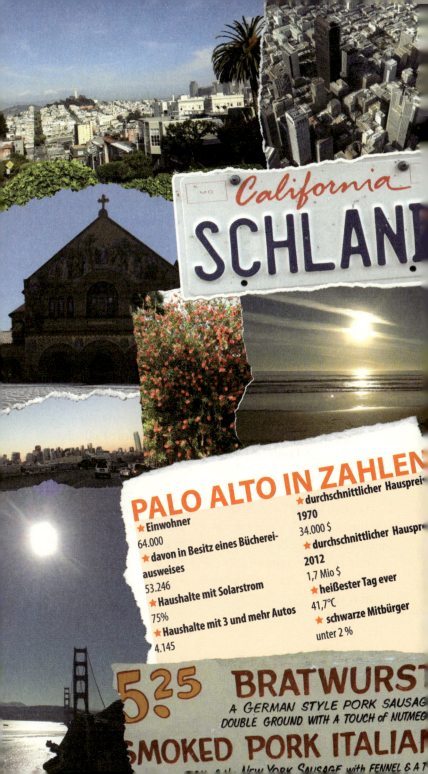

TEIL 2

> Entschuldigen Sie bitte, könnten Sie mir vielleicht weiterhelfen? Ich muss zum Gleis 9 ¾.
>
> Aus *Harry Potter und der Stein der Weisen*

Ich bin ein grundpositiver Mensch. Auch wenn mein Optimismus und ich morgens nicht immer zur selben Zeit aus dem Bett finden. Es gibt sogar Tage, da verpassen wir uns ganz. Aber trotzdem schaffe ich es, irgendwie zu denken: Alles wird gut.

Ich bin ja auch Baujahr '69. Ich darf positiv.

Mein Vater, 1923 zu Wasser gelassen, Klosterschüler, Ältester von acht Geschwistern, würde das so nicht unterschreiben. Zum einen nimmt er keinen Stift mehr zur Hand, er ist schon vor zehn Jahren auf eine Wolke umgezogen – mit Blick auf seinen geliebten Rhein, Ehrensache. Zum anderen hat er als ganz junger Mensch den Krieg gesehen. Er hatte Einschusslöcher russischer Kugeln in Hüfte und Unterarm aus seiner Zeit an der Ostfront, die zeigte er mir und meinen Geschwistern wie andere Väter ihre Briefmarkensammlung.

Schwer verwundet, im Besitz eines Passierscheins schiffte er aus unerfindlichen Gründen nicht ein auf der in Gotenhafen vor Anker liegenden *Wilhelm Gustloff*. So war er nicht einer der 9 000 Zerfetzten, Verbrannten, Ertrunkenen. Er war ein Einundzwanzigjähriger mit durchgebluteten Verbänden auf einem Begleitboot der *Wilhelm Gustloff*, der überleben durfte. Wer, wenn nicht er, hätte Grund gehabt, für immer positiv zu sein? Wer, wenn nicht er, hätte sagen dürfen: Das Leben ist mein Freund. Gelang ihm nicht. Stattdessen erzählte er mir oft von schreienden, ölverschmierten Kindern, von der zitternden Suppenkelle in seiner Hand, als er unter Deck stand und Essen verteilte, von der Panik der Schiffbrüchigen, die ihn anguckten, als wüsste er Hilfe. Horror-Clips ohne Anfang und Ende. Den Blick hatte er.

Meine Mutter, Omi Kiel, Jahrgang '36, hat die Kurve besser gekriegt. Ihre Geschichten sind die von der festgefrorenen Bettdecke als Kind. Von den Tieffliegern, die kamen und hinter dem Dorf einen Flüchtlingstreck zusammen-

schossen. Und gern auch von Waltraut, dem Hamburger Mädchen aus ihrer Klasse, das Phosphorverbrennungen im Gesicht hatte und der das Auge auf die Wange hing.

Aber wer Omi Kiel fragt, der bekommt zur Antwort: »Ja, das Leben ist schön! Weil man ganz schnell, wenn man nach vorne guckt, das Schlechte, was hinten war, vergisst.« Ich liebe sie dafür. Aber wahrscheinlich hört sie erst dann auf, in meinem Büromülleimer nach Altpapier zu fischen, das sich auf der Rückseite noch beschreiben lässt, wenn ich Mausefallen untermische.

Ich habe mal gelesen, dass es drei Generationen braucht, Kriegsdüsterkeit aus der Familien-DNA zu waschen. Ich bin wild entschlossen, bis hin zur Grimmigkeit, das in eineinhalb zu schaffen. Wie heißt es? Es ist keine Kunst, zu bekommen, was man will. Die Kunst ist, zu wollen, was man bekommt.

July

Wednesday 18

4:50 PM

Kalifornien gab sich nicht die geringste Mühe, wie Kalifornien auszusehen. Als wir um kurz vor fünf zum Landeanflug ansetzten und ich durch das Bullauge unseres United-Airline-Fliegers guckte, dachte ich kurz: Ulan Bator? *Kampfstern Galactica*? Staubgraue vertrocknete Landschaft, ein spaciger Airport Terminal. Keine Palmen, kein Beach, kein schick.

Schatzi und ich waren zu einer sechstägigen Palo-Alto-Expedition aufgebrochen. Ich wollte in hundertvierzig Stunden klarmachen, wozu man sonst gern mal ein kleines Leben braucht: eine Infrastruktur aufbauen, ein Zuhause, eine Schule, einen Kindergarten finden. Und natürlich einen Friseur, der mir in Zukunft schöne Strähnchen mit L'Oréal-Farben machte. Schatzis To-do-Liste las sich etwas knackiger: Irgendwas zum Wohnen. Irgendeine Sekretärin. Konto eröffnen. ›Social Security‹-Nummer beantragen. Hü. War hier ja keine Reha.

Wir hatten uns natürlich nicht allein auf Silicon-Valley-Safari begeben. Mit im Flieger: Schatzis Bengel mit Ge-

hänge. Peter und seine hübsche Freundin Julia, beide gewiefte Langstrecken-Hasen: Kaum waren die Anschnallzeichen aus, ging es *zack!*, Rückenlehnen zurück, Schlafbrillen auf, Ohropax rein, Schal nachgeknotet, zieht ja gern mal nachts im Flieger. Dann hatten sie ›Happy Ratz‹ eingeworfen, Melatonin, und das Sandmännchen war gekommen. Ein paar Reihen dahinter: Martin und sein Darling Andrea. Beide putzmunter. Bei Andrea war es, wie sich rausstellte, ihre Flugangst. Die aber nur an dritter Stelle. Wach hielten sie in erster Linie ihre tierische Höhenphobie sowie die extreme Panik abzustürzen. Martin blieb von alledem beeindruckend unbeeindruckt. Zehn Stunden lang tauchte er ohne Nahrungsaufnahme in die Tiefen seines Notebooks ab. Scrollte, tippte, las. Da flog jemand zu seiner Bestimmung.

5:20 PM

Und dann reihten wir uns auch schon vor dem Department of Homeland Security in die Schlange – die hatte sich bereits achtmal um irgendwelche Säulen gefaltet, eine Uniformierte wies den Weg zum Ende. Keine zehn Minuten auf amerikanischem Boden und wir hatten schon die zwei wichtigsten freiheitlich-demokratischen Grundregeln dieses Landes gelernt: sich von Uniformierten sagen lassen, wo's langgeht. Und: sich in einer Schlange zum Warten anstellen. Es ging im Kriechtempo voran. Vor uns mindestens dreihundert Japaner mit Mundschutz und *Louis-Vuitton*-Trolleys. Hinter uns: knackige Südamerikaner, die mit nichts reisten außer ihrem Brusthaar. Skandinavier im Khaki-Survival-Outfit mit Wasserflasche. Bengalen mit Schluppen und sieben Plastiktüten. Wie man halt so um die Welt reist. Menschenmassen über Menschenmassen. Nicht dass Amerika am Ende zu schwer wurde. Gab es da Berechnungen?

»Du sagst nichts! Ich red!«, hatte mich Schatzi instruiert.

War doch immer wieder schön zu spüren: dieses Vertrauen in mich. Was mich aber dann doch erstaunte, war, dass er mir zutraute, allein zu Lehrergesprächen zu gehen. Da sagte er nie: ›Geh mal beiseite, das macht jetzt Papi!‹

Vor drei Tagen hatten wir online ESTA beantragt, eine Art Einreisevisum ›light‹, neunzig Tage gültig. Dazu hatten wir im Ja-Nein-Klickverfahren beantworten müssen: ›Bist du Taliban, Nazi, Spion? Bringst du verseuchtes Gemüse oder Geschlechtskrankheiten mit?‹ Und natürlich fragst du dich: ›Wer ist schon so bescheuert und klickt: Yes?‹

Der Immigration Officer zog unsere Pässe durchs Durchleuchtungsgerät. Dann hieß es: »So, now look into the camera!« Und: »Put your hands here, right fingers first!« Foto und Fingerabdrücke, please. Wer seine Besucher schon so behandelt, wie behandelt er dann erst seine Verbrecher? *Welcome to the United States. Now speak English!* – grüßte ein Schild.

Nacheinander packten wir unsere zehn Finger auf den Scanner und leisteten damit auch unseren Bakterienbeitrag auf der zugepatschten Glasplatte.

Eine Stunde und zwei Stempel später saßen wir in unserem schicken Mietflitzer und düsten über den Highway. Der 101 ist eine achtspurige Weltraumrampe, die San Francisco mit Los Angeles verbindet. Und auf der es ab und an heftig ›rums!‹ machte wie auf so einer Urwaldpiste im Kongo. Schlagloch an Schlagloch.

Aber wo war's denn nun, das berühmte Silicon Valley?!

Ich guckte ganz gespannt aus dem Fenster auf der Suche nach einem Hinweisschild: ›This way to hell!‹ Aber alles, was ich sah, war platte Landschaft. Spillerige Palmen. Am Straßenrand Radkappen, zerfetzte Reifen, abgerissene Nummernschilder, Scheinwerfersplitter – die fuhren hier offensichtlich alle wie die Besengten. Reklametafeln, ein flach gebügelter Waschbär. Zweckbauten. Noch mehr Zweckbauten. Meile um Meile. Aber: kein Tal. Noch nicht mal Berge. *Huhu, Valley?*

Bis da plötzlich stand: *Palo Alto 4 Miles*. Und ich checkte: Oh Gott, wir sind schon lange drin! Offensichtlich ein Valley ohne Valley. Aber war das noch keinem aufgefallen, dieser Etikettenschwindel?

Ich wollte gerade ›puh‹ machen, da drückte jemand zart meine Hand. Und gleich noch mal. Schatzi. In zehn Jahren Ehe noch nicht wirklich als Frauenversteher aufgefallen. Ein spätes Outing? Aber da kam auch schon die Oberschenkel-Zange, ein gefürchtetes Schatzi-Spezial. Mit Zeigefinger und Daumen oberhalb der Kniescheibe zwei, drei Mal kräftig zugedrückt. Das Opfer quiekt dann immer so toll. »Na?«, strahlte der Kerl und zeigte seine Kauleiste.

»Selber na.« Ich musste grinsen, ich finde ihn ja dummerweise immer gegen meinen Willen lustig. Er kennt einfach meine Knöpfe. Schatzi setzte den Blinker und wir bogen ab in unsere Zukunft.

Das Erste, was ich sah, war diese uralte, verwunschene Magnolienallee, riesige Bäume mit knorrigen Stämmen, die ihren oliv-ledrigen Blätterbaldachin über die Straße spannten. Im Geäst funkelten, unfassbar groß, weiße Blüten. Sehr exotisch. Gleich kam bestimmt noch ein Affe geturnt. Links und rechts der Straße standen weiße Holzhäuser wie aus Kolonialzeiten mit Veranda und Schaukelstuhl. Bei den Rasenflächen kam einem der Verdacht, dass die jemand mit der Farbpistole nachgearbeitet hatte. Hieß es nicht immer: ›The grass is always greener on the other side‹? Hier stimmte es sogar. Und dann erblickte ich diese gigantomanen, fast brusthohen Agapanthus-Lilien. Zu Hause musste ich meine dreieinhalb Mickerpflanzen im Herbst immer von Hand ausgraben und in die Garage tragen zum Überwintern. Hier wuchsen die Stauden wie Unkraut auf der Verkehrsinsel.

Ich glaube, das war der Moment, in dem sich mein Herz erstmalig vom Acker machte und Palo Alto an den Hals schmiss. Wo es auch heute noch hängt.

Fünfzehn Stunden nachdem wir Kids, Omi und Häuschen in Potsdam Tschüss gesagt hatten, zogen wir unsere Hotelkarte über den Türscanner und schoben uns mit den Koffern ins Zimmer. Bett, Schreibtisch, Sessel. Du hättest nicht sagen können: Wuppertal oder Valley. So Hotels sehen von innen alle gleich aus. Wir traten ans Fenster.

Am Horizont, wie auf einem wunderschönen Caspar-David-Friedrich-Gemälde, blinkend und schimmernd die San Francisco Bay. Atemberaubend. Ich stupste Schatzi an. Eine Art Kreidefelsen gab es auch. Keine hundert Meter entfernt, blau und gelb aufragend, Name: *Ikea*. Von unserem Zimmer aus hatten wir einen beeindruckenden Blick auf das fette Parkdeck. Nun ließe sich bis hierhin noch streiten, was eine schöne Aussicht ist. Doch dann: Direkt zu unseren Füßen zog von links nach rechts der Highway 101, durch Abfahrten und eine Brücke auf sechzehn Spuren angeschwollen. »Eins, zwo, drei ...« – Ich zählte extra noch mal nach. Unbestritten: ein Hotelarchitekt mit Asphalt-Fetisch.

July

Monday 23

11:00 AM

Wir zogen in zwei Gruppen los. Ich und die anderen.

Die anderen, das waren Schatzi, Peter, Martin, Julia und Andrea, auf die unten in der Hotellobby zwei weitere ›andere‹ warteten: Carol – drahtiger, blondgesträhnter Immobilien-Schießhund im Stiftrock –, außerdem Mike, Modell ›ausgebuffter Fuchs‹, die Haare nass zurückgekämmt, keine Ahnung, wo der herkam, auf jeden Fall machte er in Verträge. Schon beim ersten Händeschütteln hatte Carol nach Art einer Stabsärztin die Brille ins Haar geschoben, an den Mädels vorbeigeguckt, die Jungs süßlich angelächelt, als wolle sie sagen: ›Nur dass das klar ist, im Bett liege ich immer oben.‹ Dann war sie im Stechschritt zur Drehtür, ihre kleine Armee hinter sich herziehend. Warteten schließlich Besichtigungstermine.

Ich machte mich auf ins University Café. Liegt an der University Avenue, die zur Stanford University führt. Manchmal sind die Dinge so einfach. Ich wollte Rosie tref-

fen, *meinen* Immobilien-Schießhund. Ich schaute mich um. Angeblich hing hier auch immer Mark Zuckerberg mit seinen *Facebook*-Leuten ab und machte dicke Deals klar. Aber: Laden leer. Nur eine nette Omi mit schlohweißem Haar, Schultertüchlein und Antithrombosestrümpfen hinter einem riesigen, zerlesenen *San Francisco Chronicle*. Vor ihr auf dem Tisch: das Seniorinnentäschchen mit dem langen Riemen. Wie frisch von der Kaffeefahrt.

»Are you Mrs Gordon?«, versuchte ich mein Glück

Die Omi ließ ihre Zeitung sinken: »Yes! Griaß di! Katja, oda? I bin die Rosie. Und hier samma auf Du und Du. Woast?«

Huch – in jeder Hinsicht. Die Stimme einer Vierzigjährigen. Wahrscheinlich Botox in den Stimmbändern.

»Setz di her! I bin a bissl zu early. Sorry!«

Was natürlich eine Lüge war, ich war zu spät. »Gern doch!«, log ich zurück. Natürlich wollte ich viel lieber gleich Häuschen gucken.

»Bist zum erstn Moi do im scheena Palo Alto?« Rosie schaute neugierig.

»Ja. Und wie lange lebst, ähm, du hier?«

»A geh! Scho ewig und drei Dog.« Rosie machte eine wegwerfende Handbewegung. »Ned von schlechtn Socken, oda? O'g'fanga hob i ois Ranchverkäuferin. I bin oane von die wenigen Weibersleid, die sich mit die Cowboys die Stangen g'haltn hat.«

Oder so. Was auch immer sie gehalten hatte.

»Und was hat dich nach Palo Alto verschlagen?«

»Mei Gspusi. A fescher Kerl.« Sie schwelgte kurz.

»Da haben wir ja was gemeinsam.«

»Na, des glaub i net. Mei Gspusi is scho abg'haun.« Sie legte ihre Hand auf meinen Arm: »Im Valley werden de Kerle olle ...« Sie tippte sich mit dem Finger an die Schläfe und machte eine Kurbelbewegung.

Wir bestellten zwei Weißweinschorlen. Weiß man ja: Ist

der Alkohol zu früh, hat sich der Tag in der Stunde geirrt. Und plauderten uns ein wenig warm.

»Woast? Oans sog i da: Des is hier ois a bissl crazy«, führte mich Rosie in die Riten des Valley ein. »Die san hier olle ned ganz sauba. Aber liab sans scho, muss i sogn.«

»Ach ja?« So ganz langsam bekam ich Angst.

Rosie war kurz offline – einem ihrer vielen Gedanken auf der Spur. »Jetz schau dir amoi des riasige Stanford-Dingens hier o. Des ham die Eheleit Stanford hiae hig'pflanzt. Die ham nur oan Buam g'habt, aber der is mit sechzehn krepiert. Dragisch is des. Da hamm's sich dann g'sogt: The children of California should be our children!« Sie hatte rezitierend die Stimme gehoben. »Sauba, oda?«

Weiß nicht, ob mir die Geschichte so gut gefiel.

11:25 AM

»Pack ma's!«, sagte Rosie, und wir sprangen in ihren dreiundfünfzig Jahre alten Audi Quattro. Vielleicht war er auch ein bisschen jünger. Zuvor hatte ich die Schorlen bezahlt. Mein leer gesüffeltes und Rosies unberührtes Glas. »Und oans muass i noch loswerdn«, meinte Rosie jetzt, »wennsd do middags wos drinkst, denga's olle, du bist a Suffkopf.«

Gut, dass wir mal drüber gesprochen hatten.

Im Kopf hatte ich bereits eine kleine ›No‹-Liste angelegt. Alles, was mir im University Café so aufgefallen war:
1. No *Krawatten*
2. No *Frauen*
3. No *Tischmanieren*
4. No *Schwarze*

Jetzt ergänzte ich:
5. No *Fun*.

11 : 35 AM

Für eine Omi fuhr Rosie eine ganz schön flotte Sohle. Gelb war das neue Grün. Nebenbei drehte sie eifrig am Senderknöpfchen:

»Und oans muass i dir aa noch sogn: Hör fui Radio!« Sie hob mahnend den Finger. »Dann lernst aa de Sprochn!«

Hatte Rosie bestimmt viel gemacht.

»Sprichst guad Englisch?«

»Geht so.« Ich gehöre ja zu denen, die bei Amazon John Grisham im Original bestellen und dann in der Badewanne in der *Bunten* blättern.

»Eh voilà. Jetzd samma do!«, rief Rosie plötzlich und riss das Steuer nach rechts in eine Parkbucht. Meine Liste war da schon ordentlich lang geworden. Gab viel zu sehen auf Palo Altos Straßen. Beziehungsweise, *nicht* zu sehen:

6. No *Hunde*
7. No *Kinderwagen*
8. No *Raucher*
9. No *Müll*

»Ois aussteign. Grüß Gott in Menlo Park!« Ich guckte erstaunt aus dem Fenster: Vor zwei Minuten waren wir noch in Palo Alto gewesen. Das war hier ja wie Ruhrgebiet. Da fängt ja auch Duisburg an und Mühlheim ist noch gar nicht zu Ende. Alles eine Matsche.

»Obacht!«, verklickerte mir Rosie mal kurz den Silicon-Valley-Mietmarkt. »Mit den Wohnungen is des so: Es gibt koane!«

»Okay.«

»Nur Haisl!«

»Okay.«

»Und mit di Haisl is des so: Alles saudeier, da legst di nieder.« Sie musterte mich neugierig. »Is dein Gspusi a rich guy?« Dann machte sie wieder eine ihrer wegwerfenden Handbewegungen: »Aba di san eh alle gleich weg.«

Wie jetzt? Die Haisl? Oder die Gspusis?

Mir rutschte das Herz in die Hose. Meine schlimmsten Befürchtungen – sie schienen alle wahr zu werden. Die letzten Wochen in Deutschland hatte ich nämlich schon kräftig im Internet gesurft, bevorzugt auf *Craig's List,* dem Schwarzen Brett Amerikas. Da gab's Autos, Jobs, Hunde, Meinungen – und eben auch was zum Wohnen. Mehrfach waren mir vor Schreck die Augen aus dem Kopf gefallen: 6 000, 8 000, 9 000 Dollar – normale Valley-Mieten. Auf den angehängten Fotos: Achtziger-Jahre-Flachdach-Bungalows mit PVC-Böden und Plastikfenstern. Ab 12 000 Dollar wurd's hübsch. Mit den Augen von Ivana Trump betrachtet. Viel Marmor, Goldarmaturen, römisches Säulenzeugs. Dazu polierte Chippendale-Tischchen, Lüster, Brokatgardinen, die du gleich mitmieten musstest. Da knurrte der Blindenhund. Und natürlich hatte ich auch die 18 000-Dollar-Kategorie angeklickt. Man ist ja neugierig. Schicke Pools, schicke Böden, schicke Küchen. Ging doch. Wenn auch nicht für uns. Ich tröstete mich mit dem Gedanken, dass zu viel Platz auch nicht immer gut ist. Da brauchtest du ja Peilsender für die Kids.

Rosie zwinkerte: »Relax, i hob da a Schmankerl!«

Ich stieg aus. Achtundzwanzig feuchte Grad legten sich auf mein Gesicht – als wenn die Kosmetikerin mit dem Waschlappen kommt. Wir waren mit Aircondition gefahren. Das lässt vergessen, dass Palo Alto auf dem Breitengrad von Sizilien liegt. Aufgeregt guckte ich die Straße hinauf und hinunter. Häuser wie aus *Schöner Wohnen*: Sprossenfenster, Erker, Holzschindeldächer, Giebel. Die Gärten eine Kampfansage: Bougainvillea, Engelstrompeten, Oleander, Callistemon, Schönmalve, Calla. Ich habe schon viel Geld versenkt in Dinge, die in Brandenburger Erde nicht wachsen. Ich kenne mich aus.

»Ja, wo ist es denn?« Mich hatte das Jagdfieber gepackt.

»Schaust gnau drauf. Des beißt di gleich.«

Mein Blick glitt über den strohgelben, sonnenverbrannten Vorgarten, den aufgeplatzten Plastikbrunnen mit den zwei Steinspatzen, die im leeren Becken ein trockenes Bad nahmen. Weiter zum geduckten, pagodig nach unten gezogenen Dach, das vergitterte Fenster erahnen ließ. Überall blätterte die Farbe.

»Oh. Ich dachte, hier wird noch gebaut.«

»Na ja«, meinte Rosie, »i sog imma: Wer wie dahoam lebn will, der soll a dahoam bleibn. Musst holt auf den Käs schaun, ned auf die Löcher.«

Es dauerte eine Ewigkeit, bis die Tür aufgezogen wurde und eine freundliche Chinesin ihren Kopf durch den Spalt steckte: »Ye-hes?« Was für ein Stimmchen. Die war bestimmt Synchronsprecherin im Micky-Maus-Film.

»Hi, I am Rosie«, erklärte Rosie, »I called yesterday.«

»Oh wwwellkamm!«, freute sich die Chinesin, als seien wir ihre lang vermissten Tanten aus Shanghai. Sie wies auf einen Zettel, der auf dem Fußboden klebte: ›Thank you for coming! Please remove your shoes!‹ *Danke fürs Kommen. Schuhe aus.*

Ein Flechtkörbchen offerierte blaue Plastik-Schuhüberzieher und Kunstfellpuschen mit Tiergesicht. Ich half der schwankenden Rosie in die Überzieher und entschied mich selbst für barfuß.

Wenn man sich erst mal entschlossen hat, Dinge gut zu finden, geht der Rest wie von selbst. Beherzt steckte ich die Zehen in die flauschige Auslegware und durchstelzte bedächtig das Wohnzimmer. Wer mich sah, konnte annehmen, ich besichtig-

te den Petersdom. Der Amerikaner an sich verlegt ja gern Teppich, das fiel mir nicht zum ersten Mal auf. Auf Flughäfen, in Stadien, Banken, Hoteleingängen, überall *Surrrr!* und *Brummm!*, weil irgendwer staubsaugte. Nun habe ich allerdings im Gegensatz zu den Amerikanern früher *Biene Maja* geguckt. Und deswegen drehe ich im Kopf immer Filme, was da gerade zwischen den Tausenden von Teppichhalmen krabbelt, webt und frisst und sich demnächst an meinen Beinen hocharbeitet.

Ich erreichte ein gekacheltes Stück Flur. Nun roch es plötzlich stramm nach Kohl. Ich bin ja leider ein wenig geruchsempfindlich. Ich nahm einen letzten Lungenzug und beschloss, bis zum Ende der Hausbesichtigung nicht mehr zu atmen.

Ich studierte jetzt die mintgrün übermalte Bambustapete. Überall schimmerten Spatzen und Schwäne durch. Die Schwäne hatten so komisch lange Hälse. Vielleicht doch Drachen? Dazu hätte ich aber erst an der Farbe kratzen müssen.

»I can tell you, my client is very interested!«, hörte ich Rosie sülzen. *Meine Kundin ist ganz heiß auf das Haus.*

›Andere Wände‹ notierte ich auf meiner geistigen To-do-Liste, gleich unter ›Teppich raus‹ und ›Luft austauschen‹.

Ich warf einen Blick um die Ecke: das Schlafzimmer. Dunkle UV-Schutz-Fenster, ein Schiff von Bett, noch mehr Teppich, diesmal lila. Was für eine Gruft. Bestimmt machte es gleich *flapp-flapp* und die Fledermäuse kamen gesegelt.

»If ju wond, ju kenn rent se fernitschers, tu!«, erläuterte die Vermieterin. *Möbel auch im Angebot.* Also hier im Valley, da lernte man echt Sprachen. Zum Beispiel Ausländisch.

Zwei Minuten später saßen wir wieder im Auto.

»Du, Rosie«, erklärte ich kleinlaut, »ich glaub, das Haus müsste ich abreißen, bevor ich einziehe.«

Rosie guckte tadelnd: »Bist scho a bisserl a verwöhntes Madl, ge? G'hörst zur Hautevolee, oder wos?«

4:00 PM

Ich weiß, es klingt kitschig: Aber hier im Valley war nicht nur das Gras grüner, sondern auch der Himmel blauer. Wie mit der Foto-App nachbearbeitet, hing er nun schon seit dem Morgen im selben unerschrockenen Glockenblumenstrahleblau über unseren Köpfen. Wüsste man, *da* genau geht's hin später, da wohn ich – Sterben müsste ganz easy sein, weil man sich schon freute auf danach. »Du, Mama?«, will Lilly ja oft wissen. »Auf welcher Wolke wohnt eigentlich der liebe Gott?« Dann antworte ich: »Auf der siebten.« Und sie guckt dann nach oben, nimmt den Finger neben die Nase und zählt: »Eins … zwei … vier …« Hier hätten wir allerdings ein Problem: Gab keine Wolken. Nicht mal Wölkchen. Nur ab und an den Kondensstreifen eines Flugzeugs.

Und es kam noch besser. Wir hatten Los Altos Hills erreicht. Erstens hielt es, was es versprach: Hügel, am Horizont sogar Berge. Und zweitens wurden die Kuppen und Hänge jetzt, kurz nach fünf, von der Sonne golden geküsst. Es war, ich kann es nicht anders sagen: atemberaubend. Loreley ist schön und Porta Westfalica und Rügen. Aber das hier war archaisch. Das ging vom Auge direkt ins Rückenmark. Schauder.

»Hier ums Eck, da is der berühmte Rancho Park. Host von dem schon amal g'hört?«, war Rosie am Dozieren. »Da san a Haufn Klapperschlangn, Kojoten und Pumas. Da gehst imma zu zwoat rein.«

Welcher Logik folgte das? Damit die Pumas satt wurden?

Wir hatten noch einen letzten Besichtigungstermin vor uns: 2295 Hillside View. *Hill. Side. View* … ließ ich mir die Adresse auf der Zunge zergehen. Was für ein Name! Ich sah schon die Einladung vor mir: *Mr and Mrs Kai Diekmann freuen sich, Sie auf einen Cocktail in Hillside View begrüßen zu dürfen.* Und das Outfit wusste ich auch: irgendwas mit Seide.

In den letzten fünf Stunden waren Rosie und ich haustechnisch keinen Zentimeter weitergekommen. Wir hatten noch vier weitere Rottbuden abgeklappert, dann unseren Suchradius um Redwood City und Woodside erweitert. Dort hatten wir zwei Häuser gefunden, die total schön waren, doch viel zu teuer. Und drei total hässliche – die waren aber trotzdem teuer.

Vorhin hatte ich kurz mit Schatzi telefoniert. Dessen Häuser-Casting schien sensationell voranzugehen. Klar, wenn so drei Alphas kommen, greift die Ruine selbst zum Pinsel. Fünf Büro-WG-Objekte waren in der engeren Auswahl. Bei zwei weiteren sprach er von ›fallback solutions‹. Ausweichlösungen. Wow. Der Virus hatte schon zugeschlagen. Die Hirnzellen begannen sich bereits mit Nerd-Sprech zu füllen. Das war wirklich schnell gegangen. Ich selbst spürte noch nichts. Schade irgendwie. Konnte man die Ansteckung vielleicht beschleunigen? Zum Beispiel, indem man sich von digitalen Idioten anhusten ließ? Prinzip Masernparty? Das Thema musste ich unbedingt verfolgen.

Die Grundstücke links und rechts waren riesig, die Häuser von der Straße kaum zu sehen. Würstchen über den Zaun reichen würde schwierig werden. Es sei denn, die Grillzange wäre sehr lang oder mein zukünftiger Nachbar hatte eine Zunge wie ein Frosch. Rosie hatte ein Schnäppchen angekündigt. Ihre Schnäppchen kannte ich ja nun mittlerweile.

Wir hielten vor einer furiosen Auffahrt, an einem Steinpoller mit eingelassenem silbernem Display. Rosie fuhr das Fenster runter und zog einen zerknüllten Zettel aus ihrer Handtasche. *Tipp, tipp, tipp.* Das Tor glitt zur Seite.

Und ich dachte, ›alter Kolibri, ich muss kollabieren‹:

Ein schneeweißes, zweistöckiges Beachhäuschen wie aus dem Southampton-Prospekt – mit Holzfensterläden, bemoostem Schieferdach, putzigen Gauben, einem Aussichtstürmchen mit Balkon und feuerroten Hängebegonien, die im Wind hin und her schwangen.

Hier! Wollte! Ich! Wohnen! Schatzi, hol die Koffer!
»Schee is scho, oda?«, pflichtete mir Rosie bei.
Ich hatte gar nichts gesagt. Ich war wie hypnotisiert. »Und bitte, *was* soll das noch gleich hier kosten?«
Rosie guckte in ihre Unterlagen. »Zwoadausend Dollar.«
»Ist hier jemand gestorben? War das ein Drogenlabor? Warum kostet das nicht eine Million?« Ich konnte es nicht fassen. Das war ja wie sechs Richtige im Lotto hier, und Brad Pitt hat die Kugeln nur für dich nackt gezogen.

»Der B'sitzer mecht, dass oana drin wohnt in dem Schuppn, bis kloa is, was damit g'schehn soll. Irgend so a Trennungsg'schicht. Frog mi ned. Heiraten, zonken, sich scheiden lassen. Des is oans von denen ihre Hobbys hier im Valley.«

Wie in Trance lief ich den kleinen Gartenweg entlang und stand völlig überrascht vor einem Avocadobaum, überrascht insofern, als ich dachte, dass Avocados wie Kartoffeln in der Erde wachsen. Um den dicken Stamm herum war eine runde, verwitterte Holzbank. Ich wollte schon immer eine runde, verwitterte Holzbank. Alle Frauen wollen runde, verwitterte Holzbänke. Das zugehörige Drehbuch war auch schon seit dreiundvierzig Jahren fertig geschrieben. Kamera läuft – Klappe die erste: *Er legt seinen starken Arm um sie; langes Gespräch über Liebe; und Schuhe; Kuss; Sonnenuntergang; Abspann: ›Und wenn sie nicht gestorben sind‹.*

Und Kamera läuft – die zweite geht dann so: *Schatzi auf einer Arschbacke: ›Mist, kein Empfang! Erinner mich bloß dran, dass ich nachher noch den Seppel und den Peppel anrufe, wichtig!‹; Schatzis Frau: ›Klar doch! Mein Hirn ist dein Hirn. Benutz es einfach mit.‹ Abspann: ›Und wenn er nicht gestorben ist, macht er immer noch fummel-fummel am Handy‹.* Schluss.

Aus der Haustür trat eine Frau. Man muss ja vorsichtig sein mit dem Guten-Tag-Sagen: Nicht dass du denkst, das ist

die Ex, und dann steht da der Scheidungsgrund. Man sollte gucken, dass man aufs richtige Pferd setzt.

»Hi there, I am Vicky«, erklärte die Lady. »I am the real estate manager.« *Die Maklerin.*

Ich sah Rosie die Augen rollen. Wie eine Katze, der sich das Fell sträubt, weil sie eine andere Katze sieht. »Wos mochtn des Bunny do? Wetten, die hot hier gor nix zu sogn!«, raunte sie mir giftig zu.

›Psst, aus, Rosie! Hier hast du Brekkies!‹, wollte ich ihr zuflüstern. ›Ich hab alles im Griff.‹ Ich drehte mich Vicky zu: »This is a very, very, very, very lovely Haus!« Bei jedem ›very‹ gruben sich meine Zähne in meine Unterlippe.

»So you like it?«, wollte Vicky wissen, dann wendete sie sich zum Haus und öffnete die Arme wie Jesus: »Isn't it amazing? Simply stunning? I lllove it!«

Wir machten eine Runde durch die Stockwerke: Es gab ein rosa gestreiftes Mädchenzimmer und zwei hellblaue, es gab Kamin, es gab Holzboden, es gab ein Elternschlafzimmer mit begehbarem Kleiderschrank und so viele Klos, dass es sich empfahl, einige gleich wieder aus dem Verkehr zu ziehen, damit ich nicht den ganzen Tag am Putzen war. Es war, als hätte dieses Haus nur auf uns gewartet.

»It's lovely, lovely, lovely!«, rief ich mit jedem neuen Zimmer, während Rosie schweigend hinter uns herschritt. Dann und wann blieb sie stehen, um mit der Schuhspitze eine abstehende Teppichkante hochzubiegen, oder beguckte sich aus der Wand hängende Stromkabel, als wolle sie sagen: ›Na, da sind doch bestimmt hunderttausend Volt drauf.‹

»Rosie, freu dich doch für mich!«, flüsterte ich. »Wir machen nachher einen Champagner auf!«

»Du, i sog imma, der Deifi, der is a Eichhörnchen. Do mussd scho ganz g'nau hischaun. Ned, dass du später a bese Überraschung erlebst«, flüsterte sie zurück.

Wir waren in der Küche angekommen. Hier war dem Designer offensichtlich kurzfristig sein Geschmack ausgebüxt.

Wie wenn man beim Wellensittich den Käfig offen lässt. Der Küchencounter hatte kackbraune Kacheln mit Bienenmotiv. Ich drehte mich einmal um meine eigene Achse, holte tief Luft und verkündete: »What a treasure! I can't believe that I found this place. Yes, I like to lease!« Im Valley mietet man nämlich nicht. Es gibt Nutzungsüberlassungsverträge.

Vicky machte leider keine Anstalten, sich vom Fleck zu bewegen. Insgeheim hatte ich gehofft, dass die jetzt zu ihrem Kassenhäuschen geht, meine Kreditkarte durchzieht und mein neues Häuschen in Papier wickelt.

»How greaaat is that!« Vicky schenkte mir ein begeistertes Lächeln. »First then«, sie leckte ihren Zeigefinger an und blätterte fix durch den Stapel Unterlagen, der zusammen mit einem kleinen Schwitzkringel unter ihrem Arm klemmte: »I need some information from you.« *Ein paar kleine Fragen.* Sie zog einen Fragebogen heraus, einen Fragebogen zum Fragebogen, einen Haftungsausschluss – sollte jemandem auf dem von mir zu mietenden Grundstück zukünftig ein Baum, ein Ziegel, ein Blumentopf, ein Pool auf den Kopf fallen. In Amerika sichert man sich gern ab. Rechtsbelehrungen. Auszüge aus dem kalifornischen Gesetzbuch für Mietangelegenheiten. Ach, ich weiß auch nicht. Auf jeden Fall: eine Menge Zettel. Ist ja nicht so, dass wir Deutschen das Formularwesen erfunden hätten. Ein vierseitiger Mietvertrag steckte auch schon in dem ganzen Wust. Ich überflog ihn kurz.

– Lease US$ 20 000 –

stand da.

Ich war etwas irritiert. »Was denn jetzt?« In meinem Kopf der Vollalarm. »Two or twenty per month?« Ich guckte Vicky an und wies auf mein Exposé. Da stand – schwarz auf weiß, unüberlesbar: US$ 2 000. Wo kam plötzlich diese zusätzliche Null her? Die kommt ja nicht des Weges geschlendert und stellt sich zu den anderen wartenden Nullen ins Bushaltehäuschen.

»I need to call my agent«, erklärte Vicky plötzlich hektisch, zog ihr Handy aus der Handtasche und stellte sich hinter einen Busch. Was sollte das denn werden?

»Pfft!«, machte Rosie wie Emma die Lokomotive, wenn Frau Mahlzahn wieder eines ihrer krummen Dinger drehen wollte.

Ich guckte sie an: »Sag mal, was geht denn hier jetzt grad ab? Ist das so üblich im Silicon Valley?« Ich war völlig empört.

»I würd sogn: Gestern hod ihm sein Girlfriend noch oan geblasn. Da war everything guad. Und des Haisl hat no zwoadausend g'kostet. Heid hod sie ihm koan mehr g'blasn – jetzt kosts twenty. So is des eben hia.«

10:45 PM

Ich find ja, die beste Hausapotheke ist der Computer. Da gibt's so tolle Seelenpflaster. Ich nehm meistens die, die aussehen wie Schuhe.

Rosie hatte mir einen Tipp gegeben. Keine Shoppingadresse. Jetzt war ich ein bisschen mit der Maus unterwegs. *Klick klick, tipp tipp* – die Seite von *familywatchdog* poppte auf. Neugierig tippte ich *2247 Hillside View* ein. Ein Stadtplan erschien, darauf ein Meer blauer und roter Markierungen.

›Jesus, Maria, hilf!‹ Das war ja entsetzlich.

Auf *familywatchdog* konnte man sehen, wer so alles Schlimmes um einen herum wohnt und wahrscheinlich demnächst über den Gartenzaun geklettert kommt.

›Dieses Hillside View – eine Bronx! Der Slum von Rio – ein Nonnenkloster dagegen.‹

Ich ging mit der Maus auf eine der roten Markierungen und klickte. Robert erschien: rotblondes Fetthaar, linkes Auge schielte Richtung linke Hosentasche, Bartstoppeln – so richtig sympathische Gangsterfresse. Neben dem Foto: Nachname, Alter, Anschrift, Größe, Gewicht, Straftaten –

die komplette Polizeiakte. Kein Detail fehlte. Robert hatte schlimme Dinge verbrochen. Um nicht zu sagen: schlimme-schlimme Dinge. Und der wohnte nur eineinhalb Zeigefingerbreiten weg!

Gut möglich, dass er schon jetzt in dem rosaweiß gestreiften Zimmer unterm Bett lag.

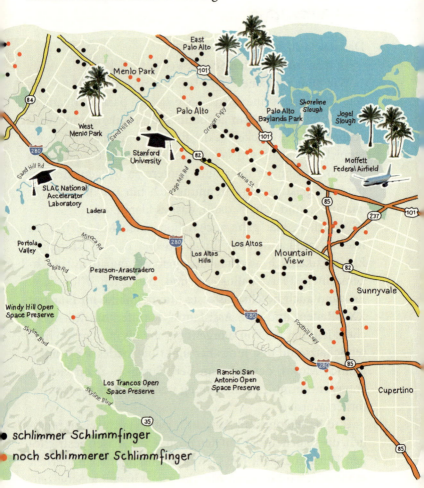

July

Thursday 26

9:30 AM

Das war ja alles voll krank hier.

Und am meisten den Schuss weg hatte Schatzi.

Wie eine deutsche *Pfaff*-Nähmaschine arbeitete er nun seit drei Tagen seine To-do-Liste ab. Ein paar Mal hatte er mich kurz in den Arm genommen und mir ›Komm, wird schon!‹ auf den Rücken geklopft wie so einem alten Perserteppich. Aber nur, um sich anschließend direkt wieder ans Telefon zu hängen oder über Papiere zu beugen. Bei uns herrscht geistige Gütertrennung. Ich bin für die Gefühle zuständig, und Schatzi dafür, dass es klappt.

Natürlich, klar gab's auch schon einen Mietvertrag zu feiern. Nämlich den der Jungs. Cowper Ecke Washington. Ein mexikanisch angehauchter gelber Neubau mit nachgemachten Plastikballustern und beheizten Klobrillen. Es stand auch bereits das erste Mountainbike im Flur mit XXL-Reifen, und eine Assistentin, Jennifer, mit XS-Röckchen. Jennifer lief von morgens bis abends mit Laptop hinter Schatzi und den Jungs her und tippte jedes Wort mit – ähnlich Moses, der auf dem Berg Sinai die Zehn Gebote entgegennimmt. Zur Belohnung war sie schon zu ›Jen‹ befördert worden.

Und Basekäppis mit Aufschrift gab es auch schon reichlich, die stapelten sich auf den noch leeren, frisch gestrichenen Fensterbänken. Die Geweihsammlung des modernen Mannes. Ich fühlte mich zurückversetzt in meine Schulzeit, wenn die Mannschaften gewählt werden und du bist die Letzte auf der Bank.

War Schatzi die deutsche Nähmaschine, war Rosie der teutonische Schäferhund. Unermüdlich und unerschrocken gurkte sie jetzt schon den vierten Tag mit mir durchs Valley. Heute saß ich hinterm Steuer, denn Rosie ließ sich ununterbrochen von ihrer Tocher neue Anschriften durchgeben.

I-juuh-I-juuh-I-juuh!, machte es plötzlich ohrenbetäubend laut, blaue Lichtblitze zuckten, eine Lautsprecherstimme schepperte: »Stay in your car! Keep your hands on the wheel!« Ich kenn das ja aus Filmen. Im Seitenspiegel sah ich den schwarzweißen Streifenwagen der Highway Patrol, gepanzert, mit verstärkten Stoßstangen. Als gelte es, ab und an Bullen von der Straße zu rammen. Ein dicker, blau-uniformierter Cop stieg aus und näherte sich uns vorsichtig von hinten, rechte Hand am Halfter. Was war das hier? Dreharbeiten? Hatte ich eine Taube überfahren?

»Dua bloß ois, wos der sogt!«, zischte Rosie mir zu. Und bewegte sich ab sofort nicht mehr auf ihrem Sitz – wie Dornröschen im hundertjährigen Schlaf.

Der Cop baute sich vor meiner Fahrertür auf. Mit der Linken machte er eine Kurbelbewegung, die Rechte hatte er weiter an seinem Schießeisen. Jede Wette – der wollte reden. Ich drückte aufs Fensterknöpfchen.

»Morning, Ma'am!«, bellte es. »Your licence, please!« Als hätte ich's mit den Ohren. Links und rechts sah ich mein verschrecktes Gesicht in den Gläsern seiner verspiegelten Sonnenbrille. Es ist das eine, diese Paparazzibilder von Lindsay Lohan lustig zu finden, wenn sie wieder mal besoffen in ein Fußpflegestudio gefahren ist und von zehn Cops aus dem Auto gezogen wird. Das andere, wenn du selbst zu Lindsay Lohan wirst.

Ich reichte meinen Führerschein durch das Fenster. Dabei brabbelte es ununterbrochen aus dem schwarzen Walkie-Talkie, das der Cop an seiner Schulterschnalle klemmen hatte: »Thirthyfive-sixtyfour: Are you at the rear

entrance?« *Blipp!* – »Thirtythree-fourty-eight: Yes, there!« *Blipp!* – »Fiftysix-Elven: Let's go!« *Blipp!* Ich schöpfte neuen Mut. Was auch immer ich mir hatte zuschulden kommen lassen – der Beamte hielt jetzt echte Qualität made in Germany in Händen. Solide wie *Messerschmitt-Bölkow-Blohm*. Wir Deutschen stehen für was. Wir können Stahl, wir können Bratwurst – und wir können Auto fahren.

Der Cop drehte für einen Moment das Plastikkärtchen zwischen seinen Fingern, als wollte er fragen: ›Was soll das denn sein?‹, beguckte sich die abgebildeten Fahrzeuge: Bus mit Anhänger, Bus ohne Anhänger, Traktor. Überlegte wahrscheinlich, ob ich das alles zu Hause in der Garage hätte. Und fragte dann ungehalten: »No California driving licence? No valid ID?«

»Sorry, Sir«, schaltete sich plötzlich eine Bröselstimme dazwischen, Rosie, die gute Seele, »my dear, dear friend Katja is just here on vacation. Did we do anything wrong? We are soooo sorry!« Sie hängte sich halb über mich und schenkte dem Cop ihr breitestes Zahnprothesen-Lächeln, zur Sicherheit knipste sie auch noch schnell das Licht in ihren Murmelaugen an. Was für eine Frau. »Look!«, sie wies durch die Windschutzscheibe. »Wos für'a Dog – what a great day.«

»You ignored the stop sign«, schnarrte der Cop. Für das Wetterthema war er leider nicht zu begeistern.

Ich guckte entgeistert. Kein Schild weit und breit, auch kein Auto. Ich schwör's. Kniff man die Augen etwas zusammen, dann, ja vielleicht, stand da hundert Meter die Straße runter ein Stoppzeichen, aber ich konnte noch nicht mal eine Kreuzung erkennen.

»So next time, Ma'am«, seine Spiegelgläser fixierten mich, »you have to wait at the stop sign for at least three seconds.«

»Yes, Sir!« Ich nahm meinen Führerschein zurück.

»Have a great trip.«

»Thank you, Sir!« Über den Rückspiegel sah ich ihn zu seinem Auto abschieben. »Der war ja fies.«

»A geh, papperlapapp!«, erklärte Rosie, rutschte sich gut gelaunt auf ihrem Sitz zurecht und drückte auf Wahlwiederholung, um ihre Tochter an die Strippe zu bekommen. »Der is ned so bes. Mia san einfach nur liaba.«

Mein Handy klingelte. *Kai Mobil* stand auf dem Display.

»Na, Schatzi? Was castet ihr gerade? Die Putzfrau?«

»Gebt Gas!« Er klang aufgeregt. »Ich hab ein Haus für euch! Schnell!«

10:55 AM

In einer Telenovela geht das so: Da verliert die Heldin ihren Job, erwischt den Kerl mit einer anderen im Bett und entdeckt, dass sie Nagelpilz hat. Aber alles für den guten Zweck.

Denn so ist sie in Folge 117 frei für den kinderlieben Multimilliardär, der nach schwerer Enttäuschung zurückgezogen auf den Seychellen lebt. Frische Liebe, Nagel heil, neuer Job – alles liegt sich in den Armen, selbst Täter und Mordopfer. Friede, Champagner, Abspann.

Mir war, als ob die Dinge hatten schieflaufen müssen, damit sie jetzt richtig laufen konnten. Im Leben ist die direkteste Verbindung zwischen zwei Punkten manchmal die

Kurve. Schatzi hatte mir am Telefon ein paar wenige Infos zugerufen: Altbau von 1934 – so was gab's in Amerika? –, vier Zimmer, zwei Bäder, Miete manierlich, 37 Seneca Street. Seit einer Stunde auf dem Markt. *Wieder* auf dem Markt. Die Boygroup hatte wohl Freitag besichtigt – und war aus dem Rennen geflogen. Ein anderer Mieter wieder abgesprungen. Sue Ellen, die Vermieterin, freue sich sehr darauf, mich kennenzulernen. Konnte es sein?

Rosie fuhr wie der Henker. Sand Hill Road, El Camino Real, Palm Drive, Emerson und Webster, einmal um die Kurve, einmal gerade aus. Und schließlich beim alten Zitronenbaum scharf links: Willkommen in Downtown Palo Alto.

Schatzi saß schon im Auto vor der Tür und wartete. Eben noch das Gefühl: Ich mache Snychronschwimmen mit mir selbst. Jetzt waren wir wieder Team Diekmann-Kessler.

11:10 AM

Sue Ellen Parker stellte sich als gut geföhnte Blondine heraus, die auf die vierzig zuging, allerdings kam sie von rechts. Zu ihren Füßen hechelte Fritz, ein deutscher Schäferhund, auch schon ein bisschen grau. Ich glaube ja an Omen, auch wenn ich mir nicht immer sicher bin, was die mir sagen wollen.

»Aus!«, rief Sue Ellen auf Deutsch. Und zur Sicherheit auch noch mal: »Platz!« Fritz hörte auf zu knurren. Und wurde gleich mal zu Herrchen Jimmy, einem bärtigen Hünen, ins Arbeitszimmer gesperrt. Der saß da vor seinem Riesenfernseher und guckte NBA League. Es blieb offen, wer auf wen aufpassen sollte.

Schatzi, Rosie und ich dackelten, einer kleinen Prozession gleich, Sue Ellen hinterher. Das Haus war der Hammer: breite alte Dielen, hohe Decken, bodentiefe Fenster. Die Sonne malte kleine huschende Tupfen auf die Wän-

de – Licht, das mit sich selbst Fangen spielte. Da stand ein wunderschöner alter Flügel, es gab einen Sandsteinkamin, eine Waschmaschine, einen Trockner. Einen Kolibri. Der sammelte, als wäre es das Normalste von der Welt, vor dem Küchenfenster sein Frühstück aus den Rosen. Es war zehn Uhr, die Luft eine Mischung aus Frische und Limetten und gemähtem Gras. Im Garten wuchsen alte Oliven und Yucca-Palmen. Ich dachte, ich muss sterben. Gott war das schön.

Ich guckte Schatzi sprachlos an, die ganze Zeit schon hatte er meine Hand gedrückt, ich muss gestehen, wahrscheinlich mehr aus Panik denn aus Liebe. Ich neige nämlich an der falschen Stelle zum richtigen Scherz. Oder wie Schatzi gern sagt: Hätte ich deine Witze vor dir kennengelernt, wäre aus uns nie ein Paar geworden. Auch jetzt trieb ihn die Sorge: Wie rette ich die Stimmung davor, dass meine Alte sie auflockern will?

»Entspann dich!«, flüsterte ich ihm zu.

»Ich bin entspannt!«, flüsterte er zurück und knirschte mit den Zähnen. Dann hängte er sich wieder Sue Ellen an die Hacken und ließ sich Botanik, Haustechnik und die Doppellader-Spülmaschine aus Australien erklären. Wäre ihm sonst nie passiert. Er versuchte auch einen interessierten Dialog: »Ah, Australien! Ich dachte, die produzieren da nur Kängurus!« Dazu wippte er: Hacke-Ballen, Hacke-Ballen.

»Wennst mi frogst, woas i scho, wieso er und seine Business-Buddys da nix g'rissen ham. Soll i dir's sogn?«, zog mich Rosie triumphierend beiseite.

Es gibt ja nichts Schlimmeres als illoyale Ehefrauen, die in so einem Moment ihren Typen verraten: – »Ja, sach mal!«, kam es begeistert und gierig aus meinem Mund.

»I sogs da, i woas genau, wia des abg'laufn is. Die san hier rein, ihre ganzen feschen Bunnys an der Hackn. Und dann ham's hier oanen auf wichtig g'macht. ›Event‹, ›let's

rock‹, ›traffic flow‹. Und woast, was die oarme Sue Ellen dacht hat? Die hat dacht: Des werd a Puff hiar.«

»Rosie, ich glaub, wir müssen uns mal zum Kaffeetrinken treffen. Ich glaub, wir haben uns sehr viel zu erzählen.«

»Und oans woas i aa, Darling«, wieder bogen sich ihr meine Ohren hungrig entgegen, »die Parkers san vernarrt in ihr Haisl. Des is so sicher wia's Amen in da Kirch!« Sie fasste sich an die Brust.

»Diese Valley-Lait, de san anders. Die interessiert Money und sonst nix. Und gleichzeitig is denen völlig wurscht, ob's des Money kriagn oda net. Des Haisl do, des kriagst net mit oaner Kreditkoartn und aa net mit oana Visitenkoartn – des kriagst bloß mit der Sue Ellen.«

11:25 AM

Wir standen jetzt alle vor dem in der Morgensonne azur-funkelnden Pool, dessen Wände von einem vollautomatischen Unterwasserpoolwändereiniger unermüdlich abgenuckelt wurden. Sue Ellen schien ein wenig unschlüssig. Einen seltsamen Augenblick lang entstand ein unangenehmes Gesprächsloch – als hätte jemand vergessen, rechtzeitig Vokabeln nachzufüllen in unseren Talk. Sie griff nach einem Blauregen-Trieb, der etwas müde seine Rankhilfe hochwuchs. »I don't know what happened«, sagte sie kummervoll, »it doesn't wanna blossom this year. It used to blossom all the other years. Probably it needs to be watered every other day.« Der Blauregen wollte nicht blühen.

»You know, Sue Ellen«, erklärte ich stolz. »I have Blauregen in Potsdam, too, such a huge big old trunk.« Ich zeigte ihr meinen Unterarm. »Sixty years old. Because I saw it growing in the garden I wanted to buy the house.« Und ich meinte es wirklich ernst: »I will take care of it.«

12:00 PM

Im Leben von Sue Ellen, Jimmy und Fritz musste es ein dunkles Ausgussgeheimnis geben. Unter Paragraph 37, Absatz 4 des Mietvertrags war ausdrücklich vermerkt: *No Haarknäuel into the sink!* Rohrverbot hatten auch: Skins, Pins, Pads, Tips, Tape, Tissue, Lids, Clips, Sticks. *GOTT!* Unter Paragraph 62, Absatz 5 stand, was ich zu tun hatte, sollten Termiten durchs Haus krabbeln. *TERMITEN?* 81/1 verpflichtete mich, Möbel erdbebensicher zu stellen. *ERDBEBEN?* Und mit 99/6 erklärte ich mich bereit, den kompletten Holzfußboden durch Auslegware zu schützen. *Knurrr!* – machte da nicht nur der Fritz.

Ich bat Sue Ellen, noch schnell ein paar Handyfotos machen zu dürfen für die Kids zu Hause – die würden vor Freude hüpfen. Wir schüttelten uns die Hand. Schatzi unterschrieb. Dann war ich stolze zukünftige Bewohnerin eines eigenen Hauses in den Vereinigten Staaten von Amerika. Bitte! War doch gar nicht so schwer.

2:00 PM

»Hallo, Mama, hier ist die Yella! Ruf doch mal zurück, bitte!« *Beep.*

»Mama, ich bin's noch mal, die Yella. Bitte, Mama, wenn du das abhörst, ich muss mal mit dir sprechen, ganz dringend!« *Beep.*

»Also, jetzt erreiche ich dich leider nicht ... Das ist schade ... Also wenn du das irgendwie abhörst – ja? –, ruf mich doch mal an. Ich sitze hier mit Oma und warte.« *Beep.*

»Liebes? Ich bin's. Ruf doch mal zurück, die Yella sitzt hier bei mir am Bett und weint. Ich hoffe, du hörst das ab!« *Beep.*

»Mama, bist du da? ... ich ...« Der Rest: nur noch unverständliches Weinen. Dann: *beep.*

Fünf anonyme Anrufe in Abwesenheit. Ich hatte gerade meine Voice-Mail abgehört, das Herz war mir stehengeblieben. Was war *da* denn los zu Hause? Wie spät hatten die's gleich? Oh Gott. Halb zwei nachts.

Ich drückte auf Rückruf. In der nächsten Sekunde wurde auch schon am anderen Ende der Welt das Telefon hochgerissen: »Ma-hama …?«, knackte, knarzte, schluchzte es durch die Leitung. Da hatte der Satellit irgendwo zwischen Potsdam und Palo Alto einen Knick in der Antenne.

»… Ma-hama … Carlos! … Meine Freunde! … Unsere Kaninchen! … Ich will nicht mit nach Amerika! Bitte, bitte mach, dass ich nicht mitmuss.«

Mir zerriss es das Herz.

»Bitte, bitte …«, Yellas Stimme überschlug sich.

»Stopp, stopp …«, rief ich hilflos und entsetzt. Das hatte ich nicht gewollt. Das will keine Mutter.

Knacken in der Leitung, der Telefonhörer wurde weitergereicht: »Liebes, pass mal auf«, kam jetzt Omis Stimme, total müde und erschöpft, »ich glaub, das führt hier jetzt gerade alles zu nichts. Die Yella muss ja auch morgen zur Schule. Ich denke, wir sollten später reden.«

Sie räusperte sich noch einmal. Was sie immer macht, wenn sie sich sehr aufregt.

Dann war das Gespräch zu Ende.

2:30 PM

»Bad news or bad news, was zuerst?«, wollte Schatzi wissen.

Wir saßen im Lieblings-Gyrosladen von Mark Zuckerberg. Wieder ohne Zuckerberg. Wo steckte der Kerl? Wie viele Lieblingsläden hatte der, in denen er nie war?

»Egal. Die andere. Kann eh nur besser werden.« Das Dumme am Leben ist ja, dass du vierundzwanzig Stunden persönlich anwesend sein musst. Ich hatte gerade sehr große Lust, mich selber zu schwänzen.

»Wir müssen hier unseren Führerschein nachmachen«, erläuterte Schatzi. »Deutsche Führerscheine werden nicht anerkannt.«

Mindestens einmal pro Woche rief mein Kerl bei Omi Kiel an und fragte mit tiefergelegter Stimme: »Guten Tag, Kriminalpolizei Potsdam, ist Ihre Tochter da?« Oder er kroch mit seinen Söhnen auf allen vieren aus dem Lokal, weil er ihnen weisgemacht hatte: *Papa hat kein Geld, wir müssen türmen.* So leicht ließ ich mich nicht verscheißern.

»Mein voller Ernst.«

Hilfe. Das war tatsächlich so gar nicht Schatzis typisches Beerdigungs-Verarschungs-Gesicht. Sondern nur das Beerdigungsgesicht. »Aber wir können die Führerscheine doch auf international umschreiben lassen! Das machen doch alle!«

»Nein, geht auch nicht, hab ich auch schon gecheckt. In Kalifonien wollen sie nur kalifornische Führerscheine. Wenn du hier lebst und einen Unfall baust und du hast keinen gültigen Führerschein, bist du dran.«

Okay, das war ein Klopfer. Hoffentlich hatte ich die schlechtere der schlechten News erwischt.

»Und zweite bad news: Wir haben keine Schule.«

Nun wäre ich doch fast vom Stuhl gefallen.

»Öffentliche Schule geht nicht, da brauchen unsere Kinder andere Visa. Privatschule geht nicht, da brauchen unsere Kinder andere Eltern.«

»Sehr witzig.«

»Mein voller Ernst. Privatschulen kosten hier schnell hunderttausend Dollar im Jahr. Das ist flott. Und selbst dann musst du drei Jahre vorher wissen, dass du spontan umziehst. Die haben alle ganz lange Wartelisten.«

»Und jetzt?«

»Homeschooling!«, schlug Schatzi vor. »Da setzt du dir die Kids an den Küchentisch und fragst die ostfriesischen Inseln ab, während du backst.«

3:30 PM

Der Direktor der German International School of Silicon Valley, kurz Dschi-Ei-Es-Es-Wi, empfing uns in seinem Büro: einer Schuhschachtel. Was nichts heißen will. Diogenes lebte auch in einer Tonne und kam dort auf bahnbrechende Erkenntnisse bezüglich des Miteinanders von Menschen und ihren Geschlechtsteilen.

Die Sekretärin stellte drei Tässchen auf den Tisch, ich nippte zaghaft an dem pechschwarzen Magenbitter, den der Kaffeeautomat hier als Latte macchiato verkaufte.

»Ihr erster Aufenthalt hier bei uns im Valley, nehme ich mal an?« Der Rektor hatte sein Tässchen auf einen Zug geleert. Nun lehnte er sich abwartend im Stuhl zurück, verschränkte die Arme vor der Brust und rollte die Unterlippe ein, dass sich am Kinn alle Haare aufstellten. Holla. Knuffiger Typ. Was den Pelz anging, hätten Schatzi und er eineiige Zwillinge sein können. Wobei der Direktor auch am Kragen einiges zu bieten hatte. Da ist Schatzi ja eher lurchmäßig unterwegs. »Was führt Sie zu uns?«

Schatzi schob einen Stapel Zeugnisse über den Resopaltisch: »Unsere Kinder!« Als ob möglicherweise auch meine Einschulung zur Diskussion stand.

»Das freut mich«, antwortete der Direktor. »Und sicherlich wissen Sie auch schon, wie das hier bei uns so läuft? Thüringer Curriculum? Bilingual?«

Bei solchen Fragen rufst du am besten ganz schnell ›Na klar!‹ und lässt dir eine Broschüre geben. Was nämlich so ein von der Leine gelassener Pädagoge ist, den fängst du so schnell nicht wieder ein.

»Nein, sagen Sie mal!«, freute sich Schatzi.

Diese alte Streberleiche. Das würde er mir noch büßen. Ich setzte mich erst mal ein bisschen bequemer hin auf meinem Hartplastikstuhl.

»Also, bevor wir hier jetzt groß ins Detail gehen ...« Der

Direktor legte die Fingerkuppen aneinander und machte eine bedeutungsschwangere Pause: »Sind Sie sich eigentlich darüber im Klaren, dass das Schuljahr hier bei uns schon übernächste Woche anfängt?«

Alter Falter! Ich verschluckte mich fast.

Auch Schatzi stellte mal kurz das Kaffeetässchen ab. »Nein, sorry, das ist uns neu.« *Pling! Pling! Pling!* Man hörte förmlich, wie die Gedanken hin und her schossen in seinem Kopf wie Kugeln im Flipperautomaten. Er guckte mich fragend an, als hätte ich irgendeinen sachdienlichen Hinweis für ihn die Schuljahresbeginn-Regelung im außereuropäischen Ausland betreffend. Ich zuckte mit den Schultern.

»Also, ich mache meinen Eltern da natürlich keine Vorschriften, wann Sie kommen«, fuhr der Direktor fort. »Aber als Pädagoge und Vater möchte ich Ihnen sagen: Es ist sicherlich viel besser, Ihre Kinder sind vom Start weg mit dabei. Die haben viel zu verkraften. Neues Land, andere Sprache, keine Freunde. Die brauchen ein bisschen Ihre Hilfe.«

Wieder guckte mich Schatzi fragend an.

Schon klar, was der wollte. Aber ich war mir nicht so sicher, ob ich das auch wollte.

Als kleinen Entscheidungs-Support bekam ich jetzt auch noch Besuch unterm Tisch: Schatzis Fuß, der mich knuffte.

Wehe. Noch ein einziges Mal. Dann petzte ich das alles dem Direktor.

10:00 PM

Es war zehn Uhr abends, sieben Uhr morgens in Deutschland: Ich rief zu Hause an und hatte sogleich eine total aufgeregte Lilly in der Leitung: »Du, Mama? Mein Platz ist geschmuckt!«, rief sie begeistert.

»Nicht *geschmuckt – geschmückt*. Mit *ü*!«

»Nein, nicht mit ü geschmuckt, Mama! Mit Kerzen geschmuckt.«

Das klang mir alles verdächtig nach Geburtstagsguerilla. Lilly wurde ja heute vier Jahre alt. Aber wenn du so klein bist, bist du ja noch ein bisschen doof. Sprich, du kannst noch nicht den Kalender lesen. Hatten wir uns so gedacht. Und beschlossen: Wir sagen ihr einfach nix. Und Geburtstag ist dann, wenn Mama und Papa wieder da sind. Der ganze Tross aus Omas und Opas und Verwandten war natürlich zum Schweigen verdonnert worden.

So weit, so hinterhältig. Doch leider war Lilly dann doch nicht so beschränkt, wie wir das gern gehabt hätten. Seit Wochen zählte sie nämlich den großen Geburtstags-Countdown runter, wo am Ende die große, große Barbie-Party wartete. Und ihr war aufgefallen, dass sie nun schon seit drei Tagen in drei Tagen Geburtstag hatte. Deswegen hatte es bereits ordentlich Terror gegeben. Gut möglich, dass Omi schwach geworden war. Die hatte ein Puddingherz.

Der Hörer wurde weitergereicht und Koljas weinerliche Stimme fragte: »Ma-hama?«

Gott, was war denn da jetzt schon wieder los?

»Hey, Süßer! Was ist los?«

»Mein Finger tut SO weh. Da hat die Oma reingebissen.«

Waren die denn jetzt alle mit dem Klammerbeutel gepudert? »Und wieso? Warst du nicht lieb?«

»Ne-hein …!« Kolja war Wehleid pur. »Wir haben Babybel in der Mikrowelle geschmolzen, und dann hab ich da so den Finger reingemacht und Oma hingehalten zum Probieren. Und sie dachte, das ist eine Mohrrübe. Sie kann ja nicht so gut gucken. Und dann hab ich Aua gesagt. Aber Oma dachte, ich mach Spaß. Und dann hat sie noch mal zugebissen.«

Wurde echt Zeit, dass wir nach Hause kamen.

July

**Friday
27**

10:00 AM

Im Valley schien es nur drei Sorten Hotel zu geben: die teuren. Die ausgebuchten. Und die, wo du selbst deinen Mörder nicht allein absteigen lassen würdest. Du bist ja ein verantwortungsvolles Opfer. Immer wieder standen wir vor Motels, wo du fürchten musstest, dass der glitschige Portier plötzlich unter den Tresen greift und komische Sachen in der Hand hat: die Bibel, seinen Pimmel, ein pressluftbetriebenes Bolzenschussgerät.

Wir brauchten dringend was zum Wohnen für die Zeit nach unserer Ankunft bis zum Einzug in Sue Ellens Haus. Wie das Leben manchmal Haken schlug. Erst sollte Schatzi allein gehen. Dann war die Idee, wir gehen zusammen. Jetzt ging ich allein. Ich hatte mich hinten eingeklinkt, auf einmal war ich die Bürste vorne an der Straßenräummaschine.

Ich hatte einen fetten Kater. Dieses Gespräch mit Yella steckte mir in den Knochen. War das alles richtig? Wie sollte das alles gehen hier? Schon in der Sekunde, als ich zum Direktor gesagt hatte: »Okay, dann bin ich nächste Woche da mit den Kindern!«, hatte ich gedacht: ›Bist du eigentlich völlig plemplem?‹

Und ich wusste auch, setzte ich mich jetzt bei Schatzi auf den Schoß zum Jammern, dann würde zwingend kommen: ›Wir sollten vielleicht alles abblasen. Gut gemeint und gut!‹

Und dann würde ich nicht nur mich selbst beschwichtigen müssen, sondern ab sofort auch noch meinen Kerl.

11:00 AM

»Stopp! Stopp! Stopp!«

Wir fuhren gerade den El Camino Real entlang, eine Stadtautobahn, auf der du mit zwei Tankfüllungen bis Mexiko kommst, achtspurig, darunter machten es die Stadtplaner hier nicht. Am Straßenrand hatte ich ein Hotel erspäht:

»Fahr mal langsamer! Siehst du das da?« Ich tippte gegen die Scheibe. Ein riesiges Gebäude, ganz aus weißem Holz, mit majestätisch aufragendem Säulenportal und Sprossenfenster über mehrere Stockwerke. Wer ein bisschen Scarlett O'Hara in sich trägt, dessen Herz machte jetzt *klopf-klopf!*

Wir rollten im Schneckentempo den Bordstein entlang, während hinter uns das große Hupkonzert losging. Es gelang mir, das Schild zu entziffern, das in den top getrimmten Rasen gepflanzt war: *Mortuary*. Sagte mir nichts. Aber schon mal gut: keine Kette. Je individueller, desto besser.

»Sieht doch gut aus, Schatzi, oder?«

»Jo«, bestätigte mein Mann und reckte auch den Kopf, um besser sehen zu können.

Bei der nächsten Gelegenheit bogen wir rechts ab auf der Suche nach der Einfahrt. Und nach weiteren drei Mal Abbiegen waren wir wieder auf dem El Camino Real. Gab irgendwie keine Einfahrt. Auch keinen Hinweis auf eine Rezeption. Also noch mal rum. Schließlich entdeckten wir ein blickdichtes Tor, parkten davor und stellten uns auf die Zehenspitzen: Da stand, sorgsam in Reihe abgestellt, eine Handvoll weißer Autos mit seltsamen Gardinen im Fenster.

Und plötzlich dämmerte es uns. War bestimmt grundsätzlich möglich, im *Mortuary* ein Zimmer zu bekommen. Zwei Einschränkungen: Wir würden uns auf zwei Grad runterkühlen lassen müssen. Und die Bettwäsche war möglicherweise etwas dünn. *Mortuary* war kein Hotel. *Mortuary* hieß Leichenschauhaus.

»Öhm«, machte Schatzi.

»Upsidupsi«, ergänzte ich. »Englisch war meine zweite Fremdsprache.«

»Weiß ich doch«, meinte Schatzi. »Und dann kam Deutsch als dritte.«

Bislang war ja Opa Bielefeld die Pappnase der Familie, weil er im Frankreich-Urlaub mal ins Hôtel de Ville marschiert war und nach Zimmerpreisen gefragt hatte. Bis er gecheckt hatte: Er war im Rathaus.

Es gilt das Ehegelöbnis in erweiterter Form: Ich will dich lieben, ehren und dir von meinen Fehlern abgeben, bis dass der Tod uns scheidet. Und mittlerweile war eh alles scheißegal.

1:00 PM

Und dann fing die Sonne an zu scheinen. Ganz vorsichtig.

Vor mir ging mein Mann breitbeinig wie John Wayne die Castro Street runter. Wir hatten sie gefunden: unsere amerikanische Arche, die uns für fünf Wochen aufnehmen würde. Ein Zwei-Zimmer-Apartment im *Orchid Inn* mit Blick auf die Stadtautobahn. Man konnte ja die Vorhänge zuziehen.

Und ich hatte beschlossen, bei allen Schwierigkeiten, die noch kommen würden, immer zu denken: Das hier ist wie eine Impfung. Da gehst du ja auch nicht hin mit deinem Kind, weil das Kind Spritzen so liebt. Weil du Tränen toll findest. Und der Arzt gern quält.

In Abwägung von allem Plus und allem Minus hatte ich entschieden: Amerika ist das Richtige für uns als Familie. Ich zieh das jetzt durch.

Wir waren auf der Fahndung nach Dosenbier und Essen auf Tischen ohne Tischdecke. Am liebsten so spicy, dass einem der Nackenschweiß ausbrach. Schatzi zog die Tür zu einem Mexikaner auf, sein Blick blieb an einem bunten

Plakat hängen, das im Schaufenster nebenan an der Scheibe klebte.

Darunter Preise und Telefonnummern. Schatzi blieb kurz stehen, studierte Text und Bild, dann hatte er sich eine Meinung gebildet: »Also, ich würde mal sagen, in good old Europe akupunktieren wir auch. Aber mit der ganz dicken Nadel.«

TEIL 3

Where were you last night?
That's so long ago, I don't remember.
Will I see you tonight?
I never make plans that far ahead.

Aus *Casablanca*

August

**Friday
10**

Der 24. September 1975. Einer dieser typischen, regennassen schleswig-holsteinischen Frühherbstnachmittage. Wir waren unterwegs auf der A7 von Hamburg nach Kiel und gerade unter einer Brücke hindurchgefahren, als mein Vater rechts auf dem Standstreifen einen Unfall entdeckte: Ein VW-Käfer hatte sich überschlagen und lag auf dem Dach, eine Mutter zog gerade ihr kleines Kind aus dem Wrack. Mein Vater entschloss sich, Erste Hilfe zu leisten. Ich war sechs Jahre alt damals.

Bei einhundertzwanzig Kilometer pro Stunde bleiben dir für ›Ja, ich halte an!‹ drei bis vier Sekunden. Das ist die Zeit zwischen zwei Wimpernschlägen. Im Leben macht der Mensch etwa achtundsiebzig Millionen Wimpernschläge. Mein Vater war Arzt aus Überzeugung, wahrscheinlich brauchte er noch nicht mal diese drei Sekunden.

Er war kaum ausgestiegen und im strömenden Regen zum Käfer gelaufen, da rauschte irgendein Idiot, der vor lauter Glotzen das Lenken vergessen hatte, in die Unfallstelle. So wurde aus einem ersten Unfall mit drei Leichtverletzten ein zweiter Unfall mit drei Fast-Toten. Eine durch die Luft fliegende Autotür traf meinen Vater in den Bauch und schleuderte ihn zu Boden.

Doch das sind eher die Erwachsenen-Daten.

Meine Kinder-Daten sind: Trümmer und Splitter überall. Mein blutender Vater, der sich auf Unterarmen und Bauch über den Asphalt zieht. Meine schreiende ältere Schwester. ›Papa! Papa!‹ Ich sehe mich hinter der Leitplanke stehen, eine Decke über dem Kopf. Ich erinnere mich an meine Mutter, die weint, auf ihrem Arm mein kleiner Bruder.

Was das mit mir gemacht hat? Alles und nichts. Ich bin nicht traumatisiert, nur seitdem etwas spinnerter als andere. Wobei mein Bruder sagen würde: ›Mach dir keine Illusionen, Käti. Bekloppt wirst du geboren.‹

Mein Vater kam mit dem Leben davon, nicht mit heiler Haut. ›Amputation‹, dieses Schreckgespenst begleitete mich durch meine Kindheit wie Möwenkreischen und Wind. Ich bin in Kiel groß geworden. Solange ich denken kann, kämpfte mein Vater um unsere Existenz, die Praxis, seine Beine. Ich bin Realistin, ich lese Zeitung. Ich weiß, aus der großen Lostrommel ist das nur die kleine Niete. Geht alles noch viel schlimmer.

Und dann passierte der zweite große Cut in meinem Leben. Ich wurde Mutter. Und mit so einem Baby kommen auch ganz viele Ängste auf die Welt. Emotionale Langstreckenraketen. Lange schon in dir unterwegs, jetzt am Ziel. Einmal mehr merkte ich: Ich mag, will, kann keine Pläne machen. Ich finde, das ist Gott am Bart ziehen. Was andere ruhig macht, macht mich total unruhig. ›Cross the bridge, when you come to it.‹ *Entscheide, wenn es so weit ist.* Mein Lieblingssatz.

Das Lustige ist: Ich habe einen Mann geheiratet, der das komplette Gegenteil von mir ist. Einer, der morgens schon weiß, was er abends essen will. Sohn eines Vaters, der letztes Jahr bereits nachgeguckt hat, wann morgen der Bus fährt.

Ganz oft denke ich: ›Das ist unser Seelen-Pattex.‹

7:30 MEZ

Und jetzt saß ich tatsächlich mit unseren vier kleinen Kindern, einem Haufen Schmusetieren, sieben Koffern und einem nur so halb anwesenden Ehemann im Großraumtaxi auf dem Weg nach Berlin-Tegel und in ein neues Leben. Keine zehn Tage waren mir für die Umzugsorganisation geblieben. Da brauchte eine Mücke länger zum Schlüpfen.

Brabbel, Brabbel, Brabbel – machte es unentwegt vom Beifahrersitz: Schatzi im angeregten Dauertelefonat mit seinem Büro. Natürlich schön laut, damit auch alle was davon hatten. Sekunden der Funkstille wechselten mit: »Großer Gott, gib mir mal SOFORT die ›Nachrichten‹!« Man hätte denken können, in Eckernförde waren die Marsmännchen gelandet. Dabei war dies ein totaler Durchschnittsmorgen: Usain Bolt hatte in London sein tausendstes Olympiagold gewonnen, Südkorea zankte sich mit Japan. Nichts, woraus Zeitungen Sonderseiten machen.

Hey, merkte Schatzi gar nicht, dass ich ihn gerade brauchte? Echt, dieses Urvertrauen in ›Mutti macht das schon‹ – beeindruckend. Würde ich rufen: ›Hey, kümmer dich mal!‹, würde er finden: ›Aber ich kümmer mich doch! Du musst eigentlich nur den Rest machen.‹ Und dieser Rest sind dann hundert Prozent. Das ist echte Ehe-Mathe.

Auch mein Nachwuchs hatte mich herb enttäuscht. Ich hatte erwartet, dass alle weinen und Omi versprechen würden, noch im Flugzeug die erste Postkarte zu schreiben. Stattdessen waren die Kids rastlos wie die *Duracell*-Hasen durcheinandergerannt, hatten krakeelt und gekämpft. Und Omi hatte Mühe gehabt, irgendwen mal länger als drei Sekunden zu fassen zu kriegen, um ihn an sich zu drücken und Abschied zu nehmen. In Filmen sieht das anders aus.

Seltsam. Ich hatte es mit einem Tag zu tun, der sich weigerte zur Kenntnis zu nehmen, dass er ein besonderer war. Keine Flaggen auf Halbmast, keine pathetischen Lieder im Radio. Wenn auf Vox *Die Auswanderer* auswanderten, standen wenigstens immer ein paar Nachbarn rum und hielten Herzchen-Plakate hoch. Immerhin, kleiner Lichtblick: Schatzi würde uns persönlich nach Kalifornien eskortieren. Sich dort wie der Aufsichtsbeamte bei Ziehung der Lottozahlen vom ordnungsgemäßen Zustand seiner Großfamilie überzeugen. Und am Montag wieder ins Flugzeug nach Deutschland klettern.

Auf Höhe Wannsee-Bahnhof hatte Kolja das erste Mal seinen Ellenbogen zu weit auf Lillys Seite und das große Geplärre ging los. Sechs von zehntausend Kilometern. Das konnte noch eine lustige Reise werden. »Wer von euch weiß, was Baum auf Englisch heißt?«, startete ich schnell mal ein Ratespiel.

»*Tree!*«, antwortete Kolja wie aus der Kanone geschossen. Brav. Die letzten zehn Tage hatten die Kinder zusammen mit einer Nachhilfelehrerin ihre allerersten Worte Englisch gebüffelt. Noch war nicht klar, ob erfolgreich. Aber wenigstens Omi konnte jetzt akzentfrei sagen: ›I make bubbles.‹

»Und wer kennt das englische Wort für Gras?«

»*Grass!*« Das war Caspar. Auch wie aus der Pistole geschossen. Ich fürchte allerdings, nicht aus Begeisterung für die Sache, sondern eher motiviert durch den Wunsch, seinem kleinen Bruder die Zunge rausstrecken und ›Ätschi bätsch, Erster!‹ rufen zu können. Geht ja nichts über das Klären der Rangordnung.

»Aber *das* wisst ihr bestimmt nicht«, läutete ich die nächste Runde ein. »Was heißt Sonne?«

»*Sun!*«

»Na«, ich tat so, als müsste ich überlegen, »ich würde mal sagen, DA war die Lilly am schnellsten.«

»Und was heißt Arschloch auf Englisch?«, schaltete sich das liebe Stimmchen von Yella dazwischen. Der Tonlage nach gerade leicht angepisst.

Bis zum Schluss hatte ich versucht unserer Tochter klarzumachen, warum wir ihr Pony leider nicht mitnehmen konnten: Quarantäne, Speditionskosten, Stress für das Tier. Und bis zum Schluss hatte ich heimlich nach Wegen gesucht, wie es vielleicht doch gehen könnte. In einem Vier-Augen-Gespräch waren Mister Carlos und ich zunächst darauf gekommen, dass er zwar aussah wie ein felltragender Verdauungstrakt auf Stummelbeinen, sich aber tief in seinem Inneren ein edles Turnierpony versteck-

te. Turnierponys, so wollen es die tierärztlichen Bestimmungen, brauchen nicht in Quarantäne, denen reicht eine Spritze. Auch einen günstigen Spediteur hatte ich schon ergoogelt. Doch dann begann Carlos seine typischen Carlos-Mätzchen zu machen. Zuerst war er unreitbar, weil sein Rücken verspannt war, der Chiropraktiker musste kommen und ihn abtasten. Du selber stehst daneben und denkst, im nächsten Leben werd ich Pony. Kaum war das kuriert, gab's die nächste Sondereinlage: Hufabszess. Wieder musste für viel Geld der Fachmann kommen. Eigentlich dachte ich ja, ich wüsste, was Stinken ist. Der Abszess wurde aufgestochen und ich erkannte: Nein, weiß ich nicht.

Daraufhin hatte ich ein weiteres Vier-Augen-Gespräch mit dem lieben Carlos. Er verriet mir, dass er in Amerika schreckliches Heimweh haben würde und viel lieber doch nach Schleswig-Holstein wollte. Zu einer Freundin, deren Pferd gerade gestorben war. Das fand ich eine gute Idee. Hier konnte er nämlich gleich mal lernen, dass man Leute, die nett zu einem sind, nicht in die Hand beißt.

✱ ✱ ✱

»Also, wie heißt jetzt Arschloch auf Englisch?«, hakte Yella nach.

»Aber Yella! Im Amerikanischen gibt es so böse Worte nicht!« Schatzi hatte sich eingeschaltet, zurück aus dem digitalen Nirwana.

»Ach, wisst ihr was?«, befand Yella schmollend, »das krieg ich auch ohne euch raus.« Drei Sekunden Funkstille. »Also. Was heißt Loch? Mmh, *hole*. Und Arsch? Moment ... Ich weiß! *Bottom hole.*«

Dein Kind ist dein Kind, weil es dein Kind ist.

8:00 MEZ

Wir checkten in Tegel ein. Eltern wie uns hatte ich schon ganz oft gesehen und von Herzen bedauert: zu viele Kinder, zu viel Gepäck. Immer ein Gör, das trotz Ermahnung am Absperrseil hangelte und mit dem Ständer umkippte. Immer eine Mutti, die ihren Lieben noch schnell sieben Liter Wasser einzutrichtern versuchte, weil gleich am Security-Check die Flaschen weggeschmissen werden müssten. Immer ein Papi, der sich beim Hochwuchten der Koffer wunderte: ›Gott, sind die schwer!‹ Und eine Schalterdame, die sich gar nicht wunderte: ›Sie haben leider Übergepäck. Zahlen Sie bar oder mit Kreditkarte?‹

Dann saßen wir im Flugzeug nach Zürich. Und irgendwann im Jumbo nach San Fran. Die Anschnallzeichen leuchteten auf, ich stopfte mir meine Filzdecke um die Beine. Auf den Bordmonitoren hätten sie jetzt einen Kurzfilm zeigen müssen: ›Herzlich willkommen bei Diekmann-Fun-Tours! Sie starten jetzt in Ihr neues Leben! Wir haben einiges Remmidemmi für Sie vorbereitet. In den nächsten Monaten heißt es: Hello Kalifornien, Texas, Arizona, Utah, Nevada, New York, Kanada, Mexiko und Nicaragua! Getreu unserer Firmenphilosophie: *Sehen wir's nicht in dieser Welt, sehen wir's auch nicht in Bielefeld!* Vierzigtausend Kilometer. Einmal rund um den Globus. Bleiben Sie bitte auch während des Trips angeschnallt. *Sometimes it will get bumpy!*‹

Aber den Film zeigten sie nicht. Stattdessen durchstießen wir den suppigen Züricher Himmel und goldenes Licht, als hätte der liebe Gott seinen Scheinwerfer auf uns gerichtet, flutete die Kabine. Den Knirpsen hatten wir erlaubt: ›Ihr dürft iPad spielen und auf dem Laptop *Winnetou* gucken! Aber wehe, es gibt Streit!‹ Bis Labrador, also fünf Stunden später, war Winnetou schon viermal gestorben und bei *Minecraft* waren drei Milliarden Steine verbaut.

Auf Höhe Montana, also nach acht Stunden Flug, rutschten dann langsam die Lider über die Pupillen. Und noch mal zwei Stunden später, pünktlich zum ›Wir haben soeben mit dem Landeanflug auf San Francisco begonnen, bitte schalten Sie nun alle technischen Geräte aus und stellen Sie Ihre Rückenlehnen senkrecht‹ fiel die gesamte Reihe hinter uns ins technische Koma. Na toll.

Schatzi und ich rutschten erst mal auf Knien zwischen den Sitzreihen herum und suchten Schuhe. Nicht so leicht unter zehn Zentimeter Knüllfolie, *Hanuta*-Papier und heruntergerutschten Decken. Dann machten wir uns daran,

die Bande wieder wach zu rütteln. Schatzi rief: »So! Und nu' ma' jetzt zügig raus hier, alle Mann! Nicht dass wir an der Immigration in die lange Schlange kommen.« Leichter gesagt als geschubst. Beweg mal vier schlaftrunkene Kids Richtung Ausgang, alle beladen wie die Weihnachtswichtel mit Rollköfferchen und Rucksack – weil die Mutter die Handgepäckfreigrenze ausnutzen wollte.

4 : 45 PM

Völlig außer Puste reihten wir uns in die Schlangen vor der Immigration, wo wieder Andrang herrschte wie vor einem Champions-League-Spiel. Wofür eigentlich das Gerenne? Dein Flieger ist ja doch immer der, der nach dem landet, der vorher da war. Musste ich Schatzi bei Gelegenheit noch mal vorrechnen. Jeder Versuch, schneller zu warten – rennen, Schlangen-Hopping –, bringt, dass du nicht zwei Stunden wartest, sondern hundertzwanzig Minuten.

Jetzt ging das große Zittern los. Gut möglich, dass uns unser Visa-Gemischtwarenladen gleich um die Ohren flog. Nichts im Leben ist umsonst. Der Preis für Zackizacki-Auswandern? Zackizacki-Visa. Ich und Lilly hatten gerade mal ›B2‹ ergattern können. Das hieß: sechs Monate Duldung. Herumreisen erlaubt. *Kein* Wohnen. Dann Tschüss! Yella, Caspar und Kolja waren großzügiger bedacht worden: Als *Students* verfügten sie jetzt über ›F1‹-Status, also ein Jahr Bleiberecht. Mit Anspruch auf feste Adresse. Und Schatzi? Zurzeit noch ›B1‹. Aber mit der Chance auf ›L1‹, also ein Jahr. Dazu musste er allerdings erst mal wieder ausreisen.

Okay. Und wäre *ich* jetzt unser Immigration Officer gewesen? Ich hätte mich am Kopf gekratzt und überlegt: ›Mmh … Papa fliegt durch die Weltgeschichte und sagt: *Ich komm wieder?* Das Männerversprechen kenn ich! Zweitens: Mama und Mini-Schwester machen im Januar die Biege? Aber: Wer kocht Tick, Trick und Track die Nudeln?

Bringen die drei sich dann ab sofort selbst zur Schule? Und drittens: Wenn ›B1‹-Papa weg ist, dann ist ›B2‹-Mama wie Blind ohne Darm. Geht das?‹

Und an dieser Stelle hätte ich die Nüstern gebläht. Und dann gerufen: ›Stopp! Hier stinkt's!‹

Wir waren endlich an der Reihe. Auge in Auge mit Gott in Schwarz. Der heute und wohl auch alle anderen Tage eine P229-SIG-Sauer-Pistole in seinem Halfter stecken hatte und Kaugummi kaute – ganz lässig zwischen den Schneidezähnen.

Ich überlegte: ›Mach ich jetzt einen Knicks?‹ Aber da bekam ich auch schon gleich von Schatzi meinen obligaten Knuff in die Seite. Motto: ›Halt ja die Klappe.‹ Stattdessen überlegte ich nun: Was, wenn ich meinen Ehemann jetzt einfach mal zurückhaue? Nur mit den allerbesten Absichten, versteht sich.

Schatzi schob dem bulligen Officer unsere Pässe über den Tresen und bellte: »*Good evening, Sir*!« So eine alte Schleimbratze. Was sollte dieses seltsame SIR? War das derselbe Schatzi, den sie früher bei der Bundeswehr an Wochenenden immer strafkaserniert hatten? Weil er zur Uniform rosa Sonnenbrillen trug und Händchen hielt mit irgendeinem anderen Bekloppten?

Der Officer blätterte und las sich durch unsere sechs Reisepässe. Von hinten nach vorne, von der Mitte nach außen. Wann immer Mr Chewing Gum beim Pass-Surfen auf ein Visum stieß, verglich er ausgiebig Foto mit Gesicht. Man konnte den Eindruck haben: Er hat ein Röntgengerät ins Auge implantiert bekommen. Ein-, zweimal dachte ich sogar, jetzt holt er sein Einreiselineal raus und misst den Pupillenabstand. Die Fotoauflagen für US-Visa sind da ja echt streng. Man hat auch kein großes Zutrauen in den IQ des Fotomotivs. Es steht nämlich ausdrücklich im Hinweiszettel: *Keine Burka! Keine Sonnenbrille!* Eigentlich fehlte nur: *Nicht enthauptet!*

Konnte es sein, dass der Beamte uns auf dem Kieker hatte? Warum verzog der eigentlich keine Miene? Hatte der eine Gesichtslähmung?

»So where do you come from right now?«, wollte er plötzlich wissen, nachdem er sich ... beguckt hatte und beguckte sich Schatzis einhundertsiebenundzwanzig Reisestempel im Pass. Vorher hatte er offensichtlich ein bisschen Länderraten mit sich selbst gespielt.

»Right now? Germany, Sir!«

»Ah, Germany!« Es klang wie: ›Ah, Neuguinea!‹ Dann wollte der Beamte wissen: »First trip to the US?« Und ich überlegte: War das jetzt eine Fangfrage oder Tran? Er hatte nämlich gerade unsere US-Immigration-Stempel von vor drei Wochen aufgeschlagen. Und wahrscheinlich brauchte er auch nur eine Taste auf seinem Computer zu drücken und wusste, wann wir das letzte Mal Verdauung hatten.

»No, Sir!«, bellte Schatzi.

Wieder studierte der Typ unsere Visa. Was hatte der? Was passte ihm nicht? Nun muss man wissen: Selbst das korrekteste Visum aller Zeiten ist keine Einreisegarantie. Nur eine Empfehlung. Und wenn der Officer ›eene, meene‹ machte und bei ›muh‹ den Daumen runter – dann war's das. Da half dir auch nicht der Europäische Gerichtshof für Menschen- und Urlaubsrechte. ›That's the way the cookie crumbles!‹, wie der Amerikaner sagt. So ist das eben. »And the purpose of your trip?« Erneut guckte der Officer forschend.

›Lieber Gott, bitte mach, dass Schatzi uns jetzt nicht mit Fakten beglückt!‹, betete ich. Im Gegensatz zu mir kann er ja die Finger nicht von der Wahrheit lassen. Sehr belastend.

»To tell you the truth«, erklärte mein Mann, bevor ich ihn boxen konnte. »We are going to live in Palo Alto for a year. And now I bring my wife and my four kids since school is starting on Monday. And then I am heading home to get the ›L1‹-Visa quickly. And my wife will apply for ›L2‹

while staying in the US.« *Wir wollen hier ein Jahr leben, und das mit den Visa, das müssen wir erst noch geradeziehen!* – schüttete Schatzi sein Innerstes aus. Wer ihn kennt in seiner Correctness, weiß: Gern hätte er auch noch eine Stuhl-, Sperma- und Urinprobe über den Tresen gereicht. Bloß alles offenlegen.

›Ist mein Kerl jetzt völlig plemplem?‹, dachte ich. ›Mit was für einem ekelhaften Ich-lüge-nicht-Zombie bin ich bloß verheiratet?‹

»So you are a quite busy man, aren't you?« *Schwer beschäftigt, was?*, nickte der Beamte und zog spöttisch die Braue hoch, als wollte er sagen, ›Was für ein Zwölfender in meinem Revier!‹ Und dann, völlig überraschend: *zack!* knallte uns der Beamte sechs Stempel in die Pässe und krickelte noch mal kurz mit seinem Stift drüber. Denn auch in der digitalen Welt ging offensichtlich nichts über den guten alten Kuli. Dann schob er uns gelangweilt unsere Dokumente zurück über den Tresen und sagte mit Sphinx-Blick: »Have fun.«

7:00 PM

Und immer noch war Freitag, der 10. Seit nun schon dreißig Stunden. Komisch, wenn so ein Tag nicht totzukriegen ist. Sonst rennt einem ja immer die Zeit weg, jetzt lief sie uns hinterher wie ein streunender Hund. Hatte die kein Zuhause?

Völlig erschossen hingen wir bei *Howie's Artisan Pizzeria* über einer halb gegessenen Margherita. Das Knoblauchbrot – dreimal angebissen, dann kalt geworden. Der Rotwein eingeschenkt und nicht getrunken.

Wir wussten, es war Zeit zu feiern – und wären sehr dankbar gewesen für die Option, mit der Pizza auch die Party in die To-go-Box umzufüllen. Alles für morgen.

Schatzi hatte die schlafende Lilly an der Brust: blondes, verschwitztes Mäusehaar, die Marienkäferspange ver-

rutscht, über einen langen Speichelfaden nach Art einer Nabelschnur mit Schatzi verbunden. Yella, Caspar, Kolja mit den Köpfen auf der Tischplatte. Damit's nicht ganz so hart war: ein Stapel Papierservietten als Kopfkissen.

Ich konnte es nicht glauben. Schatzi drückte meine Hand, ich drückte Schatzis Hand.

Wir waren tatsächlich angekommen in Amerika.

August

**Saturday
11**

9:00 AM

Hundertsechzigtausend Deutsche wandern jedes Jahr aus.

Mit dem Auswandern verhält es sich wie mit dem Toreschießen. Jeder weiß, wie's geht, auch die, die nur zugucken. Und bist du plötzlich part of the game, kannst du dir selber ganz viele schlaue Tipps geben, weil du ja schon seit Jahren den Durchblick hast.

Ich stand mit nassen Haaren im Bad und versuchte gerade einen offenen Umgang mit der neuen, fremden Kultur. Vor allem mit ihrem Steckdosenwesen.

wwW WWWWWwwww … ww … w … wWww … brummte meine Lockenbürste auf dem letzten Loch. Erstarb. Kam wieder zu Kräften. Erstarb. Zum Erbarmen. Noch vor zwei Tagen in Deutschland war das eine gesunde, potente 1 000-Watt-Turbo-Qualitäts-Bürste gewesen, die jetzt im amerikanischen 120-Volt-System kläglich verreckte. Und da half auch kein Adapter, um ausreichend Power aus der Steckdose zu lutschen.

»Zulu minus neunundfünfzig Minuten!«, rief Schatzi durch die Tür. Was Zeitmanagement angeht, ist er immer noch bei der Bundeswehr. Er hasst Unpünktlichkeit. Um zehn war Einschulung.

Die erste Nacht im *Orchid Inn* war mühsam gewesen. Zwischen Schatzi und mir die schnarchende Lilly. Im Bett oben auf der Galerie Caspar und Yella, die beide so taten, als hätte der andere Lepra, und penibel darauf achteten, dass ja keiner sein Knie zu weit über die Bettmitte streckte. Kolja ausquartiert auf die Couch, Badehandtücher als La-

ken und Bettdecke. Als unseren Problemlöser vom Dienst hatte ihn das aber null gestört. Manchmal denke ich, ein bisschen mehr Killer wär nicht schlecht. Soll ja schließlich mal Bundeskanzler werden, der Junge. Ab Mitternacht war dann ständig Lillys Popo zu Besuch in meinem Gesicht gewesen. Und um vier Uhr morgens schließlich war ich mit einem ›Oh Gott, verschlafen!‹ hochgeschreckt und danach nicht mehr so recht eingeschlafen.

Um acht hatte dann sehr energisch der Wecker geklingelt. Auch da kein gemeinschaftliches ›Wir fassen uns an den Händen und rufen, *piep, piep, piep,* was hammer uns alle lieb!‹ Stattdessen: Run der Familie Diekmann auf die Adapter. Jeder hatte was, was er ganz dringend ganz doll laden musste.

»Ich geh schon mal vor!«, rief Schatzi, neuerdings mit Kurzhaarschnitt und Dreiundzwanzig-Tage-Bart unterwegs. Der hatte also nichts, was er trocknen oder mähen musste. Kluger Mann. Und ich wusste auch, warum er es so eilig hatte: der Ruf von Eiern und Schinken am Buffet. So was kriegt er nämlich bei mir zu Hause nie. Die Frau, die ihn mir ausspannen will, braucht keine Dessous, die braucht eine Pfanne. Aber das nur am Rande.

9:20 AM

Geht doch nichts über so eine luftgetrocknete Schnittlauchfrisur.

Ich zog mir gerade einen krakeligen Lidstrich, als ich hörte, wie Schatzi vom Frühstück zurückkam. Und dann wurde mir auch schon ein übelriechendes Kind ins Badezimmer geschoben. »Oh Gott!«, rief ich, »was ist los?« Dabei wusste meine Nase längst die Antwort.

Lilly hatte gleich mal Freundschaft geschlossen mit dem Frühstücksbuffet: Würstchen, Pommes, Pfannkuchen, Bechamel-Sauce – der Amerikaner mag's ja morgens gern luf-

tig und leicht. Und nach dem ersten Probierdurchgang, so berichtete Schatzi, hatte die junge Feinschmeckerin herzhaft vor die Warmhaltewannen gekotzt. Nun hat Schatzi zwar wahnsinnig viel Angst vor Kinderkotze, aber noch ein bisschen mehr Angst hat er davor, was die anderen Gäste sagen könnten. Deswegen hatte er einfach mal beide Hände drunter gehalten. Das Problem war nur: Schatzi hat keine Baggerschaufeln. Deswegen stanken jetzt beide von oben bis unten: der blasse Kindsvater und seine brüllende Tochter. Vom Buffet-Teppich ganz zu schweigen.

Im Fernsehen pflegen sich die Akteure in solchen Szenen in den Arm zu nehmen und lachend zu rufen: ›Egal, Honey! Hauptsache wir lieben uns!‹ Aber ich bekam gerade das große Würgen. Mit spitzen Fingern zog ich Lilly ihr ehemals silbernes Lieblingskleid über den Kopf und stopfte es in die erstbeste Tüte. Unter reger verbaler Anteilnahme von Schatzi, der immer wieder fragte: »Und jetzt?« Wahrscheinlich in der Erwartung, dass ich sagte: ›Na, dann hol ich mal eben die Waschmaschine aus dem Koffer!‹ Aber ansonsten machte er keinen Finger krumm.

Manchmal frage ich mich, wem Emanzipation mehr bringt. Den Frauen, weil sie jetzt auch Sprudelkisten schleppen? Oder den Kerlen, weil sie ungestraft einen auf Mädchen machen dürfen? Manchmal denke ich: Emanzipation ist die Hängematte für den jammerlappigen Mann. Was gab's hier groß zu palavern?

9:59 AM

Gerade noch rechtzeitig schlugen wir auf dem Schul-Campus in Mountain View auf.

Vom blitzeblauen Himmel schien eine unverschämt helle Sonne. Eine warme Sommerbrise ging, es roch ganz wunderbar nach Zimt und Fenchel. Ein bisschen wie im Spa. Ich nahm dankbar eine Lunge voll.

Fünf bunte Tuschebilder, zur Willkommens-Girlande aneinandergereiht, hingen über dem Eingang, darauf die zerlaufenen Buchstaben G-I-S-S-V. Daneben grüßte ein Flaggenmast mit politisch korrekter Fahnenanordnung: Wir unten, die USA eins drüber. Im Beet neben der Rollstuhlrampe ein paar Exponate schulischen Schaffens: windschiefe Vogelhäuschen aus Pappmaché, getöpferte Würstchen, irgendwas Schneckenartiges mit Perlen drauf. Man konnte sich gar nicht sattsehen.

Als wir vor zwei Wochen das erste und letzte Mal hier waren, hatte ich gar nicht richtig geguckt. Jetzt sah ich das erste Mal die Ansammlung sonnensegelbewehrter Holzbaracken, in der Mitte ein großer Schulhof. Eine Mehrzweckhalle. Ein großer Spielplatz mit Sandkiste. Das war es: das kleine gallische Dorf aus *Asterix*, umzingelt vom großen Amerika.

Der Direktor hatte hinter ein paar Klapptischchen Aufstellung genommen, darauf altargleich die Nationalheiligtümer der Vereinigten Staaten von Amerika: der Coffee to go und Cookies. Letztere hochgezüchtete, bierdeckelgroße Teigfladen mit riesigen Schokopopeln. Ein Biss, tausend Kalorien. Ich bekam achtlos vier pädagogisch wertvoll befüllte Schultüten in den Arm gedrückt, während unser Nachwuchs gierig nach vorne stürzte.

Und du als Mutter machst dir Gedanken, wie du deinen Kindern die Angst vor der Fremde nehmen kannst. Wirf einfach Schokolade auf den Boden.

Der Rektor griff zum Mikro und hielt eine bewegende Ansprache. Was es doch für eine Freude sei, alle so zahlreich versammelt zu sehen. Dass das Wetter schön sei. Die Erde rund. – Ich straffe das jetzt mal ein bisschen. Was soll so ein Schuldirektor auch sagen? ›Schon wieder dieselben Gesichter, ich ertrag das alles nicht mehr! Geht nach Hause! Bis Montag!‹

10:30 AM

Nach den formellen Einschulungsriten folgten die informellen, das Lehrerbesichtigen. Die warteten schon in ihrem Gehege, im Pädagogen-Slang *Klassenzimmer*, vor großen weißen Dingern an der Wand. Das waren ... Was waren das eigentlich?

Smartboards.

Schultafel, Beamer, Touch-Pad – alles in einem. Man konnte mit dem Stift darauf herum schreiben wie auf einem Blatt Papier, mit dem Finger einen beliebigen Punkt der interaktiven Oberfläche antippen, Dateien aufrufen, im Internet surfen. Nicht ausgeschlossen, dass das Teil auch Kaffee kochte.

Es gab Klaviere in den großzügigen Räumen, eine kleine Küchenzeile mit Mikrowelle, Spielsachen, ein Telefon. Die Klassenstärken – eine Lachnummer: fünfzehn Kinder. Der aktuelle Abijahrgang: drei Schüler. So was finden Eltern toll und Schüler natürlich scheiße.

Was für ein Walhalla des Lernens.

»Das is ja doll hier!«, meinte Schatzi beeindruckt.

Und auch ich hatte das erste Mal seit Langem das Gefühl: alles richtig gemacht.

11:00 AM

Nächster Programmpunkt: Eltern-Speed-Dating. Das folgt den normalen Speed-Dating-Regeln. Nur dass du dich anschließend nicht zum Gechlechtsverkehr verabredetest.

»Jode Dach, ich bin d' Jerda. Ich hang zwe Pänz. Und wie viele Pänz hes du?« Ich nehm mal an, sie meinte Kinder, nicht Füller.

»Vier.«

»Wat? Vier Pänz? Also, dat wür ja nix für misch. Wie kriechste dat üwwerhaupt jerejelt?« Sie guckte mich ein

bisschen entsetzt an. Einen Augenblick überlegte ich, ob ich fragen sollte: ›Wat jetzt? Du nur ZWEI?‹

»Mingem Mann, vun demm singe Chef hät sing Firma he en demm Silicicon Valley. Zuerst wollt ich ja net hehin. Ävver jetz jefällt et mir so joot, dat d' misch nur ennem Sarsch fottkrijje.« Sie guckte neugierig, als wollte sie wissen, ob ich auch im Sarg abreise. Dann nickte sie: »Und wat arbeided *dinge* Mann denn su?«

Ja, ja, wir Mädels. Kein Typ steht vor einem anderen Typ und fragt als Erstes: ›Was macht deine Frau beruflich?‹

»Der ist Journalist.«

»Oh.« Sie überlegte kurz. Und es war nicht klar, meinte sie: ›Oh Gott.‹ Oder: ›Oh wie schön?‹ »Ävver, wat habt ihr denn för 'n Visum dann?«

»Also, ›B2‹ ich – und mein Mann ›L1‹.«

»Ah …« Sie verarbeitete die Information. »Also, *mir* haben ›E2‹.« Sie guckte mich an und ich wusste, ja, es sagte mir was. Irgendwas links neben … und oberhalb von … irgendwas. Ich hatte meine Broschüre vergessen.

»Un wie lange bleibt ihr he?«, hakte sie nach.

»Zwölf Monate.«

»Oh ming Jott.« Sie lachte. »Maach et denn Sinn, dichens üvverhaupt kennezuliere?« Die Frage konnte ich ihr leider nicht beantworten.

Wieder ein: »Mh«, dann: »Ävver seid ihr denn dann üwwerhaupt *Experts*?«

Hä? Wie? Experts? Bei Otto gibt es doch so einen Sketch, da macht der Moderator »Kuckuck!« und fragt: »Frau Suhrbier, wie heißt dieser Vogel?« Und Frau Suhrbier antwortet: »Walther?«

Klar waren wir Experten, fragte sich nur, für was.

Artikel | **Diskussion**

Expatriate

Expatriate (Plural -en; auch -es; von engl. expatriate; Plural -s; von lat. ex aus, heraus; patria Vaterland), kurz Expat: von Firma entsandte Fachkraft. Im Unterschied zu Migranten Menschen, die ihrer Heimat verbunden bleiben und nicht assimilieren.

»Welchen Namen hat dein Pimmel?«

Wir waren wieder im Apartment. Kolja und Caspar hatten wichtige Fragen zu klären.

Sonst will Kolja ja immer wissen: »Was passiert, wenn Lava in den Weltraum kommt? Was passiert, wenn die Sonne in den Ozean fällt?« Da war das hier doch richtig mal was mit Chance auf eine Antwort. Ich war für Herbert.

Meine eigene Quizfrage lautete: Wie bringst du sieben prallvolle Koffer in einem Kleiderschrank unter, der nur zehn Bügel hat? Irgendwas sagte mir: Die Bügel waren das allerkleinste Problem.

Ratlos stand ich vor unserem taiwanesischen Gepäcksammelsurium aus dem *Karstadt*-Summer-Sale. *Eene, meene, muh.* Ich zog einfach mal den ersten Reißverschluss auf. Der Kleiderschrankfußboden war innerhalb von einer Nanosekunde voll. Ich wich auf die Nachttischschubladen aus. Dann auf den Schreibtisch. Schließlich auf den Teppich. Was so Milben sind, die brauchen auch was zu beißen. Heute war jetzt eben Tag der deutschen Küche. Überall entstanden Türmchen, Häufchen, Halden, Stapel. Und die meiste Zeit saß meine bessere Hälfte auf der Couch und ließ mich wissen, dass er gerne helfen würde. »Sag, wenn ich mit anfassen kann!«

Er war auch schon fleißig gewesen: Zwei Hosen, zwei Shirts, zwei Shorts, zwei paar Socken, was ein Schatzi von Welt so braucht bis Montag, das alles lag jetzt fein säuberlich auf dem Couchtisch. Weil kein Platz war, hatte er improvisieren müssen. Nun machte er auf seiner Herz-Lungen-Maschine rum, checkte E-Mails, scrollte und hatte das grundsätzliche Problem: »Ich weiß ja nicht, wo du alles hinhaben willst!«, kam es in vorwurfsvollem Ton.

Nun kenne ich den Satz. Er fährt mit uns in den Türkeiurlaub. Er begleitet uns in die Skiferien. Man hat den Ein-

druck, beim Klamotteneinräumen gibt es für Männer ganz, ganz viele Optionen: Kleiderschrank, Kühlschrank, Badewanne. Das ist ein bisschen der Fehler im System: Wenn du dein neues Leben startest und leider vergessen hast, auch einen neuen Ehemann einzupacken.

»Ja, fass mal bitte mit an. Wir müssten hier ein paar Möbel schieben, damit ich Platz bekomme.«

Schatzis Gesicht? Unbezahlbar. »Ich räum hier aber nicht das ganze Apartment um!«, bekam er Angst. Diese Antwort kenn ich natürlich auch schon.

»Musst du auch nicht, Schatzi!«, log ich.

Und dann schob er auch schon los. Dass ist das Tolle und Süße an Männern – die haben so wenig Bock auf Helfen, dass sie wenigstens ganz schnell fertig werden wollen.

4:00 PM

Bei *Target* begrüßten uns Milch, Meerrettich, Marshmallows, Unterhosen, Tee in Flaschen, ganze Truthähne, Antibiotikum, Whirlpools, T-Bone-Steaks, Bettpfannen, Erdnussbutter, Lesebrillen, Salsa, Salben gegen Scheidenpilz, Hundefutter. So mag man's: breit sortiert. Eine riesige Halle, nirgendwo ein Verkäufer. Nicht ausgeschlossen, dass man heute Richtung Damenbinden aufbrach und übermorgen orientierungslos und dehydriert in der DVD-Abteilung aufgefunden wird. Fragtest du andere Kunden »Can you help me?«, waren die sofort total hilfsbereit und latschten dann hartnäckig mit dir ohne Plan durch die Gegend. Helfen und Ahnung haben sind zwei Sachen in Amerika.

Irgendwo, klitzeklein in diesem riesigen *Target*, fanden wir endlich die Gondel mit Schulutensilien. Die Regale allerdings nahezu leergefegt. Nur hier und da ein herumkullernder Apfel. Was für ein bildungshungriges Land. Hätte man gar nicht so gedacht.

In der GISSV hatte man uns noch schnell sechs Seiten

Materialliste in die Hand gedrückt – zwei pro Kind. Alles auf Englisch. Ich hätte schreien können. Schon in Potsdam droht mir ja einmal pro Jahr die Gürtelrose. Dann nämlich, wenn *Herlitz, Brunnen* und *Faber-Castell* für ein paar Tage Macht über mein Leben bekommen und ich mich durch ein Wirrwarr von Linearen, Karos, Formaten, Perforationen und Minenhärten kämpfen muss. Aber ich bin ja eine informierte Mutter und weiß: Schreibt mein Schulanfänger mit einem Sechseck-Bleistift statt einem mit drei Ecken, dann ist es aus. Dann kann ich alles auf den Müll werfen – Stift und Kind.

»One blue three-ring binder, 1 inch, with filler paper quadrille and five tabs ...«, las ich laut und guckte fragend meinen Schatzi an. Der zuckte aber auch nur mit den Schultern. Ich versuchte es mit der nächsten Position: »Protractor? Was heißt das?« Wieder Schulterzucken. Ehrlich? Für einen, der sonst immer alles besser weiß, offenbarte Schatzi gerade ziemliche Bildungslücken. Ich konsultierte meine Übersetzungs-App auf dem iPhone: »Nautisches Kursdreieck« stand da zu lesen. Ich glaube, so kamen wir nicht weiter. Aber wenigstens kriegte Schatzi jetzt mal mit, wie privilegiert er war, dass er sich morgens um acht immer ins Büro verdrücken durfte und da, wenn er wollte, sieben Tage die Woche bis zehn bleiben konnte. So einen stressigen Mutterjob will kein Mann.

August

Sunday 12

11:00 AM

Neues Spiel, neues Glück. Amerika ist kein gutes Land für pflichtbewusste deutsche Erziehungsberechtigte. Kein Ladenschluss, der dich davon abhält, sonntags Dinge zu tun, die dich schon samstags kirre gemacht haben. Dabei wäre doch mal ein Päuschen nett.

Diesmal versuchten wir es bei *Staples*, wo wir sogleich einem Verkäufer unsere Materiallisten in die Hand drückten. Man lernt ja dazu. Letztlich doch egal, was das Zeug übersetzt heißt, Hauptsache, es liegt im Wagen. Man muss Prioritäten setzen.

Schnell wurde klar, wir sind nicht die einzigen Blinden im Laden. Gab ja auch noch den Verkäufer. Mit hängenden Hosen schlurfte er vor uns durch die Regalreihen und konnte *binder* nicht von *folder* nicht von *crayons* unterscheiden.

Lilly hatten wir gleich beim ersten Quengeln das iPhone mit der neuen *Barbie*-App in die Hand gedrückt. Bloß kein gejetlagtes Kleinkind, das den Laden zusammenbrüllte. Im Ergebnis nölten jetzt ihre Geschwister, die sich natürlich null für ihre schönen, neuen Schulsachen interessierten, sondern ausschließlich dafür, warum ihre kleine Schwester iPhone spielen durfte und sie nicht. Wie die Hyänen.

»Aber Caspi, das ist doch ganz einfach«, erklärte ich. »Lilly ist unser Lieblingskind.« Schien ihn zu überzeugen, für einen Moment hielt er tatsächlich die Klappe. Ehrlich mal: Ich glaube, eine gute Erziehung ist die, bei der du nicht immer versuchst, alles gut zu machen. Außerdem, ich schwöre, unsere Kids können auch nett. Einmal, da kam Lilly gerade aus der Klinik, weil sie sich beim Kekseklauen einen Schneidezahn abgebrochen hatte, wartete im Vorgarten schon ein

völlig verfrorener Caspar, Schlafanzug, Gummistiefel, um mit der Taschenlampe den Weg zu leuchten. Und Yella und Kolja hatten in unserem Bett aus ihren Lieblingsstofftieren ein Nest gebaut für ihre kleine Schwester.

»Du, Mama?«, meldete sich Lilly zu Wort. »Weißt du was?«

»Nein.«

»Du kannst keine Prinzessin mehr werden! Du bist ja schon Zahnärztin.« Stimmt. Irgendwas war falsch gelaufen in meinem Leben.

1:30 PM

Wir waren auf dem Weg nach Land's End: *43 Miles/ 54 min in current traffic*, sagte das Navi. Das Autoradio voll aufgedreht, fuhren wir die Interstate 280 Richtung Norden.

Wenn du nach Kalifornien ziehst, hast du natürlich eine Menge Bikinis im Gepäck. Und eine Menge Erwartungen: Teintmäßig sollten mich die nächsten zwölf Monate ganz weit nach vorne bringen. Halle Berry müsste zu knacken sein. Strähnchenmäßig wollte ich mich Cameron Diaz an die Fersen heften. Ich hatte mir Gedanken gemacht: fünf oder zehn Shorts? Wie stark die Strahlung? Sonnencreme? Kopfbedeckungen? Ich habe ja leider so gar kein Kopfbedeckungsgesicht. Über Regenschirme hatte ich nicht nachgedacht.

Die ersten dicken Wolken schoben sich ins Bild. Gefolgt von noch mehr dicken Wolken. Was war das? Ein regelrechter Wolken-Tsunami, der sich über den Bergkuppen auftürmte und dann als zähe, graue Suppe die Abhänge hinunterfloss. Unser Autothermometer befand sich im freien Fall, nur noch sechzehn Grad. Lilly wippte begeistert mit den Beinen, zeigte auf die über den Boden kriechenden Wolkenungetüme und rief: »Mama, Papa, können wir in den Himmel fahren?«

Die Scheiben beschlugen und Schatzi fing an, am Armaturenbrett rumzufummeln auf der Suche nach Gebläse, Nebellichtern, Scheibenwischern, Klimaanlage, Schwimmwesten, Fallschirmen. Hauptsache, erst mal Knöpfe drücken.

2:10 PM

Und dann erreichten wir Land's End, die San-Francisco-Halbinsel, die wie ein kleiner Pullermann an Kalifornien hängt. In der Tat, hier war alles aus und am Ende. Und meine gute Laune auch.

Was für eine elefantengraue Tristesse! Du konntest die Bucht von San Francisco sehen. Die aus dem dusteren Wasser ragenden roten Stahlfüße der Golden Gate Bridge. Der Rest in dicken Nebel gehüllt. In der Landschaft verteilt ein paar windschiefe Kiefern, die sich noch im Entscheidungsprozess darüber befanden, ob sie stehen oder liegen wollten.

Schatzi hatte es gar nicht erwarten können, aus dem Auto zu springen. Er ist ja dieser Typ Mann, den man eigentlich zusammen mit seinen Sakkos zum Lüften raushängen müsste. Wie der Neandertaler das Mammut jagt er Sauerstoffatome. Sieben Tage die Woche. Nun sprang er begeistert wie Flip der Grashüpfer von Klippe zu Klippe, ließ sich durchpusten, hielt die Nase in den Wind. Da hatte ganz offensichtlich jemand sein Habitat gefunden. Wer weiß, vielleicht konnten wir Schatzi ja hier im Rahmen eines Forschungsprojekts auswildern?

Ich war mit ausgestiegen, nun stand ich in Sommerklamotten schlotternd in der Gegend rum, dicke Schwaden à la *Nebel des Grauens* waberten an mir vorbei. Vor dem Mund hatte ich große weiße Atemwolken.

Wie ging das gleich?

If you are going to San Francisco make sure to wear some flowers in your hair?

Welche Flowers?
Eisblumen?

»Wollen wir?«, drängelte ich. In Zukunft würde ich bestimmen, wo's bei uns lang ging. Ich mein, geografisch.

»Ja gleich …« Schatzi guckte auf sein Handy: »Kaltes Wasser … Alaska … Ekman-Effekt … nördlicher pazifischer Kreislauf …«, las er ab. Offensichtlich hatte er ›*Warum friert man sich in San Francisco den Arsch ab?*‹ gegoogelt und war bei *Klugscheißer.de* auf Futter gestoßen.

»… ablandiger Nordostpassat … kühle Auftriebswässer Nordäquatorialstrom …«, stückelte und stenographierte er sich durch irgendwelche meteorologischen Postings und sinnlosen Erkenntnisbrösel.

Dafür habe ich ihn ja schon besonders lieb: dass er immer seine Telefongurke in der Hand hat. Aber noch mehr könnte ich ihn fressen dafür, dass er stets vorliest, als ob man beim Radio den Kanal nicht sauber eingestellt hätte. *Hack, hack!* Tonausfall. *Brabbel!* Tonausfall.

»Sag Bescheid, wenn du fertig bist!« Ich stieg ins Auto und knallte die Tür.

Selbst ist die Googlerin. *Tipp tipp.* Dann war klar: Das liebe San Fancisco und der blöde, blöde Pazifik, die hatten das gleiche Problem wie wir. Eins warm, eins kalt. *Zack!* Wolken.

»Alles okay?«, zog Schatzi die Tür wieder auf.

»Ja super!«, zog ich die Tür wieder zu.

Ach so. *Durch die Blume* versteht Schatzi übrigens auch super. Schadet aber auch nicht, wenn du ihm ab und an mal mit dem ganzen Strauß eins auf den Hintern gibst.

Der kälteste Winter meines Lebens war ein Sommer in San Francisco!

Mark Twain, 1864

August

Monday 13 1. Schultag !!!

8:20 AM

»And I really hope that all of you will have great, great fun at the GISSV!«

Von der Bühne des Multi-Purpose-Rooms herunter machte der Direktor eine gütige Handbewegung über das Meer der knienden Kinder. Zusammen mit zweihundert weiteren Opfern ihrer Eltern warteten Yella, Caspar und Kolja, Schulranzen geschultert, auf den Beginn ihres ersten Schultags in Amerika. Gleich würden Menschen, die weder ich noch sie kannten, sie in Klassenzimmer abführen. Gott! Die armen kleinen Babys! Eben erst vom Klapperstorch geliefert. In den kleinen Gesichtern meinte ich Angst zu lesen. Auch ich war an dem Punkt, an dem ich Pampers brauchte. Ich machte mir nämlich vor Sorge fast in die Hose. Ich schluckte an einem riesigen Kloß herum und beäugte misstrauisch die anderen Kinder. Irgendwo ein potentieller Mobber, den ich schon mal dem Lehrer melden konnte?

Mit einem Strahlen reichte der Direktor das Mikro weiter an eine der wartenden Klassenlehrerinnen, die sogleich begann, ihre Lämmer einzusammeln: »Jonathan? Mai Ling? Béla? Pierre? Would you like to join me? Kommt ihr bitte zu mir nach vorne?«

Ich checkte den Taschentuchbestand in meiner Handtasche. Sollte sich gleich, was sehr wahrscheinlich war, das erste unserer Kinder weinend an mein Bein krallen und schluchzen: ›Mama, Papa, lasst mich nicht alleine hier!‹, hatte ich jede Menge saugfähiges Material griffbereit.

»Etienne?«

Kein Etienne. Raunen in der Menge, kurzes Rumgesuche, dann war klar: Noch in Nebraska. Kommt morgen.
»Kolja?«
Oh Gott. Es war so weit. Ich merkte, wie in meinem Brustkorb mein Herz hart schlug. Hilfesuchend linste ich zu Schatzi rüber. Der stand da, breitbeinig wie ein Kapitän auf schwankendem Deck, Arme in die Achseln gestopft, konzentrierter Blick, schmaler Mund und schien mit seinen eigenen Emotionen beschäftigt – das fand ich jetzt echt sehr egoistisch. Die ganze letzte Viertelstunde hatte er nicht ein einziges Mal aufs Handy geguckt. Das steckte nach Art von Linus, der tröstend den Zipfel seiner Schmusedecke umkrallt, ebenfalls unter der Achsel. Der Hautkontakt mit Technik schien Schatzi in diesem Moment Kraft zu geben.

Und dann war Kolja, bevor wir das überhaupt so richtig checkten, auch schon aufgesprungen und mit seinen neuen Klassenkameraden auf dem Weg zur Tür. Kein Winken, kein Tschüss, kein Nichts. Nur erwartungsvoll gerötete Wangen und stolzes Grinsen.

Ich suchte verdattert Schatzis Blick. Der zwinkerte nach Fahrlehrer-Art: ›Na, guck! Erster Gang drin! Wird doch!‹

Dann war Caspar dran. Dann Yella. Auch die beiden sprangen einfach auf und liefen ihrer neuen Klassenlehrerin hinterher, ohne den Anstand zu besitzen, irgendwelche Abschiedstränen zu verdrücken. Undankbare Bande. Ich finde ja, deine Kinder schulden dir ein paar Verlustängste. Auf den leeren Boden des Multi-Purpose-Rooms malte die kalifornische Sonne ein gleißendes weißes Rechteck. Als ob sich meine Kinder atomisiert hätten.

Im Kindergarten angekommen, entpuppte sich auch Lilly als bindungstechnischer Totalausfall. Kaum hatten wir den Raum betreten, stürzte sie sich auf die Verkleidungskiste mit den schwitzigen, ekligen Polyacrylseiden-Prinzessinnenkostümen, die knistern, wenn man sie über den Kopf zieht. Schatzi und ich waren abgemeldet.

10:00 AM

Andere ertränken ihren Kummer in Alkohol, Schatzi und ich gingen frühstücken beim Mexikaner in der Castro Street. Auch eine Form der Selbstzerstörung. Es gab frisch gepressten Orange Juice aus dem Tetrapack und zerflocktes Rührei in einer Lache wässriger Kidney Beans. Ich saß da, Unterarme gegen die Resopal-Tischplatte gestützt, um übermäßigen Umgebungskontakt zu vermeiden. Schatzi gab mir zu verstehen, dass er mich krüsch fand, indem er seine Gabel extravoll machte. Manchmal habe ich den Eindruck, Männer führen ein Leben wie in der Waschstraße. Fünf Minuten kommt's von oben, aber dann scheint für sie die Sonne wieder. Während Frauen am Erlebten herumverdauen. In Gedanken ging ich noch zehnmal in den Multi-Purpose-Room.

Schatzi guckte aus dem Fenster und merkte trocken an: »Aus unserem Auto qualmt's.« Ich guckte und musste ihm recht geben: Hinten aus dem Auspuff kam was raus. Schatzi stürzte aus dem Restaurant auf die gegenüberliegende Straßenseite, riss die Wagentür auf und verschwand, Brust rein, Hintern raus, im Innern. Bei *Germany's Next Topmodel* hätte es dafür bestimmt ein Foto gegeben. Ich nutzte die Zeit für eine erste Überschlagskalkulation, wie oft ich mir wohl von jetzt an bis in ferne Zukunft würde anhören müssen, dass er nicht der Letzte am Auto gewesen war.

Als Schatzi wieder zum Vorschein kam, baumelten an seiner ausgestreckten Hand die Zündschlüssel. Die hatte ich offensichtlich stecken gelassen. Er guckte tadelnd zu mir rüber und fing an zu schimpfen, allerdings ohne Ton, zwischen uns war ja noch die Scheibe. Ich beschloss, ihn nachzusynchronisieren: ›*Verzeih mir, dass ich dich gerade so anpampe! / Ich weiß, du hast Jetlag! / Lass uns Schuhe kaufen!*‹ Das alles las ich von seinen Lippen. Ich formte mit beiden Händen ein Herz und guckte goldig durch die Scheibe. Ich finde, du

darfst niemals müde werden, deinem Mann zu verzeihen, dass er es einfach nicht schafft zu verzeihen.

12:15 PM

»So!«, erklärte Schatzi im gewichtigen Lehrer-Specht-Ton. Wir standen auf dem Hotelparkplatz, die Sonne brannte, der Asphalt roch, Zimmermädchen ruckelten mit ihren Wäschewagen vorbei, das Taxi wartete schon. »Wie's aussieht, muss ich dann jetzt wohl mal los, schon zehn nach zwölf, oha, in zwei Stunden geht der Flieger!« Er schaute inquisitorisch. Schatzi kann ja gut Druck machen. Im Prinzip wäre auch eine gute Saftpresse aus ihm geworden. »Gibt's noch *irgendwas*, das wir besprechen müssten?«

»Nein, bei mir ist alles so weit klar.«

Sechs Wochen würden wir uns nicht sehen. In Frischverliebt-Zeitrechnung fühlt sich das ja schnell an wie sechs Jahre. Wenn man schon etwas länger zusammen ist, gern auch wie fünf Wochen und sieben Tage. Wobei ich ehrlich sagen muss, das hier war emotionales Neuland. Bislang war mein Leben einer klaren Ordnung gefolgt: Schatzi die Verantwortung, ich die größere Kleiderschrankhälfte. Ab sofort war ich auf mich allein gestellt. Ein großer Unterschied, ob du als Frau das letzte Wort hast oder auch noch das allerletzte. Ein bisschen mulmig war mir schon.

»Bargeld? Hast du Bargeld?«, ging Schatzi noch mal schnell seine innere Checkliste durch. Hatten wir ja auch erst zwanzigmal durchgehechelt.

»Vierhundertsechzig Dollar in bar«, antwortete ich korrekt.

»Pässe?«

»Im Tresor.«

»Schulunterlagen, Impfpässe, Geburtsurkunden?«

»Im Ordner auf dem Küchentresen.«

»Du hast deine Amex?«

»Ja, ich hab meine Amex.«

»Mmh ...« Für einen Augenblick tuckerte unser Gespräch im Leerlauf. Ich kenne ja meinen Mann – immer bis zuletzt besorgt, es könnte etwas geben, das er in der Planung übersehen hat. Und dann ist er ganz enttäuscht, wenn er nichts findet. »Passt du auch wirklich auf dich auf?« Wieder guckte er kritisch. Ich muss es mal sagen: Er ist der großzügigste Mensch der Welt. Er macht selbst bei seinen Zweifeln immer halbe-halbe. »Ich hab so gar kein gutes Gefühl, dich hier alleine zu lassen mit den Kindern! Was, wenn was passiert? Kriegst du das wirklich hin? Übernimmst du dich auch nicht?« Er drückte mich ganz, ganz fest. »Ich würd am liebsten hierbleiben!«

Auch das muss ich mal kurz loswerden: Schatzi kann echt zärtlich. Braucht nur manchmal ein paar Presswehen. Als Yelli geboren wurde, kam er mit zwei Blumensträußen um die Ecke. Einer für seine Frau. Einer für sein Baby. »Ich will der erste Mann sein, der meiner Tochter Rosen schenkt.« Ich lebe mit dem zementierten Gefühl, dass mein Kerl für mich und unsere Familie durchs Feuer gehen würde. Ich weiß nur nicht, ob er seine Ausbildung zum Natural Born Killer schon ganz abgeschlossen hat. Als Kind band er immer seinen Boxer Schniefke vor den Schlitten und ließ sich feldherrenmäßig durch den Teutoburger Wald ziehen. Außerdem war sein Leben einer ständigen Bedrohung ausgesetzt durch Opa Bielefelds »Sacktücher«. Davon steckte eins in Opas rechter Hosentasche für den sabbernden Schniefke zum Abwischen, eins in der linken für Schatzi und seine zwei Geschwister zum Nasenputzen. Und immer diese Panik, dass Opa die Tücher durcheinander kriegt. Darüber hinaus ist Schatzi von Todesangst bislang verschont geblieben. Das rächt sich manchmal.

»Ach komm, mach dir mal keinen Kopf«, tröstete ich meinen Krieger. »Was soll schon passieren? Wir können telefonieren. Und demnächst bist du ja auch wieder bei uns.«

Und dann schluckte ich einen Kloß in Melonengröße hinunter. Ehrlich, das hat die Natur nicht gut eingerichtet. Da gibt's das starke und das schwache Geschlecht. Und das starke will immer beim schwachen auf den Arm. Gibt doch statische Probleme.

12:45 PM

Okay, was jetzt? Mann weg, Kinder in der Schule, plötzlich hatte ich ganz viel Zeit. Ich beschloss, mein nigelnagelneues Leben mit einem Latte macchiato bei *Starbucks* für eröffnet zu erklären. Dazu schlüpfte ich in die Tracht der kalifornischen Eingeborenen: Flip-Flops, Shorts, Sonnenbrille.

Es brauchte einen kleinen Augenblick, bis ich meinen Kaffee ergattert hatte. Denn der *Starbucks*-Verkäufer hakte, Pappbecher und Filzstift im Anschlag, gleich dreimal nach: »What's your name?« Und kriegte das deutsche »Katja« nicht auf die Reihe. So dass wir uns schließlich darauf einigten, dass ich »Mary« heiße.

Links an der Ausgabe holte ich mir nach zwei Minuten meinen Becher ab, auf dem nun »Larry« stand. Wie sagte einst Captain Kirk? »*Beam me up Scotty, there is no intelligent life down here.*« Dann hockte ich mich in eine Ecke, um das Getümmel zu beobachten. Es war doll was los. Omi Kiel wäre vom Glauben abgefallen. Überall saßen Damen und Herren des Baujahrs, das sonst gern in der *Apotheken-Rundschau* blättert, vor iPads und Notebooks und hatten spacige Kopfhörer auf. Wenn Omi Kiel sich in die Welt der Technik begab, dann sprach sie von »Emils verschicken«. Hatte sie mit meinem Bruder geskypt, hängte sie anschließend ein Handtuch über den Bildschirm, weil sie dem Braten nicht traute. Und »Computer runterfahren« hieß: Stecker raus. Und noch eine seltsame Beobachtung machte ich. Im Silicon Valley, schien mir, hatte man kein Büro. Man hatte ein *Starbucks*. Überall um mich herum

wurde total einer auf Business gemacht, gesurft, getalkt, diskutiert. Alles fand statt, nur kein Kaffeepäuschen.

1:30 PM

Nächste Haltestelle: *Ikea*. Eine gefährliche Sache, wenn man Jetlag hat. Die Betten dort sind ja alle fertig bezogen. Musst eigentlich nur noch die Schuhe ausziehen und dich reinpacken. Nach dem Käffchen to go das Schläferchen to go. Sexy Gedanke. Wahrscheinlich hätte noch nicht mal irgendwer irgendwas gesagt: Überall in den Couchgarnituren sah ich Kunden, die ihren Lunch aßen, einer hatte sogar die Füße auf dem Tisch, als sei das hier kein Möbelhaus, sondern ein Mittags-Hangout.

In fünf Wochen wollten wir umziehen, dann musste ich ein komplettes Haus möblieren, noch hatte ich nicht einen einzigen Kochlöffel. Heute wollte ich eine Shoppingliste machen, um, wenn es so weit war, gezielt zuschlagen zu können.

In meiner Handtasche brummte und vibrierte es und ich wühlte nach meinem Handy. Zu spät: *Verpasster Anruf GISSV* stand auf dem Display. Gott. Ich bekam einen totalen Schreck. Jede Mutter weiß: So eine Schule ruft nicht an, um dir mitzuteilen: ›Gratulation, Ihr Kind hat erfolgreich 2 + 2 gerechnet!‹ Die riefen an, weil was passiert war. Mit klopfendem Herzen drückte ich auf Rückruf.

»Glügg auf, Frau Gässloar, hiar schbrischd de Mändie von dor Tschörmen Indornäschnel Schguul!«, östelte es aus der Leitung.

»Hi, hier ist Katja!«, meldete auch ich mich mit Vornamen.

»Nu, doa gibbds een Broblem mid Ihrem Gind, nu, däm Gasbor. Där sidzd bei mir im Segredariad. Där is in dor Bause von dor Rudsche gefalln un nu dud ihm ä bisschn das Handgeläng weh. Gänsefleisch mal gomm'?«

Nun konnte ich natürlich fragen: Was machte mein Achtjähriger auf einem Babyding wie einer Rutsche? So breitbeinig wie Caspar lief, musste man annehmen, dass er in den nächsten zwölf Monaten Bartwuchs bekam. Und, nächste Frage: Wie kriegte man *fallen* hin, wo man doch auf der Rutsche *rutschte*? Ich meine, beim Wippen kriegt man ja auch kein Wasser in die Nase. Dieser Junge! Meine Nerven! Aber all das führte jetzt gerade nicht weiter.

1:40 PM

Ich stellte einen neuen Rekord auf. Raus aus *Ikea*, rein ins Auto, rauf auf den 101 – das alles in nur fünf Minuten. Auf dem Highway wechselte ich in Ski-Alpin-Manier zwischen den Loipen hin und her. In Amerika darfst du nämlich rechts überholen, wenn du findest, dein Vordermann links ist zu langsam. Fand ich gerade. Rechts abbiegen, selbst wenn die Ampel rot zeigt. Auch sehr praktisch. Und an Kreuzungen ohne Ampel als Erster fahren, wenn du als Erster da warst. Das nannte ich mal gerecht. Straßenverkehrstechnisch würde ich sagen, stimmte die Chemie zwischen mir und diesem Land auf Anhieb. Beide waren wir für die schlanken Lösungen.

Als ich mit klopfendem Herzen auf den Schulparkplatz einbog, sah ich schon von weitem meinen kleinen Caspar am Kantstein warten. Er begrüßte mich blass und steif und mit einem vorwurfsvollen ›Warum hat das so lang gedauert, Mama?‹-Blick. Sein linker Arm hing in irgendeiner ausgeleierten Erste-Hilfe-Mullschlingen-Konstruktion, die aussah, als hätte Lilly mit ihm Arzt gespielt. Zur Sicherheit hielt er mit der rechten Hand das linke Gelenk umfasst. Ich sprang aus dem Auto und machte, was man so macht als Mutter in Sorge: Ich umarmte erst mal mein Kind. Wäre ich ein Hund, ich hätte ihn wahrscheinlich auch noch abgeleckt.

»Au!«, kam es empört.

Die nächsten beiden Programmpunkte – Mund-zu-Mund-Beatmung und Herzmassage – konnten wir getrost überspringen. Und jetzt? Ohne Probleme hätte ich Caspi hier und jetzt aus einem Wagenheber eine Zahnspange basteln können. War aber nicht die Dienstleistung, die er gerade brauchte, würde ich mal sagen. Mit dem Rest kannte ich mich nicht so aus. Ab halsabwärts sind wir Zahnmediziner ja alle doof.

Aber mal tasten konnte ja nicht schaden. Ecken? Kanten? Sah ich einen Bluterguss? Nein, nein, alles nein. Nur ein bisschen dick. Jetzt die Differentialdiagnose: Gestaucht oder gestaucht? »Mach mal 'ne Faust!«, regte ich an.

Caspar tat, wie ihm geheißen. Mit kleinen Abzügen in der B-Note: Es sah aus, als hielte er eine unsichtbare Gurke. Mmh.

»Weißt du was, Caspi? Das ist eine Zerrung! Du musst die Hand die nächsten Tage ein bisschen ruhig halten.«

Mein Kind guckte mich an, als wollte es fragen: ›Bist du blöd?‹ Aber dann, nach kurzem Zögern, war es bereit, mir zu glauben. Erschütternd – dieses Vertrauen in die eigene Mutter.

1:50 PM

»Schdobb, schdobb, Frau Gässloar. Nisch so schnell wegg!«, rief mich Mandy zurück, »Gänsefleisch mir noch 'n baar Undorschrifdn lieforn?

»Gern doch.« Mei bläschor. Ich knirschte mit den Zähnen. Das hatte man davon, wenn man ins Sekretariat läuft, um schnell ›Tschüss und Danke!‹ zu rufen. Wo ›Tschüss und Scheiße!‹ eh konsequenter gewesen wäre. Ist ja das eine, wenn Lockenbürsten hopsgehen. Aber mein Kind wollte ich funktionstüchtig und in einem Stück. Da hörte der Umzugs-Fun auf.

Gestresst stand ich am Tresen und las mich durch tau-

send Schriftstücke, während draußen im Auto die Kids warteten, denn wo ich schon mal da war, hatte ich Lilly auch gleich eingepackt. Man denkt ja immer, die Deutschen haben das Formular erfunden, damit tut man aber der amerikanischen Bürokratie bitter Unrecht. Verzichtserklärungen hier, Haftungsausschlüsse dort. Nicht dass mir nachträglich einfiel, an der Rutsche hätte eigentlich ein Aufkleber *Vorsicht, Rutsche!* kleben müssen. – So hatte *McDonald's* mal ein paar Millionen Dollar Schadensersatz zahlen müssen, weil auf dem Kaffee der Hinweis fehlte *Achtung, heiß!* und sich leider eine Omi verbrüht hatte.

Ich zögerte kurz mit meiner Unterschrift. Da bin ich total deutsch. Mir ist alles egal, bis ich weiß, ich habe Anspruch. Was, wenn Caspar jetzt nicht mehr Starpianist werden konnte? Was, wenn es in Zukunft nicht hieß: *Caspar – der neue Lang Lang?* Sondern nur *Gasbor – der alte Gasbor?* Schreckliche Vorstellung.

Ein Mädchen kam ins Sekretariat gerannt: »Sä toilett in sä leibrärri flaschess oll sä teim, änt sä woterr is evrriwärr!« Alpenländischer Migrationshintergrund, tippte ich mal. Diese Schule war wirklich schwer international unterwegs. Und in der Bibliothek lief die Suppe aus dem Lokus? Da will man ja auch auf keinen Fall irgendwen in der Ausübung seiner Vaterlandspflichten behindern. Ich unterschrieb.

2:20 PM

Ich machte halt bei *Burger King*. Was die wenigsten wissen: Die haben dort ganz tolle Globuli. Nennen sich Pommes. Die schiebst du deinem Kind unter die Zunge, und schon geht's mit der Gesundheit bergauf.

Caspi schien tatsächlich zu Kräften zu kommen. Er war zwar noch etwas blässlich um die Nase, aber mit der gesunden Pfote schon eifrig in der Mayo unterwegs, die er sich genüsslich von den Fingern leckte. Meinen Kindern muss

man immer erklären, was die Beilage ist und was das Essen. Die verwechseln das sonst. Wobei ich ja oft denke, dass Jungs ihre Ohren eh nur der Vollständigkeit halber am Kopf hängen haben. Kein Anschluss unter dieser Hörmuschel.

Zurück auf dem Parkplatz, kämpfte ich mit Lilly, die sich nicht anschnallen lassen wollte, Rotz und Wasser heulte, den Rücken steif machte und behauptete: »Ich krieg aber keine Luft mehr, Mama!« Da hast du einen Fünfpunktsicherheitsgurt-Kindersitz mit linearem Seitenaufprallschutz und elffach verstellbarer Kopfstütze. Aber leider hat die Industrie vergessen, auch neue Kinder dazuzuerfinden, die nicht klaustrophobisch losstrampeln.

›Hey, da steht jemand hinter dir!‹, dachte ich plötzlich und schoss erschrocken herum.

»Sorry, ist das deins? Das lag auf dem Tisch«, meinte ein Typ lapidar und hielt mir mein Portemonnaie unter die Nase.

Das. Durfte. Nicht. Wahr. Sein. Ich hatte nicht gerade mein Portemonnaie bei *McDonald's* liegenlassen! Mit sämtlichen Kredit- und EC-Karten, meinem Führerschein, dem Personalausweis, der Zimmerkarte, dreihundert Dollar Bargeld! Das war ja, als hätte ich meine Nieren und meine Leber liegengelassen. Gerade mal vier Stunden alleinerziehende Mutter in Amerika. Und ich war um Millimeter am ersten Super-GAU vorbei geschrammt. Ich sollte auf vier kleine Kinder aufpassen? Die Frage war ja wohl eher: Wer passte auf mich auf? Wo hatte ich nur meinen Kopf? Wie peinlich.

»Thank you, thank you, thank you, thank you!« Ich war so mit Schämen beschäftigt, dass ich gar nicht richtig zum Freuen kam.

»No, it's fine!«, wiegelte der Typ ab, als sei es das Normalste von der Welt, herumliegende Wertsachen zu apportieren. Und jetzt? Wie umgehen mit Ehrlichkeit? Ich kenn mich ja eher mit diesem Lost-&-Found-Modell aus, wo

Leute Sachen »finden«, die du noch gar nicht verloren hast. Bevorzugt in deiner Handtasche.

Hilflos zog ich ganz viele Dollarscheine aus dem Portemonnaie, um sie dem edlen Finder in die Hand zu drücken.

»Mama, warum gibst du dem Mann Geld?«, kam es sofort neugierig aus dem Wageninnern.

»Oh no!« Der Typ schien fast empört.

5:00 PM

Gleich am Eingang des Hotelgeländes, von der Stadtautobahn lediglich durch eine Siebziger-Jahre-Rauchglasscheibe getrennt, gab es einen Hotelpool. Winzig, aber sonnig gelegen und vor allem: menschenleer. Hier konnten die Kinder planschen und ich an meiner Bräune arbeiten. So ein Tag kann nämlich furchtbar lang sein, wenn du niemanden hast, der dir die Zeit klaut. Und eigentlich traf sich das auch ganz gut, denn ich hatte mir hohe Ziele gesteckt: Bis nächsten Sonntag wollte ich mich von Lichtschutzfaktor 50 auf Lichtschutzfaktor 2 runtergesonnt haben. Ich führte eine ordnungsgemäße Escherichia-Coli-Darmbakterien-Messung durch, indem ich meinen großen Zeh ins pisswarme Wasser hielt. Fand: So was von sauber! Beschichtete die Kids husch, husch mit wasserfester Sonnencreme. Und erklärte die Badesaison für eröffnet. Laut kreischend sprang die Bande ins Becken. Ich schob mir die Sonnenbrille auf die Nase, hüpfte auf die Sonnenliege, die sich leider als bretthart herausstellte und schlug *Fifty Shades of Gray* auf.

Okay: *Amerikanischer Milliardär, »Kruís-tschen!«, frankophil, Klavier spielend, gutaussehend, im Besitz eines Helikopterführerscheins, liebt einundzwanzigjährige bildschöne Jungfrau, mit der er siebenmal am Tag Sex hat.* Mmh ... Irgendwie kam ich nicht so richtig rein in den Plot. In dieser Sekunde machte die Sonne Feierabend, es wurde frisch. Kam mir gelegen. Ich klappte das Buch wieder zu.

Caspar stand am Beckenrand, guckte ins Wasser und hielt sich dabei sein Handgelenk. Von den Schultern hing ihm ein riesiges Badelaken. Ein bisschen sah er aus wie ein ratloser Jedi-Ritter. Die letzte Stunde, fiel mir auf, hatte er gar nicht das letzte Wort gehabt, auch nicht das vorletzte. So kannte ich mein Kind gar nicht.

»Komm Caspi, hüpf doch noch mal rein!«, lockte ich und rappelte mich von meiner Liege hoch. Caspi sah aus wie eine Kalkleiste. Ich sammelte einen *Star Wars Fighter* vom Boden auf, hatte ich extra mit zum Pool geschleppt, funktionierte immer. Den hielt ich Caspar jetzt unter die Nase wie dem Hund das Stöckchen. Er zog etwas ratlos die Schultern hoch, als wollte er sagen: ›Was soll ich bitte mit dem Ding machen?‹ Und ich hätte antworten müssen: ›Das wollte ich auch schon immer wissen.‹

Klingeling! machte eine Alarmglocke von ganz weit entfernt, kam aber schnell näher. Aus seltsam wurde komisch. Der Original-Caspar hatte immer ein bisschen zu viel Atü und Oktan. Das hier war wie seine eigene Raubkopie.

»Aber du hast keine Schmerzen, oder?«

»Doch, hier«, murmelte Caspar und strich sich spitzfingrig über das Gelenk. Auch das musste nicht wirklich was heißen. Sein Papa nieste. Und dann machte er sich anschließend tagelang Gedanken, was mit uns allen werden soll, wenn er jetzt an Vogelgrippe stirbt. Wahrscheinlich waren die Jammerlappenchromosomen Eins-zu-eins ins Ei gerutscht.

»Okay, pass auf«, ich sortierte mal kurz die Fakten, »wir beobachten das! Eine Zerrung kann wirklich arschweh tun, ich weiß das. Das geht aber bald weg! – Aber weißt du was? Ich hab eine Idee: Magst du nicht ein bisschen schwimmen? Mach doch mal einen KÖPPER!« Keine Ahnung, wie ich da jetzt draufkam. Möglicherweise, weil ich denke, dass man Männer am besten auf der Tiger-Frequenz anfunkt.

Und tatsächlich. Caspi guckte für einen Moment skep-

tisch, aber dann wollte er mit bröckelnder Stimme wissen: »Mit oder ohne Salto?«

»Na klar mit Salto!«, freute ich mich, hockte mich auf die Kante meiner Sonnenliege und hob den Daumen. Caspi ließ das Handtuch von den Schultern rutschen. Schlurfte stocksteif zum Beckenrand. Warf mir einen Blick zu à la *Der letzte Mohikaner*. Und sprang. Auch wie in einem Western. Und zwar, wo sich der Typ den Bauchschuss hält und dann kopfüber in die Schlucht stürzt. *Platsch!* machte es, kein Salto, dafür ein fetter Bauchklatscher. Zwei Sekunden später kam Caspi wieder hoch, das Gesicht diesmal eine Eins-zu-eins-Kopie von Edward Munchs *Der Schrei*. Und trotzdem er natürlich pitschenass war, konnte ich sehen: Er weinte.

Vielleicht mussten wir doch mal zum Arzt.

7:00 PM

Da saß ich also jetzt in der Notaufnahme des Stanford Hospitals am Campus Drive: den wimmernden Caspi im Arm, Lilly auf dem Schoß, Kolja am Hals, Yella gegen meine Schulter gelehnt. Man glaubt gar nicht, wie viel Kind auf ein bisschen Mutter passt. Angesichts diverser Pfützchen auf dem Linoleumboden rief ich alle naslang: »Nee, Kinder, bleibt mal lieber sitzen, nicht da reintreten!« Und nährte die dürre Hoffnung, dass dieser Horrortag doch noch mit einem Happy End für mich um die Ecke kam. Sah aber jetzt gerade nicht danach aus.

Ich hatte vorhin erst kurz überlegt, Yella, Kolja und Lilly im Apartment vor dem Fernseher zu parken und nur mit Caspar zu fahren. Aber dann gedacht: Was, wenn Kidnapping, Brand, Schlammlawine? Jede Mutter hat da ja eine ganze Kollektion vorproduzierter Horrorszenarien, auf die sie bei Bedarf bequem zurückgreifen kann. Und selbst wenn ich das Risiko hätte wagen wollen – wenn irgendwer

spitzkriegte, dass meine Kids ohne Aufsicht durchs Apartment turnten, war ich fällig. Dann konnte mich Schatzi im Knast besuchen. Kalifornien ist ein strenges Land. Hier war es sogar per Gesetz verboten, im Bademantel Auto zu fahren.

Es hatte ewig gedauert, bis überhaupt klar war, wo wir hinmüssen. Denn wie das so ist: Schatzi und ich hatten zwar schon längst gegoogelt, wo wir demnächst essen, shoppen, Sightseeing machen wollten. Aber wo ich demnächst unbedingt mit unserem Kind ins Krankenhaus wollte, das hatten wir noch nicht recherchiert. Ich hatte *fracture + orthopedic + silicon valley* ins Suchfeld getippt, Homepages angeklickt – und schnell begriffen: Normale Praxen? Schon alle dicht um diese Zeit.

Eine Stunde später endlich vorm Standford Emergency Room angekommen, war ich mit den Nerven bereits komplett am Ende. Was ist von einem Navi zu halten, das dich viermal hintereinander links abbiegen lässt? Was von einem Kranken, dem es gut geht? Uns war nämlich der Parkplatzwächter vor die Kühlerhaube getreten: »Stop! Just urgent care!« Und ich hatte elegant nach hinten verwiesen auf die Rückbank, wo ich Caspi im Siechtum wähnte: »Look, my son! Schlimmer Unfall!« Um beim Blick in den Rückspiegel zu denken, mich tritt ein Pferd: Der Patient machte nämlich gerade fröhlich Faxen, rief »huhu!« und winkte dazu.

Nun ist Amerika das Land der Kurzformeln und Codes. Trotz Performance-Patzer – kaum hatte ich das Wort »Unfall« ausgesprochen, hatte der Parkplatzwächter dienstbeflissen seine gestreiften Absperrhütchen weggerissen. Und das so großräumig, als ob ich eine Boeing einparken würde. Ich hatte zurückgesetzt, dabei Koljas Kopf auf der Schulter wie Pippi Langstrumpf Herrn Nilsson, ihren Affen. Kolja hatte mit dem Finger auf das Sandsteinportal gezeigt und routiniert wissen wollen: »Gehen wir hier ins Hotel?«

8:00 PM

Nun hockten wir schon eine gefühlte Ewigkeit im überfüllten Wartezimmer und ich hatte den Eindruck: Wer es sich irgendwie einrichten konnte im Valley, der fiel nicht nach achtzehn Uhr von der Leiter. Echt seltsame Gestalten hier.

»Kässpör Deikmän?« Eine Schwester in blauer Klinikkluft, Klemmboard vor der Brust, schaute sich suchend um.

10:00 PM

Zwei Stunden später hatten wir uns immerhin schon zu einem gelben Warndreieck vorgearbeitet: X-ray, *Röntgen*. Dafür hatte ich auch nur zehn Formulare ausfüllen und dreimal die Kreditkarte rausholen müssen. Aktuell waren wir, ohne dass groß was passiert wäre, bei einem vierstelligen Dollarbetrag.

»How long will it take to see the doctor?«, fragte ich, wenn mal eine Schwester an unserem Zimmer vorbeihuschte. Um zur Antwort zu bekommen: »Oh, a couple of hours!« *Ein paar Stunden.*

»Alles okay, Caspi?«, Der war mittlerweile weiß wie Mehl und klapperte mit den Zähnen. »Mensch, für das viele Geld hier kriegen wir ja schon fast eine neue Hand!«, versuchte ich ihn aufzumuntern.

11:00 PM

Sechzig Minuten und noch mal viele Dollars später wurden wir in einem winzigen Untersuchungszimmer mit Fernseher geparkt. Lilly schlief sofort auf dem Untersuchungsbett ein, ihre Geschwister guckten mit glasigen Augen *SpongeBob* ohne Ton. Ich tippte eine schnelle SMS an Schatzi.

Kurz nach elf ging die Tür auf und ich bekam das erste Mal einen Arzt zu Gesicht: Mr OP-Hemd mit buckelndem

XL-Bizeps, die Wolle oben und im Ausschnitt graumeliert. So ganz, ganz grundsätzlich: Hatte ich irgendwas, das auch dringend untersucht werden musste?

»Your son broke his wrist«, klärte der Doc auf. *Ihr Sohn hat sich das Handgelenk gebrochen.* Dazu tippte er mit der Kugelschreiberspitze gegen den Computerbildschirm, wo Caspis Hand als Skelett grüßte.

GEBROCHEN! GEBROCHEN! GEBROCHEN! Echote es in meinem Kopf wie in einer Tropfsteinhöhle. Was. War. Ich. Bitte. Für. Eine. Mutter?! Hatte Caspi Loopings machen lassen in den Pool wie einen Zirkuspudel.

Caspar hatte die Zeit seines Lebens. Über die letzten Stunden war er immer kleinlauter und müder geworden. Nun plötzlich steckte wieder sein Stecker in der Dose. Er guckte mich bester Dinge an, als wollte er sagen: ›Siehst du, Mama, doch gut, dass wir hierhergefahren sind!‹

11:30 PM

Ich bekam Strafe auf Bewährung, sozusagen: Das Gelenk war gebrochen, ja. Aber Caspar hatte das, ganz Papas Sohn, ohne Schnörkel und Fisimatenten erledigt: solide, glatt, keine Knochensplitter. Kurz nach halb zwölf steckte Caspars Arm bis über den Ellenbogen in Gips, unten guckten nur noch die Fingerkuppen heraus, die mittlerweile aussahen wie kleine Cocktailwürstchen. Spätestens beim Arzt siehst du, dass dein Kind zum Arzt muss. In einer Woche durften wir wiederkommen, dann gab's einen neuen Gips.

11:45 PM

Endlich wieder im Auto. Hatte auch nur fünf Stunden gedauert. Nun war noch ein klitzekleiner Job zu erledigen: Ich hatte zwar großzügig Formulare bekommen. Auch Ratschläge, dass Caspar starke Schmerzen bekommen würde

und Painkiller bräuchte. Aber ab da war Schluss mit den Spendierhosen. Ich musste jetzt allein zusehen, wo ich im nächtlichen Palo Alto Schmerzmittel herbekam.

Ich stoppte an einer *24-Hour-Pharmacy*. Ich guckte nach hinten, wo längst das Sandmännchen gekommen war, gab mir einen Ruck, stieg aus und schloss mit klopfendem Herzen meine vier schlafenden Kinder im Auto ein.

Wovor so alles in Amerika gewarnt wird...

Warning
Do not use for drying pets!

Instructions For Use:
Do not use while sleeping.

August

Tuesday
14

6:10 AM

Kling, klong, klong! Kling, klong, klong! Kling, klong …!
Irgendwo in der Hölle spielte der Teufel Xylophon. Ich schielte mit verklebten Augen auf mein Handy: sechs Uhr fünf. Was für eine Nacht. Mein Kopf fühlte sich so breit an wie der Durchgang zum Wohnzimmer. Eine Doppeltür. Dreimal war ich hochgeschreckt. Das erste Mal um zwei, als das Hoteltelefon schrillte: Schatzi, gerade in Frankfurt gelandet und am Kollabieren, weil er meine SMS gelesen hatte. Das nächste Mal kurz nach vier: Caspar mit Schmerzen. Voll dösig im Kopf, ich bekam kaum die Lider hochgezogen, hatte ich auf dem Nachttisch nach Painkillern und Licht getastet und beides nicht gefunden. Ich war zum Hauptlichtschalter gewankt und hatte mir, ich war mir sicher, den kleinen Zeh am Koffer gebrochen. Caspar war nicht einverstanden gewesen mit der Sirupfarbe: »Warum ist der rosa?« Als sei ich zu blöd, daran zu denken, dass er ja gar kein Mädchen war. Um dann willig alles zu schlucken, Messbecher und Flasche am liebsten gleich mit, weil echt dolles Aua. Und ein letztes Mal kurz nach fünf. Da waren alle Kissen aus dem Bett gefallen, auf denen Caspars Arm hochgelagert werden sollte. Ich hatte aufgeschüttelt, gestopft, rearrangiert. Gerechte Strafe für Frauen mit Dekofimmel.

Jetzt war es zehn nach sechs. Eine Million Euro für zehn Minuten länger schlafen! Aber nützte ja alles nix. Die Zahnbürste in der Hand kletterte ich in die Duschwanne, zog den öligen Vorhang zu, drehte den Hahn auf und ließ

mir das heiße Wasser auf den Kopf pladdern. Da würde ich wahrscheinlich heute noch stehen und duschen, hätte nicht nach ein paar Minuten schon der Boiler schlappgemacht.

Ich fing an, die Kinder wach zu küssen, zu ärgern, zu schütteln, zu schmusen. »Noch ein bisschen schlafen, Mama, bitte!«, flehte es aus den Kissen. »Manno!«, Lilly verdrehte die Augen und saß schwankend im Bett: »Warum darf immer der Wecker bestimmen, wann wir aufstehen?« Guckte einmal links, guckte einmal rechts. Und fiel wieder um. ›Hart bleiben‹, sagte ich mir. Jetlag ist immer fies. Aber war ich jetzt nicht konsequent, schliefen wir uns noch die nächsten acht Wochen selber hinterher.

7:45 AM

Die Schule lag da wie einem Technicolor-Film entsprungen. Der Rasen leuchtete in 50er-Jahre-Grün, der Himmel in funkelndem Ernst-Marischka-Blau. Gleich hieß es bestimmt: ›Franzl! – Sissi!‹ Hier in Mountain View schien die Sonne noch einen Ticken satter und fetter vom Himmel. Vielleicht hatte sie sich aber auch eine App gedownloadet und bearbeitete ihre Strahlen vorher mit *Tadaa*. Diese Amis mal wieder.

Der Arzt hatte grünes Licht gegeben, was Schule anging: Wenn Caspi wollte, dann sollte er. Nach kurzer Rücksprache mit mir selbst war mir klar gewesen: Und wie er wollte! Im Bett jammert der Mann bekanntlich am meisten. Da hat er einfach zu viel Zeit. Was Caspar jetzt brauchte, war jemanden, der ihn so richtig schön nervte. Und das können Lehrer natürlich, weiß jeder, am allerbesten.

Nun gab es allerdings ein kleines Problem. Caspar ist dummerweise Linkshänder. Wie Kolja, wie seine Oma. Eine kleine Dynastie sozusagen. Keine Ahnung, wie der den Füller halten wollte. Und leider hatte er auch keine Re-

servepfote zur Hand. Anders als seine Omi. Die hatte man seinerzeit gleich mal mit Geigenstock und Am-Dutt-Ziehen auf rechts umdressiert. Seither kann sie die dollsten unfreiwilligen Kunststückchen, so dass Schatzi schon meinte: »Wir bringen dich zum Zirkus, Ina!« Buchstaben spiegeln zum Beispiel. Oder von rechts nach links schreiben.

7 : 55 AM

Ich beschloss, dass meine Kinder nicht wussten, wo ihre Klassen waren, damit ich mit ihnen die Reihe der Baracken ablaufen konnte. Vor *5a – Frau Wildbach* machten wir das erste Mal halt. Ich drückte Yella einen Kuss auf die Stirn und ihre *Hannah-Montana*-Lunchbox in die Hand. Dann stand ich für einen Moment etwas ratlos da. Am liebsten hätte ich mich noch mal rasch auf meine Tochter draufgesetzt wie das Huhn auf sein Gelege. *2b – Frau Suppe –* unsere nächste Haltestelle. Ich ging auf die Knie, reichte Kolja seine *Star-Wars*-Lunchbox, gab ihm einen Kuss und erklärte: »Kolja! Deine Mama hat dich sehr, sehr lieb!« Worauf Kolja meinte: »Ja, Mama, das sagst du jeden Tag, das weiß man jetzt langsam mal.« Stattdessen nutzte er die Gelegenheit, mit mir in ein längeres Gespräch über Eisbären einzusteigen: »Du Mama, was essen die eigentlich? Ich mein, außer Robben, Walen und Eskimos?«

3b – Frau Münster – Caspar war an der Reihe. Und ich etwas ratlos. Da stand mein kleiner, beschädigter Nachwuchs-Ostwestfale und hatte gerade keine Sprechstunde. Das Kreuz steif, den Gipsarm in einer schwarzen Schlinge. »Okay, Caspi, hör zu! Es ist ganz wichtig, dass du den Arm in der Schlinge lässt, ja? Du weißt, was der Arzt gesagt hat. Und kein wildes Durch-die-Gegend-Gerenne. Verstanden?« Das vollautomatische Mami-Meckerprogramm. Eigentlich wollte ich was Liebes sagen.

»Ja, mach ich, Mama«, kam es total bedröppelt. Sofort

schämte ich mich. Dass Kinder immer so übertreiben mussten. Selbst mit dem Gehorchen.

»Komm, Großer, noch mal knuddeln!« Ich ging in die Hocke und zog mein Kind ganz fest an mich: »Wird alles.« Caspar blieb geduldig stehen. Und plötzlich drückte er sich an mich und vergrub seinen Kopf an meinem Hals. Gott! Wir hockten da eine Weile, mein kleiner Mann und ich, ich streichelte seinen Rücken. Bis ich auf einmal dachte: ›Auweia, nicht dass der jetzt auf die Idee kommt, ich nehm ihn wieder mit nach Hause.‹

Nach seiner Mandel-OP hatte Caspar im Krankenhaus im Zehn-Minuten-Takt aufs rote Alarmknöpfchen gedrückt, damit die Schwestern von *Kika* auf *Nickelodeon* umschalteten und ihm *Lenni, das kleine Lämmchen* vorlasen.

»Oh je, Caspar! Was hast DU denn gemacht?«, rettete uns Caspars junge, hübsche blonde Klassenlehrerin. Ich sprang auf, die Lehrerin hockte sich nieder, saubere Staffelholzübergabe. Hatte ja auch ein paar Kinder und Krankheiten lang Zeit zu üben.

»Och Mensch! Du Armer! Ist der gebrochen?«, wollte Frau Münster wissen und betastete Caspis Gips. Caspi stand andächtig da. »Wow, DER is ja groß! Donnerwetter! Lass mal fühlen!« Wäre Caspi zehn Jahre älter, an dieser Stelle hätte ich mir Sorgen gemacht. »Aber sach mal? Kannst du denn so heute überhaupt in die Schule?« Sie guckte erst Caspi kritisch an, dann mich.

»Mama, komm endlich!«, zog Lilly an meiner Hand. Sie hatte schon die ganze Zeit ungeduldig an mir herumgezerrt wie ein Dackel an der Leine.

»Ja, auf jeden Fall!«, erklärte ich. »Die Ärzte sind auch sehr dafür.«

8 : 05 AM

»Manno, warum muss ICH immer vier sein? Warum darf der Caspar IMMER acht sein? Ich find das ECHT gemein! Ich will jetzt aber AUCH mal acht sein!«, sprang der Leierkasten an. Ich war mit Lilly auf dem Weg zur *Giraffe Group*.

Vorm Lehrerzimmer liefen wir dem Sportlehrer in die Arme. Der kam gerade mit sehr viel Schwung und einem »Hey! Mor-schen!« auf den Lippen die Behindertenrampe runtergejoggt. Schon lustig, dass Sportlehrer immer so einen auf ›Rat mal, was ich unterrichte?‹ machen. Ich meine, die Musiklehrerin kommt ja auch nicht singend des Weges. Oder der Lateinlehrer? Ruft der die ganze Zeit: ›Brenne, Rom‹?

Jetzt hatte er mich erblickt und kam angesprintet: »Ach, Frau Kessler, wie gut, dass wir uns kurz sehen! Wie geht's denn dem Caspar? Ich hab mir ja gestern echt noch Sorgen gemacht! Hat der Verband gehalten?«

Er hatte aufgehört zu dribbeln und studierte ein bisschen irritiert mein Gesicht. So, wie er guckte, wusste ich: Ich brauch dringend ein neues.

»Ja, also, das Handgelenk ist dummerweise gebrochen. Wir hatten gestern Abend noch alle viel Spaß in der Klinik.«

Mein Gegenüber guckte für einen Moment beeindruckt, dann machte er eine Faust: »Das hab ich mir gleich gedacht. Ich hätt echt Arzt werden sollen!«

8 : 10 AM

Der Stall der *Giraffe Group* war noch dicht.

Ich reihte mich in die Gruppe der wartenden Muttis. Die Wahrheit ist: Die meiste Zeit, die du mit deinen Kindern verbringst, ist die, wo du auf sie wartest. Die zweitmeiste die, wo du zusammen mit ihnen auf was wartest. Und normalerweise hast du ja auch keine Badewanne dabei, um dir die Zeit mit was Angenehmen zu vertreiben. Bloß

jetzt keinen Small Talk bitte. Ich wollte wirklich alle kennenlernen – aber morgen. Ja, *morgen* wollte ich ganz nett sein! Und heute wollte ich einfach noch *nicht* sein. Wie der Weihnachtsbaum, der einen Tag zu früh geliefert wird und zusammengebunden in der Ecke bleibt.

Ich guckte so unter mich, ein bisschen links und rechts. Aber natürlich kannst du nicht vermeiden, was zu erkennen. Da war eine Frau im Hare-Krishna-Gewand, tausend Freundschaftsarmbänder. Eine hatte irgendein Tattoo auf der Schulter. Und außerdem stand da noch Mick Hucknall von *Simply Red*. Zumindest seine Frisur: feuerrot, ganz viele Locken.

»Sag, Rabea, möchtest du vielleicht etwas frischgebackenes Naan?«, fragte Hare-Krishnette und hielt ihrer sommersprossigen Tochter die Tupperdose unter die Nase. ›Ui, frischgebackenes Naan. Da musst du dich aber ranhalten, Katja‹, dachte ich.

»Ich hab der Claire auf jeden Fall noch ein paar Schühchen und ein Jäckchen eingepackt«, erklärte Tattoo-Mom. »Man weiß ja nie.«

Etwas zupfte mich am Arm: Lilly. Die war für ein paar Minuten ganz still gewesen und hatte sichtlich beeindruckt die Konkurrenz gemustert. Ich will ehrlich sein: Wenn ich mir hier so das Rosa-Rucksack-, Rosa-Schuhe-, Rosa-Kleidchen-Programm anguckte – da würde Lilly ganz schön kämpfen müssen um die Marktführerschaft.

»Ich muss dir was sagen, Mama!«

Ich hockte mich zu ihr runter: »Ja?«

Sie zog meine Ohrmuschel an ihren Mund, holte Luft und flüsterte aufgeregt: »Psst! Ich hab keine Unterhose an, Mama! Lustig?« Dann machte sie: »Krrrr!« – wie Ernie aus der *Sesamstraße* und guckte sehr zufrieden.

Ich dachte, mich tritt ein Pferd. Das konnte doch jetzt nicht wahr sein. Ich hatte ihr doch heute Morgen persönlich irgendwas mit Häschen drauf angezogen. Oder Bie-

nen? Jedenfalls: gelbe Punkte. Das kleine Luder! Und jetzt? Hier in den USA war vor einiger Zeit eine texanische Lehrerin vom Dienst suspendiert worden, weil sie mit ihrer fünften Klasse ins Museum gegangen war, wo eine nackte Statue stand. Ohne Boxershorts an. Dieser Michelangelo aber auch! Hatte sich nicht informiert, dass sein David in fünfhundert Jahren nach Dallas in Übersee geht. Sehr fahrlässig. Und ihm kein Höschen über den kleinen David gemeißelt. Schweinschweinschwein. Auf der Links-Rechts-Skala prüde – locker waren die Amerikaner, konnte man sagen, noch links von links.

»HELLOOOO, KIDS!! GOOD MOOOORNING! GREAT TO SEEEE YOU!«, schallte es energisch aus der geöffneten Stalltür. Im Rahmen: Mrs Doubtfire junior: Hennarote Zöpfe bis zur Taille, Arme ausgebreitet, bereit, die Gaben des Tages zu umarmen. Aber wahrscheinlich nur die, die Unterhose trugen. »HOW ARE YOOOU?!«

Es lag mir auf der Zunge. Aber man will ja nicht gleich an Tag zwei das ganze pädagogische Konzept durcheinanderbringen. Hektisch suchte ich in meinem leeren Kopf nach etwas, das aussah wie eine Lösung. Wie die Hausfrau den Teppich hob ich jeden schlaffen Hirnlappen einzeln hoch. Nichts. Nicht auszuschließen, dass Lilly demnächst das Röckchen hob und »Kuckuck!« rief. Sie hatte die Tendenz, auf schlechte Witze noch einen draufzusetzen. Da rächten sich meine Gene.

»HI LILLLY!«, tönte es über den Hof. Nachdem es zuvor schon geschallt hatte: »HI RABEA! HI CLAIRE! HI JONNY! HI RONNY! HI …« Lilly guckte skeptisch, als wollte sie sagen: ›Was soll der Krach?‹

In der Regel haben Kinderbetreuungseinrichtungen Notfall-Grabbelkisten mit alten, verwaschenen Socken und Schlüpfern. Aber wie sah das bitte aus, wenn ich da jetzt schon am zweiten Tag drin wühlte?

»HOW GREAT TO SEEEE YOU!« Die Erzieherin hockte

sich begeistert vor Lilly. Es war wie immer: Eben noch Rotzlöffel, kriegte Lilly plötzlich noch nicht mal mehr ein Hallo hin. Sie klammerte sich an mein Bein wie der Seemann bei Sturm an den Mast und drehte den Kopf weg.

»Sie ist ein bisschen schüchtern«, log ich.

»I KNO-HOW!«, tirilierte Little Mrs Doubtfire und kam hoch von ihrem Tauchgang.

Im Kofferraum lag die patinierte Schmutzwäsche von vier Tagen. Die ging ich jetzt im Kopf mal kurz durch, ob da irgendwas bei war, was man recyceln konnte. Nichts dabei.

Die Erzieherin guckte mich an und schien kurz zu überlegen. »Was ich noch sagen wollte!«, meinte sie, ihre Stimme war auf einmal zwei Oktaven tiefer, als hätte sie heimlich am Frequenzknopf gedreht. Alles deutete darauf hin, dass jetzt etwas sehr, sehr Wichtiges kam: »Die Lilly hat noch keine Zahnbürste!«

›Ja‹, dachte ich, ›und wenn DU wüsstest, was die Lilly sonst noch so alles nicht hat.‹ Dabei schwankte ich, als hätte ich schon am frühen Morgen einen gehoben. Meine Tochter hangelte nämlich gerade an meinen Beinen herum.

»Und ein Zahnputzbecher wäre auch nicht schlecht«, ergänzte Mrs Doubtfire ihre Wunschliste. »Und vielleicht auch mal bei Gelegenheit an praktisches Schuhwerk denken.«

»Ich kümmere mich heute noch«, versprach ich. »Ich bräuchte übrigens auch dringend ein kleines Höschen.«

Ruckel! Quietsch! – ging bei Doubtfire die Schublade auf. Gut möglich, dass sie dachte, ich will das Ding für mich. Ihr Blick flackerte für einen kleinen Moment, als hätte sie einen plötzlichen Spannungsabfall in der Oberleitung, aber dann, ganz Profi, knipste sie ihr Tausend-Watt-ich-bin-total-in-meiner-Mitte-Lächeln an: »OH, YES, SURE!« Da war auch wieder die alte Stimme.

Dienstbeflissen kramte sie in einem *Ikea*-Weidenkörbchen mit Gefrierbeuteln, zog einen Zipp-Verschluss auf und reichte mir mit den Worten: »Der Schlüppi hier müss-

te passen« ein verwaschenes *H&M*-Teil. »Wäre toll, wenn du den die Tage wieder mitbringst, ja?« Sie hatte offensichtlich Sorge, dass ich mir den Schlüpfer anschließend unter Glas hängte.

Viertel nach acht saß ich wieder im Auto, kreuzte die Arme überm Lenkrad, ließ den Kopf sinken und holte mal kurz tief Luft. Als ich wieder hochguckte, rollerte eine Karawane fahrbarer Schulranzen an mir vorbei, davor Mundschutz tragende Chinesen-Kinder in Uniform und mit Geigenkästen auf den Rücken. Wenigstens war ich hier nicht der einzige Mutant.

11:00 AM

Obwohl ich meine Lider nur einen halben Millimeter öffnete und gleich wieder zukniff, schafften es eine aufgerissene Schranktür, herausgezogene Schubladen und ein baumelndes Duschhandtuch auf meine Netzhaut. Gott, was für ein Chaos.

Die Uhr sagte elf. Wie ging das? Ich war doch gerade erst eingeschlafen. Mit letzter Kraft krabbelte ich aus dem Bett. Die nächste Aufgabe wartete darauf, dass ich an ihr scheiterte: Hot Lunch. Für meine vier Zwerge hinter den drei Bergen. Als gute Mutter, die ich ja erst noch werden wollte, hätte ich natürlich heute Morgen mein liebevoll Selbstgekochtes ins Thermogeschirr füllen können. Das scheiterte vorerst, sag ich mal, am fehlenden Thermogeschirr.

Es gab natürlich auch einen Schul-Caterer. Schatzi und ich hatten bereits in Deutschland die Speisekarte gedownloadet. *Asian spicy rice! Fish filet! Chicken curry!* Yummi! Dann waren wir in Koalitionsverhandlungen mit unserem Nachwuchs eingestiegen: Der isst ja echt alles, man muss nur ein wenig die Allergien im Auge haben: gegen Gemüse, gegen Vitamine, gegen Fisch, gegen Stücke, gegen Fasern, gegen Körner, gegen sauer. Und wir hatten tolle Kompro-

misse erarbeitet: *Monday: Asian spicy rice without asian spicy; Tuesday: Chicken curry without curry; Wednesday: Fish filet without fish filet.*

So war die Ernährung wenigstens nicht einseitig, sondern immerhin *ausgewogen* schlecht.

Dann war's ans Bezahlen gegangen, und ich hatte feststellen müssen: Amerikanische Caterer nehmen keine Karte von der HASPA. Eine von der Spar- und Leihkasse Nebraska hatte ich aber gerade nicht zur Hand. Überweisen? Cash zahlen? Sorry, not possible. Das Einzige, was akzeptiert wurde, waren Schecks. Dazu brauchte man aber ein amerikanisches Girokonto. Ein amerikanisches Girokonto hatten wir nicht. Kriegt man auch nicht so ohne weiteres. Was für ein Bezahl-Neandertal. Ich konnte es gar nicht fassen. Das war ja gerade mal eine Stufe über Mehl und Eiern.

Schatzi war bereits bei drei Banken vorstellig geworden: Western Union, UBS und Bank of America. Im Gepäck ein Empfehlungsschreiben der Sparkasse Bielefeld. Genau: *Wow.* Die amerikanischen Banker hatten das Ding natürlich gleich beiseitegelegt und ausschließlich Schatzis amerikanische Credit History gecheckt, eine Art Schufa-Auskunft. Dabei war aufgefallen, dass der Klient in spe in den USA noch nie einen einzigen Kredit erfolgreich zurückgezahlt hatte. Welchen auch? *Zack!* Damit war die Sache gelaufen. *Wer nicht zahlt, kriegt kein Konto. Wer kein Konto hat, kann nicht zahlen.*

Seither arbeitete Jen, die Assistentin, mit Hochdruck daran, dass uns irgendein Blödmann einen Toaster auf Pump verkaufte. Und ich stand jetzt mit vier *McDonald's*-Juniortüten in der Hand vor Mrs Doubtfire junior, die gerade Obst schnibbelte.

»Lillys Mittagessen«, erklärte ich. »Wir sind ja leider noch nicht im Hot-Lunch-Programm.«

Diesmal guckte meine neue Freundin wie eine Katzenbesitzerin, die von ihrem Stubentiger eine tote Maus vor

die Füße gelegt bekommt. Wahrscheinlich war ich für sie so etwas wie die unheimliche Begegnung der dritten Art: erst kein Schlüpfer, jetzt Fast Food. Naan-Rabea zog gerade einen gräulichen Fladen aus der Lunchbox. Ich wusste sofort: rechtsdrehender Teig, rechts gerührt. Und ich wusste auch: In diesem Kindergarten war ich schon unten durch, bevor ich überhaupt die Chance hatte, jemanden persönlich vor den Kopf zu stoßen.

»Fein«, meinte Doubtfire junior und zog den Mund breit. »Wenn die Lilly das mag, dann soll die Lilly das kriegen.«

»Goodbye, Pups, Kacka, Mama!«, rief mir Lilly beim Hinausgehen hinterher. Na das war doch schon mal ein astreines Wort Englisch.

Mit drei weiteren Juniortüten unterm Arm machte ich mich auf die Suche nach Lillys Geschwistern. Auf dem Spielplatz war die Hölle los. Mitten im Gewusel ein Kind, das besonders wild tobte: mein Caspi. Getreu dem Motto *Viel Kringel, viel Fun*, sprangen ihm die verschwitzten blonden Locken in alle Richtungen. Er spielte gerade Fangen mit seinem kleinen Bruder, dabei hangelte er sich einarmig am Klettergerüst entlang, den Gipsarm gegen den Bauch gedrückt wie der Oberkellner beim Servieren. Wenigstens trug er seine Armschlinge. Wenn auch nur auf dem Rücken.

Yella fand ich gegen einen Blumenkübel gelehnt, die Nase tief in der Pferdelektüre: *Die Botschaft des weißen Hengstes*. Aus der großen Literaturreihe: *Der unheimliche Pferdehof – Die verschwundenen Ponys – Aufregung um Stute Aziza – Hoffen und Bangen auf Lilienthal*. Die Sonne schien ihr ins und aus dem Gesicht. Damit hatte ich ja nun gar nicht gerechnet: dass die Kinder happy und zufrieden waren. Das brachte mein ganzes Konzept durcheinander. Aufopfern bringt natürlich viel mehr Spaß, wenn du weißt, du musst jemanden retten.

12:45 PM

Die Amerikaner haben einen Trick, sich Probleme vom Hals zu schaffen. Sie nennen sie nicht Probleme. Sie nennen sie Challenge.

Meine aktuelle Challenge roch ein wenig streng und fuhr schon eine Weile im Kofferraum mit mir spazieren: zehn *Safeway*-Tüten Schmutzwäsche, oben auf Lillys mit Perlen, Glitzer und Kotze garniertes Prinzessinnenkleid. Wie macht das eigentlich Angelina Jolie? Reist die mit *Rei in der Tube*?

EXPRESS-LAUNDRY-DISCOUNT
blinkte es auf der rechten Seite des Shoreline Boulevards in Neongelb.

Um einen etwas zu groß geratenen Parkplatz warteten ein paar zu klein geratene Lädchen auf Kundschaft: ALLURE DENTAL CARE. Im Schaufenster ein goldener Buddha und ein Goldfischaquarium. Ein seltsam unscharfes Foto, als hätte der Fotograf Vaseline auf der Linse gehabt, zeigte eine breit lachende California-Blondine mit Klaviertasten im Mund. *Creating Beautiful Smiles!* – versprach die Bildunterschrift.

Gleich nebenan: BERNIE'S DOG GROOMING. Hier konnte sich der Hund von Welt das Fell mit Vitamin-C-Shampoo verschönern lassen. Für den Fiffi mit mehr Zeit gab es einen Afternoon Spa: Blaubeer-Gesichtsmaske, Schnauzen- plus Schwanzmassage, dazu Fell-Bleeching. Alle Produkte allergiegetestet und auf Biobasis.

Plingeling! machte es, als ich die Glastür zu EXPRESS-LAUNDRY-DISCOUNT aufdrückte und mich, beladen wie der Weihnachtsmann, mit zehn Papiertüten in den winzigen Laden schob. Es roch kräftig nach Veilchen, unter die sich ein paar Duftatome Nasi Goreng gemischt hatten. Kein Mensch weit und breit.

»Hello?!«, rief ich und beguckte mir, während ich war-

tete, die vollgequetschten Wäschekarussells. Business-Blau, wie ich es aus Schatzis Kleiderschrank kannte. Aber auch viel Holzfällerkaro, Palmengemustertes, Salmis, Giraffen. Ich nahm mir vor, ein strenges Auge auf Schatzi zu haben die nächsten Monate. Der ging nämlich gern fremd mit Mustern, die ich ihm nicht empfohlen hätte.

»Hello-ho?«, setzte ich einen weiteren Lockruf ab.

Hinter dem Tresen, vollgepackt mit Wäschepaketen, ging, der Sonne gleich, eine chinesische Omi auf: erst ihr Kopf mit den kurz geschnibbelten schwarzgrauen Haaren und dem bedächtig kauenden Mund, dann schob sich der Rest nach. Sie ging mir bis zur Brust.

»Hi.«

»Hh!«, machte es kurz und knapp zurück.

Ich hievte zwei Tüten auf den Counter, während die Omi geräuschvoll irgendwelche Essensreste durch die Zähne zog.

Ich wies auf die Tüten und erklärte: »Ich würde das gern reinigen lassen.« Als ob sonst Leute reinkämen und sagten: ›Zwei Spiegeleier mit Speck, bitte!‹

»Hh!«, machte es wieder.

Und dann ging alles ganz schnell: Die Omi griff sich die Tüten, kippte alles auf den Tresen und fing an in meiner Wäsche herumzuwühlen. Das an sich war schon etwas unangenehm. Aber dann machte sie auch noch den Daumentest. War sie sich bei einer Substanz nicht sicher, ging sie mit dem Finger drüber für eine schnelle Rubbelprobe.

Und die ganze Zeit machte es weiter: *schmatz, schmatz, saug.* Feudelte sie sich mit der Zunge durch die gute Stube. Sehr gewissenhaft. Um die Sauberkeit meiner Wäsche würde ich mir keine Gedanken machen müssen.

»Much dirt? Hh?«, wollte sie wissen.

»Yes!«, pflichtete ich bei.

Wir kamen zum Geschäftlichen: »Wie teuer wird das in etwa werden?«

»Twenty dollar, okay, hh?«

War das eine Frage? Offensichtlich brachtest du hier nicht nur deine Wäsche mit – sondern auch den Preis. Gutes System.

»Tomorrow?«

»Tomorrow!«

Plingeling! fiel die Tür hinter mir ins Schloss.

Wow! Nette Frau. Kompetenter Service. Keine hundert Stunden in Amerika, und ich hatte schon meine erste Freundin gefunden. Ging das in dem Tempo weiter, hatte ich heute Abend einen neuen Ehemann.

2:00 PM

Man muss sein eigener Bernhardiner sein, dann klappt's auch mit den Sportschuhen. Die fand ich unter einer Wäschelawine im Flur. Ich ging joggen. Manchmal ist der

Körper ja schon angekommen, aber der Kopf noch nicht da. Beide machen so ihr eigenes Ding. Und du musst beim Synchronisieren helfen. Früher, als ich noch nicht die Payback-Card vom Drogeriemarkt im Portemonnaie hatte, sondern die Vielfliegerkarte, da habe ich immer mit *Toblerone* und Salznüssen aus der Minibar synchronisiert und dazu den Fernseher laufen lassen. Dann hatte ich ein Erweckungserlebnis, das hieß Cellulite, seitdem gehe ich laufen.

Ich bog vom trubeligen El Camino Real links ab in die Escuela Avenue, dann weiter die Villa Street hoch. Amerika kam seiner touristischen Pflicht nach. Es sah nämlich exakt so aus wie Amerika: mit Fliegengittertüren, Schiebefenstern, Postkästen auf Pfählen. In meinem Kopf pochte es. Der Sport vielleicht. Vielleicht auch mein Hirn, das sich gerade ein paar tolle Erinnerungsfotos an die Wand nagelte. Wirklich zauberhaft.

Nur: Wo war ich hier eigentlich? Mit Straßenschildern verläuft es sich einfach besser: Du weißt wenigstens, wie das heißt, von dem du nicht weißt, wo es ist und warum du da jetzt gerade bist. Schatzi behauptet, ich sei die Frau, die sich auf dem Stepper verirrt.

Und dann stand ich auf einmal punktlandungsmäßig vor dem Laden mit der Schwangerschafts-Akupunktur. Hier kannte ich mich wieder aus.

Sieht man mal. Ich gehe verloren, am Ende komme ich an. Der Umweg ist der Weg.

2:30 Pm

Is there life before coffee?

Durchgeachselt bearbeitete ich die Pumpkanne an der Hotelrezeption. Amerika ist ja das Land des Umsonstkaffees. Und das der eimergroßen To-go-Becher. Was so ein echter Amerikaner ist, unter einem halben Liter zapft der gar nicht erst los.

»Misses Kessler? Are you Misses Kessler?«

Ich drehte mich um. Die Rezeptionistin schaute mich neugierig an. *Zu laut gewesen? Zu schmutzig? Zu irgendwas?* Ich blätterte mal kurz durch unsere Sündenkartei. »Yes, that's me.«

»Einen Augenblick bitte, ich denke, ich habe da etwas Wichtiges für Sie«, meinte sie in hochgeschäftigem Ton, so dass man denken konnte: Deutsche Bank. Sie nahm ihren sehr wichtig aussehenden General-Supervisor-Schlüssel, der mit einer Schelle ans Handgelenk gekettet war, und schloss eine ebenfalls wichtig aussehende Schublade auf. Wie sie gleich zweimal Fort-Knox-mäßig den Schlüssel im Schloss drehte, war ich mir sicher: Da lagern Unterlagen zum nordkoreanischen Atomwaffenprogramm.

Mit spitzen Fingern nahm sie etwas längliches Braunes heraus und streckte es mir entgegen: »Gehört das zufällig Ihnen?«

Donnerwetter, wie lustig. Das Ding sah ja aus wie mein Portemonnaie. Echt. Eine hohe Ähnlichkeit.

Ich!
Hatte!
Nicht!
Schon!
Wieder!
Mein!
Portemonnaie!
Verloren!

»Das hat ein Gast auf dem Parkplatz gefunden«, informierte mich die Rezeptionistin.

Ich hatte fast den Eindruck, ich wollte mein Portemonnaie loswerden. Man liest ja so viel über Wasch- und Putzzwänge. Möglicherweise ein unentdeckter Weg-mit-dem-Geld-Zwang bei mir? Ich stehe innovativen Neurosen grundsätzlich aufgeschlossen gegenüber. Trotzdem, kurze Frage: War ich bekloppt?

2:40 PM

Normalerweise hat man ja so einen Tross von Freundinnen, die einen vor einem selbst in Schutz nehmen.

Zum Telefon greifen?

Aber was kriegst du zur Antwort, wenn du Leute aus dem Tiefschlaf klingelst und fragst: ›Hey, ich bin's! Ich will nicht lang stören, aber sag mal kurz: Habe ich noch alle Tassen im Schrank?‹

Bitte keine Lebenskrisen nach 14 Uhr. Da liegen zu Hause alle im Bett.

Bei Schatzi ausheulen? Es ist ein Gesetz in unserer Ehe, dass er an allem, was bei mir schiefläuft, mindestens zweiundneunzig Prozent Mitschuld trägt. Aber vielleicht lieber noch ein paar Dummheiten lang warten. Und dann, demnächst, die große Generalbeichte.

Ehemänner haben Anspruch darauf, dass man ihnen Dinge vorenthält.

3:00 PM

Ich ließ mich mit dem Gast verbinden, der das Portemonnaie gefunden hatte: eine Taiwanesin. Leider sprach sie kein Wort Englisch. Aber sie reichte den Hörer gleich mal an ihre Tochter weiter, die eine Botschaft hatte: »It's the responsibility of the human race to help each other!« *Wir*

Menschen müssen einander helfen! Auf was für einem Trip war die denn?

Mir war nicht zu helfen. Und schon gar nicht von einem Verein namens Human Race.

Ich machte mich auf, die Kids abzuholen. Geht doch nichts über eine schöne Autofahrt, auf der nur du selbst dir Gesellschaft leistest. Keiner, der reinredet. Ganz entspannt einfach mal Zeit für ein paar Selbstmordgedanken.

8:00 PM

Room number?, fragte mein Notebook.

24 tippte ich ins Fenster. Acht Uhr abends, Kids im Bett, ich versuchte mich ins Hotel-WLAN einzuloggen.

Code?

Hb46Hv1Ttf87m gab ich jetzt schon zum dritten Mal ein. Immer diese aufgeblähten Verschlüsselungen. Als stünde zu befürchten, KGB und chinesischer Geheimdienst könnten sich ins System hacken.

Es dauerte zwei Minuten. Dann war ich per digitaler Nabelschnur mit dem Rest der Welt verbunden. Endlich wieder. Seit Tagen die ersten E-Mails. Mitten im Herzen der technischen Welt machte mir die Technik gerade Riesen-Probleme: Mein iPhone funktionierte nicht mit der amerikanischen SIM-Card, die ich in Deutschand gekauft hatte. Deutsche iPhones wollen nur deutsche SIM-Cards. Mit deutscher SIM-Card in den USA zu telefonieren oder ins Internet zu gehen war, wie das Feuerzeug unter ein Bündel Geldscheine halten. *Puff,* war die Kohle weg.

Bei *Verizon* hatte ich mir bereits Samstag ein billiges Ersatzhandy mit Prepaidkarte gekauft. Seither klingelten ständig irgendwelche Johns und Jims und fragten nach Sarahs, Bobs und Robs. Ich war schon ganz genervt. Offensichtlich hatte ich da eine sehr beliebte Nummer erwischt. Jetzt konnte ich innerhalb der USA kostengünstig schnab-

beln. War bloß die Frage: Mit wem? Meine Freunde waren ja allesamt in Deutschland. Dorthin zu telefonieren erlaubte allerdings die Flatrate nicht.

Plopp! Ging die erste E-Mail auf.

Katja Kessler

Liebe Parents! Läuse wohnen nicht, wie von Ihnen leider oft angenommen, unterm Pult. Auch nicht hinterm Regal. Schon gar nicht schleichen sie nachts über die Hintertür ins Klassenzimmer. Sie wohnen auf dem Kopf Ihres Kindes.

Mit besten Grüßen, wir glauben an Sie!

Ihre GISSV

In den letzten vierundzwanzig Stunden hatte ich mir mehrfach mein altes Leben zurückgewünscht. Und was kam als Erstes und sagte: Guten Tag, ich bin wieder da? Die Mütterpest.

Wir Frauen neigen ja dazu, uns in zu kleine Hosen zu zwängen. Möglicherweise war mein Leben eine 42 und ich versuchte gerade, es in Size Zero zu stopfen?

Wenn das hier so weiterging, saß ich Ende der Woche im Flieger nach Hause.

August

Wednesday 15

7:20 AM

In Ratgeberbüchern steht, du sollst jeden Tag eine Sache tun, vor der du dich fürchtest. Soeben geschehen: Ich hatte mir Haarspray in die Achseln gesprüht. Dabei war die Dose groß und grün, die vom Deo klein und weiß. Merk mal was, Katja.

Draußen vor der Apartementtür begrüßten die Jungs den neuen Tag: »Du stinkst!«, »Arsch!« und andere Zärtlichkeiten flogen durch die Luft. Kleine Männer halt.

»Ich glaube, es hackt! Ab zum Auto, aber dalli, dalli!«, rief ich im Feldwebelton durch die Badezimmertür. Mütter eben.

»Du siehst furchtbar aus, Omi!« Im Schlafzimmer skypte Lilly seit zehn Minuten mit ihrer Großmutter, ich linste um die Ecke: Das Skypebild war in Würfel zerfallen. Omi trug ein Auge auf der Stirn wie ein Zyklop. »Du, Oma?«

»Ja, Liebes?«, schepperte es R2-D2-mäßig aus der Leitung.

»Als kleines Kind wollte ich immer Prinzessin werden. Aber ich habe mit dem lieben Gott gesprochen und ihm gesagt, dass ich mich geirrt habe. Ich will doch Ärztin werden.«

»Das hast du sehr gut gemacht!«

»Oma?«

»Ja?«

»Wer ist älter? Du oder der liebe Gott?«

»Ich glaub, der liebe Gott.«

»Und wenn du gestorben bist, willst du dann lieber begraben werden oder in den Himmel zum lieben Gott?«

»Ich möchte lieber in den Himmel.«

»Das ist auch besser, Oma. Da kriegst du noch Luft. Unten in der Erde musst du ersticken.«
»Da hast du recht! So, und jetzt machen wir aber Schluss, Liebes. Ihr müsst los. Gib Caspi einen Kuss von mir und sag ihm gute Besserung!«
»Nein, Oma, das geht nicht. Der Caspar küsst keine alten Frauen mehr.«
Was war das? Im oberen Stockwerk hörte ich plötzlich ein Kind leise weinen: Abgrundtiefer Kummer durchzogen von Zorn – ich hätte das Mischungsverhältnis auf zwei Stellen nach dem Komma benennen können. Mütter haben da das absolute Gehör.
Ich lief die Stiege hoch und fand meine Älteste schluchzend auf dem Bett: »Carlos …! Ca-harlos …! Mama, was glaubst du, wie geht's Ca-ha-harlos …?!«
Ich muss es echt noch mal sagen. Eigentlich ist Yella ja als Tochter das Mütter-Einsteigermodell. Lieb, verwindungsstabil, pflegeleicht. Bei der Familienplanung empfiehlt sich, erst mal so was zu bekommen zum Üben und Warmwerden, bevor man sich an einem Fortgeschrittenenmodell wie Caspi versucht. Aber flippt Yelli doch mal aus, einmal jedes Schaltjahr, dann richtig. Bei uns hängt seit ihren Babytagen ein Hirsch im Keller, da machte sie immer: »Eia, Hirsch!« Wir kamen von einem Dänemarkurlaub zurück, plötzlich schrie sie: »Die Kuh! Die Kuh!« Und kriegte einen Tobsuchtsanfall.
Ich habe mal gelesen, der Mensch produziert im Laufe seines Lebens siebzig Liter Tränen. Wie ich meine Tochter hier auf dem Bett sitzen und weinen sah, waren das locker zwanzig. Wahre Sturzbäche rannen Yelli über die Wangen.
»Maaaama???«, krähte es von unten. Kolja. Sollte der nicht schon lange im Auto sein?
»Warum bist du nicht im Auto? Ich komm gleich!«
»Wo ist das Auto?«
»Draußen!«

»Wo ist draußen?«
Verflixt und zugenäht! Da nervte mich der Bengel schon beim Frühstück mit Fragen wie: »Mama, ist die Tschi-Tschitza-Pyramide in Mexiko größer oder die Tsche-Obst in Ägypten?« Womit wohl Chichén Itzá und Cheops gemeint waren. Und dann fand er beim Popeln die Nase nicht.

7:50 AM

Damn! Wir waren natürlich viel zu spät. Aber: first things first, wie Schatzi zu sagen pflegt. Ich hatte mein todunglückliches Kind trösten wollen. Und dieses Kind hatte natürlich nicht gerufen: ›Oh, die Schule fängt gleich an, Mama. Ich wein dann mal heut Mittag weiter!‹ Yelli hatte sich wieder eingekriegt. Hatte aber ein paar Minütchen gedauert. Ihr ging es jetzt gut – ich war total aufgekratzt. Denn ich hatte natürlich erst mal eine Runde mitgeheult. Die Gelegenheit war einfach zu verlockend.

Auf der 101 ging's nur schleppend vorwärts. Kalifornier fahren ja gerne, als hätten sie einen Yoga-Lehrer gefrühstückt. Ich hätte am liebsten zum Gewehr gegriffen und mir die Strecke frei geschossen. Gerade gestern hatten sie im Radio erzählt, dass eine Frau in Texas in einen *McDonald's*-Drive-in geballert hatte, weil es ihr dort nicht schnell genug ging. Die war bestimmt Deutsche. Blinkend versuchte ich mich über fünf Spuren hinweg nach links zur *Car Pool Lane* zu arbeiten, auf der du nur fahren darfst, wenn du mehr als einer bist im Auto. Also ist die immer leer. Kalifornier stehen nicht so auf Fahrgemeinschaften. Wenn, dann bringen sie gleich ihr Auto mit. Nennt sich Stau.

›Zack, rein da in die Lücke!‹, sagte ich mir.
›Sei schlau, sei Sau‹, nennt es mein Bekannter.
Plötzlich machte es *Rums*.
»Was war das, Mama?« Koljas interessiertes Stimmchen.

»Mist, Mist, Mist!« Ich machte eine Vollbremsung. Was man so Vollbremsung nennt bei 10 km/h. »Ich glaub, ich hab das Auto da vor uns gerade an der Stoßstange erwischt!«

Und jetzt? Warndreieck raus? 911 wählen für die Highway-Vollsperrung? Ich hatte schon die Hand am Türgriff, um auszusteigen, als mein Vordermann, der ebenfalls angehalten hatte, wieder anfuhr und quer nach links zog. Dort gibt es auf amerikanischen Autobahnen einen breiten Sandstreifen. Ich hinterher. Wir parkten zwischen Müll.

Ein Araber stieg aus, nuschelte: »Hi! How are you?« Und beguckte sich seine alte Rostlaube. Ich weiß, Stolz ist an dieser Stelle nicht angebracht, aber mit nur einmal am Steuer ziehen hatte ich ein bisschen Stoßstange, ein bisschen Kotflügel, ein bisschen Kofferraumdeckel erwischt. Meine Stoßstange? Jungfräulich. Nicht der Hauch einer Beule. Das musst du erst mal hinkriegen.

»Can I see your ID?«, wollte der Typ wissen und drückte mir seinen Führerschein sowie eine Chipkarte in die Hand. *Mohamed Sherif Abdullah* las ich. »You have an insurance card, too?«

Genau ... Da war doch noch was. *Wie* war ich eigentlich versichert? War ich *überhaupt* versichert? Wie vertrug sich das alles mit meinem deutschen Führerschein? Gut, dass wir mal drüber sprachen.

»You can pay cash«, regte Mr Abdullah an. Offensichtlich kennt man sich in Amerika aus mit Leuten, die doof aus der Wäsche gucken.

»Was glauben Sie denn, wie teuer wird's?« War auf jeden Fall nicht verkehrt, mal die Preise zu checken.

Mohamed griff zum Telefon und quatschte eine Runde mit seiner Werkstatt. Offensichtlich gab es hier im Valley eine Technik, dass man sich Schäden mit den Ohren anguckte und dann genau wusste, wie aufwendig es wird. Mr Abdullah hatte fertig recherchiert: »One thousand dollar«,

unterbreitete er mir sein erstes Angebot, von dem man annehmen musste, dass es auch das letzte war. Schluck. Aber wenigstens nicht zehn- oder hunderttausend oder drei Trilliarden – so muss man das sehen. Der Typ hatte mich in der Hand. Die Schule wartete. Ich hatte das Gefühl: Geh ich den offiziellen Weg, komm ich in Teufels Küche. Ich nickte.

Wir tippten die Nummer des jeweils anderen in unsere Handys. Meine erste amerikanische Männertelefonnummer. Unverhofft kommt oft. Ich musste noch kurz auf die Rückseite einer Tankquittung schreiben: ›Ja, hiermit bestätige ich, dass ich Mr Abdullah hinten rein gebumst bin.‹ Datum. Unterschrift. Fertig war der Unfall. Ich muss sagen: echt zügig. Gern demnächst wieder.

Gab jetzt nur noch ein kleines Problem zu lösen: In den seltensten Fällen steht ja an der Autobahn ein Geldautomat rum. »So we can meet at *Safeway*, tomorrow? For the money?«, schlug ich vor.

»Sure.« *Morgen im Supermarkt. Mit dem Geld.*

8:20 AM

In der Reinigung schob mir meine neue chinesische Freundin schweigend riesige, in Folie gewickelte Wäschepacken über den Tresen. Alles picobello sauber und wie mit dem Lineal gefaltet.

Erst im Auto fiel mir die herrenlose leberwurstrosa Männerboxershorts auf – ganz zuunterst in einem der Stapel, igitt. Was war *das*? Nix von uns, klar. Es sei denn, Schatzis Frau hatte ein Geheimnis, das ich nicht kannte. Und: Fuhr in dieser Sekunde vielleicht auch eines *meiner* Unterhöschen mit neuem Herrchen durchs Valley? Und hatte Herrchen vielleicht demnächst Stress, weil es Frauchen nicht erklären konnte, woher die Büx kommt?

So streunende Damenunterwäsche kann echt für Verwirrung sorgen, ich weiß, wovon ich spreche. Ich habe mal

im Keller von Frank Elstner dessen Turbo-Stepper ausprobiert und bin dann duschen gegangen, während der Hausherr oben *Grand Prix d'Eurovision de la Chanson* guckte. Zwei Wochen später gab's einen wattierten Umschlag, dazu ein knappes Anschreiben: *Ich glaub, die gehört Ihnen. Beste Grüße, Frau Elstner.*

8:40 AM

Die Türen glitten beiseite und ich dachte: So sieht das Paradies aus.

Stimmt nicht.

Eigentlich dachte ich: Hier möchtest du Gurke sein!

Auf Hochglanz polierte Kolben, liebevoll zu Pyramiden dekoriert, das Grün der Haut von Spotlights in Szene gesetzt, als sei es teures *Gucci*-Leder. Willkommen bei *Whole Foods*.

Flammend rote Tomaten, leuchtend orange Orangen. Alles machte mit allem rum. Wow. Und alles tropfte nur so vor Feuchtigkeit: Knacksalate, Kräuter, Knollen, Pilze. Das war ja wohl der spektakulärste Bio-Supermarkt des ganzen Universums. Ich wollte kaufen, kaufen, kaufen. Und mir im zweiten Schritt Gedanken machen, was es war und wie man es kochte. Willenlos ließ ich mich durch Öko-Lourdes treiben. Was für eine warme Umarmung, nachdem ich doch eigentlich schon beschlossen hatte: ›Dieser Tag taugt nix, der kommt auf den Müll.‹ Was für ein heilender Tritt in den Hintern: ›Hey, wach auf, du bist in Amerika. Genieß das mal endlich!‹

In der Fischabteilung räkelten sich ganze Lachse auf Eiswürfeln. Barsch, Butt, Austern, Hummer. Überall riefen Hinweisschilder: *green rated! Aus nicht überfischten Beständen!* Wandtafeln kündeten von *Sustainability! Nachhaltigkeit!* Aufkleber mahnten: *Organic!* Also, das kriegt ein nordkoreanisches Propagandaministerium nicht besser hin.

In der Fleischabteilung, man könnte es auch Steak- und Frikadellenboutique nennen, schienen Friseure tätig zu sein, die das Hackfleisch zu kunstvollen Dutts aufdrehten. Die Geflügelbrüstchen spiegelblank wie nach dem Intimwaxing: nicht ein Stoppel.

Bei all der Perfektion dann doch ganz beruhigend: Auch *Whole Foods* schien noch keine überzeugende Lösung gefunden zu haben, wie man ein Steak in die Pfanne legte, ohne die Kuh vorher tot zu machen.

Von Jimmy, der Strohhütchen trug und ein ledernes Winzerschürzchen, ließ ich mir einen kalifornischen Weißwein empfehlen. Wir schritten die Regale ab: Sonoma, Mendocino, Napa. Wie coole Siebziger-Jahre-Mucke. Ich bekam eine Flasche in die Hand gedrückt. »Thanks! And why do you recommend this?« *Und warum diesen?* Wollte ich wissen.

»Because the label looks nice«, erklärte Jimmy. *Weil das Etikett hübsch aussieht.* Klar. Ich sage auch immer: ›Wenn's Gott nicht gibt, wer schiebt dann das Kleenex nach?‹ Manchen Argumenten ist nichts hinzuzufügen.

»Hi, hello! Ich hoffe, es war alles zu Ihrer Zufriedenheit!«, freute sich die Kassiererin und übernahm es, meine Einkäufe vom Körbchen aufs Band zu befördern. An dessen Ende, Tüte im Anschlag, schon der Einpack-Assi wartete. Was für ein geiles Land. Die Kassiererin hielt die Weinflasche hoch: »Can I see your ID, please?« Dieses Kompliment toppte noch mal alles. In Amerika müssen sie nämlich sichergehen, dass du schon einundzwanzig bist, wenn sie dir Alkohol verkaufen. Amerika schien mir zu bekommen. Offensichtlich steckte in Chicken-McNuggets-Panade ein bislang unentdeckter Faltenkiller. Ging das so weiter und Schatzi kam in sechs Wochen, würde ich mich älter schminken müssen, damit wir keinen Ärger bekamen mit dem Kinderschutz.

Die Kassiererin studierte meinen Ausweis: »1969? ... hm ...« Sie legte die Stirn in Falten und begann mur-

melnd eine Überschlagsrechnung – »... 1979 ... 1989 ... 1999 ... – Yes ...«, meinte sie schließlich, »I think, you are old enough.«

Erstaunlich, was man so alles ohne Taschenrechner ausgerechnet bekommt.

2 : 00 PM

»Oh Manno. Warum kommst du jetzt schon?«, freute sich mein jüngerer Sohn, als ich im Afternoon Club auftauchte. »Ich will noch Legos spielen.«

Sein älterer Bruder war wie üblich mit der Gesamtsituation unzufrieden: »Gut, dass du da bist, Mama! Ich will nicht mehr zu diesem komischen Englisch-Club!«, schimpfte Caspar. »Das ist voll bescheuert da. Die fragen immer ›What's your name?‹. Kannst du mich da bitte abmelden?« Ganz der ungehaltene Manager. Im Kindergarten hatte er mal seine Freundin Leni zum Spielen dagehabt. Und nach zehn Minuten gebeten: »Kannst du ihre Mama anrufen, damit sie Leni abholen kommt? Ich kann sie nicht mehr gebrauchen.«

Im Auto dann große Fragestunde. Klar. Das fremde Land, die neue Kultur, so was kratzt Kinder auf. Allerdings wollten meine nicht wissen: ›Mama, was ist die Boston Tea Party?‹ Oder: ›Mit welcher Füllerfarbe unterzeichnete Präsident Abraham Lincoln den 13. Zusatz zur amerikanischen Verfassung?‹

Yella interessierte: »Mama? Was sind eigentlich Eierstöcke?«

»*Eierstöcke?*«, wiederholte ich, um ein bisschen Zeit zu schinden. Man will's ja auch nicht vermasseln. Der sexuelle Bildungsauftrag wiegt schwer: »Davon hat jede Frau zwei. Und monatlich produzieren die ein Ei.«

»Ach so! Und das legt die Frau dann?«, kombinierte Yella. Kolja wollte wissen: »Drei Männer gehen im Fluss ba-

den, zwei kommen mit nassen Haaren zurück. Was ist mit dem dritten Mann passiert?«

»Keine Ahnung.«

»Der hat 'ne Glatze.«

»Und hast du heute auch was gelernt in der Schule?«

»Ja«, meinte Kolja, »wir haben mit Klopapierrollen und Zewa und Kleister die Bay Area nachgebaut. Und wir haben gelernt, dass man nicht Indianer sagen soll.«

»Was dann?«

»Ureinwohner Amerikas.«

»Und Lilly, was hast du Schönes erlebt? Kannst du denn jetzt schon Englisch sprechen?«

»Yes!«, erklärte meine Vierjährige stolz. »Und der Timothy hatte heute ganz viel Pups in seiner Hose. Das war vielleicht eine Kackerei. Das hat vielleicht gestunken. Aber das ist nicht das Ende vom Leben, oder, Mama?«

3:00 PM

Das Land neu. Deine Familie immer noch die alte. Wie findet man das?

Überhaupt: Wie wenig sich doch änderte. Warum stand ich jetzt schon wieder bei *Ikea*? Warum isst der Deutsche auf Mallorca Eisbein?

Ich parkte meine Bande mit einer Schachtel Cinnamon Buns vor *Harry Potter*, der auf einem der Fernseher im ersten Stock in Endlosschleife lief, und schärfte ihnen ein: »Ihr geht hier nicht weg, verstanden?« Genauso gut hätte ich sie ermahnen können: »Wehe, ihr habt nicht alle Süßigkeiten aufgegessen, wenn ich wiederkomme!«

Am Help Desk guckte ich mir den leckersten Verkäufer mit den dicksten Muskeln aus. Wo Schatzi ja nun mal nicht da war. »Hey David! Would you mind checking if *Hemnes* is available?« Ist das auf Lager?

›*Hamnas*‹ tippte David lustlos in sein Computer-Such-

fenster. Mit zweimal ›a‹ statt zweimal ›e‹. Das war ungefähr so kompetent, wie wenn du im Apple Store arbeitest und ›*Ei-Pott*‹ schreibst.

Ich tippte gegen den Bildschirm: »With ›e‹!«

›*Hemnas*‹ korrigierte David.

Hatte der Typ denn noch nie in seinen eigenen Katalog geguckt? *Hemnes!* Ein Klassiker. Das *Billy* der Betten.

»And would you be so kind to check *Leivrik* as well?«, bat ich.

»Can you spell that?«

»EL … I … EI … Wi«, begann ich zu buchstabieren. Heiliger Köttbullar! Willkommen in der globalisierten Welt, wo eine Deutsche einem Amerikaner seine schwedischen Produkte näherbringt. Ehrlich mal! So ein Help Desk machte doch nur Sinn, wenn der Kunde nicht mehr Ahnung hatte als der Verkäufer, der ihn beraten sollte, oder?

»Mein System sagt, dass alles vorrätig sein müsste«, erklärte David. »Du kannst das heute kaufen, wir lagern's ein. Und dann wird's geliefert, whenever you like.«

Okay, so wollte ich's machen. Mit vereinten Kräften notierten wir, wo was zu finden war: F 32, B 19, H 27. Und ich machte mich zwischen den Regalen auf Schnitzeljagd. *Putt, putt, putt!* Wo ist denn das liebe *Ektorp*-Sofa? Zehn Minuten später fragte ich mich: Steckten sich im Valley die Ladendiebe ganze Couchen in die Tasche? Oder war vielleicht doch der *Ikea*-Computer im Arsch? Alles ausverkauft.

Wieder stand ich vor dem Help Desk, wo David endgültig auf Energie-Spar-Birne umgeschaltet hatte und mit tranigem Blick seinem Feierabend in fünf Stunden entgegenglimmte. Man muss das verstehen: Seine Muckis hingen ja auch noch am Netz. Die fraßen bestimmt ordentlich Strom.

»Hi there! How are you?«, erkundigte er sich. Ich war mir nicht sicher, ob er sich erinnerte, dass wir gerade schon das Vergnügen gehabt hatten.

»Okay, David, ich müsste dann mal bestellen.«

4 : 30 PM

Lilly als Lokomotivführerin, Yella als Triebwagen, die Jungs am Kuppeln und Weichenstellen – so ging es mit drei »Waggons« durch die Abteilungen. Wenn schon, denn schon, hatte ich mir gesagt. Jetzt war ich hier, jetzt konnte ich auch den restlichen Klumpatsch kaufen und einlagern lassen: Lampen, Bettwäsche, Töpfe, Mülleimer. Bis zur Kasse waren aus drei Waggons vier geworden. Man hatte den Eindruck, ich wollte ein Hotel eröffnen. Es dauerte eine Ewigkeit, bis alles gescannt und bezahlt war und wir hinüber wechseln konnten zur Schlange vor dem Storage Service, um dort eine weitere Ewigkeit zu warten. Wenn du in Amerika wirklich was lernst, dann Geduld. Und du lernst den Satz: ›I'm so sorry!‹

»I'm so sorry!«, bedauerte die *Ikea*-Mitarbeiterin, »aber leider, leider lagern wir nur Möbel ein!«

Klonk, machte es. Mein Unterkiefer, der runterklappte.

7 : 00 PM

»Du Mama, was macht der Mann da?«, wollte Lilly wissen. Wir standen an der Ampel. Ich hatte einen Flokati-Teppich im Nacken. Die Kinder Klobürsten und Pfannen auf dem Schoß.

»Du, der hat kein Zuhause.«

Der Obdachlose stand in Lumpen auf einer Verkehrsinsel und hielt sich ein fleckiges Pappschild vor die Brust: *HOMELESS – WILL DO ANY WORK!* Das erste Mal, dass ich im Valley etwas Derartiges sah. Man hatte fast den Eindruck, dass sich nicht nur die Reichen versteckten, auch die Armen.

»Und warum haben die nicht genügend Häuser gebaut?«, hakte Lilly nach.

»Häuser werden nicht einfach gebaut. Man muss sich das selber bauen, und das kostet Geld.«

»Und warum kann der dann nicht bei *Ikea* wohnen?«

7:00 PM

»Kinder, INDIANER-ESSEN!!!!!«

Wenn du was lernst als Journalistin, dann Überschriften. Wobei ich natürlich seit heute wusste, dass ich ›Ureinwohner-von-Amerika-Essen!‹ hätte rufen müssen. Dann beim nächsten Mal Auswandern.

Ich hatte ein Badelaken auf dem Wohnzimmerfußboden ausgebreitet, da stellte ich jetzt einen Topf heiße Nudeln drauf, vier Gabeln dazu – auf die Plätze, fertig, Ferkelfütterung.

Schmatz, schmatz ging's gleich mal los, als ob das unsere klassische Art der Nahrungsaufnahme wäre. Da kommen dir schon Zweifel.

Ich nutzte die Zeit, meine *Ikea*-Hamsterkäufe hinter die Couch, unter die Betten, in die Ecken zu stopfen. Man konnte kaum noch atmen im Apartement.

»Du Mama, ich muss noch Hausaufgaben machen!«, erklärte Kolja.

»Das fällt dir ja früh ein. Was denn?«

»Silbenklatschen.« Er schritt auch gleich zur Tat: »SCHILD-KRÖ-TE!«, dazu klopfte er rhythmisch auf den Tresen.

»KA-KA-DU!

SCHAU-KEL-STUHL!

SAH-NE- …!«

»Weißt du was? Klatsch auf dem Klo!«

8:30 PM

»Ich will bei Mama schlafen!«

»Aber du hast gestern schon!«

Merkten meine Kinder eigentlich nie, wenn es mal reichte? Ich glaube, mit denen kannst du nur umziehen, wenn du ihnen vorher die Batterien rausnimmst.

»Passt mal auf!«, ging ich dazwischen. »Das ist doch ganz einfach: Wir hängen jetzt eine Preisliste auf. NEBEN MAMA: Zwei Euro. BETT OBEN: 50 Cent. COUCH: umsonst.«

Zeigte Wirkung. Um kurz nach acht lagen alle friedlich im Bett und schliefen tief. Alle im selben.

August

Saturday 18

8 : 10 AM

Irgendwas atmete mir ins Gesicht, das noch nicht die Zähne geputzt hatte: Lilly. Eigentlich hatte ich das heute als meinen Ausschlaftag geplant.

»Mama, du sagst doch immer, die Babys sind im Bauch bei der Mama. Aber wie geht das? Kann der Storch zaubern?«

Okay, jetzt war ich wach.

Beim Frühstück tagte das Familienparlament. Einstimmiger Beschluss: Heute macht Familie Diekmann-Kessler einen tollen, spannenden Tagesausflug nach Half Moon Bay und bildet sich weiter. Vielleicht sollte ich das einstimmig noch kurz erläutern: eine Person dafür, Mama – deswegen einstimmig. Vier dagegen. Motto: ›Ach Manno, was wollen wir denn da? Immer nur fahren, fahren!‹

Eine Stunde Stop-and-go später waren wir am Pazifik. Auf dem Weg dorthin: Riesige Kürbisfarmen, auf denen schon im August Halloween ausgebrochen war – Bollerwagen, Strohballen, Vogelscheuchen. Tannenbaumplantagen, die riefen: ›Weihnachten kommt auch bald!‹ Hippie-Straßenateliers mit rostigen Stahltier-Ungeheuern, die unter Einfluss von wenig Geschmack und viel Marihuana zusammengelötet schienen. Und ein Laubbaumhain, in dem es fantastisch frisch nach Halsbonbons und Erkältungsbad roch. *Eukalyptus! Ein Eukalyptuswald!* Es fiel mir wie Schuppen von den Augen. Oder wie der Eukalyptus sagen würde: wie Rinde vom Stamm. Zur Biologie der Bäume schien zu gehören, sich aufzufasern und zu schälen. Über-

all meterlange silbrige Eukalyptusrindenhinterlassenschaften auf dem Waldboden. Wenn man so wollte: ein sehr, sehr unordentlicher Baum.

»Guck mal, Yella«, ich schaute meine Tochter im Rückspiegel streng an, »das ist doch mal *dein* Baum! Lässt, wo er steht und geht, alles fallen!« Und so blieb es. Ab diesem Tag fuhren wir durch Kalifornien nur noch mit dem Hinweis: »Da, Kinder, da drüben wieder Yella-Bäume!«

11:20 Ah

Wenn es einen Platz auf Erden gibt, der so unfassbar schön ist, dass das Herz schmerzt und du denkst, du musst zum Kardiologen, dann Half Moon Bay. Ich hatte schon davon gehört und gelesen. Aber Gefühle musst du haben, die kannst du nicht erzählt bekommen. Sprachlos starrte ich auf diese gigantische, wie mit grünem Samt überzogene Klippe hoch über dem tobenden eisblauen Pazifik.

Der Himmel hellblau-pink-purpur-violett. Eigentlich denkt sich Rosamunde Pilcher so was Kitschiges aus. Ich wickelte mir mein Tuch ganz eng um den Hals und knöpfte auch noch den obersten Jackenknopf zu. Fünfzehn Grad. Neufundland im Sommer. Zehn Meilen entfernt, auf dem Junipero Serra Freeway, hatte meine Belegschaft noch gestöhnt: »Ist so heiß im Auto, Mama!« Und wie immer galt im Valley: Magst du das Wetter nicht, warte einfach fünf Minuten.

Ich beobachtete meine Kinder. Wie Kälbchen, die man auf die Weide entließ, sprangen sie mit roten Backen querfeldein. Ich genoss ihr Quietschen, Juchzen und Gackern. Was ist Glück? Die alte Frage.

Das hier war Glück. Loslassen. Geschehen lassen. Klappe zu. Augen auf. Ich fragte mich, wie oft das Leben einem ein Geschenk vor die Tür stellte und man war zu doof, an der Schleife zu ziehen.

Mitten in diese atemberaubende Kulisse hatte man ein dickes Hotel gepflanzt. Nun passiert es ja nicht oft, dass XXL-Hotelarchitektur die Welt wirklich hübscher macht. Aber hier hatte die Natur ihren Cindy-Crawford-Leberfleck bekommen: Stein, Holz, Schornsteine wie bei einem englischen Castle, dazu offenes Feuer auf der Terrasse und Deckchairs à la Kreuzfahrtdampfer mit Decken zum Einkuscheln. Das alles machte aus einem simplen schön ein gnadenlos schön. Aus perfekt magisch.

Und der Service erst! Man hatte es geschafft, dass genau fünf Stühle frei waren für uns. Die Kinder durften ›Hot Chocolate with Cream‹ bestellen, die sich natürlich am besten trinkt, wenn man mit dem Strohhalm so lange hineinblubbert, bis die ganze Suppe über den Glasrand auf die Untertasse läuft. Ich genoss, Cheesecake vor der Nase, eine Runde ›Paradise featured by Menschenhand‹. Inhalierte tief die nach Tang und Salz und Feuer riechende Luft. Und dachte: ›Hach, wie kann man's doch nett haben!‹ Einfach

mal einen Moment lang den Käse sehen, nicht nur die Löcher.

Auch die Fauna gab ordentlich Gas. Riesige Pazifikmöwen kreisten über unseren Köpfen und kreischten wild, ein Falke stieß nieder und machte einen Spatz platt. Und als wir den Weg zum Strand hinunterspazierten, zerschnitten nicht weit vom Ufer wie selbstverständlich ein paar riesengroße Finnen die diesige Wasseroberfläche.

Gott!

Wale!

Das war ja hier wie Kino.

Der kleine Kai und der noch kleinere Kai fingen sogleich an zu buddeln. Wie die jungen Hunde. Mit bloßen Händen, durch die gegrätschten Beine, der Sand in hohem Bogen ab nach hinten. Tief und immer tiefer. Man musste Sorge haben, dass sie demnächst in Australien wieder rauskamen. Ab und an riefen sie: »Guck mal, Mama!«, und stellten sich ins Loch. Und dann musste ich mit der iPhone-Kamera dokumentieren, wie tief sie schon gekommen waren. Wäre der große Kai hier gewesen, jede Wette, auch er hätte gleich mit Erdarbeiten angefangen. Ich glaube, das ist so ein Männerding. Mich überkam Sehnsucht und ich schrieb eine SMS:

Schatzi! Genial hier!

Da bist du Autorin. Und dein Mann muss sich mit drei Vokabeln und zwei Ausrufezeichen begnügen.

4:20 PM

Auf dem Rückweg fuhr ich, um Yelli eine Freude zu machen, über Portola Valley. Hottehü-Ballungsgebiet. Entlang der Alpine Road drängelten sich gleich ein Dutzend Pferdeställe, als ob der Platz knapp sei, dabei waren wir mitten im sonnenverbrannten, menschenleeren Cowboyland. Hier sagten sich wirklich Kojoten und Satellitenschüsseln gute Nacht.

Yelli spähte aufgeregt aus dem Fenster und las feierlich jedes Schild vor, das sie am Straßenrand entdeckte: »Meadows Stable ... Mill Creek Stable ... Webb Ranch ...«

Ich bog einfach mal irgendwo rechts ab auf eine knochentrockene Sandpiste. Sofort zogen wir eine gigantische Staubwolke hinter uns her. »Mama, schneller, schneller!«, johlten die Kids begeistert.

Vor ein paar Bretterbuden mussten wir uns geschlagen geben. Noch bevor wir ausgestiegen waren, knirschte es bereits mächtig zwischen den Zähnen.

Als Pferdemutter bin ich ja harte Prüfungen gewöhnt. Ich spüle gerne schleimige Gebisse unter eiskaltem Wasser. Ich jage willig Gäule über Modderweiden. Früher habe ich stundenlang neben Schubkarren voller dampfender Pferdeäpfel ausgeharrt, während ein Reitlehrer erklärte, wo beim Pferd vorne ist. Geht ja nichts über den anthroposophischen Ansatz. Aber hier spürte ich: Das mit diesem Stall und mir, das wird nix.

Das erste struppige Vieh reckte seinen Schädel aus einer windschiefen Hütte, die wohl sein Stall war, und schüttelte die Wischmopp-Mähne.

»Guck mal, Mama! Wie süß!«, kreischte Yelli.

»Ja, sehr süß«, bestätigte ich, »Abmarsch!«

4:40 PM

Lavendel, Rosen, weiße Holzzäune, die die Straße säumten.

Diesmal schienen wir richtig abgebogen zu sein.

Und tatsächlich, als nach einer Wegbiegung die ersten Stallungen auftauchten, entfuhr mir ein Wow. Was war das denn? *Schöner Reiten?* Auf dem extragrünen Rasen des Innenhofs hockten mexikanische Pferdepfleger und wienerten Sattelzeug. Andere harkten die Paddocks. Aus offenen Boxen mit Messingreling reckten auf Hochglanz gestriegelte Rösser ihre prächtigen Hälse. Alles sah frisch und sau-

ber und neu aus. Gut möglich, dass unter dem einen oder anderen Huf noch der Preis klebte. Bestimmt sechsstellig.

Ich parkte meinen grau gestaubten Chrysler vor dem Pferdesolarium. Hier standen schon ein paar Monster-Pick-ups mit chromblitzenden Riesenstoßdämpfern und Baggerbereifung. Die Autos hatten keine Räder – die Räder hatten Autos. Jeder deutscher TÜV-Prüfer wäre kollabiert. Unser Van sah ein bisschen aus, als ob er sich schämte.

Reitstunden nach Vereinbarung – hatte das Schild an der Straße versprochen. Aber wenn das ein Schulstall war, wie sah's beim Scheich von Abu Dhabi aus? Ich vermisste einen Misthaufen, Fliegen, Leute, die ritten. Gut möglich, dass mir gleich ein Scheinwerfer auf den Kopf fiel. Wie in der *Truman Show*, wo Jim Carrey merkt: alles Fake. Ich wartete. Aber nichts fiel hier vom goldorangenen Spätnachmittagshimmel. Nicht mal Schwalbenschiss.

Ehrfürchtig lief Yella die Boxen ab und las die Namen auf den messingfarbenen Schildern. Nobel geht die Welt zugrunde: Jedes Tier hatte einen *official* und einen *nick name*. Also: *Galapagos de don Hugo* – call me *Donni*. So was in der Art.

Alter Schwede. Hier wollte ich auch wohnen. Vielleicht vermieteten die ja an Schatzi und mich für ein Wochenende.

Das Office hatte leider schon Feierabend, aber in einem Ständer fanden sich ein paar Broschüren.

Why own horses and watch them eat? »Warum Pferde besitzen und beim Fressen zugucken?« Las ich die erste Überschrift.

»*Customer service is our top priority! Wouldn't it be nice to not have to worry about whether the horses you are using are nice to deal with?*« Kundendienst wird in unserem Hause großgeschrieben! Wäre doch toll, sich keine Sorgen machen zu müssen, ob die Pferde, die man benutzt, auch angenehm im Umgang sind.

»*HORSE LEASE! Come in and try out!*«
Wie bitte?
Pferde-Leasing?
Hatten die 'nen Knall?

Wobei mich ja mal interessierte: Wie ging das technisch? Von wegen Restlaufzeit und Kilometerleistung? Gab's da 'nen Zähler am Pferd?

August

Sunday 19

10 : 45 PM

»Guckt mal, Kinder! Da! *Drei* Brücken übereinander! Und da drüben, seht ihr *das*? Riesige Wolkenkratzer!«

Wir fuhren durch San Francisco, und wieder mal war ich erschlagen von dieser schönen Stadt, wie sie so adrett dastand unter blitzblauem Himmel.

Ich guckte in den Rückspiegel: viermal genervtes Augenrollen. Aber warum sollte sich irgendwas ändern? Fuhr mein Vater früher mit uns an den Rhein und rief: »Guck mal, die Loreley, guck mal, die Ritterburgen!«, habe ich heimlich im Auto gelesen. Reisen entlang dem Wunder-Sättigungs-Äquator.

Ich hatte Hummeln im Hintern. Ein bisschen war ich der Patient, der vom Arzt gesagt bekommt: »Sie haben noch zwölf Monate! Machen Sie was draus!« Ich wollte was reißen, Amerika inhalieren, bevor der Vorhang fiel.

Zu Hause, in Potsdam, bekam ich den Hintern nicht hoch. In fünf Jahren hatte ich noch keine Sanssouci-Besichtigung zuwege gebracht. Stralsund, Wittenberg, Eisleben, Quedlinburg – Weltkulturerbe direkt vor unserer Haustür?

Seit Jahren auf der To-do-Liste. Weil du denkst: Kann ich ja noch machen. Und *noch* ist dann nie.

Mit Mühe ergatterten wir einen Parkplatz. Amerika mag ein großes Land sein. In San Francisco neun Quadratmeter fürs Auto zu finden – unmöglich. Von jetzt auf gleich zog mal wieder der Himmel zu, und als wir im Golden Gate Park ankamen, war alles in kalte, neblige Urzeitsuppe getaucht.

»Na denn mal rein in die gute Stube, Kinder!« Ich wies auf einen plattgeklopften Betonbau mit Grasdach und Kugelfenstern. Ein bisschen wie das Zuhause der Teletubbies. *Academy of Science*, grünstes Museum des Planeten, hatte ich gelesen, fünfhundert Millionen teuer, die Wände mit geschredderten Jeans isoliert.

An der Kasse hingen die Preise aus. Wow. Ich würde mal sagen, bis heute Abend war die Refinanzierung unter Dach und Fach. Etwas missmutig öffnete ich mein Portemonnaie – um mich kurzentschlossen für das ein Jahr gültige Family-Ticket zu entscheiden. Wenn schon, denn schon. Denn der Wunsch nach Bildung hat mich noch nie von der Couch hochgekriegt. Der Druck, dass sich etwas rechnen soll, schon. In Zukunft würden wir hier ganz viele lehrreiche Stunden verbringen. Willkommen in unserem neuen, pädagogisch wertvollen Lieblingsausflugsziel.

Wir starteten in der Abteilung »African Wildlife«. Wobei man das mit dem »life« vielleicht nicht ganz so wörtlich nehmen sollte. Wohin man guckte, ausgestopfte Löwen, Geparden, Zebras, Antilopen. Man hatte das Gefühl, die halbe Serengeti schaute einen aus kalten Glasaugen an. Jedes Schaufenster eine andere Mumien-Party. Im Trompe-l'œil-Stil war die Savanne an die Wand gepinselt. Ich gebe zu, ich hatte ein wenig Probleme, mit dem wissenschaftlichen Ansatz warm zu werden.

Am Ende der Halle hatte das arktische Leben seinen Platz: fünf immerhin lebendige Pinguine, die ihre Bahnen

zogen durch ein trübes Miniaquarium. Ein Schild lud ein, sich die Pinguin-App runterzuladen, um das Treiben via Web-Cam von zu Hause aus beobachten zu können. Auf dass man nicht einschlief.

So ist das mit dem Zwangsverlieben. Für die Planetariums-Show waren die Kids noch zu jung, Schmetterlinge gucken fanden sie langweilig. Wir ließen uns im Erdbeben-Simulator eine Runde kräftig durchshaken: Fünf Minuten mit zwanzig kreischenden japanischen Teenagern in einem nachgebauten kleinen Zimmer, da kriegt das Wort Inferno eine ganz neue Bedeutung. Schließlich noch ein Hochglanzerinnerungsfoto mit Dino-Skelett im Hintergrund für zwanzig Dollar. Und dann standen wir wieder im Golden Gate Park. Ein bisschen ärmer und ein bisschen schlauer.

Gras ist doch nicht immer grüner on the other side. In Amerika kochten sie auch nur mit Wasser.

1:20 PM

Wir fuhren zum Fishermen's Wharf, berühmt dafür, dass dort auf verlassenen Holzpontons vor Pier 39 das ganze Jahr eine Kolonie wilder Seelöwen abhing. Manchmal bis zu vierhundert Tiere, jedes an die fünfhundert Kilo schwer. Wer schlecht in Kopfrechnen ist: Das sind sieben Eisenbahnwaggons beladen mit achthunderttausend Bananen.

Ich finde Seelöwen ja putzig. Und dass die jetzt mitten im Hafen einfach so rumliegen sollten, konnte ich gar nicht fassen.

Leuchtstreifen markieren den Weg, heißt es beim Fliegen. *Immer dem Gestank nach* gilt für Seelöwen. Schon lange bevor ich etwas sehen konnte, roch ich: Jetzt kommen gleich die kleinen süßen Schnurrbartträger.

Tatsächlich: So dicht, dass ich das Gefühl hatte, ich könnte ihre braunsilbrigen Rücken streicheln, lagen an die

zweihundert Tiere fellzigarrengleich auf ihren Holzflößen, machten aufgeregt *Oink! Oink!*, rülpsten zufrieden oder nahmen in aller Seelenruhe ein Sonnenbad, dies auch gern übereinanderliegend. Ein paar spielten im Wasser fangen. Einige Bullen guckten in ihrem Harem nach dem Rechten. Alles sehr, nun, lebensnah. Und irgendwie auch bizarr mit dieser gigantischen Hochhauskulisse von San Francisco im Hintergrund und all den riesigen Containerschiffen ringsum.

Mein Blick fiel auf einen Warnhinweis: *Don't feed.* Nicht füttern. Und ich fragte mich: Warum waren die Seelöwen dann überhaupt hier in der Zivilisation und nicht draußen in der freien Natur? Außer Tauben und Ratten legte ja eigentlich kein wildes Tier gesteigerten Wert auf menschliche Gesellschaft, wenn es nicht gefüttert wurde. Und schaute ich mich um – hier Caspar aus Deutschland, der gleich mal zielorientiert fragte: »Kann man die auch angeln?«, dort dauerknipsende, kichernde Japaner, die ständig hektisch »Kawaii, kawaii!« riefen, *süß, süß!* –, dann wusste ich auch, warum Tiere gern Reißaus nahmen vor uns. Würde mir genauso gehen.

Die Antwort fand ich auf einer weiteren Hinweistafel: Draußen in der Bucht, stand da zu lesen, wimmelte es nur so vor Haien und Killerwalen. Deren Hauptgericht: Seelöwe. Und zum Nachtisch: auch gern Seelöwe.

Ausnahmsweise waren wir Menschen also nur die drittgrässlichste Spezies des Planeten. Zumindest aus Seelöwensicht.

Sollte einen das jetzt freuen?

2:00 PM

Wir saßen gerade bei Fish and Chips im Ferry Building, als das Telefon klingelte. »Hallo, Katja?«, hörte ich Schatzis Stimme und wusste sofort: Da ist was passiert. Nach zehn

Jahren Ehe hast du für so was einen Seismographen im Ohr.
»Krieg jetzt keinen Schreck«, beruhigte mich Schatzi. Einer der sinnlosesten Sätze überhaupt. Natürlich kriegte ich jetzt erst recht Panik. »Omi ist gestürzt.«

Wenn es zwei Gedanken gibt, die nonstop durch meinen Kopf ziehen wie das Textband unten auf n-tv, dann: ›Kids okay? – Omi okay? – Kids? – Omi? – …‹ Darüber muss Schatzi leider allein die Treppen runterfallen.

Ich hatte gleich einen ganz grässlichen Film im Kopf. Blut, Helikopter, Notaufnahme. Mit ihren sechsundsiebzig war Omi zwar fit wie ein Turnschuh. Meine Freundin Agnieszka hatte mich sogar schon beiseitegenommen: »Hey, deine Mutter sieht aus wie sechsundfünfzig, wo lässt die sich liften?« Und ich hatte geantwortet: »Bei Tchibo.« Doch es kommt in jeder Mutter-Tochter-Beziehung der Punkt, da merkst du: Ich bin jetzt die Große. *Ich* passe auf, ich werde nicht mehr aufgepasst. Und zurzeit machte es den Eindruck, als ob Omi nach Jahrzehnten strammer Disziplin Gefallen gefunden hatte an der Rolle des Teenies, der sich noch mal ausprobiert.

Sie war, so berichtete Schatzi, im Park spazieren gegangen. Grundsätzlich eine großartige Sache, wären da nicht der graue und der grüne Star auf beiden Augen, der sie sehen ließ wie ein Maulwurf. Ich mein, man kommt ja auch nicht auf die Idee, mit zwei Gipsbeinen schwimmen zu gehen. Sie war natürlich prompt über eine Wurzel gestolpert. »Du weißt doch, ich guck so schlecht!«, hatte sie Schatzi erklärt und weitere Mitverantwortung kategorisch zurückgewiesen. *Dieser Baum aber auch!*

Bei den nächsten Details wurde mir besonders schlecht: Ein paar Minuten lang hatte sie unter starken Schmerzen auf dem Waldboden gelegen und »Hilfe! Hilfe!« gerufen. Hörte bloß keiner. Denn natürlich war sie nicht auf dem offiziellen Touristenweg gelustwandelt, sondern hatte durchs Gebüsch abgekürzt.

Ich war zornig. Wie konnte sie?! Vor allem: Wie konnte ich? Warum auf Biegen und Brechen Amerika?

In der Klinik hatte man schwere Prellungen und eine Gehirnerschütterung diagnostiziert. Jetzt lag Omi zu Hause im Bett und umarmte ihre Wärmflasche. Fünfundfünfzig klapperige, blässliche Kilos, Schürfwunden im Gesicht, der rechte Arm bis zur Schulter bandagiert.

Omi Opfer, ich Opfer. Eigentlich hat man ja auch gern einen Täter.

Mitten im Restaurant fing ich plötzlich an zu weinen. Kolja war sofort zur Stelle und streichelte meinen Arm. Er ist ja inoffizieller Mama-Cheftröster. Lilly fragte auch sogleich mit schriller Piepsstimme: »Mama, was ist?«, und drückte sich verunsichert an mich.

»Sag, Kai, machen wir einen Fehler?«

»Pass auf«, meinte Schatzi durch den Hörer, »kümmere dich jetzt erst mal um die Kinder, wir sprechen später.«

Er legte auf, ich grübelte weiter.

Meine Mutter benahm sich wie ein Kind, meine Kinder wie Kinder, Schatzi wie Schatzi. Wo war da Licht? Überhaupt, wie sich die Dinge ändern: Erst sitzt du mit deinem Mann am Tisch, dann mit seinen Kindern. Und irgendwann nur noch mit Pommes. Ich zog frustriert eine Fritte durch die Mayo.

Plötzlich berührte mich etwas sanft an der Schulter: »Sorry?«

Ich schaute auf: die weißhaarige Dame vom Nebentisch, die zusammen mit ihrem Mann die ganze Zeit tapfer unseren Lärm ertragen hatte. Die beiden wollten gerade gehen, jetzt beugte sie sich zu mir herunter. »You have a lovely family«, sie guckte zu den tobenden Kindern und lächelte mich ganz selig an: »Do you know that?« *Du hast eine wunderbare Familie. Weißt du das eigentlich?*

Jetzt heulte ich erst recht.

August

Monday 20

10:20 AM

Ist es nicht wunderbar, wenn dich jemand im falschen Moment auf dem richtigen Fuß erwischt? Wenn das Licht wieder angeht, nachdem du vorher aus Versehen mit dem Hintern an den Schalter gekommen bist? Einfach nur, weil du was Nettes gesagt bekommst?

»*Hey!* Great to see you. You look nice!«, freute sich die Stanford-Sprechstundenhilfe, als spräche sie mit dem kleinen Freund von ihrem Freund. Sie guckte mich bewundernd an: »I LOVE your shirt! WHERE did you buy it?!« Sie schien fassungslos.

Klar, ein bisschen aufgesetzt war das alles schon. Wir hatten uns noch nie gesehen. Das Shirt war scheiße. Aber ich muss ehrlich sagen: Lieber unecht freundlich als echt unfreundlich. So wie in Deutschland ja gerne. Außerdem: Natürlich sah ich blendend aus. Ich hatte mir falsche Wimpern angeklebt und die Augenringe zugespachtelt.

Die Kreditkarte machte *ritsch, ratsch!*, damit hatten Caspi und ich unser Eintrittsticket ins proppevolle Kinder-Wartezimmer gelöst. Wir nahmen Platz vor dem Zierfisch-Aquarium und ich griff mir irgendein Gesundheitsmagazin vom Tischchen.

Ticktack, ticktack, ticktack.

Hiermit festgestellt: Deutsche Krankenhäuser waren nicht die einzigen mit grottenlangweiliger Wartezimmerlektüre. Ich legte das zerlesene Heftchen zurück aufs Couchtischchen.

Ticktack, ticktack, ticktack.

Irgendwer 'n Strick in der Tasche? Mutti muss sich mal kurz erschießen.

Ticktack, ticktack, ticktack.

»Caspi, komm doch mal vom Teppich hoch«, mahnte ich. Also wirklich. Selbst noch im Krankenhaus Nadelfilz. Bestimmt jede Faser erregerverseucht.
Ticktack, ticktack, ticktack.
Neben uns nahmen zwei Schnoddernasen und eine röchelnde Hustenschleuder Platz. »Caspi«, flüsterte ich, »nichts anfassen!« Ehrlich! Wenn schon Grippe, dann deutsche Qualitätsgrippe. Bitte keine Experimente mit ausländischen Billigviren.
Ticktack, tick ...
»Kesspör Deikmän?«, rief eine Dame und warf einen Checkblick in ihre Akte.
Ich schaute auf die Uhr. Auf die Minute halb elf. Als hätte es irgendwo *Gong!* gemacht und der Kuckuck fährt aus seinem Häuschen. Wir hatten nicht eine Minute gewartet, wir waren lediglich zehn Minuten zu früh gewesen.
Wir folgten der kittellosen Dame durch ein fensterloses Flurlabyrinth, und ich begann, ihre braune Hose, die Kette, die Ballerinas mit neuen Augen zu sehen. Möglicherweise war die amerikanische Hygieneforschung ja schon zehn Schritte weiter. Vielleicht hatte man herausgefunden: Bakterien mögen keine Straßenklamotten, weil ihnen da zu viele Viren sind. Irgendwas Kongeniales musste es sein. Auch auf der Straße waren mir mehrfach OP-Schwestern begegnet, die in ihrer grünen Kluft shoppen gingen. Und ich war mir nicht sicher gewesen, ob die sich noch umzogen, bevor es an die nächsten Gallensteine ging.
Das Untersuchungszimmer war ebenfalls fensterlos, winzig klein, vollgestopft mit Liege, Schreibtisch, einem Rollwagen mit Tupfern und Babywaage.
»Hey Caspar! That's a cool shirt!« Die Ärztin strahlte meinen Sohn warm an. Und ich aus vollster Überzeugung mit. Ich hatte einfach mal meine German Firewall im Kopf ausgeschaltet. »Everything fine with your arm?«, wollte sie wissen. Caspi nickte und hielt ängstlich seinen Arm fest, als

wollte der ihm weglaufen. Schon erstaunlich, dass das derselbe dreiste Arm sein sollte, mit dem sein Bruder Kolja die letzten sieben Tage ständig Dresche bezogen hatte. Und im nächsten Moment griff die Ärztin auch schon zur Schere und trennte – *zack-schnipp-schnapp* – den Gips auf. Wow. Das nannte ich schnell. Da musste ja der Schatten zusehen, dass er hinterm Patienten ins Zimmer gehuscht kam, bevor die Tür zufiel.

»Good job, boy!«, lobte sie und strich Caspi übers Haar. Der war, glaube ich, schockverliebt. Jedenfalls hatte er seine Sprache verloren. Die Ärztin betastete vorsichtig das Gelenk, befand: »Looks good to me. Any pain?« – »Nein, tut nichts weh«, antwortete ich für meinen Sohn. – Und schon machte sich ein Typ mit »Nurse«-Button, *Krankenbruder*, am Kittel daran, alles neu zu vergipsen. Die Ärztin mahnte noch kurz an, der Gips dürfe kein bisschen nass werden. Und wie sie »kein« aussprach, legte sie offensichtlich viel Wert auf ›k‹ vor ›ein‹.

Dann waren wir fertig. Finger im Po, Mexiko. Als hätte an der *McDonald's*-Fritteuse der Wecker geklingelt.

August

Friday 24

7:00 PM

Ich sage immer: Man könnte als Mutter so glücklich sein. Wären da nicht: die eigenen Kinder, andere Mütter, Kopfläuse, Beckenbodenübungen und Elternabende. Ganz objektiv betrachtet.

»Parents' Night«. In Yellas Klassenraum hatte das Schicksal zwei Dutzend Erziehungsberechtigte zusammengeführt. Die Kids konnten währenddessen im GISSV-Babysitting zwei Räume weiter geparkt werden. Sehr fortschrittlich.

»Hello, I am Frau Wildbach, the Classroom Teacher«, trat eine Frau mit Prinzessin-Leia-Frisur in die hufeisenförmige Tischarena. Sie legte die Fingerkuppen aneinander: »Als Erstes möchte ich noch mal auf unsere Kakerlaken-Problematik hinweisen. Es ist verboten, in den Klassenzimmern zu essen.«

Das muss man positiv sehen: Vor der internationalen Schule in Menlo Park war mal ein Puma aufgetaucht, falscher Creek, das Puma-Navi hatte Mist gebaut. Das Tierchen hatte sich in einen Baum gehockt und gefaucht, sobald zweibeiniger Lunch vorbeikam. Kakerlaken wollen wenigstens nicht dein Kind, die wollen nur sein Brötchen.

»And now!« Frau Wildbach schaute auffordernd in die Runde, »I'd like to ask everybody to introduce him- or herself.«

Urggh. Wenn ich etwas hasste, dann Vorstellungsrunden. Jeder erzählte mal kurz, wieso er langweilig ist. Heute auf Englisch. Exakt in der Sekunde klingelte mein amerikanisches Handy. Ich huschte vor die Tür: »Hello?«

»This is your automatic Verizon«, sagte eine monotone Computerstimme. »I'd like to inform you about our brand new programs and options. Would you like ...« Ich glaube, es hackte! Mein Handy wollte mit mir über Tarife plaudern! Ich schlich zurück in die Vorstellungsrunde. Gute Nachricht: Man hatte mich übersprungen. Schlechte: Man war gewillt, das wiedergutzumachen.

»Hi everybody«, fing ich mein Sprüchlein an. »I am Katja. I have four kids. My kids' names are ...« Ich war ganz ich. Schatzi würde sagen: Ich lachte blöd rum. Denn wenn etwas peinlich ist, dann Englisch zu sprechen vor zwanzig Zuhörern, von denen neunzehn deutsch sind und deine Grammatikfehler zählen. Wovon ich mal ausgehe, dass sie das tun. Denn ich gehe immer davon aus, dass die Leute so sind wie ich.

»And now: Who likes to take the minutes?«, Frau Wildbach guckte erwartungsfroh in die Runde. *Freiwillige fürs Protokollschreiben?* In einer einzigen fließenden Bewegung rutschten neunzehn Erwachsene tiefer in ihre Stühle. Die Amerikanerin hob die Hand. »Copy Cats« nennt man im Valley Leute, die anderer Leute Produkte nachmachen. Wie heißen eigentlich Leute, die sich selbst nachmachen?

Eine Mutter trat vor, um zu berichten, wie toll es ist, Elternvertreter zu sein, und dass die GISSV-Homepage jetzt nur noch einmal pro Woche zusammenbrach.

»And now«, freute sich Frau Wildbach: »Who likes to become the new parents' representative?« *Neue Elternvertreter vor.*

Manchmal ist es ein langer Weg zur tragenden Säule der Gesellschaft. Bislang hatte ich weder das Lehrerinnen-Geburtstags-Sparschwein verwaltet, noch mich im nennenswerten Umfang beim Waffelbacken eingebracht. Umso beeindruckter war ich, wie sich jetzt wie von selbst meine rechte Hand hob. Von nun auf gleich Selfmade-Altruistin.

»Thank you, Violette!«, lächelte Frau Wildbach.
Violette?
Die Amerikanerin. Ich war überholt worden. Abgehängt im Selbstlosigkeitswettrennen. Auch nicht nett. Für mich blieb nur der Vize-Gutmensch.

August

Monday 27

To: Katja Kessler
Subject: Welcome Party

SAM AND MEREDITH ARE GLAD TO WELCOME YOU.

6:30 PM TO 9 PM

6:45 PM

Diese Einladung war vor ein paar Tagen per E-Mail gekommen. Absender: unsere zukünftigen Nachbarn in der Seneca Street. Ich war total stolz. Meine erste waschechte Palo-Alto-Party. Und gleichzeitig war ich auch gespannt. Endlich würde ich mal ein paar waschechte Internet-Millionäre zu Gesicht bekommen. Wie sahen die aus? Hing denen ein USB-Kabel aus der Nase? Was ich allerdings seltsam fand, wie früh die hier losfeierten. Und auch, dass man dem Gast sagte, wann er gehen sollte.

Grillen zirpten, Fackeln brannten, als wir den Kakteen gesäumten Gartenweg entlang zum Haus gingen, wo mir ein Kellner meine Blumen abnahm und ich meine ersten High-Heel-Schritte auf alter Eiche machte.

»Hi! Ich bin Meredith! SO toll, dich hierzuhaben«, begrüßte mich Meredith, als wären wir schon ganz oft miteinander abgestürzt. Dann wandte sie sich den Kids zu: »Hey kids! You like ice cream?« Hätte sie mal lieber nicht gefragt.

Die fünf zogen ab Richtung Buffet, ich wurde von plaudernden Mitgästen umspült wie die Sandburg von der steigenden Flut.

»Hi, I am Bill!«, leckte mich, *zack*, eine Welle. »Do you enjoy the party?« *Hast du Spaß?*

Ich suchte nach: ›Und wie!‹ Und wusste, es ist nicht: ›And how!‹ Mit Eins-zu-eins-Übersetzungen ist das ja so eine Sache. In Koljas bilingualem Kindergarten hatte mal

der Praktikant in die Suppe geguckt und gefragt: »What for bones are in there?« Bones wie Bohnen. Du kannst eine Sprache, wenn du in ihr träumst, heißt es. Davon war ich noch etwa zehn Zentimeter entfernt. Aber man konnte ja vielleicht schummeln: Also schon mal ausländisch träumen, aber am Anfang das Ganze mit Untertiteln. Ich entschied mich für ein »very much«.

»Und? Neu in Kalifornien?«, wollte Bill wissen und gab sich mit einem Eistee die Kante. Er erinnerte mich entfernt an Roger Whittacker: Hose schön hochgezogen. Riesennasenfahrrad. Sexuelles Charisma irgendwo zwischen einem Eimer weißer Farbe und *Immodium Akut*. Aber was soll's? In der Not geht der Vampir an die Blutkonserve.

»Och, großartig!«, flirtete ich.

»Great to hear that!«, freute sich Bill. Nickte: »Nice to meet you!«, und ließ mich stehen. Einfach so. Ohne Erlaubnis. Kannte der nicht die Spielregeln? Alter Sack im Gespräch mit jüngerer Frau darf dieses nur dann als Erster beenden, wenn die reziproke Quersumme seiner verbliebenen Haare multipliziert mit der Anzahl seiner Stiftzähne kleiner war als ihr Busen. Echt. Diese ungeschmeidigen deutschen Männer, die sich immer am Stehtisch festhielten und nie trauten, eine Frau anzusprechen, die nervten ja schon mächtig. Aber so ein amerikanischer Flutschfinger, auch ätzend.

Ich suchte Trost am Buffet. Hier begann ich, kleine Häufchen auf meinen Teller zu löffeln. Kuchen neben Guacamole. Da orientierte ich mich an den anderen Gästen. Die kleinen Häufchen schob ich zu größeren zusammen, damit noch ein bisschen mehr auf den Teller passte.

»Und was kann *ich* essen?«, nölte Caspar, als stünden wir vor einem Fass Algenschleim. Was Essen anging, musste man ihn besprechen wie eine Warze. Er brauchte ein: ›Hey komm! Probiere doch mal! Vielleicht magst du's ja!‹ Lilly ein: ›Probiere *erst* mal. Vielleicht magst du's ja *nicht*.‹

Und natürlich wurde ich stets von Caspar belehrt: ›Aber ich weiß, ich mag das nicht, Mama!‹ Und die kleine Terrorbraut wusste es auch besser: ›Aber ich *liebe* das. Ehrlich!‹ Das Resultat immer aufs Neue: Caspar hungerte. Lilly haute sich den Teller voll.

Auch jetzt stand sie auf Zehenspitzen am Buffet und versuchte, mit der Kelle die hinteren Schüsseln zu treffen.

Ich sah, wie sie die Gabel in den Mund schob. Ladeluke zu. *Kau, kau.* Ladeluke wieder auf. *Spuck!* Ich bekam eine klebrige Matschepampe in die Hand serviert.

»Hey, guck mal! Da ist ja ein Pool«, rief Yella begeistert und parkte ihren angebissenen Hamburger irgendwo zwischen den Buffetschüsseln. »Wow. Guck mal, wie der beleuchtet ist. Und da ist ja sogar ein Wasserfall!«

Alle bekamen riesengroße Augen. Ich zählte: ›zweiundzwanzig ... dreiundzwanzig ...‹ – dann ging auch schon das Gebrüll los: »Bitte, Mama, können wir da rein?! Bitte, bitte!« Sicher, klar. Und ich stellte mich im Partyoutfit daneben und machte die Schwimmaufsicht. Sonst noch Wünsche? Mir war das zu langweilig, zu spät, zu kühl, zu dunkel, zu überhaupt.

»Hey guys!«, tauchte plötzlich Sam, der Gastgeber, auf. »You like to swim?« Er guckte meine vier frohlockend an. »Then, hey! Jump into the water!« *Na Leute, Lust zu schwimmen? Denn mal rein da!*

»Juhuuuuuuuuuu!«, brüllten alle.

Kotz – dachte die Mutter.

Caspar stand da, als wäre gerade sein Hamster gestorben. Der hatte messerscharf kombiniert: ›Pool, Wasser, nass, Gips? – Ich kann ja gar nicht!‹

»Ach Caspi«, tröstete ich, »du kannst doch bald wieder schwimmen. Ist doch nicht für immer.«

»Mmh-mmh.« Plötzlich kullerte eine Träne über seine Wange. Ich zog ihn erschrocken an mich. Männertränen sind ja echt was Grässliches. »Du weißt doch, was die Ärz-

tin gesagt hat: Wenn der Gips nass wird, können wir gleich wieder in die Klinik fahren.«

»Hey, what's up, guys?« Schon wieder dieser Sam. Er baute sich vor Caspi auf: »Why don't you go into the water?« *Warum bist du nicht im Pool?*

»Because of his cast«, erklärte ich schnell, »it mustn't get wet«.

»Hey, this is NOT a problem!«, freute sich Sam.

Eine Minute später bekam ich zwei schwarze große Müllbeutel in die Hand gedrückt und ein paar Haushaltsgummis. »Here, try this!« *Probiert das!* In Caspars Gesicht ging die Sonne auf: »Bitte, bitte, Mama!« Na prima. Dieser Sam in deiner Fußballmannschaft und du hast zehn Spieler auf dem Feld und der Gegner zwölf. »My friend used to do it this way all the time when he broke his leg! Worked great!« *Hat mein Bekannter auch immer so gemacht!*

Ich zog skeptisch die Tüten über Caspis Gips. Dann – Abrakadabra! Großer Trick! – verschnürte ich alles oberhalb des Ellenbogens mit den Gummis.

Ich guckte mir die fertige Konstruktion an. Tja, warum eigentlich nicht? Kreativität, der Schlüssel zum Erfolg. Großes Problem auf kleinem Dienstweg gelöst. Das Valley machte es vor.

»Haste ja noch mal Schwein gehabt, Caspi!« Ich klopfte ihm auf seine Plastikpranke. »Na denn: Toi, toi, toi!« Glücklich hüpfte mein Kind ins Wasser.

Sam behielt recht. Der Trick funktionierte wirklich superprima. Sechzig Sekunden lang. Dann hatte sich alles mit Wasser vollgesogen. Und Caspi kletterte mit einem prallen schwarzen Armballon, aus dem das Wasser nur so zu Boden pladderte, aus dem Becken. Vielen Dank auch. Wer keine Probleme hatte, machte sich welche. Einfach nur bei Sam und Meredith klingeln.

Oh Gott! Was jetzt? Wieder Notaufnahme? Nein, das überlebte ich nicht. Ich tupfte ein bisschen an den Kids rum,

sammelte im Gästezimmer die Klamotten vom Boden, dann verabschiedete ich mich so langsam, wie das in drei Minuten möglich ist. Ging aber eh alles unter in dem großen Umgefülle, das jetzt in der Küche begonnen hatte: Gäste drückten Deckel auf mitgebrachte Tupperware-Schüsseln. Salate wurden in Reißverschlussgefrierbeutel gelöffelt. Mir war nicht ganz klar: Wurde das Buffet jetzt verschenkt? Oder hatte hier jeder sein eigenes Essen mitgebracht und tütete die Reste ein? Ich mochte auch nicht fragen.

9:00 PM

Im Apartement begann ich sofort hektisch an Caspars Gipskeule herumzuföhnen. Ich stellte mir vor, wie es wahrscheinlich schon jetzt in der Tiefe anfing zu faulen und zu modern und zu riechen und sich die Haut in großen weißlich grünen Schollen vom Knochen schälte. Ich dreh ja ganz gern mal so kleine Kurzfilme im Kopf.

»Aua, Mama, du verbrennst mich!«, holte mich Caspars empörte Stimme in die Gegenwart zurück. Ich stopfte Kleenex zwischen Haut und Gips und föhnte weiter. Dum-di-dum. Nach zehn Minuten drehte ich einen zweiten Film: Jetzt sogen starke physikalische Kapillarkräfte die Wassermoleküle aus dem Gips direkt ins Kleenex. Adhäsionsprinzip. Hokuspokus. Fertig mit Föhnen.

Ich stopfte Caspi und seine Geschwister in die Betten und knipste das Licht aus. Und sollte der Arm morgen früh noch dran sein, bewies das: Die Ärzte erzählten sowieso nur Stuss. Den lieben langen Tag. Am allerschlimmsten waren die Zahnärzte. Aber das gehört in ein anderes Kapitel.

August

Friday 31

8:30 AM

Wo eine Tür zufällt, geht ein Fenster auf.

Der Arm war nicht abgefallen. Nicht am nächsten Tag. Und auch nicht am übernächsten. Dafür hatte ich Caspi vorgestern versuchsweise zum Schulschwimmen geschickt. Dort war er auf den Dreimeterturm gekrabbelt, hatte – klar – einen Salto gemacht und war losgekrault. Das sah zwar technisch nicht wirklich aus wie Kraulen, mehr wie Wasser verhauen. Aber mein Kind war mit einem Leuchten in den Augen aus dem Becken gekommen. Kinder und Wasser.

* * *

Heute nun stand ich fröstelnd auf dem aufgeweichten Rasen vor der GISSV, jeder Flip-Flop-Schritt ein Schmatzen, guckte in den grauen Himmel und fragte mich, warum sich der kalifornische Sommer ausgerechnet heute einen Urlaubstag nehmen musste. Ich war jetzt exakt drei Wochen in Amerika, davon hatte die Sonne einundzwanzig Tage geschienen. Der *GISSV Newcomer Club* hatte mich und andere frisch eingetroffene Expat-Muttis zu einer Art Krabbelgruppe für Erwachsene geladen. Man sollte sich beschnuppern und austauschen.

Ein kleiner Schritt für die Menschheit, ein großer Schritt für die Keksindustrie: Berge von XL-Cookies warteten darauf, in Magensäure aufgelöst zu werden. Zum Nachspülen stand heißer Kaffee in Fünf-Liter-Tetra-Paks mit Zapfhahn bereit.

Ich betete, dass das nicht so lange dauern würde. Zum einen wegen des Wetters. Zum anderen, weil ich nicht zwingend der Meinung bin, dass die Eckdaten »Vagina« und »erfolgreiche Fortpflanzung« aus allen Menschen Freunde machen.

Wie die anderen anwesenden Mütter, etwa vierzig an der Zahl, hatte ich mir ein kleines selbstklebendes Zettelchen an die Brust gepinnt, darauf mit Kuli meinen Vornamen sowie die Zahl ›4‹ vermerkt. Für die aktuelle Welpen-Zahl. Aus den Augenwinkeln scannte ich nun meine Lebensabschnitts-Soulmates. Wer sah denn mal so aus, als wollte er dringend von mir kennengelernt werden? Ich meine, so grundsätzlich kann man natürlich gar nicht genug Freundinnen haben. Ich war die Letzte, die sagte: ›Nein danke, keine neuen. Ich trage meine alten erst mal auf!‹

»Wenn'de Bräzke magsch, musch nach *Esther's* gange!«, war man schon eifrig am Babbeln und Sabbeln. »Und die Würschtle vom *Whole Foods*, die kasch vergesse! Die tauget gar nix! Wenn'de richtig guate Würschtle willsch, da gosch zu *Dittmer's*! Do gibs auch die beschte Rollmöps.« Ein bisschen fühlte ich mich wie unter Junkies, die sich zurufen, bei welchem Dealer es gerade den reinsten Stoff gibt. Ich muss aber auch sagen: Beim Reisen lernst du Kulturen kennen. Zum Beispiel deine eigene.

Ich grüßte in die Runde und versuchte mir, die Namen auf den Brüsten einzuprägen. ›Du und dein Namensgedächtnis!‹, lästert mein Kerl ja immer. Was unfair ist. Ich merke mir *alle* Namen. Ich vergesse nur die Gesichter.

Nun ist Schwäbisch-Süd ja noch ein Ausländisch, bei dem ich Plan habe. Doch ging's jetzt in verschärfter Gangart weiter:

»Yinz gotta go dantahn for a sammitch!«

»Ya! Get in ya cah, go to the hahbur, they've got the best chowdah!«

Gibt eben auch nicht nur Hochenglisch. Auch die Amerikaner haben ihre Niederbayern.

»Hi, Sweetie«, krächzte mir eine Reibeisenstimme der Marke Klosterfrau Melissengeist ins Ohr, mit wenig Klosterfrau und viel Geist. »Great to meet you! I am Carol.«

Gut, das Gesicht würde ich mir natürlich merken. Ich war sofort erinnert an die Hauptdarstellerin aus *Mord ist ihr Hobby*. »Darling? Do you know our leaving sale? Wonderful, wonderful pre-loved items!« Carol guckte fragend.

Ich ging mal davon aus, dass »leaving sale« nichts anderes war als Haushaltsauflösung, und »pre-loved items« ganz profan Trödel. Shit, ich hatte ja gerade *Ikea* leer gekauft. Wie war noch gleich das Wort für *Chance verpasst?* Kacke.

»... und wenn'de noch was zum Würza brauchsch oder en g'scheitn Gockel, des kriesch'de do auch«, ging's hinter mir unverdrossen weiter. »Derlätscht han i Spätzle mit Soß kocha wella, aber Spätzle gibt's hir nit, musch halt Nüdle nämme ...«

»Hi, I am Rebecca«, begrüßte mich eine nett aussehende Blonde. Wir plauderten ein bisschen über dies und das und anderes Egales. Bis natürlich die Frage kam: »How long will you stay here in California?«

Ach ja. Das Mindesthaltbarkeitsdatum. Ich bin ja schon immer der Meinung gewesen, dass gewisse Zahlen einer Prüfung bedürfen, bevor Frau sie in die Welt hinausposaunt. Gewicht, Alter, Anzahl der Männer, mit denen du Sex hattest. Das gehört alles abgerundet. Als Expat-Mutti lernst du zusätzlich Aufrunden: »Drei Jahre«, gab ich zu Protokoll.

Ein Blick in die Glaskugel – und ich hätte den Direktor gesehen, am letzten Schultag auf der Bühne seines Multi-Purpose-Rooms. Hätte gehört, wie er sagt: »Und nun möchte ich alle Schüler, die nach den Sommerferien nicht zu uns an die GISSV zurückkehren, auf die Bühne bitten!« Und wäre erschrocken gewesen, hundert Kinder aufstehen zu sehen. Hundert Kinder, die aufstehen, sind hundert be-

ste Freunde, die zurückbleiben. Ich hätte verstanden, warum du als Expat aufpassen musst, dass dir nicht ständig das Herz gebrochen wird.

7:50 PM

›Komisch‹, dachte ich, ›das ist aber verdammt still hier.‹

Ich saß seit fünf Minuten in der Badewanne. Geht doch nichts über ein kochend heißes Entspannungsbad, bei dem sich fast die Haut schält. Außerdem hatten wir uns vorhin bei *Yoog*, einer Art Joghurteis-Tankstelle in der Castro Street, eine große Belohnung gezapft und mit Zuckerstreuseln, Toffees, Schlagsahne und Schokosoße verfeinert. Zu gesund bringt ja auch keinen Spaß. Jetzt hing ich bleischwer in der Wanne.

Laute Kinder? Nicht gut.

Leise Kinder? Ganz schlecht.

Ein siebter Sinn ließ mich wie ein Frosch aus dem Wasser springen. Die Kids hatten die Erlaubnis bekommen, noch ein wenig zu spielen vor dem Schlafengehen. Caspi durfte sich einen neuen Bildschirmschoner auf das Notebook laden.

Tropfend lief ich den Flur entlang, von oben drang plötzlich leises Gegacker die Stiege hinunter. Auf leisen Sohlen – da sind sich Mütter und Einbrecher sehr ähnlich – nahm ich eine Stufe nach der anderen und schob vorsichtig meine Nase über die Teppichkante. Einträchtig saßen die Blagen, wo sonst ein Stadion nicht groß genug ist, auf dem Bett, Augen auf Caspis Laptop:

»Versuch's doch mal mit *Popo*, Caspar!«, hörte ich Kolja seinen älteren Bruder anfeuern. Alles juchzte.

»Nee, ICH hab eine bessere Idee«, erklärte Caspar mit großer Zeremonienmeistergeste, »wir machen jetzt mal *Penis*.« Wieder Gegacker. »P ... E«, buchstabierte Caspar laut und fuhr mit seinem Gipshand-Zeigefinger suchend über die Tastatur. »N ... I ...«

»Wow …«, entfuhr es Yella.

»Wieso hat der Mann da so viele Haare?«, wollte Lilly wissen.

»Habt ihr sie noch alle?«, schimpfte ich los und sprang aus meiner Deckung. »Yella, wirklich!« Ich schaute meine Älteste streng an. »Von DIR hätte ich jetzt echt mehr erwartet. Ich bin enttäuscht!«

»Entschuldigung, Mama«, erklärte Yella zerknirscht, »wir haben im Internet nach einem neuen Bildschirmschonerfoto für Caspars Notebook gesucht. Und eigentlich wollten wir ja das Wort *Kröte* eingeben. Aber dann haben alle das Wort *Mumu* besser gefunden.«

Das wurde ja immer schlimmer. Da fragt dein Kind: ›Bildschirmschoner?‹ Und du denkst: ›Dänische Dünenlandschaft‹. Und am Ende stehst du da wie eine, die auch glaubt, am Ende vom Porno wird geheiratet.

»Ab ins Bett! Und DU, Caspar, DU hast ab sofort Laptop-Verbot.«

Ich sah, dass er bereits einen neuen Bildschirmschoner geladen hatte: ein Löwe, verbissen in den Nacken eines Wasserbüffels.

»Caspi!«, rief ich entsetzt. »Was ist DAS denn für ein schreckliches Foto?!«

»Aber das ist doch viel besser als eins, wo der Büffel schon aufgegessen ist!«, belehrte mich mein Sohn.

September

Monday 3

8:30 AM

Endlich!

Umzugstag!

Ich denke, ich bin kein klaustrophobischer Mensch.

Jetzt, fünfundzwanzig Quadratmeter, fünf Wochen und einen Lagerkoller später weiß ich, dass ich mir nicht alles glauben darf, was ich denke. Nichts wie raus aus dieser Bude, wo sich zuletzt jeden Tag Wände und Decken ein Stückchen mehr auf mich zubewegten.

»A geh, so a Schmarrn! Des kannst doch net alloa macha, so an Umzug! Da holst dir noch an Ischias. I schick da den Pedro und den Pedro. Des san zwoa ganz nette Burschen, der Papa und sei Bua. Die ham scho meine Loggia g'weißelt. Die kennen ois, selbst mei Scheißhaisl ham's 1 A repariert!«, hatte Rosie resolut erklärt.

Bereits gestern hatten wir das Vergnügen miteinander gehabt: der nette Papa, der nette Bua und ich. Es war gleich heftige Liebe auf den zehnten Blick. Bei dem Stundenlohn, den die zwei aufriefen, hatte ich gestählte Typen in maßgeschneiderter Armani-Latzhose erwartet. Was um die Ecke kam, waren zwei knuffige Teddybären mit Bauch und hän-

gender Hose, aus der ein krass behaartes Bauarbeiterdekolleté grinste. Erster Reflex: *waschen, föhnen, legen*. Beide bewegten sich mit der Geschwindigkeit von Koalas. Toten Koalas.

Wir waren zusammen zu *Ikea* gefahren. Hier sollten sie helfen, Matratzen vom Stapel zu ziehen und auf Wagen zu wuchten. Dabei hatten sie sich schon fast umgebracht. Dann hatten wir noch fix dies und das geshoppt. Als ich anschließend anfeuernd rief: »So, Endspurt! Auf zur Kasse!«, war Pedro senior entfallen, wo er die Wagen mit den Matratzen zwischengeparkt hatte.

Heute hatte ich ihnen verklickert: »Hier ist der Apartementschlüssel, ladet alles auf, bringt es in die Seneca Street! Ich fahr vor.«

Kapiert?

Kapiert.

10:30 AM

Was den Poolwasserstand anging, gab es wichtige Dinge zu beherzigen: bis zum blauen Fries, minus zwei Fingerbreit. Konnten aber auch drei sein. Immer freitags einmal den großen grünen Gartenschlauch rein. Ich stand mit Sue Ellen im Garten, wir machten Hausübergabe.

»Freitags kommt der mexikanische Poolboy«, erklärte mir meine Vermieterin. Ich fand, das konnte man sich gut merken. Da kam nämlich auch schon immer der mexikanische Rasenmäherboy. Und sein Kollege: der mexikanische Laubpüsterboy.

»Der Poolboy dreht den Hahn immer auf, wenn er geht«, erläuterte Sue Ellen das Befüllungsritual. »Dann wartest du zwanzig Minuten, bevor du den Hahn wieder schließt. Ja? Hast du noch Fragen?«

»Nein, alles klar.« Ich wusste eh, dass ich dazu keine Lust hatte. Das war ja hier kein spiegelglatter Space-Pool

nach Abu-Dhabi-sechs-Sterne-Hotel-Vorbild. Eher das gemütlich durchgekachelte Siebziger-Jahre-Planschteil mit seitlicher Abflussrille, wo es drin rumschmatzte. Nicht ausgeschlossen, dass es bei mir auch mal einundzwanzig Minuten werden würden.

Der Kies knirschte in der Auffahrt. Aus den Augenwinkeln sah ich: Meine beiden Umzugsexperten waren wieder am Laden. Dann wurden auch schon die ersten Sachen abgeladen und an Sue Ellen und mir vorbei ins Haus geschleppt.

Seltsame Sachen.

Ganz seltsame Sachen.

Ein Fernseher. Ein Bild. Ein Couchtisch …

Es brauchte ein paar Sekunden, bis ich schnallte: Hier läuft gerade etwas mächtig schief.

11:30 Am

Was versteht man unter: »Ladet alles auf«?

Korrekt. Man lädt alles auf.

In diesem Falle: das komplette Hotel-Apartement.

Betten, Sessel, Stehlampen – alles, aber auch alles hatten sich Pedro & Pedro gegriffen, auseinandergeschraubt und auf ihren schmutzigen Pick-up geworfen. Das allein war schon bizarr. Noch bizarrer war, dass sich offensichtlich kein Schwein im *Orchid Inn* daran gestört hatte, dass irgendwelche Fremden ins Hotel latschten, Möbel schulterten und zum Auto trugen.

Ich machte mich ans Telefonieren. Und Pedro & Pedro sich ans Schränke zusammenschrauben. Das sah so aus, dass der Senior die Aufbauanleitung hielt und sein Bua den Schraubenzieher. Gemeinsam beguckten sie sich die fünf Platten, ihre Gesichter sagten: mindestens vier Teile zu viel.

So ein ganz kleines Bisschen wurde ich jetzt dann doch ungeduldig. Was für Vollpfosten. Die beiden Hombres

steckten auch gleich beleidigt die Köpfe zusammen. Nun ist mein Spanisch begrenzt: *Nacho, Taco, Sombrero*. Aber es war klar: Die lästerten über mich.

Als Nächstes baute sich Junior vor mir auf und erklärte, dass man ein Päuschen bräuchte. Da hatte sein Papa gerade mit vielen kleinen Tapeziernägeln die Rückwand verkehrt herum ans Regal genagelt.

Und dann knirschten draußen die Reifen auf dem Kies, weil die kleinen Schätze einfach die Biege machten. Ich war traurig. Denn da fuhren meine Dollars davon. Ich hatte schon bis abends bezahlt.

September

Tuesday 4

8:10 AM

Gott! Gürkchen im Glas! Wie hatte ich die vermisst. Und da! Tubensenf! Und! Hilfe auch eins! Meerrettich!

Das war hier gerade – ich hoffe, Schatzi versteht das jetzt nicht falsch – besser als Sex: Ich schob meinen Einkaufswagen durch *Safeway* und holte mir nach fünf Wochen leben aus der Minibar die Heimat in den Kühlschrank.

Außerdem, ich bin deutsch, rief auch die Pflicht: Seit gestern verfügte ich auch über sechshundert Liter Kühlkapazität – die waren gemietet, die bezahlte ich, die wollten genutzt werden. Und, damit man mal eine Vorstellung bekommt: Das sind *zehntausend* Schmierkäse-Ecken.

9:50 AM

Kurz vor zehn Kiesknirschen vor dem Küchenfenster: ein aufgebockter Pick-up der Marke »Ich hab den Größeren« mit extradicken, extralangen Chrom-Stoßdämpfern, hinterm Steuer ein Typ mit verspiegelter Sonnenbrille und pomadiertem Haar. So was fährt sonst durch C-Movies.

»Auweh, dass des so bled g'laffa is, des mit'm Pedro un seim Bua, des tut ma schrecklich leid. Des san halt zwoa so oide Machos, kommst heut net, kommst halt morgn. So san die hiar olle, musst di halt dran g'wöhnn«, hatte Rosie am Telefon bedauert. »Aber, woast was? I mach's wieda guat. I schick da morgen an ganz an G'scheiten. Den Edgar. Der hat a kloane Company, de bringt er glei mit.«

Ich guckte neugierig: auf dem Beifahrersitz ein dürres

Männchen. Auf der Ladefläche: zwei Frauen in Partyklamotten. Ich nahm an: Das war die *Company*. Und der da auf dem Fahrersitz? Wohl zwangsläufig der *Gescheite*.

11:50 AM

Wie sich rausstellte: Das waren Edgars Onkel, Edgars Ehefrau, Edgars Nachbarin. Die Ladys steuerten zielstrebig die Küche an, während Edgar und Hutzelmännchen die Akkuschrauber schwangen. Gar nicht lang, da war das erste Bett fertigmontiert und stand oben im Schlafzimmer. Ging doch.

Dann entdeckte ich in Flur und Treppenhaus eine Reihe schwarzer Handabdrücke, die sich nach Art steinzeitlicher Höhlenmalerei die weißen Wände hochtasteten. Man musste kein Kripobeamter sein, um zu kombinieren: dem Edgar seine Flossen. Und die kleinen Patscherchen daneben: Hutzelmännchen. Sue Ellens schöne weiße Seidentapete. Mir wurde ganz schlecht.

An der Küchenfront lief es schleppend. Jede Tasse, jeder Teller wurde im Waschbecken von Hand mit viel Chemie kräftig vorgeschrubbt, als hätte ich das Zeug aus einem Seuchenlazarett und nicht frisch von *Ikea*. Dann wanderte alles noch in die Spülmaschine. Die stand nicht auf Spareinstellung. Sondern auf siebzig Grad, neunzig Minuten. Was für eine Reinigungsorgie. Da wäscht sich selbst der Streifen vom Zebra. Neue Putzlappen wanderten ebenfalls direkt aus der Verpackung in die Waschmaschine. Gewaschene neue Küchenhandtücher kamen aufs Bügelbrett zum Bügeln. Ich hatte das Gefühl: Irgendwo da unter ihren Ponys hatten die Mädels einen An-Aus-Schalter. Wie programmierte Haushaltsroboter. Wahrscheinlich hatten die auch irgendwo im Rücken ein Fach zum Brötchenaufbacken.

Edgar und Hutzelmännchen kamen über die Kiesauffahrt gerollt, die hatte ich mit ihrem Pick-up losgeschickt,

die *Orchid-Inn*-Klamotten zurückzubringen. Jetzt guckte ich misstrauisch auf die leere Ladefläche: »Wo ist mein Küchenmülleimer?«

»Wieso?«, Edgar war verblüfft. »Wir sollten doch den Müll wegschmeißen!«

»Aber doch nicht die Tonne!«

9 : 30 PM

Bei alten griechischen Tragödien geht das so: Alles am Arsch, Held in den letzten Zuckungen. Und dann kommt der liebe Gott von der Decke.

Oder aus dem Vorgarten.

Ich eilte nach vorne zur Haustür, es hatte geklingelt, eigentlich zu spät fürs Valley. Hier gingen die Leute ja noch vor ihren Hühnern schlafen. Ich linste durchs Fenster. Nicht dass da John, der Frauenwürger stand, und ich war morgen Schlagzeile im Palo-Alto-Kurier.

In der Tat. Extraterrestrisches Leben. Mit Brille und Stoppelbart.

Schatzi?

Wie … wie … WOW. Wie … wie … TOLL. Wie SCHÖN!

Kreisch, kreisch, kreisch! Her mit dem Kerl! An meine Brust! Ich schnuckelte ihn eine Runde ab.

»Na, hab ich das gut gemacht?«, wollte Schatzi wissen. Er ist ja für die simplen Fragen. Und so ergebnisoffen rumdenken mag er auch.

»Sehr okay!«

Dann wollte er wissen: »Wo sind die Kleinen?«

Wie Jesus und Maria im Stall standen wir andächtig vor dem Matratzenlager mit unseren Kindern.

Auf allen vieren krabbelte Schatzi über seine pennende Brut, hier ein Küsschen, dort ein Streicheln.

Fand: »Der Kolja ist aber groß geworden.«

Sinnierte: »Mmh, Yella sieht auch irgendwie anders aus.«

Heute Mittag noch hatten wir telefoniert, da hatte Schatzi behauptet, er säße im Büro. Alter Schlawiner. Eigentlich hätte er erst in zehn Tagen kommen sollen. Zum großen Kumpel-WG-Stapellauf, wenn zehn Monate Fun zu Wasser gelassen werden würden. Mit Flasche gegen die Hauswand werfen: »... *Und hiermit taufen wir dich auf den Namen Men's Paradise!*« Plus ordentlich Getute.

Es gibt doch diese Momente, da hast du gar nichts mehr zu meckern. Nichts, nichts, nichts. Das Problem einer gut funktionierenden Beziehung ist ja, dass du dich fragst: Warum sind wir überhaupt zusammen? Je funktionierender, desto mehr Ergebnisse, die das Funktionieren behindern. Du kriegst Kinder, du baust ein Haus. Jetzt dachte ich gerade: Mensch, was für eine coole Socke, der Typ.

Ein klitzekleiner Wunsch allerdings fürs nächste Mal. Dass er einen Tag vorher anruft: ›Du, ich will dich morgen heimlich überraschen und kommen, ohne dass du es weißt.‹ Dann hätte ich ihm Planen helfen und Tipps geben können. Zum Beispiel: ›Psst! Pack bei der Gelegenheit gleich Bettwäsche ein. Die brauchen wir noch.‹

September

**Thursday
6**

9:00 AM

Schatzi behauptet, dieser Morgen sei der schönste gewesen, den er je erlebt habe. Aber er kennt auch zehn beste Currywurstbuden in Berlin. Hat zehn liebste Lieblings-T-Shirts. Sein Schreibtisch ist voll mit Dingen, die ihm am allerwichtigsten sind. Schon längst mussten wir auf Keller, Kisten und Regale ausweichen, um all das Supercoolste und Obertollste seines Männerlebens unterzubringen, das nicht angerührt werden darf, weil es unverzichtbar ist, und mit dem sich nur noch der Staub beschäftigt. Viel Mann. Viel Moschus, viel Superlativ.

Das ganze Haus durchzog köstlicher Bacon-Duft, die von mir höchstpersönlich auf dem Gasherd gebrutzelten Schinken- und Eierpfannen spritzten um die Wette ihr Fett gegen die Kacheln. Wenn der Herd nicht dir gehört, saut es sich gleich viel entspannter. Auf den Eierpackungen, by the way, waren Kühe abgedruckt. Unser Au-pair-Mädchen aus Atlanta, das für drei Monate bei uns wohnte, hat mal gefragt: »Aus was sind Pommes?« Ich glaube, einem Amerikaner kannst du einen Pelz verkaufen und eine PETA-DVD beilegen.

»Wow, ist das lecker!«, lobte Schatzi. Er ist ein unkomplizierter Esser. Hauptsache, an allem ist Pfeffer und er kann seinem Gegenüber erklären, warum das besser ist als Salz.

Ich ließ drei bretthart Eier direkt aus der Pfanne auf Schatzis Toast rutschen, das darüber elastisch nachfederte. Amerikanischer Brotteig ist Weltraumphysik: Du drückst die ganze Packung wie ein Schifferklavier zusammen: *Pfft!* Eine Scheibe. Du lässt los: *Bläh!* Dreißig Scheiben. Darüber schichtete ich den Bacon, wie Schatzi ihn am liebsten mag:

verkohlt. Ich war jetzt eine Hausfrauen-Raupe – auf dem Weg zu was mit Flügeln. Flugzeug? Vampir?

1:00 PM

Was machst du, wenn du dich fünf Wochen nicht gesehen hast? Richtig. Zu *Walmart* fahren.

Wir hatten's schrecklich eilig mit dem Normalwerden: Wir kauften Bier, Chips und den neusten *Mission Impossible*. Für die Kids *Star Wars* und irgendwas mit Barbie auf dem Cover. Damit sie uns später nicht vorwerfen konnten, dass wir nur in unsere eigene Verblödung investiert hätten. Bis Schatzi nicht ganz dumm fragte: »Haben wir überhaupt einen DVD-Player?«

Vor der Kasse entdeckte er dann die Abteilung mit den Drei-Dollar-Shorts: »Bessere Qualität als die von Calvin Klein!«, erklärte er, ganz kleine Hausfrau.

Und ich fand: Der Schnitt betont toll seine Frau.

3:00 PM

Andere Frauen gönnen sich ja nach fünf Wochen Stress mal ein bisschen neue Ansatzfarbe oder verabreden sich mit ihrer Kosmetikerin zur Mitessersuche. Ich hatte ein Date mit der Kreissäge. Heute war Caspars großer Gips-ab-Tag. Wurde auch Zeit: Mein lieber Sohn benutzte das Ding nämlich gern als Keule im Kampf mit seinem Bruder. Ich sah mich schon wieder im Emergency Room.

Ich bin ja der weltallergrößte Mexiko-Fan. Die ganzen Sombreros da und wie sie alle immer »Olé!« rufen – super. Auch im Kino esse ich am allerliebsten Nachos. Aber in der Sekunde, als der mexikanische Krankenhaus-Handwerker seine Säge anwarf, zog es mir die Haarwurzeln auf dem Rücken zusammen. Was, wenn der zu tief sägte und mit dem Gips auch Caspis Arm in zwei Teile fiel? *Wwwwwwt!*,

machte es – und der Gips war Geschichte. Zutage trat ein spindeldürres Ärmchen. Was hatte sich Caspar denn da andrehen lassen? »Riech mal!«, meinte mein Sohn stolz und hielt mir den aufgetrennten Gips unter die Nase. Wie Puma.

»He needs to wear a cast for at least another four weeks!« *Vier Wochen muss er noch eine Schiene tragen!* Die Ärztin hielt irgendein schwarzes Ding hoch und guckte mich mahnend an.

Ich guckte gleich weiter zu Caspi. Prinzip Rufumleitung. Sollte die doch den kleinen Schlaumeier ins Gebet nehmen.

7 : 00 PM

»Was für ein Haufen!«

Ich guckte unseren Kindern zu, die wie in *Jumanji* wie die Nashörner durchs Haus trampelten, außer Rand und Band, weil Papi wieder da war.

»Und die ist der größte Haufen!«, fand Schatzi und nickte Richtung Lilly, die zu seinen Füßen mit ihren Barbies Hochzeit spielte. Zehn Bräute, ein Ken, kein Erbarmen. »Stopp, stopp, Kollege! Nicht so schnell!« Er fischte sich Kolja aus der vorbeigaloppierenden Herde. »Gib dem Papa mal einen Kuss! Und erzähl doch mal! *Was* macht ihr denn gerade so in Mathe?«

»Wir divinieren und subtranieren!«, wusste Kolja zu berichten.

»Sechsunddreißig durch vier?«

»Sieben!«, strahlte Kolja.

»Na, da müssen wir wohl noch üben, was?« Schatzi guckte ein wenig entsetzt. Wie jedem Papi sind ihm Noten völlig egal, Hauptsache eine Eins. Und wie jedem emanzipierten Mann ist ihm bewusst, dass es nur zusammen geht. Aber wenn er redet, dann: Achtung, Krötenwanderung! Beim »wir« guckte er nämlich mich an.

Katja Kessler

Caspar

Hallo Frau Kessler,

Caspar ist heute nach dem Schwimmen vor dem Schwimmbad hingefallen und dabei mit dem linken Arm auf dem Boden aufgekommen. Er sagte, es tue ihm nicht sonderlich weh und er konnte den Arm auch ganz normal bewegen. Er hat danach auch weitergespielt. Nachdem er sich aber vor einiger Zeit den Arm gebrochen hatte (War es überhaupt der linke?), wollte ich Ihnen wenigstens Bescheid geben.

Viele Grüße und noch einen schönen Tag.

Matthew Smith
GISSV

Matthew Smith

Re: Caspar

Lieber Matthew Smith,

vielen Dank für die Info, ja es war in der Tat der linke... :)
Als Caspar heute aus der Schule kam, erwähnte er nichts, deswegen nehme ich an, dass mit dem Arm alles okay ist.
Dafür sitzt er aber jetzt gerade wie das Leiden Christi am Tisch und würgt an vier Scheiben Gurken, die er noch essen muss.
Schmerz ist also relativ.

Beste Grüße :)

Ihre Katja Kessler

September

Saturday 8

10:40 AM

Zusammen mit den Kindern nahmen wir bei strahlendem Sonnenschein die Fähre nach Sausalito, bekannt aus *Die Straßen von San Francisco* als freakiger Hippie-Saustall, wo alle Joints rauchen, auf Hausbooten hausen und sich weigern, das Versteck vom Mörder zu verraten.

Mit fünfundsechzig Stundenkilometern jagte unser Katamaran übers spiegelglatte Wasser, hinter uns eine Fontäne aus Gischt und Diesel. Wir passierten Oakland, Treasure Island, Alcatraz, wo einst Al Capone einsaß, bewacht von hundert Polizisten, seiner Syphilis und einem Meer voller Haie.

Als wir in Sausalito anlegten, fragte ich mich erneut, wann Kalifornien mal aussieht wie Kalifornien. Heute ging es als Genfer See. Segelboote, Promenade, Kübelpalmen, Villen.

Direkt vom Pier schleppten wir uns mit letzter Kraft in ein Fischrestaurant mit dem Namen *FISH!* Holten uns an der Selbstbedienungstheke eine Flasche Sauvignon und setzten uns draußen auf die Holzbänke. Das sind Wandertage nach meinem Geschmack.

Kalifornien macht schön, keine Frage. Der liebe Gott hatte auch heute wieder die Soft-Tone-Birne in die Sonne geschraubt. Schatzi sah aus, als hätte er sich meine Tagescreme ins Gesicht geschmiert. Was für ein Glow. Vielleicht war auch in meinem Kopf Glow. Sauvignon auf leeren Magen zischt ganz gut. Mann, war das nett hier. Mir kam es vor, als würde ich Schatzi schon ewig kennen und wir zu-

sammen schon tausend Mal an diesem Ort gewesen sind. Eigentlich so eine Art Heimkommen. Wenn man mich fragt: Wahrscheinlich weiß man mehr, als man weiß. In diesem Sinne: Gut möglich, dass ich schon zweihundert Kochrezepte aus dem Kopf konnte und es bloß noch nicht gemerkt hatte.

Und wenn sie nicht gestorben sind, ziehen sie immer noch Tintenfischringe durch Aioli.

1:00 PM

»Der HAMMER!«, rief Schatzi zutiefst beeindruckt.

Wir standen vor der Addition von Wasser, Erde, Luft, Sonne und Jahrhunderten, hoch wie die Dresdner Frauenkirche, alt wie Dschingis Khan: ein Küsten-Mammutbaum.

Es gab keine Absperrgitter, kein Kassenhäuschen, keinen Souvenirladen mit Mini-Mammuts. Wir waren vom Shoreline Highway abgebogen, und dieses achte Weltwunder hing hier einfach mal so in der Gegend ab. Das war fast noch unfassbarer als der Baum, bei dem du auch schon dachtest: ›Alte Axt. Was ist das denn?‹

»Kinder, stellt euch doch alle mal davor! Der Papa will ein schönes Foto machen!«, rief ich. Die ganze Zeit schon war Schatzi aufgeregt herumgerannt wie Alice im Wunderland und konnte es gar nicht fassen, was er da alles so sah durch den Sucher seiner iPhone-Kamera. Alle naslang bekam ich die Fotoausbeute präsentiert, Zapfen, Rinde, und dann wollte er wissen: »Kann ich fotografieren, oder kann ich fotografieren?«

»Och nö, muss das sein?«, nölten die Kinder. »Warum denn immer diese Fotos? Wir haben doch schon so viele Fotos!« Klar. Biete den Kindern Fun und sie fragen irgendwann: »Müssen wir schon wieder spielen, was wir wollen?«

»Sag mal, Schatzi, kannst du vielleicht auch mal ein Foto von *mir* machen?«

»Nee, das Licht ist nicht gut, glaub mir mal!«, belehrte er mich. Wie Herb Ritts, der auf die blaue Stunde wartet. Sollte ich bis dahin gedacht haben, Amerika macht aus einem alten Schatzi einen neuen Schatzi, stellte ich jetzt fest: kein besserer Schatzi, noch nicht mal ein anderer. Immer noch das Original.

»Ich hätte aber trotzdem sehr gern ein Foto von mir vor dem Mammut.«

Mein Kerl guckte, als wollte er sagen: ›Wie soll ich denn *dich* und *den* auf *ein* Foto kriegen?‹

»Versuch's doch einfach mal!«

Schatzi stellte sich so vor mich, dass ich seine Nasenhaare einzeln zählen konnte und machte *knips! knips!*. Und schon hatte ich zehn wunderhässliche Fotos, auf denen das Licht noch das am wenigsten Ungünstige war. Sieht man mal: Geht alles, wenn man will.

2:30 PM

Der Küsten-Highway No. 1 nach Norden hatte es in sich. Blick nach links: dreihundert Meter steiler Abgrund, in der Tiefe der tosende Pazifik. Blick nach rechts: dreihundert Meter schroff aufragender Fels. Und Schilder: *Vorsicht, Steinschlag!*

»Mir ist schlecht!«, erklärte Yella, da hatten wir noch dreihundert Serpentinen vor uns.

Die Berge brachen auf, bevor uns die Fritten und der Apfelsaft aus Sausalito guten Tag sagen konnten. Auf sanft gewellten tiefgrünen Weiden, die an *Märklin*-Eisenbahn erinnerten, graste meine Heimat: schwarzweiße Kühe.

Wir durchquerten Tomales. »Wonach riecht es denn hier so?«, wollte ich wissen.

»Hasch«, antwortete Schatzi.

Wobei das ja mal eine spannende Kopfrechenaufgabe fürs Schul-Mathebuch wäre: ›Wie viele Hippies müssen

gleichzeitig wie lange Joints rauchen, damit du es in einem durchfahrenden Auto bei 40 km/h riechen kannst?‹

Schließlich erreichten wir die beschauliche Bodega. Es gab ein putziges Café namens *The Birds*, Straßenschilder mit Krähen drauf, gusseiserne Möwen und ein spektakuläres Herrenhaus.

»Mama, komm mal schnell«, riefen die Kids. Wir waren gerade in einem vollgestopften Trödelladen, ein Fernseher zeigte 60er-Jahre-Filme. »Was haben die Vögel?«, wollte Lilly neugierig wissen, da wurde Tippi Hedren gerade von Möwen zerhackt. Die Frage: ›Was hat die Frau?‹ fand sie offensichtlich nicht so relevant.

»Ach DIE Bodega«, kombinierte Schatzi messerscharf wie Sherlock Holmes. »Von *DIE VÖGEL*!«

Und ich rief: »Ach DESWEGEN die Hitchcock-Puppe mit der Krähe!« Wo ich zuvor noch gespöttelt hatte: »Guck mal, Schatzi, wie hässlich! Wer kauft denn so was?«

Manchmal muss man sich ja fragen lassen, ob das Mitführen von Hirn wirklich immer Sinn macht.

Schatzi und ich gehörten zu diesen Touristen, die erst schnallen, wo sie gestern waren, wenn sie zufällig nächste Woche eine Reportage dazu im Fernsehen sehen.

TEIL 4

Maybe I'm happy
and I just don't know it.

Aus *Ally McBeal*

Es gab eine Zeit in meinem Leben, da war ich superunglücklich. Da hätte ich mich am liebsten vom Bungsberg gestürzt.

Ich war zweiundzwanzig Jahre alt. Ich war im Medizinstudium durch die Anatomieprüfung gefallen, ich hatte kein Geld und keine Ideen, ich hatte verfärbte Haare. Ich kannte nur bescheuerte Männer, meine Eltern in ihrer *Möbel-Kraft*-Eiche-Rustikal-Haltung gingen mir auf den Senkel. Meine Heimatstadt Kiel? Das letzte Kaff. Nun ist der Bungsberg nur 170 Meter hoch, eher ein Hügel, da fällst du nicht, da rollste.

Es gibt so Eltern-sinnlos-Fragen. Zum Beispiel: »Und jetzt?« Ich ging kellnern.

»Du musst ja auch nicht studieren, dann mach halt eine Lehre!«, meinte mein alter Herr.

»Ja, egal was, aber *mach*!«, fand auch Omi Kiel.

Das ärgerte mich noch mehr. Ich glaube, ich wartete darauf, dass etwas Fundamentales passierte, dass mich jemand an die Hand nahm und sagte: ›So musst du das machen mit deinem Leben.‹ Heute weiß ich, mit der inneren Haltung kannst du dich gleich einsargen lassen. Bis zur Rente bewegt sich eh nichts mehr. Heute weiß ich auch: Wäre ich damals nicht unglücklich gewesen, wäre ich heute nicht zufrieden. Krisen sind das Sieb, in dem Alltagsstaub hängenbleibt. Das Ultraschallbad für angelaufene Lebensentwürfe. Die Müslischachtel, die du schüttelst, damit die Schoko-Crunchies nach oben kommen. Manchmal muss es schlecht laufen, damit es gut wird.

Die Anatomie-Wiederholungsprüfung machte es mir nicht leicht. Ich stand mit Gummihandschuhen über der Leiche, zimperliche Studentin, überzeugte Nicht-Köchin, und dachte: ›Was war jetzt noch gleich die Aorta und was die Darmschlinge?‹ In Histologie gab's einen entkalkten Schweinezahn unters Mikroskop, da musste ich auch ein bisschen raten – und in Physik sollte ich die Funktionswei-

se eines analogen Telefons erklären: U/I = R. Dann war ich durch. Knoten geplatzt. Bestanden.

Ich fing an, mich zu schuppen, mentale Neurodermitis, eine lange Reise. War das eigentlich *ich* hier? Oder nur eine Person, die so tat, als wäre sie Katja? Ich ging mich suchen wie einen verlegten Schlüssel. Was wollte ich? Was konnte ich? Ich wusste: auf keinen Fall Zahnärztin, auch wenn ich beschlossen hatte, mein Studium bis zum Ende durchzuziehen. »*There is someone in my head, but it's not me*«, singt Pink Floyd. Irgendwas war da, was mir Antworten zuflüsterte, ich musste nur am Lautstärkeregler drehen.

Ich wollte schreiben. Hatte ich zwar bislang nicht gemacht. Nicht mal Tagebuch geführt oder in der Schülerzeitung Interviews mit dem Hausmeister veröffentlicht. Aber: Fühlte sich richtig an. Wäre mein liebstes Psychobuch damals schon gedruckt gewesen – *Inkognito: Die geheimen Eigenleben unseres Gehirns* –, hätte ich dort gelesen, dass mein Verstand sowieso nur blinder Passagier auf einem Ozeandampfer ist, aber gern behauptet, das Schiff zu steuern. Und dass alles, was wir tun, vom Unterbewusstsein gesteuert wird. Der Bauch hat die Hosen an. Du weißt, was du tust, auch wenn du nicht weißt, was du weißt.

Ich machte Zeitungspraktika und betextete die nackten Frauen auf der ersten Seite der *Bild*-Zeitung: *Martha steht am Marthapfahl*. Ich bekam eine tägliche Society-Kolumne, flog um die Welt, ließ mich von Hollywoodstars abschlecken, schleckte auch selbst – und schrieb so ganz nebenbei meinen ersten Bestseller: *Eisenaufladung und Antioxidantienstatus bei Patienten mit homozygoter Beta-Thalassämie unter Gabe des Chelators Deferiprone*. Fünfzig in Elefantenhaut gebundene Doktorarbeits-Schmöker – zehn fürs Uni-Regal, zehn für Tanten und Omas, der Rest für den Keller. Als Dieter Bohlen des Weges kam und wissen wollte: »Hey, wie sieht's aus mit uns zwei Hübschen? Willst du meine Memoiren schreiben?«, war er fällig. Ich

stellte meinen Walkman auf das Tischchen zwischen uns, drückte auf »Aufnahme«, Dieter schenkte Tee nach, und ich fragte: »So, okay, dann erzähl mal, wie war das mit dem Penisbruch?« Interviewen ist wie Präpkurs: Hirnmasse sezieren. Bin ich Schriftstellerin? Keine Ahnung. Letzte Woche meinte ein Zweitklässler aus Koljas Klasse: »Du bist doch Buchmacherin?« Vielleicht auch das. Was ich weiß: Ich bin mit mir im Reinen. Das ist eine tägliche Kraftprobe mit dem eigenen Leben. Das geht nur, wenn du immer wieder alte Zöpfe abschneidest.

Oder neue …

September

Monday 24

10:40 AM

Kleine Quizfrage: Wie kommst du in Amerika zur Fahrprüfung?

Indem du in dein Auto steigst und hinfährst.

Heute mussten Schatzi und ich beim DMV, *Department of Motor Vehicles,* in Redwood City, fünfzehn Minuten von Palo Alto entfernt, zur Theorieprüfung antreten.

Den Führerschein nachzumachen, wo du ihn schon seit fünfundzwanzig Jahren vorgemacht hast, ist eine echt lästige Sache. Ich vergleiche das jetzt mal mit Warze am Fuß. Was ungerecht ist allen Warzen gegenüber. Du musst pauken wie blöd über Tage. Du hast echt Stress. Warzen erledigen sich nebenbei, indem du draufpinkelst. Oder wie Kolja neulich wissen wollte: »Mach ich das oder der Arzt?«

Wir bekamen nach guter, alter Behördensitte eine Nummer zugeteilt und hockten uns in einer riesigen Halle in die gut gefüllten Stuhlreihen. Ich schaute mich um: Jede Menge *white Caucasians* – so heißen Schatzi und ich ethnisch korrekt in den Staaten –, Schwarze, Hispanics, Chinesen; alt, jung, dick, dünn, posh, arm. Einmal der gesamte kalifornische Menschenzoo frei laufend.

Ich bin ja der nervöse Prüfungstyp, der Dextro Energy futtert und bis zuletzt in sein Übungsheftchen guckt. Dabei entdecke ich immer Seiten, die ich noch nicht kenne. Bis dem Punkt, an dem ich denke: ›Was ist das für ein Buch? Hab ich da schon mal drin gelesen?‹ Um mich herum ging man die Sache lässiger an. Viele hatten Kopfhörer auf und wippten im Takt. Wieder andere waren mit dem ganzen Clan erschienen, als stünde eine Geburt bevor, und ließen die Chipstüte rumgehen.

Der Führerschein ist den Amerikanern total wichtig. Das ist ihre Form von Personalausweis. Zwei von drei Leuten fallen durch die Prüfung. Wussten die das denn hier alle nicht? Dass man den Amerikanern auch immer ihr Leben erklären musste!

Auf einer Anzeigentafel blinkte die *534* auf. »Bis gleich! Wünsch mir Glück!«, flüsterte ich Schatzi zu, der die Nummer nach mir hatte.

»Toi, toi, toi! Kriegst du hin!«, flüsterte der zurück und ballte kämpferisch beide Fäuste, als hätte ich einen Termin zur Nierentransplantation.

Ich schob meinen Reisepass und mein Gesuch auf Zulassung zur Theorieprüfung über den Schaltertresen. Im Gegenzug bekam ich meinen Testbogen ausgehändigt, viermal so lang wie breit, ungewöhnliches Format, da hatte sich jemand von Klopapier inspirieren lassen.

Zu meiner Überraschung stellte ich fest: Es gab keinen Prüfungsraum. Lediglich an der Hallenwand einen langen Stehtresen, von Sichtblenden in schulterbreite Boxen unterteilt. Wie beim Pferderennen. Jemanden, der aufpasste, dass man nicht schummelte, konnte ich auch nicht entdecken. Es hieß nur, ›such dir ein freies Plätzchen‹ und Tschüss. Vielleicht sollte ich noch mal sagen, dass ich aus Deutschland kam und dreizehn Jahre Abschreiberfahrung mitbrachte?

In einer der Boxen griff ich nach dem angeketteten Kugelschreiber.

When parked parallel, your curb side wheels must be no more than 24 inches from the curb! –, wollte der Test wissen.

a) True?

b) False?

Und dann: *Cross the shape that best defines a »Keep Right« Sign.*

a) b) c)

Also, diese *Inch*-Geschichte, die war schon kniffelig. Und dieses Verkehrszeichen mit den runden Ecken? Das mussten sie auch heute Nacht neu erfunden haben. Es ist immer dasselbe: Du nimmst dir vor, täglich zu lernen. Und ab sofort gibt's jeden Abend tolle Filme. Und natürlich würde man auch denken: ›Hey, ich habe ein Vierteljahrhundert Fahrpraxis, ich hab 'nen Kopf, das erschließe ich mir alles!‹ Aber während du in Amerika die Unfallstelle verlassen darfst, ist das in Deutschland Fahrerflucht.

Und hier noch ein Kreuzchen und da noch ein Häkchen. Nach dreißig Minuten war ich fertig mit Raten. Mit dem Zettel vor der Brust reihte ich mich in die lange Schlange vor dem Abgabeschalter, wo schon Schatzi rumstand und es nur im Schneckentempo vorwärtsging, weil die Schalterdame jeden abgegebenen Test erst mal einzeln mit grünem Textmarker durchkontrollierte.

Es gab A-, B-, C- und D-Test-Versionen. Schatzi, der alte Fuchs, wartete, bis die Prüferin mit einem D befasst war – die Version, die er selbst auch hatte –, spiekerte über den Sichtschutz, was da so alles als falsch angemarkert wurde. Und machte dann Feintuning im eigenen Test.

Ich war empört. So was Dreistes!

Man musste sich wirklich fragen, warum hier Leute durchrasselten. Waren die grundsätzlich alle klug, aber zu doof zum Schummeln?

Endlich war ich an der Reihe, die Prüferin nahm meinen Test und sagte: »Take a seat. We will call you.«

Zusammen mit Schatzi nahm ich wieder im Warteraum Platz. Und wenn ich bis heute Abend Kreuzchen machte, mich anstellte, wartete, Kreuzchen machte. Hier ging ich nicht ohne ein »Bestanden« raus. Das kannst du nämlich auch in Kalifornien: durchfallen und direkt den nächsten Test abholen.

»Mrs Katja Kessler?«, schallte es über Lautsprecher.

»Thank you for waiting«, meinte die Prüferin, als ich an

den Schalter trat. »Hier Ihr schriftlicher Test zurück. Gratulation. Sie haben bestanden.« Dann sammelte sie einen zweiten Zettel vom Tisch: »Und hier Ihr einstweiliger Führerschein. Wir werden Ihnen das endgültige Dokument mit der Post schicken.«

Wie? Führerschein? Hatte die da nicht was vergessen? Die praktische Prüfung zum Beispiel?

»Oh really …?«, hakte ich vorsichtig nach. Man will ja auch nichts kaputtmachen.

»Yes, absolutely«, versicherte mir die Prüferin. »Es wird zwei Wochen dauern! Aber dann bekommen Sie Post von uns.«

Na denn! *Lass das Glück in dein Leben!* Manchmal muss man eben umdisponieren. Ich stoß ja auch nicht George Clooney von der Bettkante, nur weil er nicht Brad Pitt ist.

Schatzis Gesicht hätte man sehen müssen.

Er hatte zwar auch bestanden, aber im Gegensatz zu mir war bei ihm die Bürokratie auf Zack gewesen.

Ich glaube, daran zerbrechen ganze Ehen: wenn SIE über seinen Pimmel lacht. Und zu rufen: »Arschkarte! Du musst noch zum *Behind-the-wheel*-Test! Ätschi!« – das kommt auch gar nicht gut.

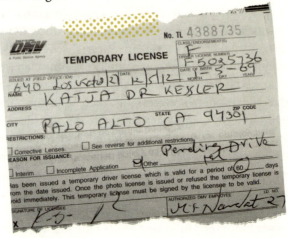

September

Wednesday 26

12:10 PM

Die Wahrheit ist: Wir Frauen sind ein Leben lang auf der Suche nach zwei Dingen: dem perfekten Mann und der perfekten Jeans. Nun hatte ich den perfekten Mann ja schon klargemacht. Vielleicht hatte ich den Typ auch erst klargemacht und dann perfekt. Ich will mich da nicht so festlegen. Auf jeden Fall konnte ich mich heute voll und ganz Suche Nummer zwei widmen: der nach der Traumjeans. Mit Hilfe von Silicon-Valley-Popo-Vermessungs-Hightech strebte ich endlich das Happy End an. Wobei ich dem Happy End strenge Vorgaben machte: Wehe, es ließ mich so aussehen, wie ich aussah. Die neue Superhose sollte in erster Linie meinem gebräunten, perfekten Demnächst-Ich stehen. Mein Jetzt-Ich war wie immer ein blasses, gestresstes, vorübergehendes Missverständnis.

Das Gerät, dem ich mein Seelenheil anvertrauen wollte, hieß ganz profan *Bodymetrics*. Es stand nicht bei der NASA, sondern bei *Bloomingdale's*. Dabei würde ich zehn Sekunden lang von Radiowellen durchsiebt. Der Gedanke ließ mich erschaudern. Nicht dass mir anschließend die Zähne ausfielen. Ich betrat eine futuristische Plastikkabine, die eingerollt war wie eine Schnecke. Komischerweise gab es gar keine Warteschlange, aber gleich eine Verkäuferin. Straßenklamotten konntest du auch anlassen, alles sehr ungezwungen, möglicherweise hatte das hier das Potential zum nächsten neuen Hobby. Ich stellte mich mit beiden Füßen auf eine Fußbodenmarkierung, drückte entsprechend den Instruktionen den »Start«-Button, breitete die Arme aus wie Jesus, hob das Kinn – und wartete darauf, dass ich wiedergeboren wurde. Rote Neonlinien krochen meinen Körper hinunter. Und wenn Sie es bitte niemandem weiter-

erzählen: Kaum, dass die meinen Busen erreichten, streckte ich den kräftig raus. Und den Bauch zog ich total ein.

Nach einer lächerlichen halben Minute, die die nächsten fünfzehn Millionen Minuten, die mir statistisch noch zustanden auf Erden, auf dramatische Weise verändern würde, war ich wieder draußen. Die Verkäuferin kam mit ihrem iPad, auf dem wir jetzt gleich das Messergebnis ablesen konnten. Ich war schon ganz gespannt. Und dann: Eine animierte Figur, die wohl ich sein sollte, was ich aber nicht glauben mochte, denn sie sah ausnehmend scheiße aus, drehte sich um ihre eigene Achse. Daneben, ab hundertfünfzig Dollar aufwärts, sieben Jeansvorschläge. Leider kein einziges Hot-Chica-Modell, wo Jennifer Lopez olé gesagt hätte, eher die Hillary-Clinton-Abteilung. Ich meine: Wie findet man es, dass der Computer einen finden darf, wie er will? Also in diesem Falle: langweilig. Muss man dem Gerät nicht Vorschriften machen? Ich glaube, Technik bringt uns Frauen erst dann ein entscheidendes Stück voran, wenn der Spiegel mit Photoshop erfunden ist.

Also nein. Dieser Traumjeans-Roboter überzeugte nicht wirklich. Wenn der mit der gleichen Trefferquote Traummänner fand, dann läge ich jetzt mit einem Schimpansen im Bett.

12:40 PM

Ich ließ das heute mal sein mit der Traumjeans und griff mir ein Zwanzig-Dollar-Shirt. Hatte ich eben noch gedacht, ich pass hier nicht ins Schema, war jetzt Staffelholzübergabe. Die Kassiererin hatte ihr Kopftuch bis zur Nasenwurzel gezogen. Dazu trug sie Minirock, Overknees und Lidstrich bis zum Ohr. Welche kalifornische Unterabteilung vom Islam war das jetzt bitte?

»How are you doing? Did you find everything okay?«, wollte sie wissen und startete das vollautomatische Kassier-

programm. Also: Plomben raus; Klamotten abtasten, ob noch mehr Plomben; Etikett scannen; sich wundern, dass Kasse Artikel nicht nimmt; noch mal scannen; Kollegin fragen: ›Was ist da los?‹; zu zweit ratlos gucken; schließlich Barcode von Hand eingeben.

Ich wollte meine Kreditkarte durchs Lesegerät ziehen, als ihr einfiel: »Do you know our special offer today?« Und da war er: der deutsche Schnäppchen-Reflex, schneller als der Verstand. Wie der Unterschenkel, der hochschwingt, wenn der Arzt mit dem Hämmerchen gegens Knie klopft. »Buy two shirts, get twenty percent off.« *Zwei Shirts kaufen, zwanzig Prozent sparen.*

Dingeling.

Das ließ ich mir nicht zweimal sagen. Drei Minuten später stand ich wieder an der Kasse, diesmal mit zwei Shirts. Es macht sich bezahlt, dass wir Frauen einfach sehr viel Routine darin haben, Kleidung zu kaufen, die uns nicht passt und die wir nicht brauchen. Und dass wir auch kein Problem damit haben, Geld auszugeben, um Geld zu sparen.

»Do you have a loyalty card?« Die Kassiererin guckte fragend. Wieder ging mein Puls hoch. Hatte ich natürlich auch noch nicht. Wir nahmen meine Daten auf:

»Name?«

»Kessler!«

Tipptipp.

»City?«

»Potsdam!«

Tipptipp.

»State?«

»Germany!«

»Mmh …« Die Kassiererin fuhr mit dem Cursor über den Bildschirm, auf dem eine Tabelle mit den Kürzeln der fünfzig amerikanischen Bundesstaaten erschienen war. Sie tippte »GE« an. »Georgia« poppte auf. Ich würde sagen:

Unser Loyalty-Programm hatte sich gerade ein wenig festgefahren.

»Wait a second!«, überlegte die Kassiererin und wühlte in der Kassenschublade. *Abrakadabra:* ein Rabattheftchen mit »special sale offers«. 100 US$ – 10 %, 250 US$ – 15 %, 500 US$ – 20 %. Und so weiter. Man fragt sich doch immer, warum Frauen losgehen, um Tennis zu lernen, und mit dem ganzen Tennislehrer wiederkommen. Hier war die Antwort.

»Sorry, not today«, schüttelte ich den Kopf.

»Well ... Let me think ...«, überlegte die Kassiererin. »Ich könnte Ihnen noch Folgendes anbieten: Sie kaufen die Shirts heute, ich gebe Ihnen fünfundzwanzig Prozent. Übernächste Woche haben wir da nämlich so eine Aktion. Und Sie holen sich die Shirts dann in der zweiten Oktoberwoche ab.«

September

Friday 28

8:20 AM

Wenn sich in der Werbung Männer begrüßen, geht das so:
»Nein, der Schober!«
»Schröder!«
»Mensch, ewig nicht gesehen! Setz dich! Wie geht's dir?«
»Gut!«
»Und dir?
»BLEN-DEND!«

Und dann geht's los: ›Mein Haus, mein Auto, mein Boot, meine Dusche, meine Badewanne‹.

Wir Frauen? Leider kein: ›Mein Mann, meine Kinder, meine Urlaubshütte, mein eigenes Geschäft‹. Wir implodieren.

Ich war mit den GISSV-Jogging-Muttis zum Laufen verabredet. Treffpunkt: ein Parkplatz in Mountain View. Ein bisschen mehr Bewegung würde mir guttun. Hier in Amerika war ich nur am Fressen.

»Hi!«, sagte ich und winkte verdruckst in die Runde. Zehn Muttis, ich kannte keine Einzige. Jetzt wusste ich nicht so recht: Noch schnell die Hand geben? Wangenküsschen? Knicks? Verbeugen? Handkuss? Durchs Haar wuscheln? Irgendwie fand ich nicht so das Richtige in meiner Werkzeugkiste.

»Hallo! – Hey! – Na?«, kam's zurück. Dann plauderten alle weiter, als ob ich gar nicht da sei.

Wir fitnessten los, und ich war beeindruckt von dieser Wattlandschaft mit ihren Deichen und Dämmen, Wiesen, Schilf, Schlick. Und fühlte mich an die Nordsee an einem heißen Sommertag versetzt. Die Luft flimmerte. Es roch nach Meer, Salz, Tang, wildem Fenchel. Und ab und an, als hätte die Natur Verdauung: ein strammer Brackwas-

ser-Furz. Kormorane dümpelten, Pelikane tauchten. Möwen kreisten. Gänse schnatterten. Was für ein Paradies. Durch das spiegelglatte Wasser zog eine Entenmutti samt Nachwuchs ihre Bahn: Die hatte offensichtlich das Hinweisschild nicht gelesen: *Zutritt nur für Seevögel*.

Uns kam eine Japanerin entgegen, die joggte ebenfalls: Dazu hatte sie sich eine Art Imkerhut auf den Kopf gesetzt, mit Netz vor dem Gesicht und langem Nackenschutz. Überhaupt schienen mir die Japaner ein bisschen wie die Ostfriesen Amerikas: Schon öfter waren sie mir auf der Straße begegnet: Pulsmesser, zwei Wasserflaschen am Gürtel, ausgerüstet wie für den Manhattan-Marathon – und gingen spazieren. Oder sie hatten ein Handtuch auf dem Kopf oder hielten einen Regenschirm hoch, weil ihnen die Sonne zu heiß war.

»Mensch, ich muss unbedingt noch in die Reinigung heute, mein Mann fliegt morgen nach Taiwan!«, ging's plötzlich neben mir los. »Sein blauer Lieblingsanzug hat einen Fleck.«

»Hast du schon mal ein bisschen *Vanish Oxy Action* draufgetan?«, wollte von hinten eine Stimme wissen.

»Ja, aber das ist immer total abhängig vom Fleck. Ich hab's auch schon mit Wasch-Soda probiert.«

Wo war ich denn hier reingeraten?

»Nein, nimm lieber *Domestos* – direkt auf die Stelle!«

Als beim Newcomer-Treff die Freiwilligenlisten ausgelegen hatten – Bücherei-Dienst, Karnevalskomitee, Arbeitsgruppe *Schulhofverschönerung* –, hatte ich mein Kreuzchen bei *Running* gemacht. Jetzt überlegte ich kurz, ob ich in die Spalte *Washing Tips* verrutscht war.

»Ich hab übrigens ein neues Halloween-Rezept«, warf eine andere Mutter in die Runde: »Vanillepudding kochen und im Plastikhandschuh kalt werden lassen. Und dann Himbeersirup drüber als Blut. Finden die Kids super.«

»Nee, das geht bei uns nicht. Wir haben ja alle 'ne Milchallergie.«

Es war, als wenn sich ein Drehbuchautor ein paar Muttis ausgedacht hätte. Vielleicht war das hier aber auch so eine Art Testlauf von Hausfrau-Robotern, bevor die in Serie gingen? Hilfe.

Zurück auf dem Parkplatz war Stretching angesagt: linke Hacke an die linke Pobacke, bis zehn zählen, rechte Hacke an die rechte Pobacke, auch bis zehn zählen. Noch drei Kniebeugen. Fertig Stretching.

»Mist!«, rief eine Mutter und griff sich in den Schritt. »Ich bin total ausgelaufen. Diese blöden Tage, das nervt *SO*. Ich bin echt froh, wenn das irgendwann vorbei ist.«

»Ach Mensch, hast du schon mal darüber nachgedacht, zum Arzt zu gehen?« Oder zum Schlachter? Manche Fragen sind echt überflüssig. Überhaupt: Nichts gegen Menstruationsmitleidsbekundungen. Männer denken sicherlich auch, wenn wir Frauen uns über unsere Tage unterhalten, ist das stimmungsmäßig wie eine Vereinssitzung bei Bayern München. Aber eigentlich willst du auch als Frau nicht so im Detail wissen, was bei der anderen im Uterus los ist.

»Nein«, erklärte die Mutter mit den Tagen, »vom Arzt halte ich gar nichts. Der verschreibt immer so schnell irgendwas. Ich hab jetzt von meiner Homöopathin ein Mittel bekommen. Das hilft sogar gegen meine spröden Lippen.« Und möglicherweise auch gegen Anzugflecken. Sollte man vielleicht mal ausprobieren.

»Also, wer kommt mit zum Kaffeetrinken?«, wollte die Mutter mit dem Handschuh-Rezept wissen. »In der Whisman Road hat ein neuer *Clocktower* aufgemacht.«

Wutsch! Sprang alles in die Autos, selbst die beiden Ladys mit ihren völlig unterschiedlichen Fleckenproblemen. Und da waren wir nur noch zwei. Ich schaute zu der anderen übriggebliebenen Mutter. Ich hatte schon gesehen: Die macht ihre Übungen völlig falsch. Jetzt wollte ich ihr mal zeigen, wie man im Valley richtig stretcht. Ich stellte mich auf die Bordsteinkante und dehnte die Wade. Ich versuchte

mit den Fingern die Zehen zu berühren: »Musst du auch mal machen! Zwiebelt ganz schön in den Oberschenkeln!«

Die andere Mutter drückte lässig ihre Stirn an die Kniescheibe und setzte beide Handteller flach auf den Boden.

»Wow«, ich war doch ein bisschen beeindruckt, »wie machst du das denn?«

»Ich bin ehemalige Leistungsturnerin.«

9 : 20 PM

Das Problem mit dem Glück ist ja: Es hat kein Schild um den Hals hängen, auf dem steht: *Ich bin das Glück.* Deswegen übersieht man es gern.

Auf der anderen Seite: Selbst wenn ich die Brille mit den ganz dicken Gläsern aufsetzte: Irgendwie erschien mir gerade alles etwas fad und uninspirierend. Rosie hatte so Recht behalten mit ihrer Warnung, das Valley sei speziell.

Okay, vielleicht war ich jetzt gerade etwas ungerecht, vielleicht war das einfach nicht mein Morgen. Aber um ehrlich zu sein: Das war auch schon nicht meine Woche. Was sag ich? *Mein Monat.*

Ich fühlte mich, als hätte ich mit ins All fliegen dürfen, allerdings nicht als Astronaut, um Weltraumspaziergänge zu machen und Sterne zu gucken. Sondern als Smutje, der im fensterlosen Bauch der Rakete Küchendienst schiebt.

Ich saß immer im Auto auf dem Weg zum nächsten Stau. Ich fuhr morgens zur Schule, fuhr einkaufen, fuhr wieder nach Hause. Fuhr wieder zur Schule. Fuhr hier hin, fuhr da hin, fuhr dort hin. Vier Kinder, ein Haushalt, ein Auto – ich nur ein Mensch. My home is my car. So riss ich meine Meilen ab. Doch je öfter ich mit mir allein war, desto frustrierter dachte ich: ›*Immer nur diese Katja. Sorry! Aber das hält doch keine Sau aus! Ich krieg 'nen Föhn.*‹

Es gab aber auch keine Alternative. Ich konnte die Kinder ja nicht aufs Fahrrad setzen, dafür waren die Entfer-

nungen zu groß. Busse und Züge existierten einfach nicht. Ulkig: Da ist Kalifornien größer als Deutschland. Aber der Verkehrsverbund *Nordfriesische Inseln* verfügt mit Sicherheit über mehr öffentliche Verkehrsmittel.

Wie gesagt: Am meisten war ich von mir selbst genervt. Ich hatte nichts zu erzählen, und wusste nicht, was ich reden sollte mit den anderen Expat-Muttis, die auch nichts erlebten. Nicht schön, sich selbst beim Schweigen zuzuhören. Ich fühlte mich nicht wohl in meiner Haut. Äußerlich – weil meine Hosen nicht mehr zugingen. Innerlich – weil du dich eben nicht wie ein Mäntelchen an den Garderobenhaken hängen und ein neues Ich anziehen kannst. Hier in Amerika wurde ich sehr mit der Nase darauf gestoßen, wie deutsch ich eigentlich war. Das ist eben nicht nur eine Frage des Geschmacks, sondern der Fingerprint auf deinen Hirnwindungen. So bin ich zum Beispiel der Prototyp des Warteschlangen-Optimierers – immer am Linsen: *Wo geht's schneller?* Immer willens, wie ein Floh in die Nachbarschlange zu hüpfen, wenn mir das fünf Sekunden Zeitersparnis verspricht. Mit einem Mal war ich umgeben von geduldig Wartenden, die mich zwangen, auch geduldig zu warten. Das zehrte an meinen Nerven. Auch dieses Immer-nett-sein-Müssen ging mir total auf den Wecker. Das hatte ich nicht mit der Muttermilch aufgesogen. Ich bitte um Verständnis.

Und Schatzi? Ging's dem wenigstens ähnlich? War der auch frustriert? Das wäre doch ein schöner Trost! Aber: Nö. Der war voll glücklich in seiner Kumpel-WG, den sah ich kaum. Sein neues Leben war sein altes: Er hatte jemanden, der für ihn einkaufen ging, wischte und wusch. Er hatte seine Kumpels, seine Termine, sein Telefon. Eine Frau, die auf ihn wartete in den Time-Slots dazwischen. Und, ganz besonders toll: Er hatte auch eine neue erogene Zone. Sein Handy.

Ich will nicht sagen, dass ich meinen Kerl abschreiben konnte. Aber es gibt eben Phasen im Leben einer Frau, da bist du zweisam einsam.

12:10 PM

Nun gibt es eine gute Sache am Älterwerden: Du kennst nicht nur deinen Hüftumfang – plus minus kleiner Schwankungen, wenn du dich gerade durch Kalifornien frisst. Du weißt auch um deine emotionale Konfektionsgröße. Wer dir liegt und was du nicht magst. Ich war mir sicher: Ich brauchte ein paar Menschen mit PS unter der Haube, die mich mitrissen.

Das schließt aber nicht aus, dass du ab und an Menschen triffst, die wissen, was du brauchst, noch bevor du es selber weißt. Vorgestern war ich von so jemandem angesprochen worden, einem Kindergarten-Papi mit Hansi-Hinterseer-Frisur: »Und? Wie gefällt's dir in Kalifornien? Alles schick? Alles tutti?«

Und ich hatte gemeint: »Ja, super. Echt toll hier. Man muss nur schauen, wie man das alles so sortiert kriegt.«

Worauf ein verständnisinniges Lächeln sein Gesicht überzogen hatte wie Kuvertüre den Kuchen: »Ich weiß, was du meinst. Mal einen Joint rauchen! Mal ein bisschen lockerlassen! Geht mir auch so.« *Zwinker, zwinker.* Klar. Lass dir erst mal die Haare schneiden.

Den Typen von Hare-Krishnette hatte ich mittlerweile auch kennenlernen dürfen. Bei dem ging das so: »Rabea, würdest du *bitte* deine Hausschühchen anziehen?«

Dann, wie Gollum aus *Herr der Ringe*, der Selbstgespräche führt: »... ach, darf ich ja nicht sagen ...«

Und dann der Imperativ: »Rabea, du ziehst JETZT bitte deine Schuhe an! Papa will das so!«

Also, eins musste man Hare-Krishnette lassen: Männererziehen konnte sie.

Umso mehr freute ich mich heute auf das *Museum of Modern Art*. Ich konnte es gar nicht erwarten: ein paar kulturinteressierte Damen. Ein bisschen San-Francisco-Luft. Gemeinsam wollten wir in die Ausstellung von Cindy Sherman. Die ist ja echt eine konsequente Frau, das

muss ich ja mal sagen. Seit dreißig Jahren fotografiert sie sich selbst. Wahrscheinlich hatte die auch einen Schatzi zu Hause, der immer diskutierte, bevor er hässliche Schnappschüsse von ihr vor Mammutbäumen machte.

Die Einladung hatte ich in meinem E-Mail-Fach gefunden. Zwischen welchen zum Keksebacken, Meditieren, Singen. Dreißig an der Zahl. Im Valley ging keiner verloren. Jeder Mutter ihr Hobby. Jedem Hobby seine Mutti.

* * *

Aus dem strahlenden Sonnenschein der 3rd Street trat ich ins gruftdunkle Museumsfoyer. Ich hatte mir vorher Gedanken gemacht. Was ziehst du an? Korrekterweise: Was ziehst du nicht an? Jacketts, Make-up, High Heels, Miniröcke – alles verpönte Drogen im Silicon Valley. Selbst auf der Party von Sam und Meredith: Frauen in Flip-Flops. Dabei war ich mit einem ganzen Koffer voller hoher Schuhe und sexy Cocktailkleidern angereist. Um gerüstet zu sein für das ganze Sushi-Essen mit den Internet-Millionären. So war ja mal der Plan.

Aber so stand ich nun da als in die Jahre gekommene Ausgabe von Ronja Räubertochter: Jeans, Lederjacke, Haare hochgeknödelt. Und hatte einen Auffahrunfall mit *Sex and the City*. Das Haar Marilyn-Monroe-blond und perfekt geföhnt, das gemusterte Wickelkleid, jede Wette, von Diane von Fürstenberg, superschicke schwarze Lack-Stilettos – so begrüßte mich eine 34er-Konfektionsgröße mit begeistertem: »You're here!« Und ich bekam ein Küsschen auf die Wange.

Kurz darauf waren es dann schon sechs: also Ronja plus fünf supertaffe Upperclass-Ladys. Schwarze Chanel-Handtäschchen an goldenen Kettchen von der Schulter baumelnd; knackenge Stifthosen; wenig, aber edler Schmuck; die Lippen feuerrot lackiert; die Haare eine einzige

schwungvolle Welle. Mit jeder Sekunde fühlte ich mich kleiner, bis ich das Gefühl hatte, der Fußboden und ich, das ist jetzt eine Höhe.

Die schöne Blonde, so bekam ich am Rande mit, unterrichtete Politikwissenschaften in Stanford. Aber nur just for fun und auch nur donnerstags und freitags. Immerhin nicht Kernphysik, das tröstet doch. Man mochte gar nicht darüber nachdenken, was die anderen Mädels hier so just for fun an Elite-Unis unterrichteten. Plötzlich, ich hatte gerade die ersten Worte gewechselt mit der Nichte der ehemaligen Schönheitskönigin von Burma, trat eine Size Zero vor – vierzig Kilo, würde ich mal schätzen, zwanzig davon Bizeps –, stellte sich vor die Gruppe und begann einen geschliffenen Vortrag über Cindy Sherman zu halten. Alles aus dem Kopf. Als würde sie irgendeine Geschichte vom Sandmännchen runtererzählen.

Ach so, dann stellte ich noch fest: Das ist gar nicht meine Veranstaltung. Nur so eine ähnliche. Auch Frauen, auch Cindy Sherman. Aber das war's dann auch schon mit Schnittmenge. Falscher Tag? Falsche Uhrzeit? Ich musste das noch mal checken. Aber schön, dass sie alle begeistert hallo gesagt hatten.

Es gab dann noch einen spannenden Plausch über »Sperm Donators«. Motto: Man legt sich ein paar Groschen und ein paar Eier zurück. Für die Zeit, wenn Zeit ist. Den Kerl nimmt man dann aus dem frischen Angebot.

Beim Thema »Profi-Massage für die Frau mit Happy End« klinkte ich mich dann aus. Nicht, dass ich nicht total neugierig gewesen wäre. Aber in Mountain View warteten leider die Kinder vor der Schule.

October

Monday 1

8:10 AM

Wenn es eine gute Gelegenheit gibt, mit der Lehrerin deines Kindes zu bonden, dann Klassenausflüge. Natürlich musst du gucken, dass bei dem ganzen Geschleime die lieben Kleinen, die du beaufsichtigen sollst, nicht aus Versehen in den Gully fallen oder vom Krokodil gefressen werden.

Heute stand Monterey auf dem Plan. *Straße der Ölsardinen? Cannery Row?* John Steinbeck? Fischerort am Pazifik? Nick Nolte? Vielleicht klingelt's ja bei dem einen oder anderen. Mit einem Klebezettel am Trench, auf dem Chaperone stand, *Anstandswauwau*, kletterte ich zusammen mit Caspis Klasse in einen quietschgelben amerikanischen Schulbus, der aussah, als ob ich in meinem eigenen Film mitspielte.

»Wie im Kino, was?«, stupste mich eine Frau namens Anna an. »Selbst in Hollywood drehen sie am Ende nur Heimatfilme.«

Ich fand einen Platz neben einer Frau mit Baby im Arm, der Bus rumpelte los, alles packte seine Süßigkeiten aus und quatschte aufgeregt durcheinander. Ich hatte das Gefühl, ich bin dreißig Jahre zurückgebeamt worden – nicht *Zurück in die Zukunft*, eher ›Nach vorne in die Vergangenheit‹. Ich saß plötzlich wieder in meinem eigenen Fünfte-Klasse-Ausflugsbus auf dem Weg nach Raisdorf in den Schwentinepark zum Kaninchenstreicheln.

Im Busbordkino startete ein Film über das Eierlegen der Karettschildkröte. Und wie auf Knopfdruck: alles mucksmäuschenstill, kein Getobe mehr, kein Geschreie. Niedliche Tierfilme – immer eine sichere Bank.

»Drei Tage …!«, beschwor die bebende Stimme einer Frau, *»drei Tage musste sie sich durch den Sand kämpfen, bis sie das erste Mal das Licht sieht!«* Großaufnahme: Babyschildkröte. Schwere Geigen- und Celloklänge. *»Sie ist nicht allein!«* Die Frau fing jetzt fast an zu schluchzen. Großaufnahme: Krähe. Wieder Geigen. *»Das Land birgt furrrrchtbare Gefahren!«*

Ich drehte mich um und starrte in die vor Spannung starren Gesichter von zwanzig Kindern, Mund sperrangelweit offen. Caspi fuhr sogar stehend Bus, um ja nicht auch nur ein Fitzelchen zu verpassen.

»Mit letzter Kraft stellt sie sich den Wellen«, mahnte die Frauenstimme. *»Eine Pilgerin auf ihrem Weg durch die unendlichen Weiten des Atlantiks. Doch nie wird sie vergessen, wo sie das Licht der Welt erblickte!«* Klavier. Ich überlegte, ob ich jetzt oder lieber sofort in meinen Schokoriegel beißen sollte. Heute war kein Tag für Diät.

»Um sie herum fließt ihr neues Element.« Jetzt guckten wir schon seit fünf Minuten auf einen Panzer mit vier Paddeln und einem Kopf, umgeben von viel Blau. *»Sie hat den gewundenen Rand des Golfstroms erreicht! Paddelt mit aller Kraft mitten hinein ins Herz der warmen Strömung! Flutende Wasser, ewig! Zaubermächtiges Fabelwesen!«*

Dass sich gar keins der Kinder muckste und lachte. Na, das lag vielleicht am Bilingualen. Da redeten alle komische Sachen. Und bei Caspi lag's, ganz klar, an seiner Fernsehsucht. Dem hätte man auch *Star Wars featuring Teletubbies* einlegen können.

»Wie ihre Vorfahren brach sie in unbekannte Weiten auf, nur um hierhin zu kommen. Jetzt ist sie Mutter. Entrichtet ihren Tribut an das Land.« Fanfaren.

Für einen Moment fragte ich mich, ob das vielleicht Texte aus einem Hedwig-Courths-Mahler-Roman waren. Oder einer Kriegswochenschau. Was für ein altbacksches Deutsch. Wie Talbewohner in der Schweiz sprechen, bevor

sie von Satelliten und der TUI entdeckt werden. In einer deutschen Enklave in Argentinien hatte ein Kind mal unseren Freund Philipp gefragt: »Und wann geht Ihr Luftschiff zurück nach Deutschland?«

»*Geheimnisvolle Wesen, die ihr gesamtes Erdendasein im verschlungenen Seetang verbringen!*«, ging es weiter. Ich hatte zwischenzeitlich versucht, auf dem Busklo für drei Minuten dem akustischen Perwoll zu entkommen. War aber leider abgeschlossen gewesen. Ohne die Klotür als Schalldämpfer musste ich nun auch noch dem großen Finale lauschen: »*Aber das Land hat sich verändert! Ist fremd geworden. Scheint wie ein Irrgarten! Nur für diese eine Nacht tauscht die Karettschildkröte ihre sichere Eleganz gegen die hilflose Plumpheit, die das Land ihr abverlangt!*« Ohne Frage: Wenn ich Schildkröte wäre, ich würde mich beschweren. Hier kriegte ja selbst ein Tierschützer das Laufen.

Unter düsterem Regenhimmel, vorbei an graubraun vertrockneten Depri-Hügeln, nahmen wir nach eineinhalb Stunden die Highway-Ausfahrt *Monterey* und rollten auf den Parkplatz des Bay-Aquariums. Gerade noch rechtzeitig. Auf dem Bildschirm frisch aufgetaucht: eine Koralle.

»*Korallenwesen! Entlassen ihre Spermien und Samen in die warme Strömung!*«

Dazu sang Katie Melua *Blame it to the moon*! Der Mond ist schuld! Auch das noch. Nach Schildkröten-Schocker à la *Scream*, jetzt Korallensoftporno à la *Bilitis*.

10:00 AM

Und schon wieder hatte ich den dringenden Wunsch: Ich will ein guter Mensch werden. Und wenn ich dazu erst Milliardärin werden musste – auch das würde ich billigend in Kauf nehmen: Ich stand nämlich im Monterey-Bay-Aquarium am Seegurken-Streichelbecken. Dieses wie vieles andere gesponsert von Lucille Packard mit fünfzig Millio-

nen. Weitere vier Milliarden hatte die Seniorin dem Stanford-Kinderkrankenhaus zukommen lassen.

Fünf Meter entfernt, bei den Rochen, hatten Caspi und seine Bengel-Kombo Kevin, Jean und Hanno bereits die Ärmel hochgeschoppt, hingen nun halb im Becken und bespritzten sich mit Wasser. Nicht ausgeschlossen, dass gleich der erste Rochen flog. Die Beaufsichtigung achtjähriger Pimmelträger ist kein Spaß, ich kann nur jeden warnen, der auch schleimen will.

»Hoho …!«, machte es frivol neben mir. Da stand ein Halbstarker mit Zahnspange und hatte seine Finger in der Erdbeer-Anemone, die sich zum Trichter zusammengezogen hatte. Finger raus. Sein Pickelkumpel dran.

»… oahh …!«, kratzte es aufgeregt im Stimmbruch.

»… wow! Fuck you, ey!«, fand auch der Dritte im Bunde.

Also wirklich, alle restlos begeistert und überzeugt.

Die weg – jetzt wollte ich natürlich auch wissen: ›Was ist denn nu' so toll an dieser komischen Erdbeer-Anemone?‹

Ich streichelte über die samtweichen Tentakel, die sich mittlerweile wieder aufgestellt hatten, und nun erneut zum Trichter um meinen Finger schlossen.

Fühlt sich an wie … wie … Genau. Exakt so.

Dann las ich das Schild: *Please don't touch!*

Okay. Doch kein Streichelbecken. Hatte ich mich wohl verlesen.

»Und, wie hast du dich so eingelebt?«, wollte Simone noch wissen.

Ach so.

Ja.

Die Frage. »Weißt du«, meinte ich, »so und so. Mal toll. Mal so halbtoll.«

Ich weiß gar nicht, warum wir uns plötzlich umarmten.

October

Wednesday 10

To Katja Kessler
Subject Telefonieren

Liebe Katja,
zurueck aus der Sonne Miamis rein in den Potsdamer Herbst.
Könnten wir morgen Abend deutsche Zeit (Montag) mal telefonieren
Schreib mir doch bitte, wann es dir passt.
Ganz liebe Grüße
Winnie

Von meinem iPhone gesendet

9:00 AM

Okay. Im Rückblick würde ich sagen, dieser 10. Oktober war der tollste Tag meiner Zeit im Valley. Der, der den Topf endlich auf den Herd setzte. Wo ich das Ladekabel für mich selbst wiederfand.

Hätte mir jemand am 10. Oktober zum 10. Oktober gratuliert, ich hätte ihm leider gegen's Schienbein treten müssen.

Alles ging los mit Winnies E-Mail …

✳ ✳ ✳

»Hallo?«, fragte meine Freundin neugierig in den Hörer.

»Hi, hier ist Katja! Na, was hast du auf dem Herzen, Winnie?«

Der Sound von Nichts kann ja auch manchmal der falsche Ton sein. Ich war ein bisschen alarmiert.

»Du, Katja, pass auf …«, Winnie holte hörbar Luft. Die Arme, musste ja was Größeres sein. »Also … Ich muss dir was beichten.«

»Na, raus mit der Sprache! Ihr kriegt Nachwuchs?«
»Nein. Der Fuchs war heute Nacht da, er hat die Kaninchen gefressen …«
Gott.
Die Info musste ich erst mal kurz einspeicheln, bevor ich sie schlucken konnte.
Hoppel und Moppel im Kaninchenhimmel? Die beiden süßen, flauschigen Mümmelmänner? Man mochte sich das gar nicht vorstellen. Grauenvoll. Vor allem: Wie sollte ich das Kolja und Lilly erklären? ›Eure zwei kleinen Racker haben heimlich eine Karriere als Fuchsfutter gestartet! Wir hätten sie zur Berufsberatung schicken sollen!‹?
Die drehten durch.
Und ich gleich mit.
»Es tut mir so, so leid! Ich hab ein furchtbar schlechtes Gewissen!« Winnie war todtraurig.
»Ach komm, Winnie! Macht doch nichts!«, versuchte ich sie zu trösten.

10:00 AM

Mrs Doubtfire junior hatte ein bisschen gebastelt: einen roten Kreis, ein blaues Viereck, ein gelbes Dreieck, einen grünen Salmi – alles aus Papier ausgeschnitten und liebevoll beschriftet. Jetzt sortierte sie die Formen mit langen Fingern vor mir auf der Tischplatte wie eine Wahrsagerin, die ihre Karten mischt.
»Fein«, sie beguckte sich zufrieden ihre krumme Reihe, dann schob sie mir mit einem Strahlen das erste Symbol über den Tisch: den roten Kreis. Ihre großen Kreolen schwangen. Die Haare waren wie mit dem Lineal nach hinten gekämmt.
Motoric Skills las ich. Körperbeherrschung.
»Also, die Lilly, die ist wirklich top!«, verkündete Mrs Doubtfire junior.

Ich merkte, wie in meinem Bauch die Sonne aufging. Ein großer, warmer eidottergelber Ball.

»Was mir allerdings Sorge macht, sie hat so überhaupt keine Körperspannung.«

Plumps – machte der Ball.

Die Erzieherin warf einen kurzen Blick auf eine Art Spickzettel, der neben ihr auf dem Tisch lag. »Im Morgenkreis muss ich immer zu ihr sagen: ›Lilly, setz dich mal gerade hin.‹ Und sie geht auch sehr über den großen Onkel.« Zur Untermalung drückte sie die Handrücken gegeneinander und machte mit den Fingern Watschelbewegungen. »Ist *dir* das auch schon aufgefallen?«, duzte sie mich.

»Nein, ehrlich gesagt noch nicht. Wenn ich sie anschnallen will, macht sie sich immer steif wie ein Brett. Da hat sie Spannung.«

Mrs Doubtfire junior schien kurz nachzudenken, dann nickte sie. »Gut, ich wollte es ja auch nur mal kurz erwähnt haben.« Sie guckte suchend auf ihren Zettel: »Ach ja! Das *Singen*. Da ist mir zum Beispiel aufgefallen, dass Lilly nicht im Takt klatscht.«

»Echt?« Ich wurde ein wenig unsicher. Wie in der Verkehrskontrolle, wenn der Polizist dir mitteilt, dass die TÜV-Plakette an deinem Auto abgelaufen ist. »Und was kann man da machen?«

Mrs Doubtfire junior zog überrascht die rechte Braue hoch: »Na, man kann das natürlich mit ihr üben. Jeden Tag zwanzig Minuten, zum Beispiel: *Oh, du lieber Augustin, Augustin, Augustin! Alles ist hin, Rock ist weg, Stock ist weg …!*«, stimmte sie unvermittelt laut an und groovte und schnipste dazu, als wäre das ein großer Woodstock-Hit. »Weißt du, wie ich meine? Aber wenn Lilly singt, dann macht sie: ›*Oh, du lieber …*«, sie klatschte, »*… Augustin …!*«, sie klatschte wieder, »*… Augustin …!*«

»Oh Gott.«

»Na ja, man sollte sich auch nicht zu viele Sorgen ma-

chen, ich weiß, viele Eltern neigen ja gern dazu. Ach ja, was ich ganz gern noch mal angesprochen hätte an dieser Stelle, ist Lillys kleiner Sprachfehler.«

»Du meinst, sie lispelt«, half ich nach.

»Ja, genau«, nickte Mrs Doubtfire junior. »Dieses Lispeln muss natürlich überhaupt nichts heißen. Das machen sehr viele Kinder, gerade in dem Alter. Aber um auszuschließen, dass es was Schlimmeres ist, sollte man Lilly zur Sicherheit noch mal vom Logopäden durchchecken lassen.« Sie nickte mir aufmunternd zu.

Die Alte fing an, mich zu stressen. »Lilly hat eine Zahnlücke, die ist so groß, da kann sie *La Paloma* durch pfeifen.« Ich guckte Mrs Doubtfire junior herausfordernd an. Wenn Lilly ohne Arme in die Kita käme, würde mich diese Top-Pädagogin bestimmt auch zur Seite nehmen und wissen wollen: ›Frau Kessler, ist Ihnen schon mal aufgefallen, die Lilly kann ihre Tasse nicht halten?‹

»Pass mal auf, Astrid«, ich war selbst überrascht über meinen schroffen Ton. Aber nach vier Kindern und hundert Lernentwicklungsgesprächen hatte ich gelernt: Nimmst du nicht rechtzeitig Reißaus vor gutgemeintem Pädagogenrat, ist dein Herz ein Dartboard mit Pfeilen drin. Dann geht nicht das Kind zum Arzt, sondern du zum Psychiater. »Ich schlage vor, wir fangen mit etwas Positivem an. Macht die Lilly denn auch irgendwas *prima*?«

Mrs Doubtfire junior drückte das Kreuz durch, sagte spitz »gut« und angelte sich den roten Papierkreis, um ihn wieder zurück in die Reihe zu legen. Dafür bekam ich jetzt den grünen Salmi unter die Nase geschoben.

Social Skills stand da drauf. Ich war gespannt.

Für einen kurzen Moment vertiefte sie sich erneut in ihre Zettel, dann zog sie den Mund zu einem Lächeln breit: »Also, die Lilly ist wirklich ein sehr aufgeschlossenes Kind, ja, das kann ich sagen. Sie spielt sehr gern. Viel auch mit Barbies, habe ich gesehen. Und mit anderen Kindern auch.

Und sie lacht viel.«

Ein bisschen klang ihre Beschreibung, als hätte sie mit sehr langem Fernrohr eine sehr seltene Vogelspezies im australischen Busch beobachtet. Hier die ersten Forschungsergebnisse.

Wieder zog sie den Mund breit und lächelte. Im nächsten Schritt würden die Ohren ausfahren, das Gesicht nach unten gleiten und die Kabel zum Vorschein kommen. Ein Humanoid.

»Würdest du denn sagen, dass ihre Entwicklung altersgerecht ist?«, wollte ich wissen.

»Mmmh«, machte Mrs Doubtfire junior, drückte den Zeigefinger gegen den Mund und kämmte für einen Augenblick die Teppichfransen ihrer Erinnerungen: »Also, ich würde schon sagen, dass die Lilly altersgerecht entwickelt ist ... ja ... doch, wobei mir ja beim Freispiel auch aufgefallen ist, dass sie oft die Buntstifte für sich haben will. Und was mir zum Beispiel auch aufgefallen ist, sie kann ihre Schuhe noch nicht zubinden.«

»Muss sie das denn mit vier?« Ich war überrascht.

»Nein, aber das soll natürlich auch irgendwann mal kommen.«

Ich gab's auf.

Es gibt solche Tage und solche Tage. Das hier war einer aus der Kategorie *solche*.

10:30 Am

Ich hatte kaum die Tür zur *Giraffe Group* geöffnet, da schoss auch schon etwas herbei und hängte sich an meine Knie. Man hätte denken können, ein Klammeräffchen. Lilly. Sie drückte sich zwischen meine Beine, dass man ihr Gesichtchen nicht sehen konnte, und zitterte so heftig, als hätte sie vierzig Fieber und Schüttelfrost. Ich kniete erschrocken nieder: »Gott, Lilly ...!«

Dann baute sich auch schon drohend ein Schatten über uns auf. Wie bei *Bernard und Bianca*, wenn die dunklen Habichtschwingen kommen: Hare-Krishnette, das Gesicht weiß vor Wut. Und da war auch noch ein kleiner Schatten: Rabea, ganz aufgelöst, mit verweintem Gesicht und roten Augen.

»Guck mal, was deine Tochter gemacht hat!«, blaffte sie mich an und hatte dabei bestimmt 100 Atü in der Stimme. Elchtest fürs Selbstbewusstsein. Eigentlich willst du erst mal weglaufen. Lilly ging's ähnlich. Beim Wort »Tochter« krallte sie sich noch enger an mich, fast wären wir zusammen umgefallen.

»DA! DAS war Rabeas Geburtstagsgeschenk!«

Mir wurde eine Barbie unter die Nase gehalten. Die hatte leider nur noch einen Arm.

»Oje.« Ich rappelte mich hoch. Gar nicht so leicht mit meinem zitternden Mühlstein am Hals. »Aber das hat Lilly doch bestimmt nicht mit Absicht gemacht.«

Rabeas Mutter sagte nichts. Was mir sagte: Die würde jetzt drei Wochen durch die Gegend rennen und erzählen: ›*Diese* Lilly! *Das* war ja klar! *Immer* so wild!‹

Die Situation war völlig verfahren. Ich streichelte mechanisch Lillys Rücken, die offensichtlich selbst völlig fassungslos darüber war, was sie angerichtet hatte, und sich gerade zu Tode schämte. Rabea hatte beim Anblick ihres kaputten Geburtstagsgeschenks wieder angefangen zu weinen. Ihre Mutter stand da und wartete, dass etwas passierte. »Pass mal auf, Rabea«, ich kniete mich hin, Lilly umschlang mich sofort von vorn und drückte ihr Gesicht an mich, ich konnte gar nichts sehen, »meinst du, wir sollten mal die Geburtstagsfee fragen, ob sie noch eine andere Barbie in ihrem Sack hat?«

»Ja-ja-ja …«, schluchzte Rabea abgehackt und wischte sich mit dem Ärmel über die Augen.

Nun war das nicht mein Kind, es war nur meine Situation und mit dem Anfassen fremder Kinder unter den Augen ihrer galligen Mütter sollte man vorsichtig sein. Ich streichelte

Rabea mal kurz über die Wange. Während ihre Mutter immer noch dastand, als ginge es um eine 3 000-Euro-Chanel-Handtasche, und darüber das Trösten vergaß. »Na, dann zeig mal her, wie sieht denn Barbie aus?«

Rabea schaute fragend zu ihrer Mama hoch, die drückte die Puppe ihrer Tochter in die Hand, und die reichte sie dann mir weiter.

»Mensch, das ist ja eine schöne Barbie!«, lobte ich.

Rabea schluchzte ein letztes Mal, dann meinte sie: »Ja, und sie hat auch ein Pferd!«, und streckte mir stolz ein buntes Plastik-Hottehü entgegen.

»Hey, das ist ja ein schönes Pferd! Wie toll«, freute ich mich. Lilly drängelte sich zwischen uns, um einen Blick auf das zu erhaschen, was es da Dolles zu sehen gab. »Wir haben auch ein Pony, aber das ist zu Hause in Deutschland«, erklärte ich.

»Wieso?«, wollte Rabea wissen.

»Na ja, das hatte keine Lust auf Amerika, das spricht ja die Sprache nicht. Das kann ja nur deutsch.«

»Ach Quatsch, Mama!«, befand Lilly und guckte Bestätigung heischend zu Rabea.

»Ja, das stimmt nicht!«, war auch die überzeugt, »Pferde sprechen doch gar kein Deutsch!«

Es war wie nach einem kurzen Stromausfall, wenn plötzlich überall die Lichter wieder angehen. Die Mädchen kicherten, Lilly ließ mich los. Selbst die nervösen Flecken im Gesicht von Rabeas Mutter sagten Tschüss.

»Na, dann schauen wir mal, dass wir schnell eine neue Barbie bekommen!«

»Ja«, pflichtete mir Rabeas Mutter bei, die nun endlich auch ihre Sprache wiedergefunden hatte – Flecken weg, Platz für Stimme –, »aber wenn ihr jetzt sowieso losgeht, dann kauft doch eine Feen-Barbie. Die sieht besser aus als die mit dem Pferd.«

Genau so sagte sie das. Ich schwöre es.

1 : 10 PM

Das Handy klingelte: »Hallöö, Frau Gässloar!«

Mensch, wenn das nicht meine Freundin Mandy, die Schulsekretärin, war. Von der hatte ich auch lange nichts mehr gehört.

»Dor Golja, däm dun seine Hände so weeh, die sinn ooch ganz rood un digg un irschendewie so geschwolln«, wurde ich informiert. »Dor Gleene weind un frachd, obb seine Mamma nisch gomm gann.«

1 : 15 PM

Ich erkannte mein Kind nicht wieder. Die Pranken eines Bauarbeiters. Oder: Als hätte der Junge Kochhandschuhe an. Und diese Haut? Rot wie gebrühter Hummer.

»Gott, Kolja! Was ist denn los?« Ich kniete erschrocken nieder und beguckte mir diese seltsamen Riesendinger, die Hände sein sollten. Bereits gestern im Garten hatte mir mein Sohn seine Finger entgegengestreckt und gemeint: »Guck mal, Mama, ich hab Sonnenbrand!« Und ich hatte noch gedacht: ›Komischer Sonnenbrand. Nur auf den Knöcheln? Und was sind das für Blasen?‹

»Ich kann den Stift nicht mehr halten«, schnuffelte mein Kind. Und dann rollte eine dicke Träne über seine Wange: »Das tut sooo weh!«

»Tja«, meinte Frau Suppe, seine Klassenlehrerin, die hinzugeeilt kam, »lassen Sie das doch mal untersuchen in der Klinik, Frau Kessler. Ich hab ja den Verdacht, das könnte *Poison Ivy* sein. Das wär dann echt unangenehm.«

Poison-was?

»Also, das mit dem Gift-Efeu, das kommt leider nicht selten hier vor«, informierte mich Frau Suppe. »Hat der Kolja denn irgendwie in der Erde gebuddelt?«

Ich musste kurz nachdenken. Ich bin ja nicht so die

Mutter, die wie aus der Pistole geschossen weiß: ›Ja, um 13 Uhr 33 vorgestern hat mein Kind geniest!‹ »Nein, soweit ich erinnere, hat er nur gestern ein bisschen hinterm Haus im Beet gebuddelt und aus irgendwelchen Stöckchen Pfeil und Bogen geschnitzt, weil sein Papa ihm ein neues Messer geschenkt hat. Nicht wahr, Kolja?«

»Ja-a«, weinte Kolja.

1:45 Pm

»Hey sweetheart!« Eine sommersprossige Chinesin hatte das Untersuchungszimmer betreten: »I am Dr. Bong!« Nicht zu verwechseln mit Dr. Bob. Sie warf einen gutgelaunten Blick auf Koljas Schaufeln. Mein Kind klebte wie Pattex auf meinem Schoß, den Hinterkopf gegen mein Gesicht gedrückt, ich hatte lauter Haare im Mund.

»WOW, Kolja!«, lobte Dr. Bong. »Das sind aber wirklich tolle, tolle große Hände! Wie hast du das hingekriegt?«

Ich kannte meinen Sohn. Der war jetzt super stolz.

Die Ärztin strich vorsichtig über die feuerrote Haut.

»Aaaah …!«, stöhnte Kolja.

»Gift-Efeu«, war sich Dr. Bong sicher. Um kurz nachzudenken: »Eventuell auch Gift-Eiche.« Ich bekam ein paar Computerbilder gezeigt von Menschen, die aussahen, als hätte man ein Bügeleisen auf ihnen geparkt oder sie mit dem Bunsenbrenner abgeduscht. »Also, das muss auf jeden Fall behandelt werden. Das ist eine Art Nesselverbrennung. Die Pflanzensamen kommen durch die Luft, das Zeug wächst überall. Ihr Kind braucht auf jeden Fall Schmerzmittel und Cortison und Antihistaminika. Sonst wird das echt eklig. Und die nächsten zwei Wochen: Handschuhe nachts!«

»Hi, Yelli-Propelli, was ist los? Geht's dir nicht gut? Komm mal her!«

Ich zog mein Kind an meine Brust. War gar nicht so leicht gewesen, sie aufzuspüren. Sie saß in der Sandkiste. Mutterseelenallein. Der Anblick hatte mir einen Stich versetzt. An einem schöneren Tag als diesem hätte ich vielleicht gedacht: ›*Guck mal, eine Individualistin*‹.

»Kein guter Tag?«

»Nö«, meinte meine Tochter trocken. »Alle Mädchen in meiner Klasse sammeln so Glitzersticker. Die haben Alben, und die tauschen auch immer. Ich hab kein Album.«

Zum einen: keine Idee, was Glitzersticker sind.

Zum anderen: Das konnte ja wohl nicht angehen!

»Ich weiß auch nicht.« Yella bekam für einen kurzen Moment feuchte Augen. Dann war sie wieder die Coole. »Die Chantal aus meiner Klasse, die ist immer so ... Ich wollte mich heute neben sie setzen. Da hat sie schnell ihre Tasche hingepackt und gemeint: ›Nee, da sitzt schon meine Freundin‹. Sie sagt auch immer: ›Die Yella spielt nicht mit, die kennt ja nicht die Regeln‹.«

Ich bekam ein ganz schlechtes Gewissen. In Yellis Erziehung ist uns nämlich eine große Panne unterlaufen, wenn ich das mal sagen darf. Wir haben ihr seinerzeit erlaubt, die Rosa-Phase zu schwänzen und nach »Säugling« direkt mit »Pferde-Girl« weiterzumachen. Yella hat nie mit Barbies gespielt. Oder meinen Nagellack auf den Fußboden gepinselt. Das hat sie immer nur mit Zahnpasta und Tinte gemacht.

Nun muss man sich fragen, ob man Yellas Neigungen mit Hilfe des bewährten Mütterkleeblatts Physiotherapie/ Globuli/Schuheinlagen nicht beizeiten weggeturnt und umgelenkt bekommen hätte. Ich konnte mir genau vorstellen, wie sie in ihrer Klasse dagestanden hatte wie der Ve-

getarier vorm Frikadellenbuffet, Pferdebuch unterm Arm. Mein Kind war das Erste, das sich selbst mobbte.

»Wir könnten doch auch einfach so Glitzersticker-Dinger kaufen fahren und dann sag ich, die hab ich schon ganz lange«, schlug meine Tochter vor.

Sehr gut. Das Kind war zwar ein totaler Rosa-Versager, aber es konnte praktisch.

4:00 PM

Ja, mein Leben war gerade ein bisschen japanische U-Bahn: rein bis Anschlag, Türen zu, U-Bahn los.

Natürlich lauern auch in einem neuen Leben alte Verpflichtungen. Australien? Nordpol? Warum sollte es woanders anders sein? Egal, wo du hinziehst, muss das, was am anderen Ende der Nabelschnur hing, zur Schule. Gibt's Stinkesocken zu waschen. Erwartet deine Family warmes Essen. Du musst mit den Nachbarn klarkommen, den Lehrern, den Behörden und dem Monster, das du selbst bist. Selbstverständlich kenne ich von zu Hause das Gefühl, dass du Pädagoginnen raten möchtest, auf Fleischfachverkäuferin umzusatteln. Es gibt Potsdamer Astrids, Potsdamer Hare-Krishnetten, Potsdamer gute Tage, Potsdamer schlechte Tage.

Aber ich war mir so fremd.

* * *

Wie gesagt: Schatzis altes Leben war sein neues Leben. Er hatte jemanden, der ihn mit Nahrung und frischer Wäsche versorgte, da waren sein Job, seine Kumpels, seine Begeisterung für die Sache. Und da war seine Ehefrau für die Time Slots dazwischen.

Aber natürlich hatte auch mein Königshase Probleme hier im Silicon Valley. Auch wenn er darüber nicht viele

Worte verlor. Im Sinne von: nicht mehr als zehntausend. Da war das Käse-Problem. Das Bett- und das Rücken-Problem. Das Klo-Problem. So Leben in der Kuddel-WG, das ist eben doch kein Selbstgänger. Da lauerten Tücken auf mein Bielefelder Alpha-Männchen, die lagen bislang jenseits seiner Vorstellungskraft. Und mein Schatzi hat eine große Vorstellungskraft: etwa 2,5 m x 1,4 m x 60 cm im Kubik. Ich war da neulich mal mit dem Zollstock bei.

Fangen wir mal mit dem Käse an. In Potsdam ging das bislang so: Kühlschrank auf, tasten, Fleischwurstkringel unten in der Schublade, Löwensenf in der Tür, yummi. So war das bei Schatzi abgespeichert. Hier nun war er gleich zu Beginn seiner großen WG-Karriere zur Futterstelle gepilgert und hatte sich ein Knäcke mit Scheiblettenkäse gemacht. *Mümmel, mümmel.* Und dann gedacht: *bäh, pfui.* Falsches Fach, nämlich das von Martin, dem Veganer. Die Scheiblette war aus Reis. Was so ein Schatzi ist, der gurgelt dann erst mal mit Pril. Und je nachdem, wie stark die Kontaminierung ist, reibt er sich auch noch mit dem Kruzifix ab. Nicht missverstehen: Wie jeder Mann steht Schatzi neuen Geschmackseindrücken total aufgeschlossen gegenüber, es muss nur so schmecken wie immer.

Das Bett-Problem. Um das zu verstehen, muss man wissen, dass Einrichten bei uns in Potsdam ein Dauerthema ist. Schatzi lässt mir völlig freie Hand, würde aber gern das letzte Wort haben. Und auch das erste und das mittlere. Nun ist er viel weg, das rettet mich. Hier im Valley war er mit dem Einkaufswagen durch *Ikea* geschoben und hatte seine WG-Traummöbel zusammengesammelt. *Jetzt zeige ich mal, wie das alles hübsch und effizient und kostenbewusst geht.* Hier ein Nachttisch, da ein Stuhl, aus jedem Dorf 'ne Kuh. Und als der große Meister fertig war mit seinem Zimmerchen, stand da ein bretthartes Futon-Bett, zu dem Jennifer-Jen ein paar Raffgardinen dekoriert hatte. Seither denke ich: ›Komm du mir mal nach Hause‹. Seither höre ich mir das Genörgel an:

»Ich schlaf so schlecht, mein Rücken tut weh! Bei euch ist es so gemütlich, bei mir ist es so ungemütlich!«

Das Kloproblem. Ich möchte jetzt keine grundsätzlichen Abhandlungen darüber schreiben, was Männer so alles auf und mit ihrer Königstigerhaltestelle veranstalten. Wie alle Frauen wissen: schreckliche Dinge, du hältst dich lieber fern. Vorsichtigen Schätzungen zufolge war das Palo-Alto-Kuddel-Klo seit Einzug schon zehnmal übergelaufen. Normalerweise musst du dir als Frau in solchen Fällen ja kritische Blicke gefallen lassen. In diesem Falle war ich denn auch voller – wie war noch gleich das Wort, wenn du denkst: ›Ätsch?‹ –, genau: Anteilnahme. Und der göttlichen Prüfungen nicht genug: In der Männer-WG konnten sie sich noch nicht mal ein ehrliches Spiegelei braten, weil dann der Rauchmelder anging.

Nun ist Schatzi darauf spezialisiert, ganz viele Lösungen zu haben und dann darauf zu warten, dass auch mal ein Problem um die Ecke kommt. Eins war für mich sonnenklar: Er würde wie Phönix aus der Asche aus Palo Alto auferstehen. Und mir, wenn wir wieder in Potsdam waren, noch ein bisschen besser erklären können, wie's geht.

4:20 PM

Warum fragen eigentlich Ehemänner immer, ›Alles gut, Schnucki?‹, wenn sie ohnehin nicht davon ausgehen, dass es anders sein könnte.

»Oh! Hi, Schnucki! Alles gut?« Schatzi guckte perplex über den Rand seines Computers. Ich war zu ihm in sein Allerheiligstes gepilgert. Einfach so. Mach ich ja normalerweise nur mit Voranmeldung. Meist gab's dann sofort die kleine Technikvorführung. Wie James Bond, wenn er das Labor von Q besucht. Ich musste mich zum Beispiel winkend auf ein Sofa setzen, Schatzi hielt fünf Sekunden die iPhone-Kamera drauf, dann kam die neue Zauber-App. Und dann prä-

sentierte er mir stolz, wie eine Mittelstreckenrakete in mich einschlug und ich explodierte. Das Ganze gab's auch noch mit Steine drauffallen lassen.

»Nein. Nicht alles gut.«

»Ach Mensch, komm, na dann erzähl doch mal!« Schatzi checkte noch kurz einen Tweet auf dem iPhone, stand auf und küsste mich mit seinem Kratzebart: »*Was* ist denn mit dir los?« Sein Frühwarnsystem, das ja eher ein Spätwarnsystem ist, sagte ihm: ›Vollstress im Anmarsch. Alte pissed. Nix gut pissed Alte!‹

»Ich fühl mich hier total einsam und allein.«

Allein. Das Wort sagte meinem Kerl was. Er wusste auch gleich Rat. »Aber: Dann triff dich doch mit jemandem!«

»Pass auf: Ich hab echt keinen guten Tag. Kann auch sein, dass ich jetzt jammerlappig klinge, aber mir ist das hier alles zu viel. Du machst dein Ding, ich fühl mich nicht gut. Ich glaub, das ist nix für mich, hier werd ich unglücklich. Ich will nach Hause.« Wie immer, fand ich, machte ich das sehr geschickt: Ich fall nicht mit der Tür ins Haus, ich reiße es gleich komplett ab.

Schatzi fiel der Unterkiefer runter.

5:00 PM

»… Kessler?«

»Hallo, Mami, ich bin's. Sorry, wenn ich dich so spät wecke!!«

»… oh Gott … wie spät isses denn? Ist was passiert?« Man hörte die Kissen rascheln, Omi setzte sich offensichtlich auf.

»Zwei Uhr.«

»Nicht schlimm«, kam es müde. »Was ist los? Was ist passiert? Erzähl!« Das ist ja das Gute an Müttern: Denen gibst du dein Kind, denen gibst du deine Probleme. Deine Wäsche. Alles willkommen.

»Der totale Desaster-Tag! Echt! Ich war mal wieder im Krankenhaus, heute wegen Kolja. Der hat in irgend 'ne giftige Grütze gefasst, die ich nicht kenne. Lilly ist Schrott und benimmt sich auch so. Die Kaninchen sind im Eimer. Yella ist deprimiert. Ich bin auch deprimiert. Sind wir also schon zwei. Ich hab das Gefühl, ich muss …« Ich fing haltlos an zu weinen. Dabei wollte ich doch gerade ›kotzen‹ sagen.

»Schschsch! Jetzt mal der Reihe nach!«, meinte Omi mit schlaftrunkener Stimme.

»… Nein, nicht der Reihe nach!! Ich hab die Nase gestrichen voll. Ich kann nicht mehr! Ich will nicht mehr! So ein Nervkram hier, du kannst dir gar nicht vorstellen, wie mir das alles auf den Senkel geht.«

Schweigen in der Leitung. Dann, nach einer kleinen Weile: »Ist das nicht ein bisschen ungerecht?«

»Mir doch egal!«

»Und was sagt Kai?«

»Na, was wird der wohl schon sagen? Der versteht das nicht. Aber er versteht auch nicht, dass er das nicht versteht. Typisch Mann. Außerdem hockt der eh den ganzen Tag in seiner WG. Das geht nur noch so: *Inkubator! Akzelerator! Imperator!* Ich kann's schon nicht mehr hören. Er redet wie so jemand mit Antennen auf dem Kopf.«

»Aber er fühlt sich wohl, ja?«

»Klar. Würde ich aber auch, wenn ich den ganzen Tag spannende Termine hätte und dabei Kekse essen könnte. Das ist ja kein Kunststück!«

»Triffst du denn gar keine netten Leute da?«

»Doch, klar! Lillys Erzieherin. Die hat mich heute so was von niedergemetzelt. Die sollte mal auf Fleischfachverkäuferin umsatteln! Ach, fasst mich doch alle an die Füße!«

Bestimmt dachte Omi gerade: ›Huch, was hab ich denn da für einen pöbelnden Seemann geboren?‹

»Kind, wenn das alles so schlimm ist, dann ändere was.«

»Und wie soll das bitte gehen, deiner Meinung nach? Ich schlaf ja schon mit dem Kopf in der Waschmaschine!«

6 : 30 PM

Yelli und ich schlugen bei *Walgreens* auf.

Und ich erklärte die Glitzersticker-Competition für eröffnet.

Mit beiden Händen griff ich gierig ins Glitzerstickerpäckchen-Sortiment. Alles chemiegetränkter, quietschbunter Sinnlosmüll aus Taiwan, zehn Stück 1 $. Her damit und rein in den Wagen. Den Chantals dieser Welt würde ich's zeigen.

»Mama, reicht! Nicht so viel. Die haben wir schon«, versuchte Yella mich auszubremsen.

»Verstehst du nicht«, erklärte ich trotzig, »das ist hier eine Frage der Ehre.«

7 : 00 PM

Im *Apple-Store* in der *University Avenue* herrschte ein Andrang wie bei der Organspende.

Ich hatte mich entschieden. Ich wollte mich nicht neu erfinden.

Ich wollte mich alt erfinden.

Ich war als Hausfrau angereist, und hatte vergessen, Katja mit in den Koffer zu packen.

Her mit den Manuskripten. Am besten noch gestern.

Ich schlenderte ein wenig durch den Laden. Dem *Apple*-Kunden wird nicht erlaubt, sofort sein Geld rauszuschmeißen, man muss sich erst hinten anstellen und bekommt eine Nummer. Wie bei der Behörde. Wie beim Führerschein machen.

Ich wurde unruhig. Ein wenig wie der Junkie aus dem Methadon-Programm, der nach Wochen des Entzugs die Droge riecht.

Computer sind mir scheißegal. Das Schlimmste, was man mich fragen kann: ›Willst du den Intel Quad Core Prozessor mit Turbo Boost und 3,2 Gigahertz? Oder reichen dir 2,7?‹

Helle Mausklicks, dunkle Tastaturklacks, das ist, was mich antörnt. Wenn es Wort wird aus Pixeln und Bites und Klicks und Klacks. Und aus Wörtern Sätze. Aus Sätzen Kopfkino.

»Hey, I am Glen! How can I assist you?«

8:10 PM

»Hooooollo, hooooolllooo!«, rumpelte und pumpelte es durch die Küchentür. Außerdem kratzte irgendwas am Holz.

Ich würde mal sagen: Konnte eigentlich nur mein bescheuerter Ehemann sein. Heute in der Rolle: *Der böse Wolf und die fünf Potsdamer Geißlein.*

›Na warte, Bürschchen. So nicht!‹, dachte ich.

Der würde jetzt erst mal eine kleine Weile da draußen stehen. Zum Büßen und Besserer-Mensch-Werden.

Und dann, ganz vielleicht, durfte er demnächst reinkommen.

October

**Friday
12**

3:00 PM

Okay, jetzt hatte es also ordentlich *peng!* gemacht. Tat echt mal gut – so ein ehrlicher, cholerischer Ausraster. Aber nun war es an der Zeit, die Pistole zurück ins Halfter zu stecken, das Adrenalin aus der Blutbahn zurückzupfeifen und die Dinge objektiv zu betrachten.

Amerika?

Super!

War ich froh und dankbar, hier zu sein?

Ja!

Aber?

Auch im Paradies muss mal der Rasen gemäht werden.

Wie ging's weiter?

Kids? Alle okay. Hier und da kleine Stotterer im Getriebe. Doch die gehören dazu. Die gäb's auch in Potsdam. Beschluss: Aufhören, mir Sorgen zu machen.

Schatzi? Noch okayer. War und blieb das Spurenelement in meinem Leben. Beschluss: Lieben und lassen.

Ich? Halbgar. Wie bei der Wochenbettdepression. Da weißt du auch: *Wochenbettdepression.* Trotzdem bist du kein bisschen weniger depressiv. Beschluss: Abhilfe schaffen.

Wie?

Schatzi um Hilfe bitten? Vergiss es. Männer mögen Probleme, wo draufsteht: *Problem.* Und Beipackzettel, auf denen steht: *Lösung.* Ich musste schon selbst Hand an mein Leben legen. Mach dich glücklich, dann ist auch dein Mann glücklich. Warte nicht auf den Prinzen auf dem weißen Pferd. Darüber werden beide unglücklich.

Marschplan? Mich füttern! Eine eigene Aufgabe. Wieder arbeiten! Schreiben. Ich brauchte Hilfe.

»Hallo, Ela, bist du's?«

»Oh hallo, Frau Katja! Guten Morgen! Wie geht?«

Ela ist die Zauberformel meines früheren Lebens. Die zweite Mama, der zu verdanken ist, dass meine Kinder was Warmes auf den Teller bekommen und ihre Socken nicht zu viele Löcher haben, wenn ihre karrieresüchtige Rabenmutter mal wieder am Schreibtisch abhängt.

»Du, Ela, Amerika ist so was von toll, das glaubst du gar nicht!« Ich klang wie Gert, unser Nachbar.

»Ah gut! Und was ist mit Kinder? Die auch gut? Mein Herz blutet! Ich vermisse sehr meine Lilluschi!«

Ich nahm Anlauf: »Ela? DU-HU?«

»Ja biete?«

»Ich bin verliebt in dich! Ich kann nicht mehr leben ohne dich!«

»Prima, Frau Katja!« Ela lachte.

»Sag, kannst du nicht mal kurz deine Kartoffelstärke in den Koffer packen und uns ein bisschen besuchen kommen? So ein paar Monate? Wir vermissen alle deine Kartoffelpuffer!«

Schweigen in der Leitung.

»Komm! Du darfst auch Butter an alles machen! Ich red dir nie, nie wieder rein!«

Wieder Schweigen in der Leitung.

»Und Sahne! Was du willst! Versprochen.«

»Njä …«

»Ela, ich weiß! Das klingt alles total gaga. Aber warum eigentlich nicht? Warum tun wir nicht einfach so, als wäre hier Deutschland?«

»Aber ich habe kein – wie heißt das? – Visum!«

»Ach, weißt du was? Du bist Studiosus-Reisende! Du willst dir den Gran Canyon angucken! Das kriegen wir schon irgendwie hingebogen! Mein voller Ernst! Ich guck mal, was Last-Minute-Tickets so kosten!«

»Stopp, stopp, Frau Katja, ich alte Frau!« Ela klang jetzt doch verdattert. »Ich neunundfünfzig!«

»Das ist doch ein sehr, sehr schönes Alter, Ela!«
»Aber ich war noch nie weiter als Gran Canaria!«
»Ja, und deswegen. Guck. AMERIKA, Ela! Das wird dir hier super gefallen! Wir haben den ganzen Tag Sonne. Du kannst dir das Bügelbrett an den Pool stellen. Mirek wird dich nicht wiedererkennen, so braun kommst du zurück!«
»Mirek zu alt, so was sehen!« Ich hörte sie aus vollem Herzen lachen.
»E-hela?«
»Ja-ha?«
»Ich brauche dich! Bitte, bitte, bitte, liebe Ela! Komm! Tu es für die Kinder! Tu es für deine Lilluschka!«
»Aber ich kann kein Englisch!«
»Ach, weißt du Ela? Das können hier die wenigsten!«

TEIL 5

> Beam me up, Scotty!
> There is no intelligent
> life down here!
>
> Aus *Raumschiff Enterprise*

Ich habe schon echt viel Quatsch gemacht in meinem Leben.

Von all den Superideen, die ich so hatte die letzten dreiundvierzig Jahre, war im Ergebnis die Hälfte Schrott. Positive Schätzung.

Yella war für in sechs Wochen angekündigt, Schatzi und ich auf Mallorca. Da fährst du hin, um ein bisschen an den Mandelblüten zu schnuppern, um ein bisschen »lay back« zu machen vor dem großen Ereignis. Um deine Liebe zu feiern, das Glück, den bestandenen Hechelkurs. Tausend Gründe.

Ein Grund sicherlich nicht: *zum Mountainbiken.*

Ich bin nicht gern auf dem Rad, ich habe noch auf Rücktritt »gelernt«, Handbremse igitt, keine Ahnung also, warum das jetzt und da und an dem Tag sein musste. Schatzi sagte: »Nein, lass das.« Und ich wie immer: »Nein, lass mich.« Man bleibt sich ja treu über die Jahre.

Es ging bergab. Es wurde warm. Ich wollte raus aus der Jacke. Dazu steigst du nicht ab, wenn du im achten Monat bist und Katja heißt. Du erledigst das in Schussfahrt.

Über den Rest muss ich aus der Vogelperspektive berichten: Ich segelte nämlich wie ein sehr dicker Albatros über den Lenker, nahm bei der Gelegenheit noch ein bisschen Gabel mit und machte dann Touchdown auf dem Asphalt.

Und dann gingen erst mal kurz die Lichter aus.

»Katja! Katja! Katja! Oh Gott! Was ist?! Katja!!!« Die Lichter gingen wieder an.

Über mir ein schwarzes Oval. Und als ich wieder besser gucken konnte, war es ein schneeweißes Oval.

›Die Kleine! Die Kleine! Die Kleine! Was ist mit der Kleinen?‹

Ich war starr vor Panik.

Ich lag da auf der Straße, befühlte, betastete, beklopfte meinen Bauch. Nichts.

»Katja, sag! Was ist?« Schatzis schrille Stimme.

»Ich weiß auch nicht.«

Ich war völlig benommen, in meiner Großhirnrinde liefen die ersten Rückmeldungen ein.

Hüfte: ›Aua, mich hat's voll erwischt!‹
Knie: ›Scheiße, uns auch! Voll viel Blut!‹
Zähne: ›Nee, hier alles Roger!‹
Bauch – Bauch? Weiter Funkstille.

»Wir müssen zum Arzt, wir müssen zum Arzt! Ich hol einen Krankenwagen!« Schatzi drehte völlig am Rad.

Und dann – ich behaupte bis heute, unsere kleine Tochter hatte Mitleid mit ihrem Papa:

Bekam ich einen zarten Tritt von innen. Und auch gleich noch einen kräftigen hinterher.

Den Funkspruch habe ich auch empfangen: ›Hier Bauch! Wer sagt der Mutter mal, dass sie 'ne Vollmeise hat?‹

October

**Saturday
13**

5:10 PM

Hey, was war *das* denn?

Was passierte hier gerade mit meinem schönen, schönen Cowboyfilm? Wo war John Wayne?

Mitten im sandigen Nichts wuchs der Wüste ein Little Manhattan.

Ich guckte aus dem Bullauge, wir waren im Landeanflug auf Phoenix: Eine gigantische postmoderne Wolkenkratzerstadt aus Glas und Stahl glitzerte und funkelte im Rotgold der tiefstehenden Sonne. Seit den letzten Dreharbeiten musste es einen kleinen Bauboom gegeben haben in Arizona.

Das erste Quartal war geschafft: Herbstferien an der GISSV! Kurzentschlossen hatte ich eine Woche Cowboy-und-Indianerland klargemacht. Wir sind ja alle die weltgrößten Karl-May-Fans, sich einmal persönlich vor Originalkulisse einstauben zu lassen, lag also nah – im wahrsten Sinne. Kalifornien – Arizona, das ist für amerikanische Verhältnisse quasi ein Picknickausflug.

Fliegen in Amerika ist saubillig. Und wird sauteuer ab dem Punkt, wo du mehr als dich selbst mitnehmen, an Bord eine Cola trinken, einen Film gucken oder die Beine bewegen willst. Ich hatte den Kindern die Ersatzwäsche quasi gleich mit angezogen, jeder bekam ein Comicheft auf den Schoß – fertig war »Travel Light«. Und trotzdem: zwei Koffer.

Ich griff nach Schatzis Hand. Der war seit zwei Tagen wie ausgewechselt. Als hätte man mir ein Plagiat untergejubelt. Feierlich hatte er gelobt, ein besserer Schatzi zu werden. Nun weiß die erfahrene Ehefrau: Was zählt, ist der Wille, nicht das Ergebnis. Ich hatte ihn aber auch echt verwöhnt im Bett: mit einer schönen Matratzenauflage.

Dieses und nächstes Wochenende würde er also nun mit uns hier in Arizona Familienurlaub machen. Unter der Woche dann business as usual: er in seiner Kuddel-WG in Palo Alto, ich mit den Kindern allein hier. Mit dem Mietwagen wollte ich die Gegend unsicher machen. Oder andersrum: die Gegend mich unsicher machen. Das würde sich noch rausstellen. An mindestens dreihundertzwölf Tagen im Jahr brennt in Arizona die Sonne vom Himmel. An einhundertzwanzig wird's heißer als achtunddreißig Grad. Es versprach, spannend zu werden.

Fingerhakelnd landeten wir auf dem *Sky Harbor International Airport*, einem von fünf Flughäfen in Phoenix. Korrekt, ich finde auch: Flughäfen, Schuhe, so was kann die Welt nie genug haben. Eine Landebahn soll ja auch zum Flugzeug passen.

6 : 10 PM

»Guck mal, ein Esel!«, rief Caspi begeistert.

So gehört sich das für einen zünftigen Arizona-Urlaub: Vom Flughafen waren wir direkt ins Steak-Restaurant gelatscht.

»Muh!«, machte der Esel und scharrte mit seinen Hufen, dass die dicken Klöten zwischen seinen Hinterbeinen hin und her schwangen, dann senkte er angriffslustig die riesigen Hörner. Was lernte der Junge da eigentlich in seinem Bio-Unterricht an der GISSV? Höchste Zeit, dass der mal in die Natur kam.

Es stank infernalisch aus dem Pferch, der sich direkt neben dem Restauranteingang befand. Wie ging das jetzt? Setzte man sich an den Tisch, wies auf den Stier und sagte: ›Davon eine Scheibe!‹?

Die Speisekarte war so, wie ich es mir in meinen kühnsten Arizona-Touristinnenträumen nicht arizonamäßiger hätte ausmalen können. Fleisch – Fleisch, Fleisch, Fleisch –

noch mehr Fleisch – ganz viel Fleisch – UND: »Rattle Snake«.
Schatzi guckte mich an: »Wollen wir?«
»Wollen wir!« Ohne Risiko stirbt es sich so langweilig.
Wir bestellten. Caspar, wie immer nicht für Nahrungsexperimente zu haben, ohne Sitzfleisch und zufrieden, wenn's mal irgendwann von irgendwoher Fritten regnete, düste gleich mit Kumpel Kolja in die Spielecke, Schatzi begann, Lilly in den leuchtendsten Farben des Regenbogens auszumalen, was sie alles bekommen würde, wenn sie denn auch ein klitzeklitzekleines Ministückchen Schlange probierte. An der Größe ihrer Augen sah ich: Die Chancen standen gut. Yella sog gelangweilt an ihrem Apfelsaftstrohhalm. Die kannte schon alle Tricks von Daddy. Ich guckte ein paar übergewichtigen Amerikanern zu, die sehr unbegabt zu lauter Country-Musik Square Dance veranstalteten. Bis ich feststellte: ›Oh Gott, deutsche Reisegruppe.‹

Plötzlich: Ein markerschütternder Schrei quer durchs Restaurant.

Ich wusste sofort: Caspi. Wie in der See-Elefanten-Kolonie: Da kriegen die Kühe ja auch ihre Babys auseinander gehalten, dabei macht alles nur *Oink! Oink!*.

Caspi lag am Fuß einer Rutsche. Wollte das Leben mich verarschen? Wimmernd hielt er sich sein Handgelenk. An der Wand ein Meer von Warnhinweisen: *Passen Sie auf Ihre Kinder auf! – Benutzung auf eigene Gefahr! – Rutschen mit den Füßen zuerst – Nur eine Person auf einmal!*

»Was ist denn hier schon wieder los?«

»Caspar hat sich auf den Bauch gelegt und ich mich obendrauf gesetzt«, gab Kolja kleinlaut zu Protokoll, »und dann sind wir kopfüber die Rutsche runtergerutscht.«

Eigentlich musste man die zwei in den Müll werfen und neue Söhne kaufen.

Ich betastete das Handgelenk, Caspi biss weinend die Zähne zusammen.

Man wird ja schlauer.

Als ich zum Tisch zurückkam, wartete dort schon ein hochgradig beunruhigter Schatzi. Dafür waren seine Tochter und die Klapperschlange bereits Freunde geworden: Auf Lillys Tellerchen lag ganz viel Gerippe. »Und?«, wollte Schatzi nervös wissen.

»Pass mal auf«, beruhigte ich ihn, »mach dir mal überhaupt keine Sorgen, alles unter Kontrolle!«

7 : 30 PM

Rrrritsch!

Wurde der gelbblaubraune Plastikvorhang beiseitegerissen und ein Arzt, auf dem Kopf sieben handverlesene Haare, trat zu Caspar an die Liege: »Hi guy!« Er freute sich ganz enorm und rubbelte meinem depressiven Kind die Schulter.

Ich hatte uns vom Taxifahrer direkt in die Notaufnahme des *Phoenix Baptist Hospital* fahren lassen. Was lange lamentieren? Caspar hatte sich schon wieder die Gräte gebrochen. Das war ärgerlich, aber nun mal nicht zu ändern. Diesmal wollte ich ihm und mir Salti in den Pool ersparen und gleich mit Gips weitermachen.

Ich hatte ruhig und routiniert Fragebögen ausgefüllt und zwanzig Haftungsausschlüsse unterschrieben. Ich wusste ja jetzt, wie das läuft. Hatte der Rezeptionistin ohne mit der Wimper zu zucken meine Kreditkarte gereicht, die sie mit blauen Glitzerplastikkrallen durch ihr Lesegerät zog. Nach den letzten Wochen fühlte ich mich wie in Drachenblut gebadet.

Uns war eine Liege zwischen anderen Liegen zugewiesen worden. Das Ganze entbehrte nicht eines gewissen Lazarett-Charmes: rechts von uns ein Besoffener mit dicker durchgesapschter Kompresse über dem Auge, unter der die rote Soße rauslief, links ein röchelnder Opi, den die Nurse mit »Sweetie« ansprach.

8:30 PM

Also, ich muss sagen: Ein super super Preis-Leistungs-Verhältnis war das! Für das halbe Geld gab's hier in Arizona vier statt zwei Röntgenschnappschüsse. Noch ein Grund, mal wieder vorbeizukommen.

Caspi war nun fertig mit Untersuchtwerden. Blass, steif und schweigsam lag er auf seiner Untersuchungsliege hinter dem Duschvorhang, das Handgelenk umkrallt. Gemeinsam warteten wir auf den Doktor.

»Du, Caspar, pass mal auf«, ich streichelte meinem Kind die Wange, »alles halb so wild. Aber das nächste Mal, wenn die Mama sagt, ›tob nicht‹, dann hörst du, ja? Du siehst ja jetzt, wie schnell was passiert.«

Caspi nickte ergeben.

8:40 PM

»Are you sure?!« Jetzt geriet ich dann doch ein wenig aus der Fassung. So schnell kann's gehen mit Zen und Erleuchtung.

Der Arzt mit den sieben Haaren und ich machten gerade looki-looki auf die Röntgenbilder. Nun tippte er erneut mit der Kugelschreiberspitze gegen den Bildschirm und wiederholte, als hätte er's mit einem sehr, sehr dummen Menschen zu tun:

»Ja, ich bin mir sicher. Ihr Sohn hat nichts.«

October

Sunday 14

10:30 AM

»Haribo macht Kinder fett,
steht sogar im Internet,
sterben musst du sowieso,
schneller geht's mit Haribo!«

Es gibt viele Arten, bei 35 Grad im Schatten mit dem Auto durch Arizona zu fahren. Eine ist: Du drehst das Radio laut. Die andere ist: Du hast dein eigenes Programm hinten auf der Rückbank sitzen.

Wir durchqueren gerade den Saguaro-Nationalpark: überall riesige Kandelaberkakteen, die erst mit siebzig Jahren den ersten Arm entwickeln und aussehen, als hätte Walt Disney für einen Film Wüstendeko nachgebaut. Einfach perfekt. So weit das Auge reichte: schnurgerade Straßen durch staubtrockene Landschaft, in Senken ab und an der Warnhinweis: *Vorsicht! Hochwassergefahr!*. Würde man vielleicht jetzt nicht ohne weiteres draufkommen.

Wir stoppten an einem Parkplatz und unternahmen, begleitet von viel Geschrei, eine kleine Wüstenwanderung: Mal hing Kolja an einem Kaktus fest. Dann wieder der Kaktus an Kolja. Mal klagte Lilly: »Der Kolja macht die Wüste kaputt!« Dann wieder war Yella heiß. Oder Caspi hatte was im Schuh. Er trug jetzt einen kleinen Stützverband. Aber die Zerrung zog. Das fand er nicht okay. Überhaupt war er unzufrieden: Überall sah er Kristalle und Edelsteine, die er unbedingt mit nach Hause nehmen wollte. Und – so geht das ja auch gar nicht – Mama und Papa hatten nicht mal einen Sack mitgenommen. Wahrscheinlich würde er erst zufrieden sein, wenn er alle Berge abgetragen und in seine Taschen gestopft hatte.

Schatzi hatte eine Eingebung: »Also, wenn man das so sieht, das ist schon echt ein großes Land hier.«

12:30 PM

»Oh ja, bitte, bitte, bitte, bitte, bitte, bitte, bitte, bitte!«

Yella war nach vorne geschnellt, nun hing sie Schatzi und mir über der Schulter, fehlte nicht viel und sie hätte ins Lenkrad gegriffen. Aufgeregt zeigte sie durch die Windschutzscheibe:

An der Straße, mitten im Nichts, ein Schild: *Western Riding*.

So sei es denn.

Um einen Kaktus rum, durch eine Senke durch, an einem Felsbrocken vorbei gelangten wir zu einer Ranch: ein paar geduckte Fertigbauten, viel Sonne, viele Fliegen.

Schatzi suchte Trost im Schatten, um von hier aus seiner Twittergemeinde seine weltpolitischen Eindrücke zu schildern. Kolja und Lilly bekamen einen Scheibenwischer in die Hand gedrückt, damit konnten sie ein nasses Pferd abziehen. Dessen Kollegen standen leider nicht für die Waschstraße zur Verfügung, die hatten gerade Kolik. Und

Caspar präsentierte die nächste Bockfresse. Seine Idee war nämlich: im Galopp durch die Wüste. Und der Chef der Ranch hatte diese Idee eher nicht.

Yella und ich nahmen Platz auf zwei Hottehüs. Als Aufstiegshilfe gab's extra ein kleines Treppchen. Nach dem Abend im Krankenhaus war ich froh: endlich was Ehrliches und Handfestes. Brauchte ich jetzt.

»Alles klar, Yelli?« Kerzengerade und sehr stolz saß meine Tochter auf ihrem hochgerüsteten Westernpferd, das dösend einen Huf angezogen hatte und sich mit dem Schweif die Fliegen von den Flanken klatschte.

»Ja, super!« Ihre Augen leuchteten.

Und dann ging's erst mal nicht weiter:

Wir standen rum in der brütend heißen Sonne und warteten auf Instruktionen unserer Reitlehrerin, die fünf Meter entfernt auf ihrem Pferd saß und noch telefonieren musste. Erst machte sie einen Friseurtermin klar, dann sprach sie mit ihrem Sohn, der offensichtlich gerade im Jail saß wegen Drugs. Sie war gerade bei einem beschwörenden: »Never forget, your mom loves you, darling ...!«, als der Ranch-Chef – wie der Zufall es wollte, hieß er auch Kai – um die Ecke gebogen kam. Prima. Der Sattel fing nämlich an zu kochen. Im Schlepptau eine Frau, die aussah wie Miss Rodeo: sehr viele, sehr weiße Zähne im Mund. Und dann wurde wieder eine Runde telefoniert. Nun war heute Sonntag. Möglicherweise war da das Telefonieren in Arizona billiger und man wollte die Tarife nutzen.

1:30 PM

»Hü, Concho!« Ich schnalzte mit der Zunge.

Endlich waren wir im Gelände. Zwanzig Minuten hatte es noch gedauert, bis wir endlich in die Gänge gekommen waren.

Dafür wollte dieses Concho-Teil jetzt nicht so recht

voran: Erst musste es Kacka machen, dann war Zeit für Pieschi, man glaubt gar nicht, wie viele Liter so ein Arizona-Gaul strullen kann. Jetzt war Concho erschöpft und schlurfte nur noch mit hängendem Kopf durch den Staub, egal, wie sehr ich ihn auch bearbeitete mit meinen Absätzen. Bockiges Vieh.

Vorne spann Cowboy Kai sein Cowboy-Garn: »When I was young …!«, und man erfuhr, dass er Kai hieß, weil das der Name des Arztes war, der ihn auf die Welt geholt hatte. Hatte er ja noch mal Glück gehabt. Hätte ja auch Kunibert werden können. Außerdem war er geschieden, Miss Rodeo das Nachfolgemodell. Deren Bruder, ein berühmter ehemaliger Countrysänger, machte jetzt in Solarenergie. Und die Großmutter …

Ab und an wurden die spannenden landeskundlichen Ausführungen unterbrochen durch Yellas unsensibles Generve hinter mir: »Mama, können wir nicht mal schneller? So bringt das keinen Spaß.«

Schließlich, nach einer zähen Runde durch ausgetrocknete Bachbetten voller Geröll, Zwergkürbisse und noch mehr Fliegen, kamen wir wieder bei der Ranch an.

Hier war inzwischen der Helikopter gelandet, weil ein Angestellter keine Luft mehr bekommen hatte. Sichtlich beeindruckt standen Caspar, Kolja und Lilly da und beobachteten die Rettungsmaßnahmen: Gerade klopfte der Arzt dem Patienten den Rücken.

»Und? Wie war's?«, wollte Schatzi neugierig wissen.

»Du, das ist schon echt wild hier.«

6 : 16 PM

Wie würde Karl May kitschig schreiben? *Blutrot, einem Feuerball gleich, ging die Sonne am Horizont unter und tauchte dabei die Landschaft in ihr flüssiges Gold.*

Ich würde es so formulieren: *Blutrot, einem Feuerball*

gleich, ging die Sonne am Horizont unter und tauchte dabei die Landschaft in ihr flüssiges Gold.

Es gibt keine anderen Worte für diese zehn Minuten, wenn in Arizona die Sonne Feierabend macht. In diesem Falle links von unserer Kühlerhaube: opulent, dekadent, orgienhaft. Man fragte sich besorgt: ›Und was macht die Sonne morgen?‹

»Pass auf dich und die Kleinen auf, ja?«, bat Schatzi.

Wir standen in Tucson am Wüsten-Airport rum. Mein Mann nahm mich in den Arm und drückte mich ganz, ganz doll und ganz, ganz lang. Wow. Also, ich muss sagen, im Vergleich zu unseren etwas hüftsteifen Veranstaltungen der Vergangenheit: Tschüss-Sagen hatten wir mittlerweile echt drauf. Was man in Amerika nicht alles entdeckte, was in einem steckt. Vielleicht konnte ich ja auch schon zwanzig Coq-au-vin-Rezepte aus dem Kopf und wusste es bloß noch nicht.

Und dann war ich wieder Strohwitwe.

9:30 AM

Man würde gar nicht denken, wie viel Spaß man haben kann an einem Ort namens Grabstein.

Wir waren von Tucson aus auf der Interstate No. 10 durch vertrocknete Endzeitlandschaft Richtung mexikanische Grenze gefahren. Jetzt hatten wir »Tombstone« erreicht.

Acht Straßen in der Länge, drei in der Breite – das Trapez für meine Wildwest-Phantasien: Cowboys, Kutschen, Knarren, Halfter, Hüte, Saloons, Bardamen, Bösewichte, Sheriffs. Alles freilaufend. Eine Art Western-Disney zum Mitmachen. Und das Allertollste: an jeder zweiten Ecke Geschäfte mit Cowboystiefeln. Ich sage immer: Keine USA-Auswanderung ohne Cowboystiefel. Ein schwarzes Paar mit Nieten und ordentlich Tschingderassabum rief laut ›Mama!‹. So ein bisschen schick darf es ja dann doch sein

bei »back to nature«. Beim Carpaccio will ich ja auch nicht das Fell am Fleisch.

An jeder zweiten Ecke Schuhgeschäfte, an jeder ersten Ecke Shops mit Wummen. Für die große Kundschaft in der Ausführung für zum Totschießen. Für die lieben Kleinen aus Kunststoff mit Platzpatronen.

»Mama, bitte, bitte!!! Ja??! Können wir auch???«, ging's natürlich sofort vierstimmig los. Eigentlich hätte ich die Uhr danach stellen können.

Ich hab ja ein Herz aus Butter. Vielleicht sogar: gar kein Herz, nur Butter. Ich ließ mich breitschlagen. Was für eine Bankrotterklärung an unsere Kapla-Klötzchen zu Hause, die Brio-Eisenbahn. Umsonst ganze Wälder abgeholzt.

Die Jungs und Yella bekamen solide, ehrliche Colts mit großer Patronentrommel, die ordentlich was hermachten. Dazu Platzpatronenvorräte bis Januar 2018. Lilly zwei silberne Pistölchen mit rosa Griffen im rosa Fransenhalfter.

»Ihr zielt aber nicht auf Menschen!«, mahnte ich.

Kaum waren wir raus aus dem Shop und nunmehr hochgerüstet zurück auf der Straße, erblickte uns einer der Deko-Cowboys.

Bling! – machte es in seinen Augen, offensichtlich deckten sich in seinem Hirn gerade Soll- und Ist-Wert. »Don't shoot me! Don't shoot me!«, schrie er und fing an, vor unserer Nase herumzuzappeln.

Lilly kam der Aufforderung natürlich direkt nach, holte ihr Knallbesteck aus dem Halfter und erschoss ihn an Ort und Stelle. Im Prinzip hatte er es ja verdient. Dennoch: *So* hatte ich es mir dann doch nicht gedacht.

Der Typ war sofort mit theatralischem Griff ans Herz vor uns zusammengebrochen, nun wand er sich noch eine Runde sehr eindrucksvoll zu unseren Füßen im Staub und röchelte. Ich wusste, gleich würde Kolja fragen: ›Mama, können wir hier jetzt immer hinfahren?‹

1:00 PM

Kleine Quizfrage: Was machen Kinder, die zu Hause vor dem Einschlafen immer *Jakari, der kleine Indianerjunge* hören? Die sämtliche *Winnetou*-Filme rückwärts mitsprechen können? Was machen die, wenn du mit ihnen durch Original-Indianerland fährst?

Korrekt, sie gucken nicht aus dem Fenster, sondern lesen *Asterix*.

Yelli *Asterix bei den Belgiern*. Caspar *Asterix und der Kupferkessel*. Kolja *Asterix auf Korsika*. Nur Lilly guckte, zufrieden mit den Beinchen wippend, aus dem Fenster und ließ dabei ihre zwei Spielzeugpistolen um den Finger kreisen. »Kinder, hier kommen wir nie wieder her! Guckt raus!«, rief ich. Hat Schatzis Opa auch gemahnt und ist darüber, weil er nicht rausgeguckt hat, in den Graben gefahren.

Mir war eine Idee gekommen: Mexiko.

Wir hatten da ja noch dieses klitzekleine Visumsproblem an der Hacke. Lillys und meine Aufenthaltserlaubnis lief im Januar ab. Spätestens dann mussten wir mal kurz ausreisen. Am besten am selben Tag wieder einreisen. Und – *Hups! Zauber! Zauber!* – verlängerte sich unser Visum um weitere sechs Monate. Warum also nicht heute? Nach Mexiko rübermachen, dort ein Eis lutschen und gleich wieder zurück. Vielleicht gab's ja an der Grenze eine Drehtür.

2:00 PM

Seit zwei Stunden fuhren wir nun schon durch menschenleere feuerrote Berglandschaft mit Kakteen und Reklamewänden für Möbelhäuser. Hier sagten sich wilde Esel, bewaffnete Bürgerwehr und streunende Mexikaner gute Nacht. Echt ein taffes Eckchen Amerika. Am Ende des Highway 82 tauchte jetzt der Grenzübergang Nogales auf.

Ich parkte unser Auto zweihundert Meter entfernt in ei-

ner heruntergekommenen Seitenstraße und schloss sorgfältig ab. Ist ja blöd, du kommst wieder und jemand hat die *Asterix*-Bücher aus dem Auto geklaut.

Nun pilgerte ich mit meiner Belegschaft in der Gluthitze eines Arizona-Oktober-Mittags zum Übergang. Absperrgitter, Betonschleusen, noch mehr Absperrgitter. Ich hatte bereits alle Pässe an der richtigen Stelle aufgeklappt und ineinandergefächert, man will ja behilflich sein.

Und dann tippte sich plötzlich ein schwarzuniformierter Grenzer an die Mütze, meinte: »Bye bye, have a nice day!«, und wir standen in Mexiko. Wie Essen, das man durch die Kantinenausgabe schiebt. Kein Ausreisestempel, kein nichts.

›Don't panic, Katja!‹, ermahnte ich mich. ›Denk nach, was ist da schiefgelaufen?‹

Doch so sehr ich auch überlegte, ich kam nicht drauf.

Dafür fragte ich mich: ›Komm ich denn jetzt überhaupt wieder rein nach Amerika?‹ Ich hatte höchstens fünfzig Dollar Bargeld dabei, keine Karten, kein Telefon. Man weiß ja, wie geklaut wird in Mexiko. So ist das mit Tourismus 3.0. Überall lauern unerwartete Tücken. Gibt doch die Geschichte von dem japanischen Ehepaar, wo *er* wollte, dass *sie* sich für ein Safari-Foto vor den Löwen stellt. Und der Löwe wusste nicht, dass das ein Schnappschuss war und nicht sein Mittagessen.

Ich scharte die Kids um mich und guckte mich um: irgendein gottverlassenes Kaff in Mexiko, das nicht so wirklich Ähnlichkeit hatte mit Cabo San Lucas, wo Heidi Klum immer Urlaub macht. Dick bemalte Chicas, die die Straße entlangflanierten. Dubiose Typen mit weit offenem Hemd, die in ihren Pick-ups langsam an uns vorbeirollten oder siestamäßig, Hüte tief im Gesicht, auf irgendeiner Veranda abhingen. Ein paar Spatzen, die zwitscherten. Staub, der wehte. Es war, ich schwör, wie in diesen Drogenmafia-Filmen, bevor Sylvester Stallone aus dem Heli abspringt und mal ordentlich aufräumt.

Nach fünf Minuten – ich fand, es wirkte verdächtig, wenn ich schon nach vieren wieder da war – stand ich erneut an der wie mit dem Lineal gezogenen Grenze, nur diesmal auf der falschen Seite. Diesmal von der anderen Seite.

Der US-Grenzer von eben saß jetzt in seiner Schalterbude und hatte sich seinen Ventilator auf volle Power gestellt. Mit jedem Schwenken bekam auch ich ein vierzig Grad warmes Fön-Lüftchen spendiert.

Er beguckte sich kritisch und ohne eine Miene zu verziehen meinen Pass, als wäre ich nicht gerade mit vier kleinen Kindern an ihm vorbeigelatscht.

Blätterte sich durch sämtliche Dokumente.

Kratzte sich am Kopf.

Konsultierte sein Durchleuchtungsgerät.

Blätterte noch mal.

Blätterte ein weiteres Mal.

Dann wollte er interessiert wissen: »How was your trip?«

Ich antwortete: »Oh, great!«

Dann waren wir wieder drin.

Voll die Visums-Pleite. So'n Scheiß.

October

**Thursday
18**

4:00 PM

»Brrrrrrr, Rowdie!«, rief ich und zog am Zügel.

Wo hatte dieses verzickte Vieh die Bremse?

Wir hatten auf der *Apache Spirit Ranch* eingecheckt, wir Mädels im Doc-Holliday-Room, die Jungs im Wyatt-Earp-Zimmer. Was auch immer daran Äpätschi-mäßig war.

Nun aber: das Western-Full-Impact-Programm! Bevor ich zurückmusste in mein Computer-Ghetto: einmal der Geschmack von Schweiß und Leder auf der Zunge.

Ich bekam Rowdie zwischen die Beine geschoben. Ich würde mal sagen: Mustang war da nicht drin, eher was mit langem Hals. Giraffe? Kaum saß ich zwei Minuten im Sattel, musste ich leider auch schon wieder absteigen. Tom, der amtierende Ober-Äpätschi hier, wollte mir nämlich eben mal beibringen, wie man richtig reitet: »Shall I show you how broken in this horse is?«, gnatzte er, Zigarette im Mundwinkel. Wie aus der Marlboro-Werbung. Er setzte sich kurz selbst auf seinen Gaul. Und dann ging's los: Peitsche links, Peitsche rechts. Und dann noch mal – *zack!* – eins mit den Zahnrädchen-Sporen. Fertig war das Pferd. In jeder Hinsicht.

4:20 PM

Mit Yelli waren wir zehn Frauen auf dieser Expedition hoch zu Ross ins Arizona Desert. Kein einziger Kerl. Schon zehn Minuten später war mir völlig klar, warum. Lauter Hardcore-Cowgirls der Sorte: ›Eigentlich ist das ein Miss-

verständnis, dass ich in Holland lebe und Fingernägel schneide.‹ Alle voll wild at heart: Buschmesser am Gürtel, Rancherhütchen auf dem Dötz. Dazu, statt Handtäschchen: umgehängte Feldflaschen. Und zwar diese Metalldinger, wie man sie aus Spaghetti-Western kennt, wo ein verdurstender Schurke dem anderen verdurstenden Schurken das Wasser streitig macht und die ganze Zeit wird geschossen und gestorben.

Ein Cowgirl trug ein bauchfreies Top, durch das man voll ihre Nippel sah. Keine Ahnung, welchen Western die geguckt hatte.

5:20 PM

Die letzten fünfzehn Minuten waren wir mit affenzahnartigem Caramba-Olé durch ausgetrocknete Flussbetten geheizt, überall tiefhängende Äste. Und geröllbedeckte Abhänge runtergebrettert, dass du denkst: ›Den Pferdeberuf in Arizona kann ich nicht weiterempfehlen.‹ Zuvor hatte Tom kurz nach hinten gerufen: »Kann sein, dass das heute schneller wird. Ich reite mein Pferd gerade ein!«

»This way!«, gnatzte er nun und wies mit ausgestrecktem Arm Richtung Horizont, wo sich klitzeklitzeklein ein paar Gebäude abzeichneten. »Sis is nott guttt!«, intervenierte Nippel. »Sehr ar hjumän bi-ings! Hjumän bi-ings nott gutt! Luck, luck, nätscher! Sis is moor bjutifull!« Man macht sich ja gar keine Vorstellung davon, wie viele deutsche Naturfreunde so hier und da und dort unterwegs sind.

Und dann, plötzlich: am Horizont ein Bär. Wow. Stand da einfach so wild in der Gegend rum. Wahrscheinlich überlegte der sich gerade Rezepte. Wenn er meinen Rat wollte: mit Tom anfangen. Und dann Nippel als Nachtisch.

6:00 PM

Und irgendwann stieg ich sehr, sehr breitbeinig von Rowdie und dachte: ›Jetzt reicht's auch erst mal mit Wildem Westen.‹

»Und?«, wollte ich von Yelli wissen. Die rutschte gerade von ihrem schweißnassen Elvis. So richtig zum Sprechen gekommen waren wir ehrlicherweise nicht bei diesem zweistündigen arizonischen Himmelfahrtskommando mit deutschen Untertiteln.

»SSSUPER!!!«

6:20 PM

Aber jetzt!

Jetzt endlich die perfekte Wild-West-Romantik!

Ich sammelte die Kids ein. Die waren in der Obhut eines kettenrauchenden Hundert-Kilo-Cowboys geblieben, der beständig an seinem Sodabecher saugte und in der Arena Rodeo mit ihnen veranstaltet hatte. Für Caspar mit Hü. Für Kolja im Schritt. Lilly hatte Katzen gejagt.

Hinter der Ranch knisterte und knackte ein riesiges Lagerfeuer, die Funken spritzten hoch in den Himmel, der schon bald von Abermillionen Sternen übersät war. Es

roch nach Wüste, Tau, Feuer, Zigarette und Deo. Ich hockte mich auf einen Baumstamm, knuddelte die Kinder, zwirbelte mein Weißweinglas und dachte: ›Jetzt ein bisschen Schatzi – auch nicht schlecht.‹ Und wenn *bisschen* nicht ging, ich würde auch die ganzen achtzig Kilo nehmen.

»Oh Susanna …!«, schmetterte ein in die Jahre gekommener Barde und bezupfte sein Banjo. Und gleich hinterher, weil's so schön war: »Polly Wolly Doodle …« Vor sich in den Sand gestellt: ein Plastikeimerchen. Sicherheitshalber mit Hinweiszettelchen: *Tip*. Nicht dass wer auf die Idee kam, das sei für die Knochen vom Kotelett.

»Du, Mama«, tippte mich Kolja an die Schulter, nicht ganz so gefesselt von der Westernromantik: »Darf ich schon mal nach oben aufs Zimmer gehen und ein bisschen mit *Siri* sprechen?«

October

Saturday 20

5:30 AM

Was krönt einen Arizona-Urlaub?
Richtig. Ein Flug mit dem Heißluftballon in den Sonnenaufgang.
Was gehört zu einem perfekten Kindergeburtstag?
Ein Geschenk.
Wie führt man das zusammen?
Man schenkt dem Kind den Ballonflug und nimmt es anschließend sogar mit.

Von Scottsdale aus fuhren wir also jetzt an diesem Morgen mit dem Kleinbus in die stockdunkle, noch eiskalte Wüste. Neben mir das verpennte Geburtstagskind: Kolja, gestern sieben geworden. Hinter mir der Kindsvater, ebenfalls verpennt, seit gestern Abend wieder Teil von *Diekmann Fun Tours*. Vor mir Koljas Geschwister, allesamt Augen wie Cent-Stücke. Mann, war das eine Stimmung im Bus.

Auch ich wartete noch, dass die große, dolle Vorfreude um die Ecke kam. Natürlich glaube ich als moderner Mensch fest an die Gesetze der Physik. Weiß doch jedes Kind: Produkt aus Auftrieb und Hypotenusenquadrat größer drei – und ein Eimer mit Schrauben fliegt. Aber wenn ich da an dieses geflochtene Dingsbums dachte, das an diesem läppischen Ballon baumelte? Wenn ich mir vorstellte, dass ich darin gleich dreitausend Meter in die Höhe steigen würde? Dann wollte mein Frühstück in anderer Richtung durch die Speiseröhre.

6:00 AM

Danke, das wär doch nicht nötig gewesen! Als wir an der Abflugstelle ankamen, sah alles exakt so aus, wie es nicht aussehen sollte. Wenn man mich fragt. Da lag, beleuchtet von einer mickrigen Funzel, ein knülliger, schlaffer Riesenhaufen auf dem Sand, der offensichtlich den Ehrgeiz hatte, mal unser Ballon zu werden. Ein Hiwi hielt gerade mit dem Bunsenbrenner drauf. Es rauschte und zischte und blähte sich unentschlossen unter der Seide. Ich war versucht, mein Handy-Outlook zu checken, ob ich noch irgendwo einen wichtigen Termin hatte.

6:40 AM

Unser Ballonführer hieß Billy Bob und trug ein strahlend weißes Hemd mit blaugelben Schultertressen. Wie so ein Boeing-Kapitän. Dabei würde er gleich im Weidenkörbchen vom Wind über die Wüste gepustet werden. Seinen Walross-Schnauzer trug er auch noch mal links und rechts in einer Nummer kleiner über den Augen. Die Gondel war in Fächer unterteilt wie das Besteckkörbchen in einer Spülmaschine. In die wurden wir nun dicht an dicht von Billy Bob sortiert. Etwa fünfzehn Touris. Für Lilly gab's als Service noch einen Eimer unter die Füße, damit sie auch gucken konnte. Und los ging's.

Chefmäßig zog Billy Bob über seinem Kopf am Propangas-Schnürchen. Unten machten die Ballon-Hiwis die Leinen los. Eigentlich hätte es jetzt laut *Tuut-Tuut!* machen müssen. Wie man das aus Filmen kennt, wenn die *Queen Mary* ablegt. Und sanft und leicht wie eine Feder hoben wir ab in den anbrechenden Tag. »Domo-Domo!«, »Hai! Hai!«, *Kicher-kicher!*, *Knips-knips!* – machte es aus dem japanischen Besteckkörbchenfach neben uns.

6:50 AM

Kein Lüftchen rührte sich. Kann ja auch nicht. Ein Ballon fliegt mit dem Wind. Es war immer noch arschkalt und ein bisschen langweilig.

Und dann, plötzlich: Ein erstes Vorglühen am Horizont, als hätte sich ein unartiger Engel an Gottes Zigarettenanzünder zu schaffen gemacht. Dann schob sich auf einmal die Sonnenscheibe über die Horizontkante und erfand dabei eine neue Farbe: Fliederroségelborange.

WAR!
DAS!
SPEK!
TA!
KU!
LÄR!

8:00 AM

Es war nun ziemlich schnell ganz hell und ganz heiß geworden. Unter uns: Dornenbüsche, Dornensträucher, Dornenbäume, Dornendornen. Und wir machten uns zur Landung bereit. Das ging so:

»Watch out! It get's bumpy!«, schrie Billy Bob. Dann knallten wir auch schon auf den staubtrockenen, brettharten Sonora-Desert-Boden – um wieder hochzuschnellen wie ein Känguru. Unter uns ein baumelnder mexikanischer Lande-Hiwi, der an seinem Halteseil die Kurve nicht gekriegt hatte und mit in die Höhe gerissen worden war. Zuvor hatten wir ihn schon eine Runde durchs Dornengestrüpp geschleift.

Einundzwanzig … zweiundzwanzig … dreiundzwanzig …

Und: Tschüss! Ging's zurück in die Tiefe, wo der Mann erneut im Dornengestrüpp landete. Der würde heute Abend auf jeden Fall erst mal eine heiße Badewanne brauchen.

Nach zwei Minuten der nächste Landeversuch: diesmal ein sachtes Auftippen auf dem Boden. Für zwei Sekunden sah alles toi, toi, toi aus. Doch dann erfasste uns eine gewaltige Böe. Der Ballon schoss über unsere Köpfe hinweg. Berührte kurz den Boden und riss dabei die Gondel um, alle Besteckkörbchen zur Abwechslung nun waagerecht. Ein Ruck. Dann wurden wir wie die Kitesurfer mit einem Affenzahn durch alles geschleift, was Arizona an Hartem, Spitzem, Gefährlichem zu bieten hat.

»Festhalten! Festhalten!«, schrien Schatzi und ich um die Wette und umkrallten unseren ebenfalls schreienden Nachwuchs.

Fünfzig Meter.

Hundert Meter.

Hundertfünfzig Meter.

Dann kamen wir irgendwie irgendwo zum Halten. Was mein Herz nicht mitkriegte, das raste weiter mit hundertachtzig Sachen. »Alles okay, habt ihr euch weh getan?«, checkte ich sofort die Kids durch. Die waren aber überraschenderweise allesamt heil geblieben. Überhaupt: Niemand in der Gondel hatte sich was getan. Ein Lourdes-mäßiges Wunder.

Der Weg, den wir genommen hatten? Eine Schneise der Verwüstung. Furchen, ausgerissene Büsche, entwurzelte Kakteen, mitgerissene Steinbrocken. Vom Flug zum Pflug. »Wisst ihr was, Kinder? Ich glaube, diesmal haben wir wirklich die Wüste kaputtgemacht!«

Bevor er uns half, aus der Gondel zu klettern, ließ sich Billy Bob noch schnell von jedem das Handy geben, um damit – ganz der Vollprofi – »I survived«-Fotos des jeweiligen Besitzers zu machen. Einmal bitte Finger zum Victory.

3:00 PM

Was für eine kunterbunte Bonbonmischung – dieser Urlaub. Und jetzt, allerletzter Tag, allerletzte Stunde, fuhr Arizona noch mal zwei süße Überraschungen der ganz besonders anderen Art auf.

Am Airport hinterm Counter wartete nämlich ein Kaktus. Hatte ein *Tracey* an der Uniform hängen und auch noch zwischen den Stacheln Stacheln.

»No, sorry!«, belehrte mich Kaktus-Tracey, »nur fünfzig Pfund pro Gepäckstück erlaubt! Das hier sind sechsundfünfzig!« Dazu tippte sie mit ihren Plastikfingernägeln auf die Digitalwaage über dem Gepäckband.

»Aber wir haben nur zwei Koffer, sechs sind erlaubt!«, versuchte ich es mit Logik. »Und der andere Koffer hat nur dreißig Pfund. Also zwanzig Pfund zu wenig!«

Kaktus doch egal. »I feel so sorry, Madame! Das macht neunzig Dollar, sechs Pfund zu viel!«, wiederholte sie, als sei nicht klar, wer hier doof ist.

Ich ermordete sie noch mal kurz mit sieben Blicken, dann hockte ich mich vor ihren dämlichen Schalter, klappte beide Koffer auf und fing an, Schmutzwäsche von einem in den anderen Koffer zu schaufeln.

3:30 PM

Kaum war ich wieder in meiner Mitte, bereit, Licht und Liebe zu versenden, die finale Urlaubsüberraschung. Wobei sich diskutieren lässt, wer hier wen kalt erwischte. Arizona uns, wir Arizona? Am Security-Check lief nämlich schwerbewaffnetes Sicherheitspersonal zusammen, kaum dass unser erstes Handgepäckstück im Durchleuchtungsgerät war. Man hatte die Hand nervös am Halfter, als könnte das Schießeisen weglaufen, studierte den Röntgenmonitor, diskutierte aufgeregt, sprach in Walkie-Talkies. Hinter uns

wurde hektisch alles abgeriegelt, nachfolgende Passagiere auf andere Warteschlangen umgelenkt. Als seien wir sechs Taliban, die Koffer voller Bomben.

Ich schaute fragend zu Schatzi rüber, der schon gescannt worden war und nun dastand in Socken und ohne Gürtel in der Hose. Aber der zuckte nur mit den Schultern. Als wollte er sagen: ›Tja, was auch immer! Aber DAS sieht nicht gut aus!‹

Wir wurden ans Band gewinkt. Hier hatten gleich mehrere Beamte Aufstellung genommen: »Gehört dieses Gepäckstück Ihnen?«, begann das Verhör. Man wies mit blauen Plastikhandschuhen auf Lillys rosa Lillifee-Koffer. »Haben Sie das selber gepackt? Dürfen wir mal öffnen?«

»Ja, das ist der Koffer unserer Tochter. Aber was soll da groß drin sein?«, wollte Schatzi neugierig wissen, während die Riegel hochschnappten.

»Schusswaffen!«, erklärte der Beamte todernst.

Schusswaffen?

Ich griff nun ebenfalls in den Koffer. Sofort hielt mir eine Security-Frau beide Arme fest. Was war das denn für ein krasser Film?

Mit wichtiger Geste förderte der Beamte Lillys rosa Spielzeug-Pistölchen zutage – die musste das kleine Luder da irgendwie zwischen die Wäsche geschmuggelt haben – und legte sie in eine Plastikwanne, die ihm sein Kollege reichte.

»Meine Pistolen!«, fing unsere Tochter wie auf Knopfdruck an zu brüllen. Mit der würde ich nachher noch ein klitzekleines Wörtchen zu reden haben.

»Sorry«, erklärten Schatzi und ich wie aus einem Munde. »Sie haben natürlich *völlig* recht! Die dürfen *nicht* im Handgepäck sein! Aber wie Sie sehen, die sind nicht echt, das sind nur Urlaubsmitbringsel!«

»Sorry!«, sagte nun auch der Beamte. »Ich verstehe vollkommen. Aber wir *müssen* die Polizei rufen! We *have* to meet the requirements.« *Vorschrift.*

Und so kam es dann: Eine Truppe von Cops rückte an, eine Fraktion formierte sich zum Sonderkommando »Pass« und checkte unsere Papiere auf Herz und Nieren. Die andere war die SoKo »Pistole«, befummelte die Läufe, guckte in die Trommeln.

Und warf die Dinger schließlich in die Mülltonne.

November

Saturday 10

7:00 PM

»Bäh!«, machte Lilly, da war sie vierundzwanzig Stunden alt. Wir hatten versucht, ihr einen Schnulli in den Mund zu schummeln. Und sie war sofort draufgekommen: ›Nicht so, wie ich das will, nicht das Original! Weg damit!‹

So ist es geblieben.

Als sie drei Tage alt war, trat Ela in ihr Leben. An Ela brauchte Lilly bloß einmal zu schnuppern, die musste ihr nur einmal das Köpfchen streicheln. Das reichte, damit Lilly fand: SO will ich das! The real thing! Seitdem sind die zwei wie Pattex. Suche ich Lilly, suche ich am besten Ela.

Nun hatte sich Ela also tatsächlich bereit erklärt, in den Flieger zu steigen und mit ihren fast sechzig Jahren mit mir eine WG aufzumachen. Was Schatzi konnte, konnte ich auch. Auf jeden Fall hatte Amerika geschafft, dass ich meine konventionellen Vorstellungen von Papa-Mama-Kind-Haus gründlich über den Haufen warf. Nun also eine Art 68er-Kommune reloaded: ich der Rainer Langhans, Ela die Uschi Obermaier. Freie Arbeit für alle. Waschmaschine, Trockner, Bügeleisen – keine Eifersucht, alles zum Teilen da.

Wie toll war das denn?

Hatten wir's verdient?

✳ ✳ ✳

»Ela, Ela, Ela! Meine Eli! Ela! Ela!« Lilly konnte ihr Glück gar nicht fassen.

Wir standen im Ankunftsterminal des San-Francisco-Airports. Gerade waren die Türen auseinandergeglitten und eine völlig übernächtigte Ela suchte durch ihre Brille eine Antwort auf die Frage: Wohin?

»Hier, hier, hier!«, schrien wir alle im Chor. Wie Schiffbrüchige, die das Rettungsboot am Horizont sehen. Lilly hatte keine Zeit mehr zu warten. Seit Tagen nun schon plante sie, wie man zukünftig zu zweit gemütlich in ihrem Eins-zwanzig-Bettchen schlafen könnte, das in Sue Ellens ehemaligem Esszimmer stand. Sie legte sich auf den Bauch und robbte unter der Absperrung durch – juchzend, kreischend, ein eigens angefertigtes Prinzessinnenkunstwerk schwenkend, so fiel sie ihrer Ela in die Arme. Die war niedergekniet, drückte nun weinend ihr Goldstück ans Doppel-D und rief: »Lilluschi, Lilluschi! Meine Lilluschka!«

Und Lilly fand, sie wollte jetzt auch noch was Liebes sagen: »Meine Wärmflasche ist wieder da!«

8:00 PM

Wie sich rausstellte, hatte Ela Riesendusel gehabt. Ihr Flug war nach Chicago umgeleitet worden. Dort war sie einem polnischen Immigration Officer in die Arme gelaufen – Chicago, Amerikas Little Warschau wie sich rausstellte. Der Officer aus Lodz, Ela aus Kalisz, Nachbarn sozusagen – das hatte gleich geschnackelt, *zack!* Stempel in den Pass. Ohne die sonst üblichen Fisimatenten für osteuropäische Touristen wie: ›Zeigen Sie mal, dass Sie auf einem Bein stehen können! Machen Sie mal ein paar Kniebeugen!‹

»Oh, hier gibt's viel zu tun!« Ela guckte skeptisch in der Seneca Street umher. Dabei hatte ich doch extra noch aufgeräumt. Brauchte sie vielleicht eine neue Brille?

Kolja war auch außer sich vor Freude. Ela musste gleich seinen Kaktus angucken. Der stand in einem kleinen Töpfchen auf der Küchenfensterbank und trug den hübschen

Namen Hildburg, benannt nach einer ehemaligen Erzieherin – Koljas ganzer Stolz: »Guck«, erklärte er aufgeregt, »den hat Papa in der Wüste geklaut!«

Und dann, Elas erste offizielle Amtshandlung: Wackelpudding kochen. Griff Caspi, der alte Bengel, zum Löffel, haute zweimal drauf und rief: »Gute Arbeit, Eli!«

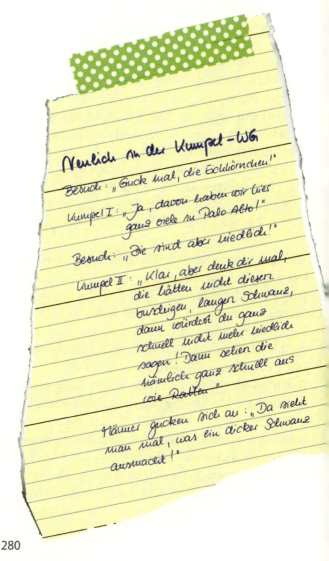

November

Monday 19

6:00 PM

»Oh, danke, das ist ja lieb, dass du an mich gedacht hast ...!«, röchelte es heiser aus meinem Handy. »Aber weißt du ...? Wir haben hier alle voll die Grippe ...!«

»Schade, Kathy! Dann ein andermal.«

Ich nahm den Kuli und x-te ihren Namen enttäuscht von meiner kurzen Liste. Ausgerechnet heute.

Ela war jetzt seit neun Tagen da, Zeit, eine große Premiere zu wagen: meinen ersten Kids-free-Abend seit Ankunft in Kalifornien. Einfach spontimäßig ein paar Mädels organisieren, die ich nett fand, und einen heben gehen. Ich kam aber gerade nicht so richtig in die Gänge.

»Oh Katja! Mach mich nicht traurig!«, jammerte Karen, meine Nummer zwei auf der Liste. »Ich bin heute Abend schon mit meinem Mann verabredet.« Wie? Mit ihrem Mann? Eigentlich mochte ich Karen ja sehr. Die wusste immer Antworten auf Fragen, die ich noch gar nicht hatte. Aber das hier gerade? Da wollte ich noch mal überlegen, wie ich das fand.

Ich versuchte mein Glück bei Simone, der Frau, mit der ich in Monterey gewesen war. Wie sich rausgestellt hatte: stillgelegte Ärztin. Mit deutschem Examen lassen sie dich in den USA nicht an den Patienten. Wo man doch meinen müsste: Leber ist Leber ist Leber. Und ganz viele Amerikaner nach Germany geflogen kommen, um sich von deutschen Docs reparieren zu lassen.

»Och, wie schade!«, bedauerte Simone. »Ich hab die Kids an der Backe. Und mein Kerl ist nicht da. Ich glaub, wir müssen uns vertagen!«

Letzter Versuch: Josie. Mit der hätte ich auch gern mal länger geplaudert als die dreißig Sekunden morgens beim

Kinderbringen. Bei Josie ging aber nur die Mailbox ran. Das gab's doch nicht!

Hatten die denn alle ihr Leben nicht im Griff?

Jetzt fiel mir als sozialer Kontakt nur noch Rosie ein.

Nein, beschloss ich, Rosie nicht. Die brauchte heute mal Ruhe.

6 : 30 PM

Und jetzt?

Wenn du nie ins Kino gehst, verdrängst du, dass es gar kein Kino gibt. Auch kein Theater. Auch keine Bar. Palo Alto war, ich hatte es echt ein wenig vergessen, wie seine eigene Vorstadt. In der University Avenue gab es ein kleines Programmkino. Da lief heute *Vertigo – Aus dem Reich der Toten*. Wollte ich mir für einen schönen Regentag aufheben. Ansonsten: nichts, wo ich hätte hingehen können, schon gar nicht allein. Ein Jammer: Da hast du mal spontan Zeit und das Mutti-Imperium schlägt zurück. ›Keine Zeit! Keine Zeit!‹, rufen dann alle anderen.

1. Single-Lady-Experiment

7 : 00 PM

*O Lamm Gottes, unschuldig
am Stamm des Kreuzes geschlachtet!*

In der Not frisst der Teufel Fliegen. Punkt sieben saß ich in Begleitung von mir selbst und fünfhundert Hardcore-Klassik-Fans in der *Stanford Memorial Church* und zog mir die ersten Takte der *Matthäus-Passion* rein. Drei Stunden

Leben und Leiden Christi. Auf Deutsch. Man konnte also jederzeit mitsingen. Die Einladung hatte ich in letzter Sekunde aus meinem Mail-Account gefischt.

7:30 PM

Sehet, was? Seht die Geduld,
allzeit erfund'n geduldig

Schon nach dreißig Minuten Konzertdröhnung der Extraklasse war ich mir sicher: ›Super, gimme more!‹ Bei einer Auffrischungsimpfung wird ja auch nicht nur ein Erreger gespritzt. Ich saß da mit dem guten Gefühl: Hier jetzt einmal durch – und die ganzen nächsten dreißig Jahre klassikgrundversorgt. Immun gegen alle weiteren Einladungen dieser Art.

8:00 PM

Wiewohl du warest verachtet.
Seht, wohin? Auf unsre Schuld!

Ich ging ein wenig mit den Augen spazieren.

Die Kirche: eine farbenfrohe Renaissance-Orgie, die Wände über und über mit Engeln und lieblichen Heiligen bemalt, alle schick gedresst, mit Flügeln an und einen auf Konfi machend. Zeig mir dein Himmelspersonal, und ich sag dir, welches Land. Bei uns in Potsdam-Mittelmark sind die Heiligen einzeln unterwegs in Vogelscheuchenkutte und haben ein Messer in der Brust.

Neben mir in der Kirchenbank: der einzige Zuhörer, der nicht achtzig plus war außer mir. Ein Kreuz wie Hulk Hogan, Baggerschaufeln als Hände. Die ganze Zeit am Kaugummikauen.

8:05 PM

Herzliebster Jesu,
was hast du verbrochen?

Da! Ich hatte es genau gesehen! Gerade waren Hulki die Liddeckel runtergeplumpst. Er hatte auch kurz aufgehört zu kauen. Nichts im Leben passiert zufällig, da bin ich mir sicher. Bestimmt *wollte* Bach, dass wir nebeneinandersitzen und ein wenig flüstern. Hulki, stellte sich raus, hieß gar nicht Hulki, sondern Jason, er war aber tatsächlich Footballspieler. Nebenbei auch Student. Er griff auch gleich mal in die Hosentasche und holte einen eingepackten *Double Bubble* raus, damit ich mitkauen konnte. Im Sommer wollte Jason nach BMW zu Germany for Techneering. Oder so ähnlich. Sein Deutsch war noch etwas roh. Er brauchte jetzt dringend jemanden, der ihn ein bisschen mit nettem Deutsch vertraut machte. ›Guten Tag!‹, ›Wie schön, Sie zu sehen!‹ Jeder weiß, mit dem Lehrstoff biste schnell durch, das Buch hat nur eine Seite. Na, das war doch mal ein Deal! Den Part würde ich übernehmen.

Und Jason? Ich konnte mein Glück gar nicht fassen: Der wollte mir im Gegenzug etwas beibringen, was ich schon immer, immer können wollte: Ferkelenglisch.

November

Thursday 22

1. Single-Lady-Experiment

Me at Stanford!!!

Manche Probleme haben ja das Problem, dass man später gar nicht mehr weiß: Was war jetzt das Problem? Mit Elas Ankunft lief's ab sofort rund. Natürlich, weil ich jetzt jemanden hatte, der mir unter die Arme griff. Aber auch im Kopf kriegte ich die Dinge plötzlich besser auf die Reihe: Manchmal musst du dir einfach mal die Zeit nehmen, darüber nachzudenken, wie du Zeit sparen kannst.

Mein Problem war: Ich kaufte zum Beispiel noch immer ein wie in Deutschland. Husch rein in den Laden, husch raus. Zwischen zwei Terminen. Auf dem Weg irgendwohin. – Das geht, wenn der Supermarkt um die Ecke ist und du genau weißt, was du willst.

Hier in Amerika aber war alles ein kilometerweites Gegurke. Und eine mühsame Entscheidung zwischen Low-Fat-Milk, Lower-Fat-Milk, superpasteurisierter Milch, laktosefreier Milch, Milch mit Vit-D3-Zusatz aus Schafswolle, Milch mit Corn-Sirup, mit Vitamin-A-Palmitat. Meloneneis mit ganzen Früchten? Apfelsaft ohne Saft und ohne Apfel? Nichts, was du nicht brauchst, das es nicht gibt in Amerika. Da verlierst du ganz schnell die Übersicht.

Ich entschied: In Zukunft wollte ich nur noch online bestellen – bequem aus der Badewanne. Wenn man's nämlich richtig anstellte, lieferte *Safeway* die Fressalien kostenlos noch am selben Tag. Kaum hatte ich einen Kunden-Account angelegt, machte mir das System auch schon Shoppingvorschläge. Ich musste erkennen: Jeder Mozzarella, jede Herpescreme, die ich die letzten drei Monate »anonym« gekauft hatte, war fein säuberlich zum Nachlesen aufgelistet. Der Payback-Card sei Dank, die ich immer gierig der Kassiererin reichte, um zehn Prozent Rabatt mitzunehmen.

✳ ✳ ✳

9:30 AM

Wow. Was für eine Allee!

Wie aus dem Riviera-Prospekt!

Brückenpfeilerdicke Kokospalmenstämme dicht an dicht. Ein breiter Lattenrost aus Schatten auf dem Asphalt. Ein Strauß tiefgrüner Riesenwedel gegen den azurblauen Himmel. Ehrfürchtig schritt ich den Palm Drive hinunter Richtung Stanford University: vorbei an Rodin-Skulpturen, einem Kaktusgarten. Dem Memorial mit der Totenmaske von Leland Stanford junior, der als Fünfzehnjähriger so unglücklich Bekanntschaft gemacht hatte mit Typhus.

Nachdem ich nun jeden Tag an der berühmtesten Uni der Welt vorbeifuhr, war mir eine geniale Idee gekommen: Was, wenn ich auch mal reinging? *Darauf* muss man erst mal kommen.

9:50 AM

Wo jeder Studienplatz sechzigtausend kostet und von vierzigtausend Bewerbern tausendvierhundert genommen werden, würdest du doch vorm Hörsaal einen Ticketabreißer

erwarten. Damit nicht ein Schwarzhörer des Weges kommt und die Relativitätstheorie II von der Tafel klaut, wo sie gerade einer der vielen angehenden Nobelpreisträger achtlos hingekrickelt hat.

Aber?

Niente.

Niemand, der mir in den Weg trat und sagte: Du nix Elite!

Im Hörsaal war es rappelvoll, viele Asiaten, deutlich weniger Kaukasier, zwei Komma fünf Latinos, null Schwarze. Gerade wurde der Prof verkabelt. Das sah ein bisschen so aus, wie man denkt, dass es bei Florian Silbereisen vor dem Auftritt zugeht: herumwuselnde Assistentinnen, die noch mal kurz einen auf *Check! Check!* machten:

›Headset?‹

Jo, Headset sitzt.

›Sound?‹

»Hello? Hello? One, two, three ...« *Ja, Sound auch okay.*

Ich hatte kurz überlegt: Gebe ich mir die volle Stanford-Vorlesungs-Dröhnung? Computer Science? Mikroökonomie? Irgendwas, das richtig weh tut im Kopf? Und hatte mich dann beim Blick aufs Vorlesungsverzeichnis für eine Art intellektuellen Aperitif entschieden: Traumforschung.

Und wieder dachte ich: Gibt's hier gar keine IQ-Polizei? Jemand, der dir mit der Taschenlampe ins Ohr leuchtet, um zu gucken, ob du auch genug Hirn dabeihast?

10:00 AM

Auf die Minute pünktlich wurde das erste Beamerbild an die Wand geworfen: irgendeine Krickelkrackel-raufrunter-Kurve, von der du nicht wusstest: Fieber? Dow Jones? Einschaltquote? Und der Prof legte begeistert los mit seinem Vortrag.

Der Hörsaal notierte mit, als ob gerade das Coca-Cola-Rezept verraten wurde: Dreihundertmal eifriges *Tipptipp* auf dem Notebook. Und weil man hier offensichtlich ziemlich multitaskingmäßig drauf war, wurden parallel im Internet noch die Football-Ergebnisse von gestern Abend abgefragt; war man in sozialen Netzwerken unterwegs; schrieb E-Mails; simste; hob den Arm, um zu fragen, was der Krickel rechts vom Krackel über die neuronale Tätigkeit der Synapsenfrequenz aussagte; fotografierte die Graphik; aß ein Sandwich; kam mit seinem Skateboard rein.

Ich kann gar nicht sagen, wie viele Milliarden Jahre alt ich mich fühlte.

10:20 AM

Und das Bild stand. Und stand. Und stand. Und der Prof dozierte, dozierte, dozierte. Und mir schlief die rechte Pobacke ein. Als Nachwuchs-Genie saß ich nämlich auf dem Fußboden. Ich war mir auch nicht wirklich sicher, ob ich schon ganz, ganz viel gelernt hatte.

»Well«, sagte Mr Traumforschung, »time is running!«
Wo er recht hatte, hatte er recht.
»Ich wünschte, ich könnte noch mehr ins Detail gehen!«
No. Das sah ich anders.
Nächstes Beamerbild. Noch mehr Krackel.
Nein, ich glaub, Traumforschung war nix für mich. Das nächste Mal vielleicht doch Mikroökonomie.

10:40 AM

So eine Stanford-Vorlesung lässt sich natürlich hervorragend für Networking nutzen. Ich guckte mich um, wer so aussah, als sei er ein Superhirn. Dem wollte ich jetzt schon mal die Hand schütteln. Damit er sich später erinnerte: ›Guck, die Katja war schon nett zu mir, da war ich nur ein

kleiner Pulitzerpreisträger.‹ Schien aber keiner so wirklich an meiner Bekanntschaft interessiert.

Pling! machte mein iPad. E-Mail von *Safeway*: nächste Woche große Mozzarella- und Herpescreme-Aktionswoche. Wenigstens die kümmerten sich rührend.

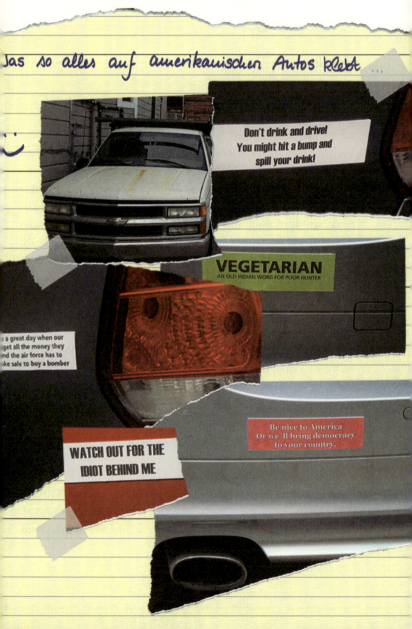

Was so alles auf amerikanischen Autos klebt

November

Monday 26

9:00 AM

»Inhale ...
 ... and exhale ...
 ... and inhale ...!«

Ich finde ja, in Amerika leben heißt, eine Grundsatzentscheidung fällen: Fett oder Fitness. Dieses Land war ein Weltmeister im Frittieren, mit Käse überbacken, in Schoko tauchen. Meine Waage sprach eine eindeutige Sprache. Plus sieben Pfund in vierzehn Wochen. Ging das so weiter hier, kam ich nicht nur mit vielen hübschen Anekdoten zurück, sondern auch mit einer ziemlich dicken Kiste. Wobei ich entdeckt hatte: Pfunde sind nicht gleich Pfunde, da gibt es durchaus große internationale Unterschiede. Was eine amerikanische Waage als sieben anzeigte, war in Deutschland eine Sechs Komma zwei. Gibt einem doch zu denken.

Ich hatte einen Pilateskurs aufgetan, in Mountain View, in einer Art Garage mit Rolltor. Wobei ich auch das nach vierzehn Wochen ganz klar durchschaut hatte: das Valley war eine einzige Garage mit Rolltor.

»... einatmen ... ausatmen ...!« Mein Folterknecht hieß Rowan: Hautenges Oberteil, sehr hüftige Hose, echt knusprig, der hatte bestimmt auch Mikroökonomie in Stanford studiert. »So, take your Franklin Balls!«

Gerne doch.

Zusammen mit vier anderen Weibern griff ich mir ein Paar Igel-Bällchen und begann mich nach Rowans Vorbild zu beklopfen: linker Oberschenkel, rechter Oberschenkel. Mann, tat das gut. Linke Pobacke, rechte Pobacke. Wow.

Bauch, Rücken. Huh! Und dann, man wird ja auch kreativ: fix noch ein wenig Brust. Konnte ja nicht schaden. Auch die anderen Weiber klopften auf sich herum wie der Gorilla im Zoo.

»Well«, meinte Rowan. »And NOW!« Er machte die Augen ganz groß. Wie auf einem Kindergeburtstag, bevor die Torte kommt: »We bend OVER!« Er bückte sich vor.

Und wir fünf Weiber bückten uns hinterher.

Weiter ging's mit Beklopfen, jetzt die Oberschenkelrückseiten. Hinter uns schritt Rowan die Bückreihe ab. Wo immer er Lockerungsbedarf sah, stellte er sich hinter einen, sog hörbar die Luft durch die Nase, als wäre das nicht Garage hier, sondern Pazifik, sagte in sonorem Ton: »Relax!« Und klopfte eine Runde mit.

War ich hier womöglich bei einem Erotikdreh gelandet und wusste es nur noch nicht? Gab ja nicht nur Silicon Valley, gab ja auch Porno Valley hier. Neben mir ertüchtigte sich eine dürre japanische Omi mit Kopftuch, das sie unterm Kinn verknotet hatte wie Rotkäppchen. Dazu trug sie schlabberige Wollstrümpfe, die ihr nach Art von Strapsen bis hoch in den Schritt reichten. Ich guckte genauer. Vielleicht Lexi Swallow? Luscious Lopez? Bevor die Mädels in die Maske gehen, würde man oft gar nicht draufkommen, dass sie die sind, die sie sind.

Ich überlegte, wie viele Kalorien ich schon verbrannt hatte. Zwei, drei?

»So, und nun husch, Ladys! Ab auf die Reformer! Nehmt die Riemen!«

Ich steuerte die mittlere Streckbank an – schön dicht an Rowan. Man will ja auch was lernen. Und erlitt einen mittleren Kulturschock: Hatte ich die USA bis dato als Land kennengelernt, wo man selbst gegen seinen ausdrücklichen Willen vorgelassen wird, machte ich jetzt die Erfahrung, wie es ist, kackendreist abgedrängelt zu werden.

»Sorry, but I was first!«, erklärte ich der Trulla, die von

hinten an mir vorbeigeschossen war und sich nun direkt vor meiner Nase auf die mittlere Bank packte. Schon die ganze Zeit hatte sie Rowan schöne Augen gemacht. Das hatte ich sehr wohl gesehen.

»No, I was first!«, kam es schnippisch zurück.

Echt. Wie im Kindergarten.

Mir schien: Sobald's um Kerle ging, waren die Amerikanerinnen auch nur Deutsche.

9:20 AM

»Lay down, vertebrate by vertebrate …!

… activate your core muscles …!

… mermaid …!

… Cleopatra stretch …!«

Donnerwetter, ja doch ein echt strammes Programm hier! Hätte ich gar nicht gedacht. Ich begann zu schnaufen, zu pumpen, zu hecheln. Und diesmal nicht, weil Rowan das so wollte. Und wenn er mir ab sofort an den Backbone fasste oder ans Pelvis, war mir das nicht mehr ganz so recht: Ich zerfloss nämlich gerade. Und ist ja auch echt ein bisschen unangenehm, wenn dich ein erotischer Typ anfasst und anschließend unauffällig die Hände an der Hose abwischt.

9:53 AM

Auf allen vieren kroch ich in den Umkleideraum. Gott! Was war das denn bitte gerade gewesen? Mir ein totales Rätsel, wie die anderen das durchgehalten hatten, ohne zu kollabieren. Und wie musste ich die letzte Übung verstehen? Rowan hatte alle aufgefordert: »Beine lang, Fußsohle gegen Oberschenkel!« Und dann ausgerechnet mich fokussiert: »Gute Übung bei Verdauungsproblemen! You know? When you can't poop!«

Mit zittriger Hand hielt ich nun meinen Pappbecher unter den Wasserspender. Und bekam eher zufällig mit: alles Hardcore-Profis hier. Die japanische Omi? Eine Ex-Primaballerina. Die Streckbank-Bitch? Eine Pilates-Trainerin a. D.

Gott, wie fahrlässig!

Ich hätte mich beinahe totgeturnt!

Da muss dich doch jemand vor dir selbst schützen!

10 : 10 AM

Ich drückte die Tür nach draußen zum Parkplatz auf.

Sogleich sah ich Rowan – im Kofferraum seines Autos. Klar. Wo sonst? Lotossitz. Hände auf den Knien, Handteller nach oben. Augen geschlossen. Als erwarte er Gaben des Himmels. Vielleicht hing er aber auch nur an der Ladestation.

December

Monday 3

According to my wife I'm very happy!

6:00 PM

Die Wahrheit ist: Ins Valley fährst du nicht, das holst du dir weg. Wie einen Schnupfen.

Die ganzen letzten Wochen hatte ich meinen Mann angemeckert: »Leg doch mal die blöde Technik beiseite!« Und nun wurde ich selber gerade zum Digital-Junkie. Hätte ich nie für möglich gehalten, dass wir da mal so synchron bekloppt ticken würden.

Ich hatte neuerdings ganz viele bunte Apps auf meinem Telefon: *MyTable, MyTaxi*, um mit ein paar Klicks Restaurants und Taxis klarzumachen. Friseurtermine für die Kids und mich checkte ich eh nur noch online aus. Mit der Chance, noch gestern für heute zu buchen. Ich schaffte es, Lillys Nachttischlämpchen per iPhone anzuknipsen. Und mein ganz besonderer Stolz: Ich war ein *Hotspot*. Ich konnte jemandem, der kein Internet hatte, Internet spendieren, indem ich seinem Smartphone erlaubte, via Bluetooth mit meinem anzubandeln. Genial, oder? Ich muss sagen: Im dritten Jahrtausend macht dich das zu einer hocherotischen Frau – ganz ohne Minirock und High Heels.

✳ ✳ ✳

»Puh, war der Pool gerade kalt!« Ich zuckte zusammen. Hinter mir: Yelli, die gerade eine Riesenpfütze auf Sue Ellens schönen, empfindlichen Holzfußboden tropfte, den wir selbstverständlich nicht mit Teppich abgedeckt hatten.

Ich hatte mich ins Schlafzimmer verzogen zum Arbeiten, richtig viele Seiten wollte ich heute wegschaffen. Im Moment allerdings guckte ich mir die Ecken eckiger in Er-

wartung der großen literarischen Eingebung. Wenn ich gut drauf bin, ist schon alles in meinem Kopf, da schreibe ich bei mir selber ab. In den vielen Nicht-gut-drauf-Momenten gucke ich, was unsere Chipsvorräte so machen.

»Yelli, ich hatte doch gebeten, dass ihr mich nicht …«

»Ich weiß, ich weiß!«, intervenierte meine Große. »Aber weißt du, was echt cool ist hier?«

»Na?« Das waren ja mal ganz neue Töne von meiner Großen. Ich nahm gerührt an, sie würde jetzt sagen: ›Jeden Tag schwimmen können.‹

»Wir müssen im Kunstunterricht nicht mehr mit dem Pinsel malen. Wir malen nur noch auf dem iPad!«

Tür zu.

6:10 PM

Tür auf.

»Maaaamaa? Weißt du, was ich gemein finde? Der Kolja hat einen Lolli und ich nicht!«

Tür zu.

Tür auf.

»Maaaamaa?! Der Caspar ärgert mich!«

Tür zu.

Tür auf.

»Scheiße, Scheiße, Scheiße!«, schrie Schatzi total blass um die Nase. »Mein Handy! Geklaut!«

6:14 PM

Fürs Protokoll: Wie jede Frau bin ich sehr, sehr geschmeichelt, wenn mein Kerl im Schlafzimmer auftaucht und Sehnsucht nach mir hat. Nur in diesem Moment hätte ich gern geschrien: ›RAUS!‹ Er war nun schon der Vierte, der sich blockierend zwischen mich und meine Schreibblockade schob. Überhaupt wähnte ich ihn in der *Cheesecake*

Factory beim Dinner-Date mit unserer Tochter Lilly und seinem Kumpel Tonio. Der war extra aus Deutschland gekommen, um zu checken, ob Schatzi und das Valley noch standen.

»Mist! Wie ist das passiert?«

»Ich hatte das iPhone nur kurz aufs Autodach gelegt, um Lilly aus dem Wagen zu heben, dann bin ich mit ihr und Tonio rein in die *Cheesecake Factory*«, sprudelte Schatzi los. »Drinnen hab ich dann gemerkt: ›Oh Shit! Handy liegt noch draußen!‹ Ich bin sofort raus. Aber da war's schon weg!« Schatzis Gesicht war ein einziger großer Amputationsschmerz. Ich überlegte, ob ich seine Hand pusten und ›Heile, Heile, Segen!‹ rufen sollte.

»Das ist wirklich sauärgerlich!«, stimmte ich ihm zu. Ich hätte Schatzi aber auch gratulieren können: ›Hey, endlich geschafft!‹ Mein Mann ist zwar ein echter Experte, was Liegenlassen angeht. Noch schusseliger als ich. Aber das hier war das Tal der Apportierhunde. Eigentlich unmöglich, jemanden zu finden, der bereit war, liegengelassene Sonnenbrillen und Autoschlüssel zu zocken. Da musste man sich schon sehr, sehr anstrengen. »Okay, was nu? Wie kann ich helfen? Und wo sind überhaupt Lilly und Tonio?«

»Die hab ich in der *Cheesecake Factory* gelassen und bin schnell allein hierhergedüst. Du hast doch diese Such-App auf dem iPad, damit können wir jetzt gucken, wo's ist!«

7:00 PM

Such-App – ein schönes Wort.

Eigentlich ist das ja eine Big-Brother-Hinterherspionier-in-flagranti-erwisch-App. Aber das Wort ist so lang, das kann sich keiner merken. Deswegen findest du die App im App-Store benutzerfreundlich unter *Life360* gelistet, wo sie mit dem Spruch wirbt: *Get closer to your family!* Wie wahr.

Das Ding downloaden sich Mutti und Vatti. Fortan hat Mutti einen gestochen scharfen Stadtplan auf dem Display mit Vatti als Stecknadelkopf. So kann sie sehen, dass er jetzt schon seit sieben Stunden zum Geschäftsessen im *Pink Panther Club* ist. Dann gibt's für Vatti, wenn er nach Hause kommt, eins mit der Bratpfanne. Dummerweise kann aber auch Vatti sehen, ob sich Mutti gerade im Grilleck eine Bratwurst reinpfeift oder nebenan den Nachbarn.

Und in ganz, ganz seltenen Fällen kannst du mit *Life360* natürlich auch geklauten Handys nachspüren. Das machten wir jetzt.

»So, jetzt links ... ja gut! Und jetzt rechts ... jetzt langsam ... nein, stopp ... zurück, zurück ...!«

Seit vierzig Minuten schon kurvten wir durch Palo Alto. Schatzi am Steuer, ich starrer Blick aufs iPad. Und spielten Schnitzeljagd. Schatzis Handy bewegte sich in fröhlichem Zickzack durch die Straßen, als ob es Gassi geführt würde.

»Ich weiß auch nicht«, stöhnte ich ein wenig ratlos. Wieder mal wählte ich Schatzis Nummer: »This is the voice-Mail of Schatzi Diekmann, messages please after the beep!« *Beeeeeep!* Ich konnte schon mitpfeifen.

8:15 PM

Wir waren jetzt in einer stockdusteren Straße direkt am Creek gelandet, die etwas billigere Wohngegend. Der Stecknadelkopf sprang eifrig zwischen der abgeschrabbelten 3425 und der noch heruntergekommeneren 3435 hin und her. Argwöhnisch beäugte ich die wenigen Fußgänger: je schwärzer, desto verdächtiger. Du weißt gar nicht, wie viel Vorurteil in dir steckt, bevor du in Amerika Telefonfangen spielst.

»Und nu?«, Schatzi guckte mich fragend an.

»Keine Ahnung!«

Das ist nämlich das Problem: Die App zeigt dir zwar, wo

dein Handy ist, aber du kannst ja schlecht klingeln und sagen: ›Ich glaub, Sie haben mein Telefon geklaut. Geben Sie's mir wieder!‹ Entweder wurdest du dann erschossen. Oder es war das falsche Haus. So genau war die App dann doch wieder nicht.

Nach zehn Minuten setzte sich der Stecknadelkopf erneut in Bewegung. Vielleicht hatte der Täter ja zwischenzeitlich einen Tunnel gegraben. Aus dem Haus gekommen war jedenfalls niemand.

8:40 PM

Frustriert parkten wir vor der *Cheesecake Factory*. Uns war dieses Stecknadelkopf-Hinterhergefahre zu blöd geworden. Dann eben: ›Tschüss, Handy!‹ Tonio und Lilly mussten auch dringend ausgelöst werden. Tonio hatte weder Geld noch Ausweis dabei.

Lilly schlief bereits, als wir reinkamen. Die Stühle waren allesamt schon hochgestellt. Und Tonio hatte drei graue Haare mehr: Er hatte nämlich mit Lilly auf Toilette gehen müssen.

»Just by chance: Did anybody drop a mobile here?«, wollte Schatzi noch schnell beim Rausgehen vom Kellner wissen. Der daraufhin, ob man's glaubt oder nicht, in einer Schublade wühlte und Schatzis Telefongurke herauszog. Keine Ahnung, wie das Ding dahin gekommen war. Mit 'ner Drohne? Vielleicht lag's da aber auch schon immer?

10:00 PM

Katrin

Hi Katrin,

ich weiß nicht, ob Tonio schon berichtet hat? Aber wir haben heute Abend rund um ihn eine sehr lustige Handysuche inszeniert, dabei weder Mühe, Hektik noch Stress gescheut, um es auch richtig authentisch aussehen zu lassen. Aber wie sagte Tonio sehr treffend?
»Kinder, so fangen Krimis an! Ausländer aus dem Nichts aufgetaucht, ohne Ausweis und ohne Jacke, geht im prüden Amerika mit einem kleinen Mädchen, das nicht weiß, wer der Onkel ist, aufs Herrenklo.«

In diesem Sinne: Hugs!!!!

Deine Katja

December

Tuesday
4

8 : 25 AM

Auch in Kalifornien gibt es Winter. Denkt man gar nicht, ist aber so. Vor ein paar Wochen hatten die ersten Bäume angefangen, ihr Laub abzuwerfen, erst ganz heimlich ein paar kleine Blättchen hier und da. Fiel gar nicht weiter auf. Dann doller. Und jetzt standen sie plötzlich über Nacht wie in Unterwäsche zwischen immergrünen Palmen. Ich fand das ein bisschen nackt und frech von den Bäumen. Auch die Temperaturen hatten massiv abgespeckt: tagsüber vielleicht noch zehn Gad, der Himmel dauerbewölkt. Nachts stahlen sich kleine Fröste durch Palo Altos Straßen. Ich machte, was ich auch in Deutschland gemacht hätte: Scheibenkratzen. Was für eine Produktenttäuschung! Wo war mein Sunshine State? Wo mein Dauersommer? Ich war der Kunde, dem man Vollholz versprochen hatte, und jetzt gab's billiges Furnier. Fand ich nicht okay von Kalifornien.

Ausgerechnet jetzt funktionierte in der Seneca Street die blöde Heizung nicht. Dabei war schon mehrfach der Klempner da gewesen.

Und ausgerechnet jetzt hatte sich meine Mutter von Schatzi und mir bequatschen lassen, einen ihrer vielen Wellness-Gutscheine einzulösen, die sie immer bekam, wenn uns auffiel: ›Hups, morgen schon Weihnachten! Haben wir eigentlich was für Omi?‹ So ist das mit den pflegeleichten, genügsamen Senioren.

Also war sie vor einer Woche in den Flieger geklettert. Projekt: ›Omi tankt Licht & Liebe‹. Um ihre Enkel zu besuchen. Um dem kältesten deutschen Rheumawinter seit dreiundvierzig Jahren zu entfliehen.

Im Ergebnis taperte sie nun vergrippt und klapprig durch unser Haus in der Seneca Street, mochte nicht rausgehen, weil es draußen so kalt und trist und grau war. Trug dicke schwarze Strickklamotten, als seien wir hier auf einer Beerdigung in den Alpen. Fehlte nur die Mütze. Ihre Nase rot. Die Augen auch. Sie hatte ihre typische Ich-hab's-heute-irgendwie-mit-den-Bronchien-Kratze-Stimme. Ich hatte ein rabenschwarzes Gewissen. Man will ja, dass der andere den ihm zugedachten Liebesbeweis auch überlebt.

> Great. The heating guy is going to come back tommorrow to measure and then they will install new sytem upstairs on Friday at 9:00. Does that work for you? Also remember plumber is coming around 1:00 today. We will get everything fixed by weekend.
>
> 10:23, 14 Oct

Es gab auch keinen Hinweis darauf, dass es bald wieder wärmer würde. So ein Palo-Alto-Winter hat durchaus Sitzfleisch. Gut möglich, dass er bis Februar obdachlos hier abhing. Wenn ich Winter wäre, ich würd's genauso machen. Immer nur Sibirien. Wer will das schon?

9:00 AM

Ich machte drei Power-Heizlüfter bei *Amazon* klar. Ein Tropfen auf den kalten Stein. Wie Garten mit Teelöffel umgraben. Kalifornische Häuser sind null isoliert.

Dann griff ich mal wieder zum Handy, um Megan anzusimsen, Sue Ellens sehr blonde Spezialtochter. Jetzt die strenge Chefin im Ring, nachdem Paps und Mam mit Fritz in Santa Barbara auf Rente machten. *Dear Megan!*, tippte ich, *the furnice is broken! What to do?*

> Hi Katja. Sorry I have been slow to the dishwasher. I got the flu last week. Is the dishwasher still broken? If so send some times that would be good for you and we will send the repair person. Thanks!!
>
> 22:56, 15 Oct

Ich hätt's auch vereinfachen und »copy & paste« machen können mit einer der alten SMS. Die da lauteten:
Heizung funktioniert nicht!
Oder:
Es wird nicht warm!
Oder:
Es ist immer noch kalt!
Und so weiter.

Auch die anderen technischen Gerätschaften krankten an ihrer Museumsreife. Spülmaschine, Trockner, Waschmaschine – alles piepte, fiepte, blinkte und wollte nicht so recht. Dieses Haus war, wenn man so will, wie seine Besitzer: eine etwas ältere Herrschaft, und die pflegen bekanntlich ihre Macken. Mal setzte ein wildgewordener Rasensprenger die Auffahrt unter Wasser. Dann surrte mitten in der Nacht wie von Geisterhand die Aircondition überm Bett los und pustete einem Polarluft direkt ins Gesicht. Letztes Wochenende hatten Schatzi und ich deswegen nach Art von Pippi Langstrumpf mit den Füßen nach oben geschlafen. In der Küchenabseite quollen die Kabel aus dem Sicherungskasten wie ein riesiger Wust an grauem Spaghetti-Gedärm. Immer, wenn ich da meine Finger reinstecken musste, um am *Comcast*-Stecker zu ruckeln, weil das WLAN mal wieder Selbstmord begangen hatte, tat ich das in der Erwartung: ›Gleich grillen dich 220 000 Volt. Gleich bist du auf ewig mit diesem verschissenen Kasten verschmolzen.‹

> The diswasher repair person will be there from 12-1 today. Heating person from 5-7.
> 20:05, 12 Nov

> Hi katja. We will resolve the dishwaher by Tuesday. Sorry this has been so difficult. The upstairs heat doesn't work at all? Just cool air or no air at all?
> 12:16, 16 Nov

> Do you have heat? Is the dishwasher still making the U3 light?
> 3:22, 20 Nov

So gingen jetzt seit September fröhlich die Reklamations- und Reparatur-SMS zwischen Megan und mir hin und her, ohne dass wir in wesentlichen Schritten weitergekommen wären. Ständig standen irgendwelche Dishwasher-Experten, Waschmaschinen-Docs, Aircondition-Fachleute auf der Matte. Mit amerikanischen Handwerkern ist das so eine Sache: Jeder darf sich alles nennen. Je nachdem, was er glaubt, was er ist, oder welche Botschaft er dem Glückskeks beim Chinesen entnommen hat. Man hatte den Eindruck, einige gingen abends als Elektriker schlafen und wachten morgens als Klempner auf. Ein Stümper stümperte schlimmer als der andere Stümper. Ständig fehlten irgendwelche Ersatzteile. Der eine malte mir irgendwelche komplizierten Rohrverläufe auf einen Schmierzettel und hielt dazu langweilige Vorträge, der andere brachte seinen Pudel mit auf Arbeit. Während Herrchen am Dishwasher schraubte – dabei ein postmodernes, kabelloses Handyhörteil im Ohr, als würde er nebenbei noch eine Hotline für knifflige Spülmaschinenfälle betreiben –, kackte sein Viech heimlich eine dicke Wurst neben unseren Pool. So, so oder so. In keinem Fall funktionierte anschließend irgendwas besser.

Schlimmer noch: Zusammen mit ihren SMS stand auch ständig Megan höchstselbst auf der Matte wie eine zu groß geratene, digitale Brieftaube. Man frag-

> Hi katja. Can the dish washing guy come back between now and 12?
> 19:05, 20 Nov

> Hi katja. The company received the wrong part and promises Monday or Tuesday. I am so sorry this is taking so long.
> I will fire them and start over if they don't fix it by Tuesday.
> 11:49, 22 Nov

> The service man does not have the part yet and hopes to get it this afternoon. Can I call you later with an exact time to fix washer. Sorry!
> 08:06, 26 Nov

> Heating people are coming at 4. My husband is coming to fix electric issue and talk to heating people at 4. Will someone be home to let them in?
> 08:06, 26 Nov

te sich, warum sie überhaupt schrieb und nicht gleich ihr Büro im Vorgarten einrichtete. Jeder kennt, wie das ist mit Vermieterbesuch: Du holst erst mal Lappen, Olivenöl und Schuhcreme raus und fängst an, Schrammen im Parkettboden nachzualtern. Oder schrubbelst mit Sidolin schwarze Streifen von der Tapete. Stress pur war das für mich. Megan kam auch nie mit leeren Händen. Sie hatte immer ihren Hausfrauen-Senf dabei. Mal war es das Spülmaschinenmittel, bei dessen Anblick sie äußerte: »Oh God! No *rinse* in the dishwasher please! Just *tablets*!« Dabei hatte uns der vierte Dishwasher-Experte nach der achten Reparatur gerade eingebläut: »No tablets, just rinse!«

Dann machte ihr unser Spüli Angst: »*Cascade?* Oh Gott! Pfui! Aus! Ganz doll krebserregend.« Sie hatte da gerade was gelesen. Eigentlich hätte sie mit dem, was sie alles auf keinen Fall wollte und auf jeden Fall besser konnte, auch sehr gut in irgendeinen Castrop-Rauxeler Ausschuss für Bürgeranliegen gepasst. Überhaupt hatte ich den Eindruck, sie ist viel mehr ich, als ich ich bin. Also im Sinne von deutsch. Und ich wusste nicht, ob ich das gut finden sollte. Ich mein, wo endet das, wenn wir uns so einfach von anderen klauen lassen? Was ist mit Urheberrechten?

9:12 AM

> Hi Katja. I would like to come over to look at the furnace and dishwasher this morning at 9:15. Is that possible?
>
> 9:12, 4 Dec

Piep! machte es, kaum dass ich meinen Kopf ins kalte Kissen gedrückt hatte. Die Kinder waren in der Schule, Omi und ich hatten beschlossen, kurz mal Siesta zu machen.

Ach ja, meine liebe Freundin Megan. Mal wieder von der noch schnelleren Truppe. Ich fand: Auf die hatte ich gerade keine Lust. Die sollte einfach die Handwerker schicken. Denn, salopp formuliert: Heute würden

nicht nur die Böden Schuhwichse benötigen, auch ich. Ich war völlig unrepräsentabel. Ich musste erst mal Haare waschen, ich musste mir erst mal ein Gesicht malen. Die Katja, die Megan die Stirn bot, wohnte noch in diversen Make-up-Fläschchen und Lidschattendöschen.

> Megan, so, so sorry!! I just read your text. Damn. I am not at home right now. Would 11:00 work for you as well? Many greetings, yours Katja
>
> 9:15, 4 Dec

Simste ich, dann rollte ich mich wieder auf die Seite und suchte Schlaf zwischen kalten Laken. Ich hörte, wie es klopfte und nach kurzem Zögern die Tür aufging. Ich dachte: Omi? Und war, ich gebe es zu, etwas genervt. Motto: ›Was will das Volk denn jetzt schon wieder von mir?‹ Dieses Haus war wirklich wie ein Taubenschlag, nirgendwo mal Ruhe. »Ja?«, rief ich halbherzig, während ich mich mit zerrupften Haaren auf die Ellenbogen stemmte.

Und so bekam ich die Chance, Megan mal kurz hallo zu sagen.

Die glubschte nämlich gerade durch den Türspalt meines Schlafzimmers.

Nun ist Megan natürlich ein Allerweltsname. Aber dummerweise: Die hier und jetzt war nicht irgendeine Megan, nein, das war ausgerechnet *meine* Megan. Oder wie der Fußballer sagt: ›Erst kein Glück. Und dann kommt auch noch Pech dazu.‹

»Oh ... äh ...! Sorry, sorry!«, stotterte Megan.

»Äh, sorry, sorry ...«, stammelte auch ich.

Ist eben so: Goethe-Zitate wollen einem in solchen Momenten nicht einfallen. Aus Reflex zog ich die Bettdecke bis zum Kinn wie eine verschreckte Doris Day, die ihren ersten nackten Kerl sieht. Während Megan einen raschen, verwirrten Seitenblick auf ihr Handy tat, das ihr ja gerade vor dreißig Sekunden erzählt hatte, dass Katja leider, leider nicht da ist.

Boden, Bett, Mülleimer – tut euch auf und verschluckt mich. Gott, war das gerade peinlich!

»… äh, well! Äh, one second. Äh, I'll come to the kitchen!«, schob ich noch drei »Ähs« hinterher. Okay – alles gesagt, alles erklärt, was es eh nicht zu erklären gab. Das Naheliegende wäre nun gewesen: Die liebe Megan macht einfach mal hinter sich die Tür zu.

Aber nein.

Es war wie *Bssssss!!* – Mücke im Zielflug. Megan drückte sich noch fünfzehn Komma sechs Zentimeter weiter mit dem Oberkörper durch den Türspalt. Dabei rief sie hektisch: »Oh, so sorry! Don't want to disturb you! Just checking very quickly with the temperature! Is it cold?«, als sei sie die offizielle Heizungsbeauftragte des Bundesstaates Kalifornien und machte gerade eine Umfrage. Man hatte allerdings den Eindruck, dass sie eher sich selbst interviewte als mich. Und ich lag dabei die ganze Zeit im Bett wie Mylady.

Es war alles so wahnsinnig absurd. Wie man es sonst nur aus Vorabendserien kennt, wo ja auch immer irgendwelche Leute im Bett liegen und dann kommt der Bürgermeister rein oder der Bankräuber oder der katholische Landfrauenverband.

Und dann, nach ewigen Sekunden, war die Tür endlich wieder zu.

10:22 AM

»Ist das PEINLICH!«, jammerte ich meiner Mutter in den Kragen. »Ich muss sterben! Dieser doofen Trulla kann ich doch nie wieder unter die Augen treten.« Ich war schnurstracks zu ihr unter die Decke gekrochen. Werde ich auch noch machen, wenn sie hundertzwanzig ist und ich neunzig. Mal sehen, wie wir das dann machen mit den Bettpfannen.

»Ach komm, gibt Schlimmeres.« Sie zog mich abwesend an sich. »Weißt du eigentlich, was heute für ein Tag ist?«

»Nein?«

Sie nahm eines ihrer geknüddelten Tempos, die sie immer reichlich in Hosentaschen und Ärmel gestopft bei sich trägt, und tupfte sich die Nase: »Heute vor zehn Jahren ist Papas Herz stehengeblieben.«

Dann weinte sie eine Runde.

TEIL 6

Would you know my name
if I saw you in heaven?
Would it be the same
if I saw you in heaven?

Eric Clapton *Tears in Heaven*

Mein Vater starb achtundsiebzigjährig an den Spätfolgen eines Schlaganfalls, da war ich im siebten Monat schwanger mit Yelli. Es war eine Woche vor Weihnachten. Ein Bekannter, dem ich verheult auf der Straße begegnete, meinte denn auch: »Blödes Timing.« Dem hätte ich am liebsten einen Zapfen irgendwohin geschoben.

Die Chronik eines angekündigten Todes. Die Klinik hatte angerufen und gesagt: »Es ist so weit, Ihr Vater wird uns heute verlassen!« Dennoch schafften wir zwei es nicht, uns persönlich auf Wiedersehen zu sagen: Am Ende trennte ihn und mich ein Marmeladenbrötchen. »Iss, Kind!«, hatte Omi Kiel gemahnt. »Wird ein langer Tag werden.« Und so kaute ich noch, als er ging. Mich hat das sehr lange sehr beschäftigt. Und ich habe darüber die eine oder andere Extraträne vergossen.

Meine Oma war einundneunzig, als sie sich, ganz Schleswig-Holsteiner Dickschädel, ins Bett legte und beschloss: ›Das war's!‹ Doch der Tod kam nicht zu seiner Verabredung. Nach Wochen des Wartens hatte ich mitten in der Nacht plötzlich so ein unbestimmtes Gefühl von: ›Jetzt will ich zu ihr.‹ Ich packte den zwölf Wochen alten Kolja in seinen Maxi-Cosi und fuhr achtzig Kilometer verschneite Landstraße nach Wakendorf I. Else streichelte ihrem Urenkel mit faltiger Hand den Kopf. Dann schlief sie weiter, ich saß noch eine lange Weile an ihrem Bett und hielt ihre Hand. Als ich wieder zu Hause war, klingelte das Telefon – mein Cousin: »Sie ist nicht mehr.« Diesmal war ich zu früh.

Der Tod lässt sich nicht takten, selbst wenn er vorher Einladungen verschickt. Wenn er auf der Matte steht, steht er auf der Matte. Das ist Trost – und gleichzeitig unfassbar. Weil du natürlich denkst: ›Hätte ich mal!‹ Und: ›Was wäre, wenn?‹

Zwei alte Menschen, zwei gelebte Leben. Die Mutter, der ihr Liebstes durch einen Schul-Amokschützen genommen wird, muss zwei Dinge begreifen: dass ihr Kind nicht mehr

ist. Und dass sie nicht da war, um in seiner allerletzten Minute seine Hand zu halten, seine Stirn zu streicheln und es zu trösten: ›Alles wird gut!‹ Ich glaube, es ist das Zweite, an dem sie zerbricht.

December

Tuesday 18

Am 14. Dezember, 9 Uhr 30 Ostküstenzeit, marschiert in Newton, Connecticut, ein psychisch kranker Zwanzigjähriger in die *Sandy-Hook*-Grundschule. Im Gepäck eine *Bushmaster XM15*, mit der er zwanzig Minuten lang auf Erstklässler zielt. Eine siebenundzwanzigjährige Klassenlehrerin stellt sich vor ihre Schützlinge und stirbt. Ihr ist es zu verdanken, dass es am Ende nur sechsundzwanzig Opfer gibt.

270 Millionen Schusswaffen sind in den USA in Privatbesitz. Das Land hat 314 Millionen Einwohner. 100 000 Menschen werden jährlich von einer Kugel getroffen, 30 000 sterben an ihren Verletzungen.

2:00 PM

Seit vier Tagen schon weinte ich jetzt mit den Eltern der Kinder von *Sandy Hook*, waren Fernsehen, Radio, Zeitung und Internet voll mit immer neuen Horrordetails. Und wie immer in solchen Fällen begann in den USA eine heftige Debatte über Schusswaffenfreiheit. Die einen fanden: Wegen der vielen Pistolen passiert so viel. Die anderen meinten: Weil jeder eine Pistole hat, passiert nicht noch mehr.

Und wie immer ging man das Problem auch sehr amerikanisch-praktisch an. Yella, Caspar, Kolja und Lilly bekamen an der GISSV Amoktraining. *Code Red Drill* genannt. Wir Eltern waren per Mail gecoacht worden: *Beantworten Sie Ihrem Kind keine Fragen, die es nicht hat! Kein Info-Over-*

load! Erklären Sie so viel wie nötig, so wenig wie möglich.

»Na? Und was habt ihr so gemacht heute?«, stocherte ich vorsichtig nach, als die Kids beim Abholen zu mir ins Auto kletterten.

Yella, die auf dem Beifahrersitz saß, wusste aufgeregt zu berichten: »Mama, wir mussten auf dem Sportplatz üben in Zickzacklinien zu rennen und Haken zu schlagen.« Sie guckte mich verständnisinnig an und flüsterte, damit ihre Geschwister nicht mithören konnten: »Psst, du weißt schon! Damit der Amokläufer einen nicht so schnell trifft.« Mir blieb kurz die Spucke weg.

»Und wir mussten Burg spielen!«, fiepste Lilly. »Wir haben die Vorhänge zugezogen und sind alle in den Schrank gekrochen. Und dann wollte die Erzieherin, dass wir mucksmäuschenstill sind.«

»Ach, das haben wir auch gemacht!«, tat Caspar ab. »Aber es ist besser, man geht nur in die Schränke unter dem Fenster. Weil, da sieht einen der Täter nicht, wenn er durch die Scheibe guckt und Kinder erschießen will. Er kann ja nicht um die Ecke gucken!«

»Weißt du, Mama?«, warf Kolja dazwischen. »Die Lehrer sagen, dass das ein Spaß ist. Aber in echt ist das gar kein Spaß!« Dann räumte er beschämt ein: »Unsere Klasse wäre jetzt leider ein bisschen tot. Wir sollten nämlich eine Barrikaden-Bau-Competition mit der 2b machen. Wer schneller ist. Aber wir wussten ja nicht, dass *Code Red* schon angefangen hatte. Weil – Sarah hatte das Telefon nicht richtig aufgelegt. Und zwei Kinder waren auch noch auf der Toilette. Und als der Polizist kam, um zu kontrollieren, hatten wir noch nicht mal einen Tisch geschoben. Sehr peinlich.«

Sein älterer Bruder Hein Schlau hatte natürlich auch hier den ultimativen Tipp: »Aber weißt du was, Kolja? Wenn so was ist, dann stellst du dich am besten tot.«

Das Gute an deinen Kindern ist ja, dass sie viel weniger Angst um sich haben als du um sie. Und dass sie selbst

den unfassbarsten Horror spielerisch wegstecken können. Dachte ich.

※ ※ ※

Acht Monate später, wir waren schon lange wieder in Deutschland, rief meine Schwester Pezi an, Caspars erklärte Lieblingstante. Die beiden haben seit jeher Geheimnisse, die Mütter auf keinen Fall wissen dürfen. Caspi war gerade bei ihr zu Besuch.

»Ich muss dir jetzt doch mal was erzählen«, meinte Pezi. »Weißt du eigentlich, dass Caspar ganz schlimme Albträume hat? Er hat mir erzählt, es geht um diesen bösen Mann in Amerika, vor dem hat er nämlich ganz dolle Angst.«

December

Wednesday 19

10:00 AM

Weihnachten stand vor der Tür, auch wenn man finden mochte, dass das gerade nicht passte. Dafür nahm das Wetter Rücksicht: Es goss, pladderte, tropfte, pieselte aus bleigrauem Himmel, als gäbe es irgendwo da oben einen Wasserrohrbruch. Palo Altos Straßen ertranken in Niederschlägen.

Mit ihnen die lichterkettenblinkenden Vorgärten: Schlitten, Nikolausstiefel, XL-Zuckerstangen, Rentiere, Schneewatte, Engelchen – die gerade erst Skelette, Vampire, Spinnweben, abgehackte Hände und Fratzenkürbisse aus den Beeten verdrängt hatten.

Mit ihnen auch der Waschbär, der bei uns in der Straße im Gully wohnte und der mich immer mit Neonaugen anstarrte, wenn ihn bei Dunkelheit meine Autoscheinwerfer streiften. Längst war die Kanalisation übergelaufen, in den Asphaltmulden hatten sich kleine Naturseen gebildet, die beeindruckende Fontänen produzierten, sobald ein Auto hindurchfuhr. Wasserspiele der unfreiwilligen Art. *Kalifornien, nicht Hamburg*, musste ich mir unseren aktuellen Wohnort in Erinnerung rufen.

Auch hinter unserem Haus ein Dröhnen und Rauschen, als wohnten wir an der Schleuse: Der vormals knochentrockene Creek führte über Nacht meterhoch Hochwasser. Eine lehmbraune Suppe, auf deren Oberfläche entwurzelte Bäume, Gestrüpp, Möbel und Müll wirbelten. Sämtliche in den Böschungen beheimatete Gecko-Kolonien wurden brutal in den Tod gerissen. Die Kinder bekamen sofort

striktes Gartenverbot, denn im hinteren Teil war das Erdreich bereits unterspült.

In der Küche klingelte das Telefon, ich griff zum Hörer. »Attention please!«, warnte mich eine Computerstimme. »Hier spricht Ihr Palo-Alto-Katastrophenzentrum. Danger! Schwere Überschwemmungen befürchtet! Stay away! Meiden Sie gefährdete Gebiete!« Wow, Hightech.

Und in der Tat: Die Flutwarnung war keine Sekunde zu früh eingegangen. Nicht in Hinsicht auf die Flut, sondern auf unseren verzickten *Comcast*-Kabel-Verteilungskasten im Garten, der ständig irgendwelche Mätzchen machte und sich ausgerechnet jetzt in den Feierabend verabschiedete: Küchentelefon tot; Fernsehen nur noch ein graues Rauschen, und der Mac meckerte: *Prüfen Sie Ihre Internetverbindung.* Sich auf Silicon-Valley-Technik einzulassen ist ja das eine, mit ihrer Unzuverlässigkeit klarzukommen, das andere. Seit unserem Einzug war *Comcast* schon fünfmal zusammengebrochen.

11:00 AM

Passend zur tristen, freudlosen Stimmung bedachte mich der Alltag mit gleich drei endorphinarmen Jobs.

Erstens: Mich in die *Comcast*-Hotline hängen.

Zweitens: Das DMV, *Department of Motor Vehicle,* hatte sich überraschend an mich erinnert und mir einen Brief geschickt: *Dear Misses Kessler, so sorry! Aber leider ist Ihr Führerschein ab nächste Woche ungültig!* Serviceorientiert, wie Amerika war, gab's sogar einen frankierten Driving-licence-Rückumschlag. Hatten die 'ne Meise? Kam gar nicht ins Kuvert. Da würde ich kämpfen. Nur wie?

Und drittens: Lillys und mein Visum lief demnächst ab. Waren wir bis dahin nicht irgendwohin ausgereist, drohte Vollstress. Da mussten dringend Nägel mit Köpfen her, wollte ich nicht, dass wir zwangsausgewiesen wurden.

Nun ist es ja auch eine gewisse Form von Luxus, so viele Probleme zu haben, dass du dir aussuchen kannst, mit welchem du anfangen möchtest.

Redwood City, entschied ich. Auf zum DMV! Wieder zog ich eine Nummer. Und sagte mir wie Professor Bömmel aus der *Feuerzangenbowle*: »Wat is en Dampfmaschin? Da stelle mer uns janz dumm!«

Eine halbe Stunde später trat ich an den Schalter 26 – und ließ dort in einer einzigen eleganten Bewegung die Handtasche von der Schulter und den blinkenden Plastikadventskranz von der Trennwand fallen. »Hello there! My driving licence is going to expire and I've got a letter to let it extend!«, log ich. *Mein Führerschein wird demnächst ungültig und muss verlängert werden.*

Stoisch hängte die DMV-Dame das Tannengebinde zurück an seinen Haken, dann nahm sie meinen Führerschein und fütterte ihren Computer mit meinen Daten. Ich schielte unauffällig nach Oho!-, Aha!-, So, so!-Zuckungen in ihrem Gesicht. Aber es blieb glatt. Dafür brummte der Drucker los und spuckte zehn Zettel aus, die mir Mrs DMV mit den Worten: »I need your signature, here … here … here!« über den Tresen schob. Das war ja geradezu *lachhaft* einfach hier! Manchmal ist man fast enttäuscht, dass Angst nicht mit mehr Grund belohnt wird.

»Mmh … Why does the computer tell me this?«, begann Mrs DMV aus heiterem Himmel plötzlich Selbstgespräche. Sie studierte ihren Bildschirm.

»What's the problem?«, fragte ich scheinheilig.

»Well, the system says you have to pay fifteen dollars.«

»Oh great!«, rief ich.

»Nein«, beharrte die Dame, »this is not correct! I don't want you to pay fifteen dollars if you don't have to!«

›Doch!‹, hätte ich am liebsten gerufen. ›Schikanieren Sie mich, bitte! Ich brauch das heute! Ich will fünfzehn Dollar zahlen!‹ Es war nicht zu fassen. Da hatte ich es seit einem

halben Jahr mit Menschen zu tun, die sich in keinster Weise an Irrsinn stießen. Und ausgerechnet heute geriet ich an die einzige Beamtin des Staates Kalifornien, die ein Problem damit hatte, Dinge zu tun, die nicht logisch waren.

Aber da nahm das Unglück auch schon seinen Lauf: »Nancy, we have a problem here! Can you come over and take a look for a second?«, winkte die Lady ihre Kollegin herbei.

Shit, shit, shit.

Nun studierten sowohl Mrs DMV als auch Mrs Nancy den Screen. »Bitte keine Umstände!«, wiegelte ich erneut ab. »Ich zahle wirklich sehr gern.« Aber die beiden waren wie Bluthunde auf Hasenspur und hoben noch nicht mal die Köpfe. Bis Mrs Nancy plötzlich meinte: »Setzen Sie sich bitte!«, und kurz angebunden Richtung Wartehalle wies. »Ich hab zu telefonieren. We'll get back to you.« Sprach's. Und verschwand in einem rückwärtigen Raum, noch bevor ich über den Tresen hechten und sie am Knöchel festhalten konnte.

Nach zehn Minuten winkten mich Mrs DMV und Mrs Nancy zurück an den Tresen. »So!«, erklärten sie mit Grabesmiene, »wir haben herausgefunden, was das Problem ist mit Ihrer Driving licence! You are NOT in the system!«

Wie? Ich war nicht im Computer? Aber das DMV hatte mich doch angeschrieben. Ich hielt einen offiziellen DMV-Führerschein in der Hand. Das ist ja, als ob das Finanzamt vergisst, dass es dich gibt. Auch eher unwahrscheinlich.

»Aber«, eröffnete man mir bedeutungsschwanger, »wir denken, wir wissen, woran es liegt! – You have a PhD, right? Und das System hat leider Problems mit Doktortiteln. So sorry! Etwas dagegen, wenn wir den löschen?«

Den Doktortitel wegschmeißen?

Gern doch! Weg mit dem Ballast! Wo war der Mülleimer? Ich war total begeistert von diesem Problemlösungsansatz, auch wenn er vielleicht ein wenig Mao-Tse-tung-mäßig war.

Ich bekam einen Stapel Formulare über den Tresen geschoben, musste unter Nancys Augen mit Kuli an mehreren Stellen das »Dr.« durch-x-en. Fertig war meine Entakademisierung. Auf dass alle Menschen Brüder seien, im Geiste und im Führerschein.

»You will get your new Führerschein a. s. a. p.!«, versprach Mrs Nancy, und Mrs DMV nickte dazu.

Und ich dachte: ›Klar!‹ Aufs Beste hoffen, mit dem Schlechtesten rechnen. Wenn du was lernst in Amerika, dann Warten auf den Weihnachtsmann.

7 : 30 PM

Schatzi und ich saßen am Tresen von *Rangoon Ruby*, meinem neuen Lieblings-Burmesen in der Emerson Street. Dabei habe ich gar keinen alten Lieblings-Burmesen. Vor der Nase ein Strawberry-Margarita-Belohnungs-Cocktail, so wie Mädchen ihn mögen: aus der Kokosnuss, mit Schirmchen drin und Tüdelüt dran. Dank Trockeneis stieg sogar Nebel auf. Ein bisschen gegen meine Saufgewohnheiten. Aber was soll's? Ich hatte heute den Teufel bezwungen. Eifrig sog und nuckelte ich am Strohhalm.

»Duhu?«, meinte mein Kerl plötzlich. Ich zuckte zusammen. *Bedingter Reflex*. Pawlow hatte mit dem Glöckchen gebimmelt.

Schon das zweite Mal in diesem Quartal gingen Schatzi und ich unter der Woche essen. Er war drauf und dran, seine Drohung wahrzumachen und ein besserer Schatzi zu werden. Ich wusste nicht, was ich davon halten sollte. Weil es ja auch mich unter einen gewissen Druck setzte, eine bessere Katja zu werden. Und ich wusste nicht, ob ich dazu schon bereit war. Lieber noch schnell einen großzügig bemessenen Schluck Strawberry Margarita. In mir machte sich so eine angenehme Leichtigkeit breit. Von Burma wusste ich nicht viel. Aber Cocktails? Die konnten sie da!

»Duhu?«, wiederholte Schatzi. »Wir müssen da mal was besprechen!«

In meinem Mittelohr machten sich Amboss und Steigbügel zum Zuhören bereit, das Trommelfell spannte sich. Ich kriegte das eins zu eins mit. War nämlich schon mein zweiter Strawberry Margarita.

»Ich finde, wir brauchen dringend ein bisschen Zeit für uns. Das war doch echt alles recht hektisch und unruhig die letzten Monate! Uns würden ein paar Tage Auszeit, glaube ich, mal echt super guttun.«

Ach je! Verliebt guckte ich meinen Schatzi an und schmolz dahin. War *der* nicht süß?! War *der* nicht sensibel?!

»Und ich hab mir was überlegt für dich, eine kleine Weihnachtsüberraschung.«

»Ja!«, rief ich. Möglicherweise noch lauter als kürzlich vor zehn Jahren auf dem Standesamt. Nun muss man wissen: Ich mag ja das Wort *Überraschung*. Eigentlich müsste ich es mir zu Hause auf die Stopfwäsche kleben. Oder auf den Ordner *Unerledigtes*. Dann ginge ich da bestimmt bei.

»Ich hab was für uns gebucht. Eine kleine Reise. Damit können wir dann auch gleich dein Visum verlängern.«

Wow. Das war ja wie … zwei Fliegen mit einer Klappe. Ich sah uns schon: Stelzenbungalow auf Tahiti. Schatzi packte zwei Tickets neben seine *Salt & Pepper Calamari* auf den Tresen. *Managua* stand da drauf. Wie? *Managua*? Managua auf Tahiti?

»NICARAGUA!«, verkündete mein Kerl. »Wir fliegen für fünf Tage nach Mittelamerika!« Mir mussten die Gesichtszüge entglitten sein, denn Schatzi besserte schnell nach: »Keine Sorge. Ich war da schon! Das ist ganz ungefährlich. Erst hatte ich überlegt: Guatemala. Aber ich will kein Risiko eingehen.«

Wie jetzt? Nach Nicaragua, weil Guatemala zu gefährlich war? Was war das denn für eine Logik? Wie Selbstmord begehen aus Angst vor dem Tod. Gut möglich, dass dich in

Guatemala das Drogenkartell erschoss – in Nicaragua nur die Guerilla. Nee, nee.

»Du wirst begeistert sein!«, wusste Schatzi. »Vertrau mir!«

Dieser Mann, echt!

Zum Vierzigsten hatte er mir mal einen Trip in den Libanon geschenkt. Sein Konzept von Romantik und mein Konzept von Romantik haben nicht immer eine Schnittmenge. Was für ihn spricht: Irgendwie kriegt er es immer so gefummelt, dass wir erfolglos mit unserem Leben spielen.

»Und was ist mit Lilly? Die braucht doch auch eine Visumsverlängerung.«

»Erledigen wir später. Die ist ja erst vier. Vor der haben die Einwanderungs-Cops nicht so große Angst.«

»Und wie stellst du dir das vor?«, wollte ich wissen. *24. Dezember, 23 Uhr* stand auf den Tickets. »Wenn ich mich richtig entsinne: Da ist doch Weihnachten?«

»Alles geregelt!« Schatzi glühte vor Stolz. »Die Kinder sind eingeweiht. Und natürlich auch Omi und Ela. Ich habe ihnen gesagt: ›Die Mama, die ist fix und fertig. Die muss mal raus, die bricht sonst zusammen!‹« Na toll. Den Kerl muss man echt manchmal einbremsen. Der geht auch zum Galadinner und verkündet: ›Meine Frau lässt sich entschuldigen, die hat leider Durchfall!‹ »Und was Weihnachten angeht«, erläuterte Schatzi weiter, »da wäre es im Prinzip der totale Quatsch, wenn wir tatsächlich am 24. feierten.« Er schlug sich an die Stirn, Motto: ›Wir Idioten!‹: »Die Amerikaner feiern ja alle am 25. morgens! Dem könnten wir uns natürlich anschließen! Aber finden wir das gut? Nein. Zu untraditionell! Oder wir synchronisieren mit Deutschland. Aber das wäre am 24. morgens. Auch nicht gut. Also! Eigentlich? Bleibt nur der 23. abends.«

Und drei im Sinn.

Und vier fallen lassen.

8:30 PM

»Keine Ahnung.«

Schatzi und ich saßen im Auto vor der Haustür und verabschiedeten uns. Wie in alten Studententagen. Nur dass die Frage nicht gelautet hatte: ›Zu dir oder zu mir?‹ Sondern: »Was ist mit *Comcast*?«

»Ich habe heute ewig in der Hotline gehangen«, führte ich aus. Frühster Termin, zu dem die irgend'nen Techniker schicken können: überübernächste Woche Mittwoch. Zeitfenster: acht Uhr morgens bis acht Uhr abends. Genauer können die's nicht sagen.«

»Schwachmaten-Verein!«, regte sich mein Kerl auf. Griff sich in die Hose und holte sein Liebstes raus: eine schwarze Box. Nicht Tiffany. Besser. Ein mobiler Router. Mit dem bist du überall und jederzeit dein eigenes Internet. Den drückte er mir generös in die Hand.

Schatzi?

Bei alten Louis-de-Funès-Filmen ist das immer der Moment, wo Fantomas die Maske vom Kopf zieht und sich zu erkennen gibt.

»Hier!«, erklärte mein Mann. »Aber mach den nicht kaputt!«

Nee, Zweifel ausgeräumt. Eindeutig Schatzi.

Sogleich hängte er sich in die *Comcast*-Hotline-Warteschleife. Und hatte Glück: Nur acht Minuten und er wurde zu einem Operator durchgestellt: »Good evening! Kai Diekmann calling. Ich rufe an, weil meine Frau Ärztin ist!«, stellte er mal kurz klar. »Unser Telefon zu Hause funktioniert nicht. Nur eine Frage von Minuten, bis der erste Patient stirbt, weil sie nicht zu erreichen ist!«, log er das Graue vom Himmel runter. ›Bist du blöd?‹, wollte ich ihm zuzischen. »Wären Sie bitte so freundlich, mich mit Ihrer Rechtsabteilung zu verbinden?«, fuhr er kaltblütig fort. »I'll stay in the line!«

Er nickte mir zu und machte den Daumen hoch, als wolle er sagen: ›Entspann dich! Papa hat alles im Griff!‹

Ich konnte es gar nicht fassen. *Der Kerl konnte ja fließend flunkern!* Mit wem war ich da verheiratet, den ich nicht kannte? Wobei man sich ja ohnehin fragen muss: Warum kleben Männer immer so an der Wahrheit? Der Wahrheit wegen? Oder weil sie viel zu faul sind zum Lügen?

»Yes?« Schatzi lauschte in sein Handy. Dabei legte er einen Finger an die Lippen. Motto: ›Wehe, du quatschst dazwischen.‹ »… zwanzig Minuten? … mmmh … yes. Das sollte funktionieren. Thank you.«

December

**Saturday
22**

11:30 PM

»Auf *mich* müsst ihr keine Rücksicht nehmen, Kinder!«, erklärte Omi, leicht grün im Gesicht.

Wir bezwangen gerade die Straßenfluchten von San Francisco. 31,5 % Neigung. Da kann Sven Hannawald Skispringen veranstalten.

Das Problem mit fünfundsiebzigjährigen, der Selbstlosigkeit verschriebenen Non-Egoistinnen, die partout nicht beachtet werden wollen, ist ja: Du musst total ein Auge auf sie haben. Denn wie gesagt: Als gute Tochter willst du den Himmel auf Erden bieten. Nicht in den Himmel befördern. Deswegen war ich tendenziell ein wenig gestresst.

Auf unserem Zettel: Sightseeing und Weihnachtsgeschenke kaufen. Nun waren wir im Stadtteil Russian Hill angelangt. Und selbst mir wurde gerade ein wenig schlecht beim Blick die Lombard Street hinunter. Von wegen Straße. Das Ding sah aus wie diese Pipes beim Rennrodeln.

»YOOOOOOUUUU FUUUUUUUUUUCKING DUDE!«, schrie es plötzlich von links. *Arschloch!* Schatzi hatte einem Lieferwagen die Vorfahrt genommen. Eigentlich hätten wir an dieser Stelle schnell mal die Schampusgläser heben müssen. Unser erstes Bepöbeltwerden hier in Amerika. Was für eine Premiere. Ehrlich erarbeitet.

Es hatte angefangen zu nieseln, Schatzi betätigte die Scheibenwischer – und entdeckte irgendein Papiergematsche zwischen den Wischblättern. »Ist das etwa ein Strafzettel?«, wollte er argwöhnisch wissen.

»Was guckst du mich so an?« Ich guckte streng zurück.

»Oder war's der Caspar?«, dachte Schatzi laut weiter nach.

»Hör auf zu nerven.«

»Oder hast DU den etwa bekommen, Omi?« Er drehte sich über die Schulter nach hinten.

»Du kannst ja mal dran lecken«, schlug ich vor. »Wenn's ätzend schmeckt, haben wir Glück gehabt. Dann ist es nur Vogelschiss.«

12:00 PM

Meine amerikanische Lieblingserfindung heißt *Valet Parking*. Das Prinzip ist so einfach wie genial: Du übergibst deine Autoschlüssel einem Garagen-Guy, der deinen fahrbaren Untersatz fünf Meter entfernt vor deiner Nase parkt. Dafür bekommt die Garage dreißig Dollar. Und der Guy einen. Was ein großzügiges Trinkgeld ist bei einem gesetzlichen Mindestlohn von 2,13 Dollar. Überstunden werden in der Regel nicht entgolten. Genauso wenig, wie es bezahlten Urlaub gibt. Aber führt vielleicht an dieser Stelle alles ein bisschen weit.

Zu Fuß machten wir uns nun auf nach Chinatown.

Schon beeindruckend: Um die Ecke, fünf Gehminuten entfernt am Union Square, hatten stylische Hochhäuser und schicke Designerläden das Bild bestimmt. Hier nun: wild zusammengeschusterte Bauten mit Pagoden, greller Leuchtreklame, baumelnden roten Papierlampions. Überall Souvenirläden, überall Lebensmittelgeschäfte mit Dingen, die du schon immer nicht probieren wolltest: hundert Tage alte Glibsch-Eier, fernöstliche Antwort auf europäischen Schimmelkäse. Fässer mit Kröten und Schlangen. Geröstete Pekingenten mit Schnabel dran.

Aber wir waren eh nicht zum Schnabulieren hier. Unser Ziel: ein Zoogeschäft Nähe Broadway. Die Adresse hatte uns *Yelp* geliefert. Schatzis neue Lieblings-App. Die Idee: zwei Meerschweinchen kaufen. Denn nach wie vor waren Hoppel und Moppel ziemlich tot. Und es sah auch nicht

so aus, als würden sie Ostern zusammen mit Jesus und ein paar Schokoeiern wieder auferstehen. Da mussten wir also mal zur Tat schreiten und für Ersatz sorgen. Ich war mir sicher, Schatzi würde das nach bewährter Schatzi-Art zu gegebener Zeit ganz sensibel einflechten. Zum Beispiel so: ›Der Fuchs hat leider, leider eure Kaninchen gefressen, Kinder. Aber nicht traurig sein. Papa und Mama müssen auch mal sterben!‹

12:30 PM

Im Schaufenster von *Pet World* balgten sich Pudel-, Dalmatiner- und Malteser-Welpen um einen alten Lappen, dass die Sägespäne nur so stoben. An der zugeschmierten Scheibe fand sich die To-go-Preisliste: 600 US$; 1200 US$; 1400 US$. Außerdem hing da auch ein Zettelchen mit einem treu dreinschauenden Terrier, der bat, dass man ihn sich auslieh:

Und eine fesche brünette Dog-Walkerin bot ihre Dienste an. Wobei ich ja fand: So, wie die grinste, war nicht ganz

klar, ob sich ihr Wirkungskreis auf vierbeinige Schwanzträger beschränkte.

Eine Verkäuferin, das Haar zu Stroh blondiert, auf der Schulter ein Wellensittich, der ihr in einem fort in den Kragen kroch, zeigte uns die zurzeit vorrätigen Guinea-Pig-Bestände. Dazu trat sie an einen Käfig, lupfte – eins, zwei, drei, allez hopp! – ein zernagtes Häuschen. Und zwei braunweiß gefleckte Rosettenteile blinzelten verpennt ins Neonlicht der Deckenstrahler.

»Okay, die sind doch süß!«, fand Schatzi, »die nehmen wir!« Und weil ihn ja gern mal der Hafer sticht, wollte er nun wissen: »Und wo füllt man da jetzt das Benzin rein?«

»No«, erklärte die Verkäuferin gewissenhaft: »They are alive!« *Die leben.*

»Ah! And you are really sure our snakes will like them, too?«, hakte er nach. *Meinen Sie, unsere Schlangen werden die auch mögen?* Die schlimmere Katja: immer noch einen drauf.

»No, you don't feed them to other animals!«, bekam er geduldig verklickert. *Die werden nicht verfüttert!* »Look!«, die Verkäuferin zog den Mund breit und präsentierte einen lichten Hain aus Zahnstummeln, »these are pets, you pat them!« *Haustiere! Streicheln!*

Okay, ich fand, das war jetzt genug Nachhilfe in Meerschweinchen-Bedienung. Ich knuffte meinem Alten kräftig in die Seite. Ist ja nicht so, dass nur er das kann. Frauengewalt in der Ehe. Ein total unterschätztes Thema.

Die Verkäuferin griff unter den Tresen und zauberte eine ausrangierte Fön-Verpackung hervor. *Hack! Hack! Hack!* drosch sie auf das Ding mit ihrem Kugelschreiber ein. Das hatte ein bisschen den Charme von *Basic Instinct*, wo Sharon Stone mit dem Eispickel hinlangt. Schnell war die Schachtel ein Schweizer Käse – und fertig die astreine Guinea-Pig-Garage.

Käfig auf.

Grabsch! Grabsch!
Fiep! Fiep!
Und wir durften Twixx und Snickers Diekmann in unseren Reihen willkommen heißen.

Ich hatte mich währenddessen ein wenig im Laden umgeguckt. Oben im Regal stand noch ein Ara, der sich seiner Schwanzfedern entledigt hatte. Es gab Spinnen, ein Chamäleon, Fische.

Und dann erblickte ich sie.

Ängstlich aneinandergeschmiegt in einem viel zu engen Käfig: ein Pärchen Lovebirds. Zwergpapageien.

Za za zu! Liebe auf den ersten Blick.

»Nicht dein Ernst!«, rief Schatzi entsetzt.

»Kind, überleg dir das«, mahnte Omi Kiel.

Aber ich war mir meiner Sache sicher. Die Tierchen wollte ich retten.

Klar. War vielleicht nicht konsequent durchdacht. Aber wer alles konsequent durchdenkt, zieht eh nicht holterdiepolter nach Amerika. Da ging der Quatsch schon mal los. Und so standen am Ende nur unvernünftige Menschen wie ich in diesem runtergerockten Zoogeschäft in Chinatown. Und die würden wie ich entscheiden beim Anblick dieser süßen-süßen-süßen ober-schnuckeligen Lovebirds, die sich die ganze Zeit gegenseitig das Köpfchen kraulten: Die mussten's sein.

Und wie sie heißen sollten, wusste ich auch schon:
Barack & Obama.

1:20 PM

Schatzi war pissed.

Vorsichtig formuliert.

»Und wie soll das gehen? Die werden dreißig Jahre alt!«

»Die nehmen wir mit nach Deutschland.« Ich war zuversichtlich.

»Ach ja? Zusammen mit den Guinea Pigs im Handgepäck? Das sehe ich noch nicht!«

Er weigerte sich, mit uns – mir, Omi, zwei durchlöcherten Fön-Kartons, aus denen es laut *krah, krah* und *fiep, fiep* machte, Heu, Sand, Käfigen, Wasserspendern, zwei Kilo Nagetierfutter, drei Paketen Exotenmischung – in ein und demselben Auto nach Hause zu fahren. »Weißt du was? Das wird mir hier zu eng!«, nörgelte er. »Ich nehm den *Caltrain*!« Und weg war er.

Alte Zicke.

Wobei ich ja finde: Das ist das Geheimnis einer funktionierenden Ehe. Du musst kompatibel doof sein. Jeder an anderer Stelle.

Omi zeigte sich deutlich geländegängiger. Nachdem der erste Schock überwunden war, krabbelte sie zwischen das ganze Zubehörzeugs auf die Rückbank, erklärte: »Ach, da mach ich mich schlank!«, und stapelte sich die beiden Tierkartons übereinander auf den Schoß. Manchmal frage ich mich ja, wo ihre Belastungsgrenze ist. Vielleicht, wenn ich ihr einen Alligator in den Arm drücke.

Barack und Obama hatten bereits ihre Krummschnäbelchen durch die Kugelschreiberlöcher gesteckt und waren eifrig am Nagen. »Wäre schön, wenn die mir nicht ins Bein hacken! Und mich auch nicht nass pieschern«, bat Omi Kiel.

December

**Sunday
23**

1:30 PM

*O Tannenbaum, o Tannenbaum!
Die Oma liegt im Kofferraum!
Der Opa ruft die Polizei,
die Polizei kommt nackedei!*

Schon seit dem frühen Morgen schallten festliche Kindergesänge durchs Haus. Ich hielt mit einer Bing-Crosby-CD dagegen, die ich bis zum Anschlag laut drehte:
»*I'm dreaming of a white Christmas
Just like the ones I used to know!*«
Wurde aber von Schatzi sogleich aus dem CD-Player geschmissen:
»*Weihnacht! Weihnacht! Mit Volldampf voraus!
Brumm, brumm, brumm, mein altes Schiff,
zu Weihnacht geht's nach Haus!*«
Brummte ein Hamburger Seebären-Shanty-Chor, dass die Heringe sauer wurden. In unserer Wohnzimmerecke hatte eine Mickertanne ihren Platz gefunden: nicht höher als zwei übereinandergestellte Lillys, an den dürren Zweigen von Nachbarn zusammengeliehener Schmuck. Man konnte das Gefühl haben, Weihnachten hatte sich verlaufen. Lilly stand mit blanken Augen ergriffen da: »Guck mal, Mama, der O-Tannenbaum! Hat den das Christkind aus Deutschland gebracht?«

»Ja, stimmt«, bestätigte ihre große Schwester, wie immer ganz die Puffmutter vom Dienst. »Und ich hab sogar gehört, da gab es auch eine LANGE, LANGE Schlange vor dem Regal mit den Barbies!«

»Was?« Lilly rollte erschrocken die Augen. »Eine Schlange in Deutschland? Ich hab Angst!«

»Doch nicht SNAKE!«, tat Caspar ab, »ROW! Lilly! You understand?«

3:30 PM

Wir besuchten den Vorweihnachtsgottesdienst in der rappelvollen *Albert The Great Church* in der Channing Avenue. Dort gab es einige unerwartete kulturelle Hürden zu nehmen. Beim Reinkommen erblickte Kolja das in den Boden eingelassene Taufbecken: sechseckig, mit Stufen und Unterwasserbeleuchtung. Und wie immer ganz das wissbegierige Kind, rief er neugierig: »Ist das ein Whirlpool?« Während Omi befand: »Also, das hätte ich den Amis gar nicht zugetraut, dass die alle in die Kirche gehen!« Dazu montierte sie ihr schönstes Gabriele-Krone-Schmalz-im-Ausland-weiß-ich-Bescheid-Expertin-Gesicht.

Zum Lukas-Evangelium traten ein paar ältere Damen aus der Gemeinde vor den Altar und veranstalteten in Flatterkleidchen einen Ausdruckstanz. Dann ging's zur heiligen Kommunion. Noch bevor wir Ertugrul, unserem Moslem-Freund, der aus Neugier aufs christliche Fest für eine Stunde mit in die Kirche gekommen war, ein Zeichen hatten geben können, ›no, no, sit down!‹, war der in seiner ganzen Ahnungslosigkeit mit nach vorne vor den Altar geschlurft und hatte sich auch vom Pfarrer eine Hostie in den Mund drücken lassen. Jetzt war die Frage: Kam er dafür in die Hölle oder wir? Und schließlich hieß es dann: »Nun gebt euch die Hände als Zeichen des Friedens!«, und die Gemeinde klatschte sich ab wie Spieler beim Football.

5:30 PM

Die Kinder, Omi und Ela schmetterten hinter verschlossener Tür seit zehn Minuten fleißig *Stille Nacht, heilige Nacht* und *Am Weihnachtsbaume,* als ginge es um ihr Leben. Die

elektrische Tannenbaumbeleuchtung war angeknipst. Der aus Deutschland importierte Baumkuchen war auf Teller verteilt. Der Augenblick also gekommen, Twixx und Snickers aus Elas Zimmer zu holen und zu Barbies und Legos unter den Baum zu schieben. Ein bisschen Unnachhaltigkeit muss auch sein. Die Lovebirds sollten noch für einen Augenblick unser Ass im Ärmel bleiben. Idee des Zeremonienmeisters mit Bart.

»BESCHERUNG!«, brüllten wir die Treppe hoch und gegen den Gesang an.

»Also, liebe Lilly, lieber Kolja«, verkündete Schatzi, nachdem die vier mit leuchtenden Wangen Aufstellung genommen hatten, »das sind«, er zog das Handtuch vom Käfig, als würde er ein Denkmal enthüllen, »Twixx und Snickers! Die gehören jetzt euch!«

»Oh wie süß! Oh wie süß! Oh wie süß!«, kreischten Lilly und Kolja simultan los. Während Yella und Caspar fassungslos zwischen ihren beiden Alten hin und her schauten. Das Gute an unseren Kindern ist ja: Die verstehen echt Spaß.

Oder auch nicht.

»Ihr seid total gemein, ich hasse euch!«, schrie Yella, sprang wutentbrannt auf und knallte vorpubertär ihre Zimmertür zu, so dass der mit Tesa angeklebte Warnhinweis *Hier wohnen Oma und Purzel!* aufgeschreckt hochflatterte.

»Ich hasse euch auch!«, entdeckte nun auch Caspar und knallte ebenfalls mit den Türen.

Schatzi machte sich auf, seine verstreute Brut einzusammeln. Es kostete ihn gewaltige Mühe, die bockige Yella aus ihrem Zimmer zu locken. Auch Caspi war nicht ohne weiteres bereit, seinen Stolz hinunterzuschlucken. »Nun kommt doch! Das war natürlich noch nicht das Ende!«, gurrte Schatzi. »Natürlich haben wir auch eine tolle Überraschung für euch!«

Schließlich standen die zwei erneut im Wohnzimmer, die Nasen hysterisch rot. »Und das sind …!«, Schatzi lupfte das zweite Mal an diesem Abend ein Handtuch, »Barack und Obama! Die fressen aus der Hand und können sogar sprechen lernen! Na, haben Mama und ich zu viel versprochen?«

»Mmh …«, machte Caspi nachdenklich. Ganz offensichtlich checkte er mal kurz, ob er Vögel gebrauchen konnte. Dafür hüpfte Yelli wie doof auf einem Bein. »Ja, ja, ja!«, jubelte sie. »Die sind ja niedlich! Guck mal, wie die gucken!« Sie ging auf Augenhöhe mit den Lovebirds, die übereinander am Gitter hingen und possierlich die Köpfchen in alle Richtungen drehten. »Kann man die streicheln?«, wollte sie wissen, und steckte einen Finger durchs Gitter. *Hack!* machte es. Erschrocken zog Yelli die Hand zurück, am Zeigefinger ein fetter Blutstropfen.

»Upsidupsi«, lachte ich, bevor sich meine Tochter entscheiden konnte, erneut loszuheulen, »der hat sich wohl ein bisschen erschrocken, der arme Papagei. Ich glaube, du musst immer von vorne rangehen. Wie beim Pferd.«

»Ja-ha«, schluchzte Yella den Schmerz runter. »Hallo, ihr Süßen!«, unternahm sie einen zweiten Anlauf. »Seid ihr aufgeregt, ja?« Sie schob vorsichtig ihre Finger durch die Stäbe. Der obere Papagei ließ sich willig das Bäuchlein kraulen. Wohlig plusterte er das gelbgrüne Gefieder, schloss für einen Moment die Augen und bewegte sich keinen Millimeter vom Fleck.

Yelli guckte mich stolz an, als wollte sie sagen: ›Guck mal, Mama, wie gut ich das kann!‹ Da machte es erneut *hack* – und mit einem lauten »Aua!« riss unsere Tochter zum zweiten Mal ihre Hand aus dem Käfig. Diesmal lief am anderen Zeigefinger das Blut runter. Ich weiß, ich bin eine schlimme, schlimme Mutter, aber wie Yelli schlussendlich dasaß, um beide Zeigefinger einen dicken weißen Mullverband gewickelt – das entbehrte nicht einer gewissen Komik.

Auch an mich hatte das liebe Christkind gedacht. Trotz Nicaragua. Es gab eine Kerze von *Restoration Hardware*, einen Bademantel (*Restoration Hardware*), eine Wärmflasche (*Restoration Hardware*) und eine Decke von, ja, Sie ahnen es.

»Gut?«, wollte Schatzi wissen, wie immer in Sorge, seine Fischzüge könnten nicht gebührend gewürdigt werden.

Total gelungene Weihnachten.

December

Monday 24

10:30 PM

Um halb elf nachts bestiegen wir am San-Francisco-Airport den *Taca-Air*-Nachtflug nach Managua. Ein sogenannter »Red Eye Flight«, wie ihn Manager nennen: Nach dem Dinner in den Flieger – und dann pennen bis zur Frühkonferenz.

Die letzten vierundzwanzig Stunden waren Zucker gewesen: Die Kinder? Selig mit ihren Tieren. Omi? Froh, dass Snickers noch lebte. Den hatte Lilly nämlich nach dem Streicheln in der Couchritze vergessen. Und man kann sich denken, wie so ein Meerschweinchen aussieht, wenn ein Seniorinnenpopo auf ihm zwanzig Minuten Päuschen gemacht hat.

Schatzi hatte sein Liebstes bekommen: Kartoffelsalat à la Omi. Und ich meinen Alle-Jahre-wieder-Lieblings-Dialog:
»Ach, köstlich, Ina, wie MACHST du das bloß?!«
»Ja WEISST du, Kai? Kartoffeln, Eier, Zwiebeln!«
Und wenn sie nicht gestorben sind.

Ich hatte die Zeit genutzt, elementare Fragen der Mundhygiene zu klären: »Wer putzt jetzt wem die Zähne, wenn ich weg bin?« – »Ich der Omi!«, hatte Ela erklärt.

Die nicaraguanischen Stewardessen trugen enge Blüschen und fesche Weihnachtsmannmützchen, und Schatzi interessierte sich plötzlich sehr für die Sicherheitsvorführungen. Ich vertiefte mich lieber in meinen Reiseführer. Mir ist ja Bildung sehr wichtig. Und alles, was ich bislang über das Land wusste, in dem ich in ein paar Stunden von Sandinistas gekidnappt würde, bezog ich aus neunzig Minuten *Under Fire* mit Nick Nolte. Da ging also noch was.

9:00 AM

Nach elf Stunden Flug mit zweistündigem Zwischenstopp in El Salvador landeten wir bei bedecktem Himmel in einer Sauna namens Managua. 35 Grad Celsius und 86 % Luftfeuchtigkeit ließen die Klamotten am Körper kleben, kaum dass die Flugzeugtür zur Seite schwang. »Gibt es hier eigentlich auch eine Jahreszeit, in der es nicht so heiß ist?«, wollte ich wissen.

»Ja, jetzt!«, meinte Schatzi.

Bei der *Hertz*-Autovermietung hatten wir einen SUV vorbestellt. Die wussten aber nichts von ihrem Glück, so wurden wir zu *Alamo* weitergereicht. Ein wahres Profi-Unternehmen: Die Lady schob einen weißen Zettel über Schatzis Kreditkarte, dann machte sie mit ihrem abgekauten Bleistift *rubbel! rubbel!*, um die Prägung durchzupausen. Wie in der Schule. Pass und Führerschein fotografierte sie mit einem altmodischen Monster von Kamera. Dann machten wir uns auf den Weg zum Parkplatz: rechts raus aus dem Flughafengebäude, die staubige Straße entlang – Willkommen in Nicaragua! Eselkarren zuckelten vorbei, Mopeds knatterten, LKWs hatten Hängematten auf der Ladefläche, Busse Möbel auf dem Dach. Wer Fahrrad fuhr, tat das mit Passagieren auf Querstange, Lenkergabel, Gepäckträger.

Vor dem Parkplatz wartete ein Typ mit Maschinengewehr und ließ sich unsere Papiere zeigen. Das Auto war ein riesiger weißer Toyota-Pick-up, lang wie ein LKW. »Guck, verdunkelte Scheiben!«, freute sich Schatzi. »Die hatten Renatka und ich auch in unserem Ford Bronco!« Dann stiegen wir in unseren Trecker, ich stellte die Füße gegen das Armaturenbrett, und Schatzi war begeistert: »Renatka ist nur so gefahren!«

Ich hatte Schatzi in den letzten Monaten schon von vielen neuen bezaubernden Seiten kennengelernt. Dieses Amerika war wie Beize, die den Charakter freilegte. Mein

Mann war viel verrückter, als ich dachte. Dafür weniger blind als angenommen. Und was er ja wirklich hinreißend kann, aber im Alltag nicht so richtig zum Tragen kommt: von Exfreundinnen erzählen. Was die alles so mochten oder gar nicht abkonnten. Ein nimmer versiegender Quell der Information.

›Na toll, Katja‹, dachte ich. ›Da geht es dir zu Hause total gut, alles läuft. Und du packst deine Koffer, um mit deinem Kerl auf eine mittelamerikanische Mülldeponie zu fahren und dir Storys über Verflossene anzuhören.‹

Und wieder war ich mir sicher: Das geht schlauer.

10:30 AM

Managua versank im Dreck. Vorsichtig formuliert. Überall wehten Tüten und Papier, kullerten Dosen. In den Straßengräben: der Müll hüfthoch. Das war noch das kleinere Problem. Das größere: In Managua gibt es keine Straßenschilder. Ab und an verirrten wir uns in Wellblech-Slums, in denen struppige Köter Mülltüten aufbissen. »Mach sofort das Fenster hoch!«, blaffte Schatzi, als sei es meine Idee gewesen, nach Nicaragua zu fliegen. Und ich merkte: Er war ein klitzekleines bisschen angespannt, denn für einen kurzen Moment versiegte mal der lästige Ich-und-Renatka-in-Mittelamerika-Anekdoten-Sprudel. Von mir aus hätten wir also noch lange durch Slums fahren können.

»Frag doch mal den Taxifahrer, wo der *Palacio Nacional* ist«, wurde ich von Schatzi instruiert.

Ich kurbelte die Scheibe runter und winkte irgendeinem zahnlosen Typen zu: »Äh ... Por favor? Palaßio Nacional?«

»Palaßio *Naß!ional*«, korrigierte mich Mr Klugscheißer.

»Dann frag doch selbst!«, blaffte ich zurück. So was kann ich ja gar nicht haben: andere vorschicken. Und dann bei jedem zweiten Satz dazwischenreden, weil man alles mindestens besser weiß.

Gesagt, getan. Schatzi hangelte sich über meinen Schoß und rief: »*Hotel Interconti?* Du vorneweg? I follow?« Na, wenn das nicht schönes, rundes Spanisch war. Er machte eine kurbelnde Handbewegung, der Taxifahrer nickte.

Das *Interconti* entpuppte sich als achtstöckiger Sandsteinbau, der aussah, als würden die Zimmermädchen auch draußen staubwedeln. Gelb und blitzblank strahlte die Fassade in der Tropensonne. Das erste Mal, dass ich nach zwei Stunden Dreck-, Abgas- und Hitzewüste dachte: ›Wow, Managua kann ja auch anders!‹ Es spross grün, Palmen wiegten sich im Wind. *Haste Geld, haste Wasser, haste hübsch.*

»Weißt du eigentlich, was es mit dem *Interconti* auf sich hat?«, wollte Schatzi wissen.

»Lass mich raten«, sagte ich. »Renatka ist hier vom Schrank gesprungen?«

Die Ironie zischte an Schatzi vorbei. So ganz tiefliegende Bälle kriegt er immer nicht: »Nein, hier wurde *Under Fire* gedreht.«

December

Tuesday 25

8:30 AM

Gleich nach dem Frühstück warfen wir unsere Klamotten in den Pick-up und verließen den Zwei-Millionen-Moloch Managua Richtung León. Unser Weg führte entlang des Lake Managua, den man sich als ziemlich tote Suppe vorzustellen hat. Mit ein paar Süßwasserhaien drin, die noch nicht mitgekriegt haben, dass die Lebensbedingungen für sie so eigentlich nicht tragbar sind. Wir kamen auch an einer *Shooting Range* vorbei, ein Plakat verkündete, was man hier alles abballern konnte: Schweine, Hühner, Hunde, Katzen, Ziegen. Dieses Land schien mir locker drauf zu sein. Ich glaube, für ein kleines Aufgeld durfte man sich hier auch selbst erschießen.

In León hatte sich der Architekt geirrt: Eine Ansammlung gigantischer alter Kathedralen und Basiliken, die zu groß geraten schienen für das lütte Städtchen, das sie umgab. Als würde man Kölner Dom, Ulmer Münster und Dresdner Frauenkirche nach Eckernförde stellen. Aus der abgeblätterten *Basílica de la Asunción* schallte *Ihr Kinderlein kommet* auf Spanisch in die Hitze des mittelamerikanischen Vormittags. Schatzi und ich warfen einen Blick um die Ecke in ein prächtiges Kirchenschiff voller Marmor, Stuck, Gold und Holzschnitzereien. Wieder mal dachte ich: Wo sind Absperrseil und Kassenhäuschen? Kann doch nicht sein, dass so etwas Kostbares einfach in der Gegend rumsteht.

Die Leónaner gaben sich da entspannter: Ein Junge spielte Nintendo. Ein paar Dorffrauen parlierten. Der Rest der Gemeinde stand vorm Pfarrer Schlange, um Jesus abzu-

knutschen, den dieser aus seiner goldenen Krippe gehievt hatte. Nach jedem feuchten Geschnuckel kam der Messdiener mit dem Wischlappen und das Jesusbaby wurde mal kurz von Spucke befreit. Wie unterschiedlich: In japanischen Umkleidekabinen darfst du dir noch nicht mal einen Pulli über den Kopf ziehen. Von wegen Bakterien.

11:30 AM

Kaum raus aus der Kirche schleppte mich Schatzi in einen Steineladen. Falls das noch nicht so klargeworden sein sollte: Mein Mann sammelt ja gern. Manchmal weiß er sogar, was. Es muss da so eine Handvoll Hirnzellen geben bei ihm, die sich seit achtundvierzig Jahren weigern, erwachsen zu werden.

»Guck mal, ist dieser Türkis nicht unfassbar billig?«, hielt er mir atemlos einen Fund unter die Nase, in den Augen blanke Gier.

»Tut mir leid, ich weiß nicht!«, antwortete ich. »Ich hab die aktuellen Türkispreise gerade nicht im Kopf.«

Mit zwei Plastikbeuteln voll Geröll und Geklöter ging's weiter zum *War Museum*. Schatzi trug jetzt ein rotes Käppi der sandinistischen Rebellen auf dem Kopf. Und eine Kette mit Münze um den Hals. In Kombination mit seinem Achtundzwanzig-Tage-Bart gab ihm das die Aura eines Nachwuchs-Apostels.

Gott, war das schön im Museum! Panzerfäuste, Mörsergranaten, Molotowcocktails, Rohrbomben. Fein säuberlich auf dem Boden aufgereiht, der Tod mag's ordentlich. »Hier wäre Renatka ausgeflippt!«, war sich Schatzi sicher. An der Wand: riesige vergilbte Fotografien von Che Guevara und Fidel Castro neben Galeriereihen Unberühmter. Hinter jedem Namen der Verweis »muerto«.

»Das heißt ›*tot, gefallen, ermordet*‹?«, wollte ich betroffen wissen.

Aber statt einfach mal ja oder ja zu antworten, musste mein Kerl natürlich erst wieder den großen Experten raushängen lassen: »Du sprichst immer noch kein Spanisch, richtig?«, fragte er betroffen.
»Doch«, erklärte ich. »*Tapas!*«

12:30 AM

In einer Garküche am Straßenrand machte ich Bekanntschaft mit wahrer Mittelamerika-Küche: Käse. Jedes Gericht: Käse so oder Käse anders. Als ob sie das Zeug hier im Tagebau förderten. Ich rang mich durch zu Käse in Zwiebelsoße, die man mit Weißbrot dippen musste. Während Schatzi reinhaute, als hätte Mami gekocht, fütterte ich die Hühner unter meinem Stuhl, die die nackte, gestampfte Erde noch ein bisschen nackter pickten. Ich schaute mich um: Hier ein müdes Muli mit hängendem Kopf vor einem Karren mit Aufschrift: *¡Viva León!* Dort ein Graupapagei im Käfig, der an einem Kotelett nagte. Es gibt ja so Länder, in die fährst du besser nicht als Frau, Bali zum Beispiel. Da sind alle so rank und schlank. So betrachtet, war Nicaragua ein sehr, sehr schönes Urlaubsland.

6:00 PM

Wir checkten ein im *El Convento*. Wie der Name ahnen lässt: ein alter Konvent, die Zellen zu Zimmern umfunktioniert. Schatzi steckte witternd die Nase in den Wind wie so ein alter Präriehund, dann befand er: »Hier raucht jemand Hasch.«
Unser Gutmenschen-Reiseführer hatte uns fürs Abendessen das *La Perla* empfohlen. Und natürlich nicht an Gutmenschen-Reisetipps gespart: »Sprechen Sie den Restaurantbesitzer an, wenn er Leguan auf der Karte hat!« Oder auch: »Weisen Sie die Nicaraguaner darauf hin, dass Müll wegwerfen nicht gut ist!«

»Pasta, por favor!«, trainierte ich beim Bestellen mein Spanisch.

»No tengo!« *Haben wir nicht.*

»Äh … Filete?!«

»No tengo!«

»Pollo?«

»No tengo!«

»Was haben die eigentlich außer ›no tengo!‹?« Ich war frustriert.

»Mittelamerika ist das Land von Eiern und Käse!«, dozierte mein Kerl gleich mal los. Motto: Im nächsten Leben Wanderprediger.

»Und warum steht dann da Pasta auf der Karte?«

»Weil's gut aussieht. Also, als Renatka und ich damals hier waren, haben wir uns nur von Eiern ernährt!«

Okay, es war so weit. Der Kerl hatte sich eine Strafe verdient. Ab sofort würde ich auch alte Lovergeschichten rausholen. Zum Beispiel, wer in der Vergangenheit auf Urlaubsreisen die besten Fußmassagen hingekriegt hatte. Platz eins bis drei. Und der nächste nackte Willi, den wir sahen, und ich würde rufen: »Donnerwetter! Ganz wie Timo!« Was dachte sich mein Kerl eigentlich?

Zurück in unserer tiefgekühlten Nonnenkammer, die Aircon haute mächtig rein, guckte ich auf *Deutsche Welle* noch ein bisschen Markus Lanz dabei zu, wie er gerade auf Grönland Narwal in Sojasoße tunkte.

Und dachte: So absurd das alles sein mochte – wir zwei hier in Zentralamerika. Das war das erste Mal seit Monaten, dass ich das Gefühl hatte, dass Schatzi und ich wieder wie ein Uhrwerk tickten.

DMV, Hochwasser, Stanford Emergency Room, Heizung, Carlos, Pedro & Pedro, Doubtfire, Fuchs, Apps, Glitzersticker, Poison Ivy, Rosie – alles wurde zu bunten Tapetentupfern. Und ich überlegte, wie wir das in Zukunft hinkriegen könnten: Wochenendtrips Berlin-Nicaragua.

December

Wednesday 26

6:30 AM

Eine schrille Sirene weckte uns. Am Horizont: schwarze Rauchwolken. Über Nacht war einfach mal der San Cristóbal ausgebrochen und hatte Asche und Gas viertausend Meter in die Luft gepustet. Ohne mich zu fragen.

»Ist das nicht gefährlich?«, wollte ich wissen.

»Ach was!«, meinte Schatzi. »Wir fahren da jetzt mal hin und gucken! Ich hab mit dem Typen an der Rezeption gequatscht, der meint, ›*alles null problema!*‹« Na denn.

9:30 AM

Über Telica, Chicigalpa und Chinandega ging es vierzig Kilometer nach Norden. Immer dem Rauch nach. So ein Vulkanausbruch hat ja auch praktische Seiten: Du brauchst keine Straßenschilder. Links und rechts des Weges wurde die staubige, in der Hitze flimmernde Landschaft immer noch ein bisschen staubiger. Alles sah aus wie mit grauem Mehl bepudert. Auf der Gegenfahrbahn kamen uns Karavanen von Einheimischen entgegen, Tücher vor Mund und Nase geknotet. Ich rechnete minütlich damit, dass die ersten Mulis Mundschutz trugen. ›Was macht eigentlich diese Asche mit meiner Lunge?‹, fragte ich mich. Schatzi machte sich auch so seine Gedanken: »Du, wann habe ich eigentlich zu Hause das letzte Mal die Reifen gewechselt?«, wollte er wissen. Er guckte nach vorne, wo sich der Vulkantrichter gerade erneut in unheilverkündende tiefschwarze Wolken hüllte, und freute sich: »Du, ich glaub, wir haben Glück!« Ein Satz, den die Einheimischen so wahrscheinlich nicht unterschrieben hätten.

Wir passierten ein Schild *Ruta de Evacuación* – leider mit

Pfeil in die falsche Richtung, denn Schatzi fuhr unbeirrt weiter geradeaus – und viel *Policía*. Aber keiner machte Anstalten, uns aufzuhalten. Nach einer Weile wurde die Straße zur Schlaglochpiste. Es ging nur noch im Schritttempo und mit ständigem Rauf- und Runtergeschalte vorwärts: »Verstehst du JETZT, wie lang sieben Kilometer sein können?«, fragte Schatzi zum neunundneunzigsten Mal. Als hätte ich je Zweifel daran geäußert. – Das muss ein echtes Männerding sein: Mal kurz erklären, dass die Erde rund ist.

Immer wieder hielt Schatzi an, um das noch schönere Vulkanfoto zu knipsen. Mich plagte ein anderes Problem: meine Blase. Ich war unschlüssig, ob ich den nicaraguanischen Stechmücken meinen nackten Hintern spendieren wollte. Auch kamen immer mal wieder flüchtende Einheimische des Wegs. Und sollte ich dann hinterm Busch hervorwinken: ›Buona tarde‹? Und würde Schatzi dann dazwischenrufen: ›Das heißt buenos días‹?

Schließlich waren wir mitten im Dschungel – und der Weg zu Ende. Schade auch. Aus dem Unterholz glotzten uns ein paar Schweine und Ochsen an, allesamt mit ausladender Stöckerkonstruktion auf dem Kopf, wahrscheinlich, damit sie nicht ausbüxten.

»Guck!«, rief Schatzi, »Hirsche!«

December

Thursday 27

2:00 PM

Und dann passierte es: Hinterrücks, feige, ohne Vorankündigung verliebte ich mich in Nicaragua. Es geschah, als wir nach Granada einfuhren, das gerade mit Ausnahme von viertausend tschirpenden Spatzen Siesta hielt. Uralte, verwinkelte Gässchen mit blau, orange, grün, rot, gelb bemalten Häuschen, die Dächer mit Schindeln gedeckt, auf den Balkonen Wäsche zum Trocknen in den Tropenwind gehängt. Dazwischen Kathedralen und Paläste mit abblätterndem Pastellputz, grünbemosten Steinlöwen, blank getretenen Steinstufen. Auf Piazzen und in Alleen knorrige Jahrhundertbäume. Wie soll ich sagen? Wie Klein Erna sich die Kolonialzeit vorstellt – so war das hier. Ich war komplett geflasht.

Weil ich nicht wusste, was ich tun sollte, umarmte ich einfach mal meinen Kerl und lobte: »Das hast du gar nicht so schlecht ausgesucht hier!« Der revanchierte sich mit einem: »Das hat Renatka auch immer gesagt!« Dann lachte er.

Ist ja nicht so, dass der Mann einfältig ist. Ich würde sogar sagen, er ist total zweifältig. Er braucht nur halt manchmal einen Knuff. Wie ein Sofakissen. Mit der Handkante.

6:30 PM

Die hell erleuchtete, uralte *Catedral de la Encarnación* zog uns durch die Tropennacht wie das Licht zwei Motten. Die Glocken läuteten, die Portale weit geöffnet: Es fand gerade eine Hochzeit statt. Vor dem Altar: eine prächtige Braut mit rabenschwarzem Haar und schneeweißem Glitzerkleid, so dass Lilly sofort gesagt hätte: ›Die Barbie nehm

ich!‹ Schwalben segelten durch das Mittelschiff, in die warme Tropenbrise mischte sich Blumenduft. Und mit einem Mal spielte die Orgel das *Ave Maria* und das *Air* von Bach. Schatzi und ich hielten uns an der Hand. Ich gebe zu, ich musste ein paar Tränchen verdrücken, so furchtbar romantisch war das.

December

Monday 31

Silvester !!!

10:00 AM

Seit gestern Abend waren wir »back home«. Was für ein Wahnsinnstrip! Wir hatten noch drei Tage am Pazifik verbracht. Nicaragua hat zwar auch eine Karibikseite, da fährst du aber besser nicht hin, da wohnen schon die Piraten. Schatzis Wahl war auf eine Öko-Lodge gefallen: Dusche und Klo unter freiem Himmel. Jedes Mal, wenn ich den Wasserhahn aufgedreht hatte, um Zähne zu putzen oder Hände zu waschen, war unbelehrbar derselbe grüne Minifrosch aus der Bambusleitung gehüpft. Und klapptest du den Klodeckel hoch, wuselte eine Karawane roter Riesenameisen durch die Schüssel. Die unkaputtbare nicaraguanische Sorte. Nicht wegpinkelbar. Nachts hatten Schatzi und ich aneinandergepresst unter einem winzigen Moskitonetz geschlafen, gequält von der Vorstellung, eine blutrünstige Teleskoprüssel-Mücke könnte sich durch die Maschen tricksen. Wobei das Ergebnis zählt: In unserer Ehe wurde auch noch nach zehn Jahren nachts gemeinschaftlich gepresst und geschwitzt. Weswegen ist ja dann am Ende wurscht.

Auf dem Rückweg zum Flughafen waren leider ein paar Dschungelbäume umgekippt und ein paar Wege überschwemmt. Kaum war Schatzi ausgestiegen, um mal kurz die Lage zu checken, war ein Besoffener des Weges gekommen und hatte ihm mit der Machete vor Brille und Bart rumgefuchtelt. Möglicherweise ein Friseur. Möglicherweise aber auch einfach nur ein typischer nicaraguanischer Dschungelnachmittag.

11:30 AM

Seit gestern waren auch meine Freundin Bettina und ihr Sohn Jon da. Gemeinsam wollten wir das alte Jahr in ordentlich Alkohol versenken und das neue mit gebührendem Kater begrüßen. Der Gute-Laune-Countdown sollte starten mit einem Mittagessen im *Plouf* in San Francisco. Ein Insider-Restaurant für ungewöhnliche Kombinationen: Muscheln in Kokosmilch und Chili. Einen Koch mit dem Namen Israel Palestino. Und Draußentische, die es selbst im Dezember nicht ohne Reservierung gab.

Mit Kindern, Schatzi, Omi, Ela waren wir zehn Leute – machte zwei Autos, die wir im Financial District parkten. Wo sich sonst die Blechlawine wälzte, Fahrzeuge Stoßstange an Stoßstange standen, herrschte gähnende Leere. Beeindruckend. Silvester schien ein hoher Feiertag hier.

1:30 PM

Pappsatt schleppten wir uns durch eisigen Nieselregen zurück zu den Autos.

Das heißt: Dorthin, wo diese kürzlich noch gestanden hatten.

Ein Blick die Pine Street rauf.

Ein Blick die Pine Street runter.

Zur Sicherheit auch noch einer gen Himmel – man weiß ja nie.

Aber es ließ sich nicht leugnen: Wir vermissten gerade zwei ausgewachsene Autos.

Schatzi hatte eine Superidee: Man könnte ja mal aufs Straßenschild gucken.

»Straßenreinigung, jeden Montag von zwölf bis zwei«, las er laut vor.

»Ich bin dir nur hinterhergefahren!«, bemühte ich mich um eine frühzeitige Klärung der Schuldfrage.

»Aber heute ist doch Feiertag!«, insistierte Schatzi. Als ob Feiertage und Montage zwei sich ausschließende Dinge seien. Und mit so was war ich gerade nach Nicaragua gefahren.

Auf einem weiteren Schild war das zuständige Abschleppunternehmen vermerkt: *AutoReturn*. Der Name war ja wohl blanker Hohn. Während wir aufs Taxi warteten, googelte ich: »The future of towing management!«, versprach *AutoReturn*. »Discover how we are reinventing the municipal towing business, one vehicle and one satisfied customer at a time.« *Die Zukunft des Abschleppens! Jedes Auto ein zufriedener Kunde!* Wollten die einen veräppeln? Ich mein: Abgeschleppt ist abgeschleppt. Was wollte man daran modernisieren? Gab's den Event auf CD gebrannt? Wuschen sie dir das Auto in der Zwischenzeit?

Die Taxen luden uns an der 7th Street unter einer Autobahntrasse aus. Hohe Zäune, Flutlicht, Kameras, Hohlspiegel, waffentragende Uniformmenschen, Warnschilder: *Stop! Do not enter!*. Das war kein Parkplatz, das war ein Autoknast.

In einem schmalen Warteraum nahmen wir auf Holzstühlen Platz. Vis-à-vis: Schalter mit kugelsicherem Glas.

Um uns herum: mindestens zwanzig andere Falschparker – allesamt Touris, die wahrscheinlich bis dato keinen blassen Schimmer hatten, wie das hier in San Fran abschleppmäßig so läuft. Ich gebe zu: Ich tat mich schwer, *the future of towing management* zu genießen.

Nacheinander schrien jetzt alle durch die Scheibe – ihren Namen, ihr Nummernschild, ihr Bedauern –, während die *AutoReturn*-Damen dasaßen, als hätten sie Tomaten auf den Ohren. Fünf Zentimeter dickes Glas schluckt eben nicht nur Projektile.

Nach einer halben Stunde war es so weit: Wir durften an den Schalter treten, um uns schröpfen zu lassen: Man schob uns zwei Rechnungen durch den Schlitz: »557 Dollar each!«, erklärte die *AutoReturn*-Dame. Ich schluckte mehrfach. Echt, Wegelagerei! Auch Schatzi schien das Lachen zwischen die Barthaare gerutscht. Kein Wunder, dass die hier schusssicheres Glas brauchten.

Es machte *ritschratsch!* und mit deutlich verschlankter Amex verließen wir den Schalterraum Richtung Parkplatz, wo wir irgendwo hinten links die Autos ausmachten, zugeparkt von anderen zugeparkten Autos. Das Freimanövrieren dauerte eine Ewigkeit. Unablässig trudelten weitere Abschlepper ein, neue Opfer am Haken. Ich entdeckte einen *Comcast*-Wagen. Das machte mir sehr, sehr gute Laune. Und eine fette gelbe Schramme an meiner Stoßstange. Fand ich weniger lustig. »Das ist doch exakt das Gelb von *AutoReturn*!«, flippte ich aus. »Die verklag ich.«

»Viel Spaß!«, meinte Schatzi. »Aber ich prognostiziere dir: Dann gehst du die nächste Woche unter Garantie zu Fuß. Die werden die Schüssel hierbehalten für ein Gutachten. Jede Wette!«

Ich knirschte mit den Zähnen. Super Jahresausklang.

9:15 PM

»*Na-hach Ha-hause te-helefonieren!*«, rief mit brüchiger Stimme ein Wesen mit heftigen Augenringen und fahlem Teint. Komisch, da legst du eine DVD ein und sie haben dein Leben verfilmt.

Zusammen mit den Kids hockten wir schlotternd unter Decken vor dem Fernseher, Bettina hatte zuvor treffend angemerkt: »Ist ja echt frisch hier bei euch!« Nach *Black Beauty* und *Findet Nemo* lief nun *E. T.* Die Kleinen waren guter Dinge. Wir Großen warteten noch, dass uns fröhliche Stimmung heimsuchte.

Und warteten.

Und drehten Däumchen.

Blick auf die Straße? Totentanz.

Blick in den Nachthimmel? Schwarze Tinte.

Wer Silvesterfotos vom Times Square im Kopf hat – Menschenmassen, Jubel, Luftschlangen –, ist in Palo Alto an der falschen Küste.

Und auf einmal überkam mich heftige Melancholie. Ich wollte einen »richtigen« Einunddreißigsten. Mit Krach, Gezündel, Böller präcox den ganzen Tag. Eiskaltem Rauch. Über den Durst trinken. Marzipanschweinen, Senf-Berlinern, Schornsteinfegern. *ARD*-Fernsehballett. Einem nervösen Schatzi, der Angst hat, er und seine Pyromanensöhne könnten nicht genug in ihrem Bollerwagen haben, das sich anzünden und in die Luft jagen ließ.

»Also, irgendwie ist das Ende von *E. T.* unbefriedigend!«, überlegte Schatzi laut. »Im Prinzip müsste die Mutter fünfzehn Jahre bekommen wegen Behinderung der Polizei. Oder E. T. könnte den kleinen Jungen auffressen!«

10:45 PM

Warum zwanghaft ein Silvester feiern, das nicht stattfindet?

Manchmal musst du gegen den Strom schwimmen. Insbesondere, wenn's gar keinen Strom gibt.

Ab in die Waagerechte!

»Psst!«, klopfte Bettina dezent und sichtlich verlegen an unsere Schlafzimmertür. »Hättet ihr vielleicht einen, ähm, Pümpel?«

»Aber klaro!«, tönte Schatzi, seit Amerika ausgewiesener Experte für überlaufende Klos. »Ich helf auch gern! Wo darf ich pumpen?«

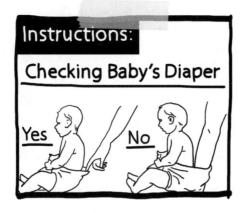

Diskussion

mbiguitätstoleranz

mbiguitätstoleranz (v. lat. ambiguitas „Zweideutigkeit", Doppelsinn"), teilweise auch als Unsicherheits- oder Ingewissheitstoleranz bezeichnet, ist die Fähigkeit, Ambiguitäten, also Widersprüchlichkeiten, kulturell bedingte Unterschiede oder mehrdeutige Informationen, die schwer verständlich oder sogar inakzeptabel erscheinen, wahrzunehmen und nicht negativ oder – häufig bei kulturell bedingten Unterschieden – vorbehaltlos positiv zu bewerten.

January

Monday
28

10:00 AM

Und wieder war es Zeit für einen Quartals-Check-up. Der fiel diesmal super aus. Wäre das *Hau den Lukas* hier und hundert das Höchste, würden wir locker die Fünfundachtzig schaffen.

In meinem Visum prangte jetzt das Ablaufsdatum August. Ich arbeitete emsig. Die Führerscheinbehörde hatte artig einen frischen Lappen geschickt. Yella war neuerdings superdicke mit der Bitch Chantal. Was für eine soziokulturelle Kompetenz. Ich hatte flugs mein Mutterherz ein wenig ummöblieren müssen: Mördergrube raus, Nächstenliebe rein. Rief Yella am Mittagstisch »Erdbeben!«, sprangen ihre Geschwister begeistert unter den Tisch und hielten selbigen fest, wie sie es gerade in der Schule als neusten Drill gelernt hatten. Dazu kreischte Lilly: »Earthquake! Earthquake!« Offen für neue Herausforderungen zeigte sich auch Kolja; er hatte sich von Omi im Rahmen von *Jugend forscht* den Akt der Geburt erklären lassen: »Wird die dann ganz breit?«

»Was breit?«, hatte Omi nachgehakt.
»Na, Dingsda.«
»Was Dingsda?«
»Na, die Vagania!«
Und der größte Hit? Omi Kiel! Die bewies nämlich: Selbst mit sechsundsiebzig ist es kein Problem, die religiösen, ethisch-sozialen, politischen, wissenschaftlichen und philosophischen Überzeugungen, Normen und Wertesysteme deines Gastgeberlandes anzunehmen und als Bereicherung zu erfahren. Sie verbrachte nämlich jetzt jede freie Minute im Outlet. Ich würde sogar sagen: Sie hatte den Rabatt-Rausch ihres Lebens. Ort ihrer Anbetung: *Milpitas – Markenartikel bis zu siebzig Prozent reduziert!* So hatte sie es schon zu einem neuen senfgelben Mantel gebracht. Und einem grauen. Und einem blauen. Und ich es zu zwei seltsamen Notizzettelhaltern. Fluch des Sonderangebots.

Kommen wir zu den Stellschräubchen, an denen ich noch drehen wollte oder musste:

1.) Wäre toll, wenn endlich mal die Heizung funktionieren würde. (Und Megan sich in einen Kaktus setzte.)

2.) Toll auch, jemand könnte Barack und Obama beibringen, nicht ganz so laut zu krächzen. Unglaublich, wie viel großer Lärm in wie wenig Viech steckte. Das hatte ich echt unterschätzt. Sobald sich jemand dem Haus näherte, schlugen die Kollegen an wie die Dobermänner. Unterhielten wir uns, leisteten sie ebenfalls ihren intellektuellen Beitrag: *krah, krah, krah, krah, krah, krah, krah, krah.* Oder Barack legte sich auf den Rücken und Obama setzte sich obendrauf. Komische Umgangsformen hatten die.

3.) Außerdem stand noch das Projekt Lilly/Visumsverlängerung aus. Das war doch keine Formsache. In Amerika muss alles seine Ordnung haben. Selbst für Schneckenschiss gab's Beutelchen. Nächsten Samstag lief Lillys Aufenthaltsgenehmigung ab. Freitag mussten wir deshalb mit ihr mal kurz nach British Columbia in Kanada fliegen.

Eintausendfünfhundert Kilometer die Pazifikküste hoch. Damit auch sie einen Stempel in den Pass bekam. Omi sollte ebenfalls mit. So würde sich, ganz schlau, ihr ESTA verlängern und sie konnte sich länger bei uns erholen. Die Kinder freuten sich wie doof. Außerdem war sie noch nicht ganz durch mit den hundertzwanzigtausend *Milpitas*-Quadratmetern. Und gerade gestern hatte sie nun auch noch *TJ Maxx* entdeckt: weitere vierzigtausend Quadratmeter.

4.) Nun lob ich mir ja Probleme, für die es eine Lösung gibt. Etwas komplizierter sah es da mit Lillys Tobsuchtsanfällen aus, die neuerdings mindestens dreimal am Tag *ritschratsch* machten an meinem Nervenkostüm. Gestern hatte die junge Dame im Auto so laut geschrien, dass sie sich die Ohren zuhalten musste, weil sie sich selbst zu laut fand. Sie stand jetzt regelmäßig draußen vor der Küchentür, weil sie regelmäßig drinnen nicht zu ertragen war. Gern kam sie auch um die Hausecke getrippelt und stellte sich vor die Terrassentür, damit wir ihr dabei zugucken konnten, wie sie brüllte. Natürlich darf sich dein Kind bescheuert benehmen, ohne dass es Angst haben muss, gleich zum Therapeuten geschleppt zu werden. Und natürlich darfst du als Mutter genervt sein und den kleinen Troll ins Abklingbecken stecken, bis er sich ausgekollert hat. No big deal. Zurück zur Tagesordnung. Aber unsicher machte mich das Ganze dennoch.

Denn genauso oft, wie Lilly flegelte, bettelte sie auch: »Mami, kann ich ein Playdate haben mit Claire?« An der bewunderte sie alles: die schwarzen Locken, Ohrringe, Glitzerleggins. Ehrfürchtig hatte sie schon mit ihrem großen Star Händchen gehalten. Dann wurde ich zum viertausendneunhundertstenmal vorstellig bei Claires Mutter. Wie die Antragstellerin bei der Baubehörde, die ihren Wintergarten genehmigt bekommen möchte.

»Ja, also, da müssen wir mal schauen«, machte Claires Mama stets einen auf Playdate-Managerin. »Diese Woche

ist schlecht! Aber vielleicht nächste Woche! Mal gucken. Die Rabea will nämlich auch kommen! Lass uns doch noch mal sprechen!« Und immer tat sie so, als hätte sie vergessen, dass aktuell sowieso vier Anfragen liefen.

Schon klar.

Nun hast du mit dreiundvierzig gelernt, dass dich nicht jeder gleich heiraten will. Von mir aus konnte mir Claires Mama im Mondschein begegnen. Und Hare-Krishnette, mit der sie immer zusammengluckte, auch. Aber für meine kleine Tochter brach es mir das Herz. Ich hätte so gern geholfen.

Gab allerdings auch schöne Momente für Lilly, sollte ich vielleicht der Ordnung halber noch kurz erwähnen: gestern zum Beispiel. Da hatte ausnahmsweise mal ihr großer Bruder Kolja vor die Tür gemusst.

11:00 AM

Das Handy klingelte.

Auf dem Display: GISSV.

»Hallo?«, rief ich in die Leitung. Und hielt die Luft an, weil ich befürchtete, Mandys Stimme zu hören: ... *Gänsefleisch?*

»Hier ist Astrid!«, meldete sich Doubtfire junior.

Na denn. Ich atmete tief aus.

»Sag, Katja, kannst du mal kurz ins Auto springen und kommen?«

Nun war grundsätzlich Zurückhaltung geboten, wenn Doubtfire wollte, dass man »kurz ins Auto sprang«. Schon mehrfach hatte sie mich zu Hause angesimst, weil ich morgens beim Bringen nicht mein »KK« in die Bringliste gesetzt hatte.

»Sag, Astrid, kannst *du* denn nicht für mich KK machen?«, hatte ich sofort gefeilscht.

»Au Mensch, würd ich ja gern!«, war mir jedes Mal ver-

sichert worden. »Nur leider – da macht die Versicherung Stress!«

»Aber brauchst du denn jetzt sofort die Unterschrift? Es reicht doch, wenn ich unterschreibe, sobald ich Lilly abhole ...«

»Nee, dummerweise, das muss jetzt schon sein. Was, wenn in der Zwischenzeit was passiert?«

Das Ende vom Lied: Ich schrieb zu Hause eine Bestätigung: *Ja, ich habe meine Tochter gebracht!* Das fotografierte ich und schickte es per Mail an Doubtfires Account.

»Na, Unterschrift vergessen?!«, scherzte ich in die Leitung.

»Nee«, bedauerte Doubtfire, »die Lilly ist vom Klettergerüst gefallen.«

11:15 AM

Ich fand Lilly draußen auf dem Hof, wie ein Häufchen Elend hockte sie auf dem Schoß von Gabriela, einer der vielen Erzieherinnen. Als ich kam, fing sie an zu weinen. Dort, wo mein Kind heute Morgen noch seine Nase hatte, leuchtete ein feuerroter, alienartiger Riesenknubbel. Überall auf Lillys rosa Kleidchen war Blut. Aus den Nasenlöchern, die auch nicht mehr so recht als solche zu erkennen waren, weil alles ein einziger geschwollener, konturloser Matscheklumpen war, zog sich eine geronnene Doppelspur bis zum kleinen Mund, dessen aufgeplatzte Oberlippe auf das Dreifache von normal angewachsen war. Kurz: Lilly sah aus, als hätte Wladimir Klitschko an ihrem Gesicht einen Punch geübt. Ich kniete sofort nieder und küsste und herzte mein Kind. Und ich weiß nicht, ob alle Mütter im Herzen verhinderte Friseure sind. Aber ich machte, was alle machten: Ich strich meinem Kind erst mal die Haare glatt und aus dem Gesicht. Was nicht so einfach war, denn auch hier war irgendwie alles verkrustet. Mein Magen krampfte sich

zusammen vor lauter Schuldgefühl, und für einen Moment dachte ich, ich krieg keine Luft mehr. Ich musste mal kurz ein paar Tränchen wegschlucken, dann wollte ich wissen: »Mensch, kleine Maus, wie ist das denn passiert?«

»Ich bin da abgerutscht, mit den Füßen«, erklärte sie zittrig. »Und dann hab ich da bumm gemacht.«

11:55 AM

Und ein weiteres Mal fand ich mich mit Kind im Stanford Emergency Room wieder. Sollten wir noch mal für ein Jahr nach Amerika ziehen, wusste ich schon jetzt: das nächste Mal bitte die Notfallaufnahme-Zehnerkarte. Das kam günstiger. Bestimmt gab es auch Aktionstage fürs Platzwundennähen. Oder dreißig Prozent Preisnachlass bei Zähneausschlagen.

»Hey Sweetheart!«, begrüßte uns mit viel Schwung Dr. Bong. Genau. Die, die auch Koljas Hände repariert hatte. Sie warf einen schnellen Blick auf Lillys Nase. Dann lobte sie: »Wow! Good job! This is a really, really big nose!«

12:05 AM

Drei schlechte News, eine gute. Eine, die sich nicht entscheiden konnte: Lillys Nase war gebrochen. Sie hatte eine Gehirnerschütterung. Ihr Lieblingsprinzessinnenkleid war im Eimer, denn so viel *Rei*, wie da Blut drauf war, bekam ich nicht auf den Stoff geschmiert. Die schlechten News.

Die guten: keine OP, kein Gips. Würde sich alles verwachsen.

Die unentschlossene: Es war nicht klar, ob wir in vier Tagen nach Kanada konnten. Bei Start und Landung würde Lilly Druckausgleich machen müssen, Nase zu und pusten. Wie das mit diesem Elefantenrüssel gehen sollte – keine Ahnung. Blieb nur Beten, dass alles rechtzeitig abschwoll.

Zu Hause kuschelte ich Lilly mit Decken und Kissen auf die Couch. Eisbeutel auf die Nase. *Princess Charm School – Barbie auf der Prinzessinnen-Akademie* ins DVD-Laufwerk. Und dann, Premiere, guckte ich die kompletten neunzig Minuten mit. Irgendwie hatte ich das Gefühl, ich muss was gutmachen.

February

Friday 1

11:15 AM

Warum plant man eigentlich alles auf den allerletzten Drücker? Der letzte würde doch auch reichen! Warum bin ich mit einem Mann verheiratet, dessen Frau immer bis zur vorletzten Sekunde Koffer packen muss? Und: Warum gibt es im Silicon Valley Hightech-Taxi-Apps, wenn dann doch kein einziges Cab je pünktlich ist?

Drei sehr komplizierte Fragen, die möglicherweise die Antwort lieferten darauf, warum Schatzi und ich gerade fünf Minuten zu spät mit einer blau verfärbten Lilly und einer blässlichen Omi am Flughafen San Fran aufgetaucht waren.

»So sorry, der Flug ist closed!«, erklärte uns der Check-in-Mitarbeiter von *Alaska Airlines*, ein Inder. Das Lächeln – Zufall? Einstellungskriterium? – kalt wie Kühlschrank. »Ich kann Sie leider nicht mehr einchecken, ich kann Sie nur noch auf Stand-by setzen.« Sprach's und sortierte weiter irgendwelche Unterlagen.

»Aber wir MÜSSEN mit ihr unbedingt nach Vancouver!« Ich schaute den *Alaska-Airlines*-Inder verzweifelt an und zeigte auf Lilly, deren Augen heute nicht viel mehr waren als verquollene Schlitze unter wulstigen blauen Lidern. Und deren geschwollene blaue Sattelnase eine Fläche bildete mit dem restlichen blauen Gesicht. Sie sah aus wie aus *Avatar*. »Wir haben dort mit ihr einen Arzttermin!«

Schatzi schob mich beiseite. Nach dem Motto: ›Wir sind anständige Diekmanns. Wir lügen nicht. Lass das mal den Profi machen!‹

»Und Sie sehen wirklich keine Chance, uns doch noch einzuchecken?«, hakte er nach.

»No!«, erklärte der Inder.

»Und wie groß ist die Wahrscheinlichkeit, mit diesen Stand-by-Tickets mitgenommen zu werden?«

»Gering. Aber Sie können ja rennen und es versuchen.«

»Und wann geht der nächste Flug?«

»Tomorrow.«

›Und nu?‹, sprach das Känguru. Morgen war zu spät. In genau zwölf Stunden, dreißig Minuten, vier Sekunden lief Lillys Visum ab.

Jetzt war die Kacke am Dampfen.

11:25 AM

Damn! Murphy's Law. Wenn's schiefläuft, dann aber richtig. Vor dem Security-Check fehlte nämlich nun auch noch ein Ticket. Ganz wichtig in solchen Fällen: Schuldfrage klären.

»Hast du's?«

»Nein, ich hab's nicht.«

»Aber ich hab's dir doch gegeben!«

»Ich hab's aber trotzdem nicht.«

Schatzis Lippen waren ein einziger dünner Strich, so freute er sich. »Wartet hier!«, rief er mir zu und sprintete zurück zum Counter, einen sprühnebeligen Transpirationsschweif hinter sich herziehend. Neben mir stand japsend Omi Kiel, kalkweiß, auf der Oberlippe kleine Schweißperlen. Wenn man mit sechsundsiebzig durch Flughäfen rennt, meckert schon mal die Pumpe. Sie sagte kein Wort. Ich machte mir richtig Sorgen.

»Mama, tut mir leid!«, bat ich um Verzeihung. »Du musst echt sagen, wenn dir das alles hier zu viel wird! Das ist es nicht wert!«

»Ja, mach ich«, log sie. Wie immer.

Dafür war unser *Avatar*-Kind supergut drauf. Lilly musste ja auch ihre dreizehneinhalb Kilo nicht selber schleppen, die hatten abwechselnd Schatzi und ich auf der Hüfte. »Pass mal auf, Lilly«, erklärte ich, »wir machen jetzt mal einen ganz, ganz dollen Omi-Zangenkuss!«

Wir nahmen uns also alle gleichzeitig in den Arm, Lilly umfasste Omis Beine, legte zärtlich ihre Wange an den Hosenstoff: »Tut mir leid! Tut mir leid! Tut mir wirklich leid, Omi!«, plapperte sie mir nach, als hätte sie alles höchstselbst verbrochen.

Als ich meine Unterlagen rearrangierte, rief mir aus der wilden Zettelwirtschaft das vermisste Ticket ein ›Huhu!‹ zu. Shit. Shit. Shit. Wie konnte das sein? Wie war das da hingekommen? Das würde ich ja noch in fünfzig Jahren im Altersheim von meinem Kerl auf die Schnabeltasse geschmiert bekommen. Ich griff hektisch zum Handy. Voller Sorge, Schatzi könnte nicht rangehen. Er ist ja manchmal der vernagelte Typ, Motto: ›Jetzt nicht stören, muss erst Ticket finden!‹

11:50 AM

Nun saßen wir schon seit fünfzehn Minuten am Gate und guckten den anderen Passagieren beim Boarden zu. Auch nicht schön.

»Das wird nix mehr!«, wusste Schatzi. Wie immer bemüht, dass ich mir keine Illusionen machte.

Der *Alaska*-Inder war nun fertig mit Ticketabreißen, bündelte gewissenhaft die Abschnitte, dann winkte er mit stoischem Gesicht Schatzi an den Counter. Zwei Minuten, dann stand mein Kerl wieder vor mir: »Pass auf!«, verkündete er. »Wir diskutieren das jetzt nicht: Ihr drei fliegt, ich bleib hier!«

»Wieso das denn jetzt? Warum bleib nicht ich hier und du fliegst?«, fing ich an zu diskutieren.

»Weil das jetzt so ist. Einer muss ja bei den Koffern bleiben!«

»Kommen die denn nicht mit?«

»Nein.«

12:00 AM

»Boarding completed!«, kam es durch den Lautsprecher. Die Anschnallzeichen leuchteten auf. »Wir machen Sie nun mit den Sicherheitsmaßnahmen an Bord vertraut!«

Na toll. Ich konnte es immer noch nicht fassen. Jetzt flog ich tatsächlich ohne Koffer und Kerl, dafür mit einer kaputten Omi-Seniorin und einem ramponierten Kleinkind für achtundvierzig Stunden nach Kanada. Hoffentlich hatten die im Hotel eine Zahnbürste.

Mein Handy vibrierte:

> Sag jetzt nichts! Ich komm an Bord.
> Alles weitere später
> 12:00, 1 Feb

›Aus was für einem drittklassigen Agentenfilm war das?‹

12:40 PM

In einem früheren Leben traf ich mich mit meinem Kerl zu wichtigen Besprechungen immer am Wannsee beim Chinesen. Neuerdings über Oregon vor dem Bordklo.

»Erzähl!«

»Nur, wenn ich mich darauf verlassen kann, dass du kein Thema draus machst!«

»Doch, ich ruf jetzt sofort die Zeitung an. Ich biete aber auch an, auszusteigen und zu Fuß weiterzufliegen.«

»Also, pass auf«, nahm Schatzi Anlauf. »Der Typ ist gekommen und meinte: ›Sir, was ich jetzt mache, ist total ge-

gen die Vorschrift! Wenn das rauskommt, bin ich meinen Job los! Aber: *You are family.* Sie dürfen mitfliegen.‹«
»Wow!«
»Er hat nur eine Bedingung gestellt.«
»Klar, jede!« Ich strahlte. »Hauptsache, du bist an Bord!«
»Wahrscheinlich kommt unser Gepäck nicht mit, hat er gesagt. Und ich musste ihm versprechen, dass wir nicht zu *Alaska Airlines* rennen und eine Suchanzeige aufgeben. So würde nämlich rauskommen, dass er mich an Bord gelassen hat. Was gefährlich ist, denn das hieße, die Koffer sind allein am Airport geblieben. Und theoretisch könnte da ja eine Bombe drin sein. Weg ist in diesem Falle weg.«
Jetzt strahlte ich nicht mehr.
»So, ich glaub, wir müssen jetzt aber mal dringend zu unseren Sitzen zurück! Die Stewardessen gucken schon die ganze Zeit!«
Klar. Auf jeden Fall. Es bestand ja die Gefahr, dass so ein Sitz ohne einen weiterflog.

2:40 PM

»Purpose of your travel?« *Ziel der Reise?* Der kanadische Immigration Officer studierte mit strenger Miene unsere Pässe. Ich wartete darauf, dass bei Schatzi die Sabbelluke aufging: ›Grizzley, Elche, Ahornsirup, Lachs, Niagarafälle, Marmel-Alk – SIR!‹ Was einem eben einfällt, um einem Einreisebeamten zu der Einsicht zu verhelfen: ›Holla, die Waldfee! Hier stehen aber vier Hardcore-Kanada-Fans, die schon ein Leben lang von dieser Reise träumen.‹

Schatzi hob unser kleines *Avatar*-Girl hoch: »Ich möchte ehrlich sein! Wir haben da ein kleines Anliegen mit dem US-Visum dieser jungen Lady. Sie verstehen? Deswegen machen wir uns jetzt mal zu viert ein sehr nettes Wochenende in Kanada.« Er nickte dem Immigration Officer vielsagend zu.

Mund zu! Milchzähne werden sauer! Mir klappte sprachlos der Unterkiefer runter. Wie konnte Schatzi sich so in die Karten gucken lassen? War das ein Trick? Und wenn ja, welcher? Der Ohne-Trick-Trick? Diese Wahrheitsmasche hatte was Fanatisches.

Der Officer nickte, als wolle er sagen: ›Ach, na denn …!‹ Und mein Oberkiefer bekam die Chance, hinterherzuklappen. Viermal sauste der Stempel nieder, man tauschte noch schnell Vancouver-Restaurant-Tipps. Dann waren wir frischgebackene Kanadatouristen.

3:00 PM

Jetzt bloß keine stundenlangen Einlassungen zum Thema: *Ehrlich kommt am weitesten!* Ja, Schatzi hatte recht. Ja, er war der Größte. Aber das schönste aller Geheimnisse ist doch: Du bist ein Genie und keiner darf's wissen.

Wir nahmen am Gepäckband Aufstellung. Und ich wappnete mich für den Moment, wo klarwerden würde, dass das *Best of* meines Kleiderschranks für immer die Biege gemacht hatte. Mit dem *Worse of* fliegt ja keiner.

Dann plumpste auch schon Schatzis grauer *Samsonite* aufs Band. Mein Mann schaute betreten. Auch blöd, wenn du noch nicht mal laut *geil, geil, geil* rufen kannst.

Dann kam eine Weile nichts.
Bevor noch mehr Nichts kam.
Und dann, auf einen Schlag: die restlichen Koffer.
Nur Lillys Kindersitz fehlte. Und blieb fehlend.

February

Sunday
3

8:30 AM

Hinter uns lagen zweieinhalb fantastische Tage in British Columbia, in denen wir einvernehmlich beschlossen hatten: *Im nächsten Leben Vancouver.* Was für eine Stadt! Was für eine Entdeckung! Ein bisschen Hamburger Hafencity. Ein bisschen Frankfurter Bankenviertel. Und sogar ein bisschen Vancouver. Rund um den False Creek, einem Pazifikarm, ragten todschicke Büro- und Wohnkratzer vor der Skyline der schneebedeckten North Shore Mountains in den blitzeblanken kanadischen Winterhimmel. Man sah sich da gleich mit seinen Designerfreunden und Schauspielerbekannten Dinnerpartys feiern. Omi Kiel hatte sich ratzfatz in die hiesige Koffein-Infrastruktur verliebt: an wirklich jeder zweiten Vancouver-Ecke ein *Starbucks*. Noch nie hatte ich so ein Coffeeshop-Aufkommen gesehen. Das Pro-Kopf-Kaffee-Fassungsvermögen des durchschnittlichen Vancouveriten musste sich in Barrel beziffern. Während Schatzi völlig geplättet war, als er herausfand, dass wirklich alle seine Lieblingsromantikfilme in Vancouver gedreht worden waren: *Alien vs. Predator, Mission Impossible, Final Destination, Underworld.* Nicht umsonst hieß die Stadt mit Nachnamen *Hollywood North*.

Eine Sache allerdings hatten wir auch lernen müssen: Es ist schier unmöglich, Vancouver zu »entdecken«. Seit nahezu ewigen Zeiten hat es nämlich eine Top-Five-Platzierung unter den »lebenswertesten Städten weltweit«.

Mit tatkräftiger Unterstützung von Omi und Lilly stellte ich nun unsere Koffer auf das Band vom Self-Check-in. Auf Schatzis helfende Ehemannhand musste ich wie so oft verzichten. In diesem Falle besuchte er mittags einen wichtigen Computer-Nerd-Kongress in New York und hatte schon eine Stunde vor uns aus dem Hotel ausgecheckt. Gut möglich, dass er jetzt bereits im Flieger saß. Omi, Lilly und ich würden über Seattle nach San Fran zurückfliegen.

In der Sekunde leuchtete Schatzis Nummer auf dem Display auf. Und der Hinweis: *Verpasste Anrufe: 3.* – ›Gleich‹, dachte ich. Im Unterschied zu meinem Kerl gehe ich nämlich nicht ans Telefon, wenn ich am Flughafen und im Stress bin.

Wir hasteten weiter durch den Security Check, diesmal hatten wir Gott sei Dank alle Tickets beisammen. Ich brauch halt immer einen Kerl, der beim Verbummeln hilft. Unbemannt bin ich top-organisiert.

»Guck!«, meinte ich zu Omi, »jetzt haben wir das Gröbste gescha ...«

Den Satz kriegte ich leider nicht zu Ende. Denn wir sahen uns plötzlich einer Reihe finster dreinschauender US Immigration Officers in Glaskabuffs gegenüber. Was machten die denn hier am Flughafen Vancouver, weit weg von den USA? Betriebsausflug?

Die Warteschlangen waren vergleichsweise kurz, dennoch ging es merkwürdig schleppend voran. Mir schwante nichts Gutes. Unauffällig griff ich zum Handy und drückte auf Rückruf: »Hi, this is the voicemail of Kai Diekmann ...!«, schallte es mir entgegen. Der war also schon in der Luft. Mist. Da überall Hinweisbilder mit durchge-x-ten Handys hingen, steckte ich mein Telefon lieber schnell wieder weg.

Nach zehn Minuten waren wir dran: »Purpose of your travel?«, wollte der bullige Beamte wissen, während ich unsere drei Ausweise über den Counter schob.

»Wir fahren nach Hause!«, erklärte ich und strahlte wie ein Kernkraftwerk.

»Where do you stay?«

»We live in Palo Alto!« Wieder schenkte ich ihm mein breitestes Lachen.

»You live or you stay there?«, schnappte die Falle zu.

9:20 AM

Keine fünf Minuten später fand ich mich mit Omi und Lilly in einer kargen Ausmusterungshalle für verdächtige Einreisewillige wieder. Kaum dass ich das Wort »live« in den Mund genommen hatte, hatte der Officer nämlich, Kaugummi kauend, ein Kreuzverhör gestartet. Ob ich denn nicht wüsste, dass ich mit ›B1‹ nur reisen dürfte, nicht aber wohnen?

»Ähm, ich wohn da gar nicht, ich halt mich nur auf!«, hatte ich nachgebessert.

Aber zu spät. Der Typ hatte Lunte gerochen. »But you said *live*!«, fauchte er mich an.

»Yes, aber ich meinte *stay* ...«, hatte ich eingeschüchtert laviert. Und es dann, Schatzis Beispiel folgend, einfach mal weiter mit der Wahrheit versucht: Dass mein Mann in den Staaten arbeitete, unsere Kinder dort zur Schule gingen. Dass ich mich für ›L2‹ beworben, doch die Zeit nicht gereicht hatte. Nachträglich auf ›L2‹ upzugraden aber hieß, drei Monate keine Ausreise. Ich aber auch gern unterwegs war.

»You're tellin' me you didn't apply for a ›L2‹-Visa because you wanna TRAVEL?«, hatte der Officer mich angefahren. *Sie wollen mir doch nicht sagen, Sie haben sich nicht um ›L2‹ bemüht, weil Sie REISEN wollen?* Plötzlich war »live« nicht mehr das Problem, das Problem war jetzt nur noch »travel«. Dabei wollte ›B2‹, dass man travelte. Es war wie: ›Wasch mich, aber mach mich nicht nass!‹ So nicht. Aber so auch

nicht. Ehrlich mal: Ich hatte mich noch nie so tief reingeritten und verfranzt wie jetzt gerade mit meinem Versuch, nicht rumzulügen. DAS würde ICH Schatzi bis zum Ende seiner Tage auf die Schnabeltasse schmieren.

Der Officer sah aus, als würde er gleich ausspucken, so widerwärtig fand er wohl, was ihm da gerade zu Ohren gekommen war. »Follow me!«, hatte er geblafft und war aus seinem Kabuff gekommen, Staatsfeind Nr. 1, 2 und 3 immer hinter ihm her. Dabei hatte ich einen fantastischen Blick auf das schwere Gerät an seinem Gürtel: Pistole, Handschellen, Pfefferspray, Schlagstock, Walkie-Talkie, Taschenlampe.

Und jetzt saßen wir hier auf harten Holzstühlen, unsere Pässe waren konfisziert, und harrten der Dinge, die da kamen. Nicht viele. Man beachtete uns seit dreißig Minuten nicht mehr. Ich guckte auf die Uhr, in dieser Sekunde wurde gerade unser Flieger nach Seattle geboardet. Ich schluckte.

Yella, Caspar, Kolja allein mit einem neunzehnjährigen Au-pair an der Westküste. Mein Mann unterwegs zur amerikanischen Ostküste. Und Omi, Lilly und ich auf dem besten Wege, gleich abgeschoben zu werden nach Deutschland. Inklusive Einreiseverbot für die USA für die nächsten drei Jahre. Ich mochte das gar nicht zu Ende denken. Ich hatte das Bedürfnis zu reihern – aber auch die Sorge, ich könnte Lilly treffen, die unter den Stühlen herumkrabbelte.

Im Schutze meiner Jacke machte ich verbotene Dinge: Ich gab nämlich auf meinem Handy bei Wikipedia »Flughafen Vancouver« ein. Zwei Minuten später wusste ich: Ich bin auf einem sogenannten »Preclearance Airport«. Einem Brückenkopf der amerikanischen Einwanderungsbehörde im befreundeten Ausland. Wie Nassau auf den Bahamas. Wie Abu Dhabi in den Arabischen Emiraten. Da gab's diese Außenstellen auch. Um bei Zeiten vorzusortieren, wen man so drin haben wollte, wen nicht. Die Guten ins Töpfchen, die Schlechten ins Kröpfchen.

Am Counter uns gegenüber saß die ganze Zeit ein Be-

amter mit Pistole. Der winkte mich nun mit schlaffer Hand ran, es war nicht recht erkennbar, warum jetzt ausgerechnet, warum nicht in dreißig Minuten, warum nicht vor dreißig Minuten.

»So«, meinte er mit Blick auf meinen Pass, den er vor sich liegen hatte. »Sie leben in den USA mit einem ›B2‹-Visum, ist das korrekt?« Seine Stimme war wie die seines Kollegen – wie Solinger Stahl. Ordentlich scharf.

»Ja«, sagte ich. Ich hätte auch Nein sagen können. Ich hatte das Gefühl, ich war sowieso fällig.

»Sie wissen, dass das gegen das Gesetz ist?«

»Ja, aber mein Mann hat ›L1‹«, versuchte ich anzubringen.

»So«, schnappte der Beamte. »Und wo ist Ihr Mann?«

»In New York.«

»Und Sie leben in Palo Alto? Wie geht das?«

Er guckte genervt in seinen Computer. »Wie ist sein Name?«

»Diekmann, Kai.«

»Und woher weiß ich, dass das Ihr Mann ist?«, ging das Hasentreiben weiter. »Wenn ich in Ihren Pass gucke, da steht *Kebler*, nicht *Diekmann*.«

»Keßler«, verbesserte ich ihn und wies auf die Zeile mit meinem Namen, der sich offiziell mit »ß« schreibt. »Das ist ein deutsches Doppel-s. Sieht aus wie ein B, hat aber einen kleinen Strich, gucken Sie mal!« Ich sah seinem Gesicht genau an, was er dachte: ›Nicht das richtige Visum, und jetzt kommt die auch noch mit ihren hausgemachten Buchstaben. So was wollen wir hier nicht.‹

Ich war ratlos. Das Einzige, was ich noch als Argument anführen konnte, war ›sorry‹. »Sorry!«, sagte ich also. Und noch mal: »Sorry!« Und zum Schluss nur noch: »Sorry, sorry, sorry!«

9:55 AM

Durch eine Seitentür entließ man uns in den offiziellen Flughafenbereich: In diesem Falle waren das die Süßwarengondeln eines Duty-free-Shops. Damit man sich Bonbons kaufen konnte auf den Schreck?

Und wieder mal rannten wir schweißnass über einen Airport, als ob das unser neues Hobby wäre. Auf den allerletzten Drücker erreichten wir unseren *United-Airlines*-Flieger.

Die Anschnallzeichen leuchteten schon auf, da hörte ich noch schnell meine Mailbox ab. Schatzis aufgeregte Stimme: »Ich weiß nicht, ob du meine SMS gelesen hast. Ich bin grad durch die US-Immigration. Die ist nämlich schon hier in Vancouver. Nicht in Seattle. Du musst aufpassen! Die sind absolut pissig drauf! Mich haben sie total in die Mangel genommen!«

Drei Dinge galt es festzuhalten an diesem merkwürdigen Tag: Nein, ich hatte keine SMS bekommen. Das ist die Segnung der modernen iCloud. Wo ja alles über's Internet geht, solange das Internet geht.

Zweitens: Omi hatte natürlich keine ESTA-Verlängerung bekommen. Weil man ESTA gar nicht verlängern kann.

Drittens: *Avatar*-Nasengurken-Girl war mit hochzufriedenem Lächeln neben mir im Sitz weggenickt. Für sie hatte sich der Trip voll gelohnt. Nach dem ganzen Hin und Her hatte auch sie jetzt einen Stempel bis August. Aber viel wichtiger: Sie hatte endlich die Eisprinzessin-Barbie, die noch gefehlt hatte in ihrer Sammlung.

February

Friday 8

2:45 AM

Vor zwei Wochen war Caspar neun geworden, höchste Eisenbahn, die Korken knallen zu lassen. Aber wie? Neun ist ja so ein bisschen *Lost in Translation*. Caspi war raus aus dem Alter, wo er sich damit zufriedengab, auf seiner Geburtstagsfeier die Ballons zu zerbeißen und ein paar Geschenke aufzureißen, um anschließend mit dem Papier zu spielen statt mit dem Geschenk. Aber er war auch noch nicht so weit, dass man hätte sagen können: ›Hier haste Geld für'n Puff. Mach dir 'nen netten Abend.‹

Als die aufsichtführende Erziehungsberechtigte war ich also gefordert, eine altersgerechte Jungsparty auf die Beine zu stellen. Ich liebe altersgerechte Jungspartys. Insbesondere den Moment, an dem sie vorbei sind und keiner im Krankenhaus liegt. Das Problem ist nicht die Party. Das Problem sind die Gäste. Könnte man die weglassen, wäre viel gewonnen. Denn sobald die damit anfangen, ihre Finger in den Türspalt zu stecken oder in die Torte oder beim Kumpel in die Nase, läuft das Ding aus dem Ruder. Und sie fangen damit an.

So kam es jetzt, dass ich mit Caspi und Kolja am Counter von *Pump it up!* stand, einem tausend Quadratmeter großen Indoor-Spielplatz, keine sieben Highwayausfahrten von uns entfernt im beschaulichen Örtchen Sunnyvale gelegen, und auf fünfzehn geladene Gäste wartete. Organisierte Geburtstagspartys auf Indoor-Spielplätzen sind eine feine Sache: Vorne schiebst du deinen Nachwuchs rein, hinten kriegst du ihn fertiggefeiert wieder raus. Das Ganze für ein kleines Entgelt. Dazwischen liegen hundertzwanzig Minuten, in denen du dir als Mutter die Nägel feilen

kannst. Und wieder war ich ein Stück mehr in Amerika angekommen. Denn sich stressen lassen durch seine Kids ist, man muss es sagen, ein total deutscher Mütterehrgeiz. Keine einzige amerikanische Mutter feierte, wie ich festgestellt hatte, Kindergeburtstage zu Hause.

Ich hatte das *Classic Party Package* gebucht, hundert Dollar angezahlt und dafür auf der *Pump it up!*-Homepage »gigantischen Fun«, »festliche Papierartikel« und »freundliches Personal« versprochen bekommen. Was die Einladungen anging, waren die natürlich elektronisch per *eVite* rausgegangen, kein Schulkind im Valley bastelte noch Karten mit Uhu und Buntstift. Die angemorsten Mütter mussten auch nur noch anklicken *Yes, Kevin is coming*. Oder: *No, Kevin isn't coming!* Dafür bekam ich als Einladende die Rückmeldung, wer schon gelesen hatte, aber beim Klicken schlampte. Hallo Stasi.

»Wann kommen endlich meine Gäste?«, maulte Caspi, dem das alles hier mal wieder nicht zielorientiert genug war. Tief im Herzen eben ein Gesinnungsamerikaner. Neulich, bei einem Geburtstag auf der Kartbahn, hatten andere Kinder wissen wollen: »Herr Lehrer, wie bremse ich? Wie lenke ich?« Caspi hatte nur schnipsend den Finger gehoben: »Wie gewinnt man?« Und als seine Schwester zu Weihnachten Geld von ihrer Patentante aus dem Umschlag zog, wollte er auch dies gleich an sich nehmen: »Ich kann nicht zusehen, wie Yella reich wird!«

Dabei trudelten pünktlich auf die Minute seine Kumpels ein. Schon oft hatte ich das Gefühl gehabt, in Amerika haben alle eine Stoppuhr verschluckt. *Zack!* kamen die mitgebrachten Geschenke in einen bereitstehenden Auffangbehälter. An nicht wenigen Paketen klebte mit Tesa der Bon. Damit man das Geschenk auch umtauschen konnte. Zusätzlich entdeckte ich drei, vier Umschläge. Darin steckten, wusste ich, Zehn- oder Zwanzig-Dollar-Scheine. Was alles noch mal vereinfachte.

Und los ging's mit Fun im Endstadium. Nicht umsonst waren wir hier bei einem »national leader in the children's entertainment category«. Die Latte lag hoch.

3:00 PM

In der fabrikgroßen, mit Nadelfilz ausgelegten Halle konnte ich keine fünf Meter weit gucken. Mir war im wahrsten Sinne schwarz vor Augen. Meine Ohren versagten auch ihren Dienst: In die wummerte nämlich »Ho Hey!« von den Lumineers.

»Hi!«, schrie mich jemand von links an, »I am Garret, your party assistant!« Garret trug sein Basecap falsch rum. Und er hatte diese Lochohrringe zum Dehnen, durch die du, wenn du gut bist, irgendwann eine Gurke schieben kannst. Zurzeit war Garret noch bei Bohne.

»Hi!«, schrie ich zurück. War ich froh, dass ich das »Get ready to glow!«-Zusatzpaket gebucht hatte! Denn Garret hielt nun, der Order entsprechend, ein Bündel trüber Plastikstäbe in der Hand, die er durch Knicken zu grell strahlendem Neon erweckte und den Jungs umhängte wie ein Hundehalsband. Kleine Ortungshilfe im schwarzen Loch.

Schon nach zwei Minuten wusste ich: Dieser Geburtstag wird ein Megaerfolg. Die Jungs hämmerten sich mit aufblasbaren Riesenboxhandschuhen auf die Köpfe. Andere hingen wie kleine Schimpansen an der Kletterwand oder sprangen kängurugleich durch die aufblasbaren Hüpfburgen. Wenn du das so siehst als Mutter, diesen Bewegungsdrang, fragst du dich, wie irgendwer annehmen kann, Jungs eignen sich für Wohnungshaltung. Eigentlich brauchen die einen winterfesten Stall irgendwo draußen. Und ab und an: rein ins Geschirr und Baumstämme ziehen lassen. Nur so wird das was.

3:50 PM

Im Nebenraum, wo schon die Fütterung vorbereitet wurde, machte ich Probesitzen auf dem riesigen Geburtstagsthron, aufblasbar, natürlich, und schaute der Assistentin vom Assistenten beim Tischdecken zu. Dabei fragte ich mich, ob die, wie alles hier, auch »inflatable« war. Man möge mir verzeihen: Aber die Dame konnte als ihre eigene Hüpfburg arbeiten. Was für ein Gerät.

4:00 PM

Ich spürte, hier stimmt was nicht.

Irgendwo im hinteren Teil der Halle liefen die Leuchtkringel zusammen. Ich sah Garret flitzen.

Eine innere Stimme sagte mir: ›Renn!‹

Ich kam gerade rechtzeitig, als sie Caspi aus der Hüpfburg zogen. Nach Luft japsend, sich krümmend, klatschnass. »Was ist?! Was ist?!«, schrie ich panisch. Die Musik wummerte. Caspar kriegte keinen Ton raus.

»Der ist mit dem Gesicht in die Ritze gerutscht!«, brüllte einer seiner Kumpels.

4:15 PM

Es gibt einen guten Grund, dass dich in Amerika selbst der Supermarktbesitzer am liebsten einen Haftungsausschluss unterschreiben lassen würde, bevor du den Joghurt aus seinem Regal nimmst. Es passiert einfach wahnsinnig viel Quatsch. Und anschließend heißt es immer: ›Darauf komm mal einer!‹

Caspi, stellte sich raus, war im Innern der weitläufigen Hüpfburgen mit dem Fuß hängengeblieben und, Gesicht nach unten, in den Spalt zwischen zwei Matratzen gerutscht, die offensichtlich nicht genügend Druck hatten,

ausreichend aneinanderzuklemmen, aber stramm genug waren, Arme, Beine und Kopf zu fixieren. Er hatte um Hilfe gerufen, bei der lauten Musik und dem ganzen Gummi vorm Mund aber schwierig. Zum Glück waren nach einer Weile zwei seiner Gäste vorbeigejumpt gekommen. Und zu seinem Unglück hatten sie entschieden: ›Den retten wir! Den hüpfen wir frei!‹ Und mit jedem Mal Hüpfen war Caspi tiefer in den Spalt gerutscht, bis schließlich sein Brustkorb zusammengedrückt wurde, sich das Gummi plan auf Mund und Nase legte und er leider nicht mehr atmen konnte. Das alles, während mich fünfzig Meter entfernt die Sorge umtrieb, ›Haben wir auch genügend Süßigkeiten?‹ – und ich bei Garrets Assistentin Schokokuchen nachgeordert hatte.

»Alles okay, Caspi?«, wollte ich wissen und zitterte im Gegensatz zu meinem Sohn immer noch. Beinahe wären wir mit Sarg nach Deutschland zurück. Machen wir uns nichts vor.

Caspi nickte. Ganz der stoische Indianer pulte er schon wieder am Schokokuchen. Das ist das Gute an Kindern: Die schocken dich, und dann lassen sie dir aber auch keine Zeit, geschockt zu sein. »Kann ich mal die Fanta?«, fragte er, während ringsum alle ihre Give-away-Tütchen plünderten und sich hässliche grüne Plastikbrillen aufsetzten. Der Partystimmung hatte der kleine Zwischenfall keinen Abbruch getan.

»Always memorable!« stand auch noch auf der *Pump it up*-Homepage. *Etwas, an das Sie immer zurückdenken werden.* Wie wahr.

Das nächste Mal, wenn wir einen original amerikanischen Geburtstag feiern wollten, würden wir zu *Cyber Quest* nach Mountain View fahren. Da durften die Kids mit Laser-Gewehren aufeinander schießen. Das klang doch im Vergleich mal ungefährlich.

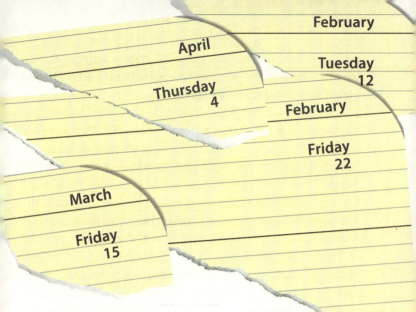

12:15 PM

Die Tage gingen ins Land, es war wieder schön warm, wir hatten eine schöne neue Spülmaschine. Die Blätter waren an die Bäume zurückgekehrt. Dafür hatten die Guinea Pigs keine Haare mehr am Hintern.

Zusammen mit Barack und Obama, die dringend mal die Fingernägel geschnitten bekommen mussten, packte ich Twixx und Snickers ins Auto und fuhr ins *Pet Hospital* nach Santa Clara. Beide Meerschweinchen sahen mittlerweile aus wie kleine Bisamratten. Was auch immer die uns da verkauft hatten in der chinesischen Zoohandlung.

»Nimm den mit ins Tierhospital!«, regte Schatzi an und wies auf unser Problemkind: den zerlumpten Überseekoffer, den wir im Alfred-Hitchcock-Trödelshop in Bodega Bay erstanden hatten. »Frag doch mal den Doc, ob er da nicht die ganzen Holzwürmer einschläfern kann. Jeden einzeln mit der Spritze.«

Kaum war ich beim *Pet Hospital* vorgefahren, ging alles zack, zack: erst die Papageien. Mit einem niedertourigen

Akkuschrauber, dem vorne ein Polierstein aufgesetzt war, wurden die Krallen getrimmt, worauf Barack und Obama gleich mal von der Stange fielen.

Dann die Guinea Pigs: Von den wenigen Haaren, die Snickers noch am Popo hatte, pflückte sich der Pet-Doc mit der Pinzette gleich mal den Rest ab und drückte ihn in ein Nährsubstrat, während Snickers herzzerreißend fiepte. Erste Diagnose: Verdacht auf Pilz. Und zwar nicht Champignon oder Hallimasch, sondern einer, der für Menschen ansteckend war. Urgh. Möglicherweise saßen wir alle demnächst mit Glatze da. Wobei mir die am Hintern am wenigsten Sorge bereitete. Vielleicht, räumte der Arzt ein, war's aber auch »nur« eine bakterielle Infektion. Das wüsste man in zwei Wochen. Bis dahin waren die Meerschweinchen jeden zweiten Tag einzunebeln mit Antibiotikum aus der Bügelflasche.

Fertig war die Untersuchung.

Die Sprechstundenhilfe rückte den Abfalleimer unter den Untersuchungstisch, für einen Moment sah es so aus, als würde sie jetzt die Guinea Pigs in den Müll schmeißen, dann bekamen wir auch gleich die Rechnung mit: 344 Dollar.

✶ ✶ ✶

Wir brachten Omi Kiel zum Flughafen. Den ganzen Tag schon hatten wir Abschied gefeiert. Erst mit der *Daim*-Torte von *Ikea*. Dann mit Nudeln bei unserem Lieblings-Italiener *Spalti* in der California Avenue. »Heute möchte ich gern für immer zu *Spalti*!«, hatte Lilly gejubelt, bei der sich alles wunderbar verwachsen hatte nasentechnisch. »Ich faste auf *McDonald's*!«

Bei ihren großen Geschwistern war die Stimmung eher

gedrückter Natur. Yella weinte schon seit Tagen. Ihren lange geplanten Sleepover bei Anika hatte sie gecancelt, um ja die verbleibende Zeit mit ihrer Großmutter voll ausschöpfen zu können. Das Schild an ihrer Zimmertür *Hier wohnen Omi und Purzel* hatte sie neu gemalt, mit ganz vielen Herzchen drum rum. Zwischen Omis und Enkeln gibt's Codes, da träumst du als Mutter nur von. Bei *Spalti* ging das Geweine weiter: Nun fielen auch Caspar und Kolja laut ein. Ich gebe zu: Mit diesem Outburst hatte ich nicht gerechnet. War das jetzt gerade ein Abschied zu viel, fragte ich mich.

Ich setzte Lilly und Hanni, unser Au-pair, zu Hause ab. Mit drei heftig schluchzenden Kids und Omi ging's weiter zum Airport, wo wir das Gepäck eincheckten und uns dann auf eine Bank setzten. Omi in der Mitte, Kids um sich geschart. Sie hatte gar nicht genug Hände, alle gleichzeitig zu streicheln, Tränen wegzuwischen, Taschentücher zu reichen. Alle weinten ihrem Naturell entsprechend: Yella versonnen, bei Caspar lief ein eindrucksvoller, einzelner, dicker Tropfen langsam die Wange hinunter, bei Kolja waren's Wildbäche. »Ach ihr Lieben, bitte nicht traurig sein!«, flehte Oma. »Ich skype doch auch mit euch, sobald ich zu Hause bin! Dann erzählt ihr mir alles, was ihr in der Schule so macht, ja?«, versuchte sie zu trösten.

Und dann kam auch schon der Rollstuhl. Und ein Sanitäter, der ihr hineinhalf. Um Omi trotz Sehbehinderung heil nach Berlin zu bekommen, hatten wir sie zur Geh-Invalidin erklärt. »Sag, Ina, am besten, wir schleppen dich an allen vieren ins Flughafengebäude. Dann wirkt's authentischer!« Hatte Schatzi gelästert.

Omi nahm Platz, stellte ihre Füße auf die kleinen Fußplattformen, die Handtasche auf die Knie. Ein komisches Bild, wie sie da so saß. Hochgewachsen und schlank mit ihren sonnenblonden Haaren. Ein letztes Mal winkte sie wie Queen Mum in die Menge, dann wurde sie von ihrem Sanitäter in den Security-Bereich geschoben. Die Kinder

weinten ihr noch einmal lauter hinterher, als wäre Justin Bieber nach einem Gig hinter der Bühne verschwunden.

Gott.

* * *

3:00 PM

Man sollte nicht glauben, wer heutzutage so alles Selbstfindungskurse belegt. Manager mit Burn-out. Gestresste Hausfrauen, exaltierte Künstler. Klos.

Klos?

Exakt.

Unseres hatte herausgefunden: ›Eigentlich bin ich ja ein Springbrunnen!‹ Als ich zur Haustür reinkam, war Ela bereits kräftig am Schippen. In der Not hatte sie zur Handfegerschaufel gegriffen. Sie kam aber nicht an gegen das Inferno, denn Schippen ist ja gut und schön, aber wohin dann letztlich mit der Soße? Das Wasser kam mittlerweile auch aus der Dusche und stieg in der Badewanne hoch, um sich unaufhörlich Richtung Flur zu arbeiten. All die Monate hatte es ja schon das eine oder andere lokustechnische Vorbeben gegeben. Amerikanische Klos sind keine deutschen Klos. Die wollen den Pümpel, die kriegen den Pümpel. Auch in Schatzis WG war alle vier Wochen der Klempner. Aber das hier? Das war, als wäre der Vesuv ausgebrochen.

»Hilfe, Schatzi! Wir ersaufen«, schrie ich in den Hörer. »Komm schnell! Bring ein paar Sandsäcke mit!«

War das eklig! Benutzten wir das Klo im ersten Stock, füllte sich im Erdgeschoss die Wanne, Elas Klo schien mit dem Kinderklo gekoppelt. Und wenn Hanni ihr stilles Örtchen benutzte, lief die Dusche über. Caspi, wie sein Erzeuger in Stresssituationen gern mit Worten behilflich, beugte sich zwischen zwei Eruptionen über die Schüssel, in der al-

lerlei merkwürdige Dinge im trüben Wasser kreiselten, und fand: »Also, sieht irgendwie lustig aus!«

Keine zehn Minuten später stand mein bärtiger Supermann auf der Matte. Er war sogar so geistesgegenwärtig, einen Klempner mit anzuschleppen. Den hatte er zufällig in der University Avenue einparken sehen und mit vorgehaltenen Dollarscheinen zum Hinterherfahren genötigt. Im Gegensatz zu allen Handwerkern, von denen ich die letzten Monate heimgesucht worden war, schien dieser Klempner sogar einen Plan zu haben. Der drehte nämlich erst mal das Ventil zu. Dann warf er einen kurzen Blick auf unsere sprudelnden Sanitäranlagen, einen weiteren auf die umfangreichen Straßenbauarbeiten vorm Haus, hob einen Kanaldeckel und meinte mit Blick auf die sandigen Rohre: »Rückstau!«

Gott sei Dank kein ins Klo versenktes Kuscheltier. Ich atmete mal kurz aus. Aber wirklich nur kurz, denn meine Lieblingsfreundin Megan war nun auch eingetroffen. Seit dem peinlichen Katja-ist-nicht-da!-Ups-Katja-ist-doch-da!-Schlafzimmer-Zwischenfall waren wir uns nicht mehr begegnet. Jetzt feierten wir Wiedersehen – und zwar vor dem Hintergrund, dass ihr Haus eine Klärgrube war, in der ich mit Gummistiefeln und Handfegerschaufel stand. Was lehrt uns das: Es geht immer noch peinlicher.

Das Wasser war nun auch im Keller angekommen. Doppeltes Pech. Eigentlich sind amerikanische Häuser gar nicht unterkellert. Was klug ist. Denn Räume, die's nicht gibt, können auch nicht absaufen. Außerdem hatte ich ausgerechnet hier Sue Ellens hässlichen Kronleuchter und ein kitschiges Ölgemälde – vor Einzug überschwänglich gelobt, nach Einzug direkt abgehängt – zwischengebunkert. Beides war jetzt feucht.

»Ich fahr auch gern die Lilly abholen!«, bot Schatzi generös an, während Megan zu ihrem Handy griff, um die Palo-Alto-Kanalarbeiten-Hotline anzurufen. Alter Drückeberger.

Kurz darauf kamen vier schwere Trucks der City Palo Alto angerollt; bis zur University Avenue wurde die Straße für den Durchgangsverkehr gesperrt. Gelbe Lichter blinkten. Den Wagen entsprang ein Großaufgebot an Rohrexperten. Man nahm unser amoklaufendes Klo offensichtlich sehr, sehr ernst. Weitere Kanaldeckel wurden geöffnet. Lange Schläuche in die Rohre geschoben. Dann ging es los: *Rumpel, rödel, wühl, pump, saug, spül!* Mit der Erkenntnis, dass es keine Erkenntnis gibt. Auch nach dreißig Minuten wusste man nicht, was der Grund für die Verstopfung sein könnte. Härtere Geschütze wurden aufgefahren: eine Hightech-Glasfaserkabel-Rohrkamera mit LED-Lichtkopf, wie man das aus Filmen über Darmspiegelungen kennt. Wir standen, bangenden Angehörigen gleich, im Vorgarten, während sich tief unter unseren Füßen das Ding Stück für Stück Richtung Haus fraß. Das brauchte noch mal zwanzig Minuten. Dann kam der Oberrohrexperte, sein Gesicht ein einziges Bedauern, und kondolierte uns. So sorry! Aber alles bis zum Haus sei frei, das Problem also hausintern – und damit nicht mehr seins. Sprach's. Packte seine Trucks ein und machte sich vom Acker.

Im Kopf fing ich schon mal an zu überschlagen: Klempner-Reparaturkosten plus Haus-Sanierungskosten plus City-of-Palo-Alto-Sonderkommando-Einsatz-Kosten. Plus Kronleuchter. Plus Gemälde. Wobei mir Letzteres ein Schnäppchen schien: Nur 1 200 Dollar, das Preisetikett, hatte ich gesehen, klebte nämlich noch hinten am Rahmen – wobei ich hoffte, dass nicht nur der Rahmen gemeint war.

»Oh Gott!« Ich guckte Schatzi an. »Wir sind pleite!«
»Hello? Kai Diekmann calling«, hörte ich Schatzi aufgeregt ins Handy sprechen. »Können Sie bitte die Füße in die Hände nehmen und noch mal kommen?«

Zwanzig Minuten später stand Klempner Nr. 1 zum zweiten Mal vor der Tür. Diesmal mit eigener Rohrkamera bewaffnet. Die schob er jetzt dem Haus in den Hintern.

Wieder zitterten wir der Diagnose entgegen. »Wurzeln!«, rief er. »Überall Wurzeln!« Die waren offensichtlich in die maroden internen Leitungen hineingewachsen. Damit lag der Schwarze Peter bei Megan. Ich bekam sehr gute Laune.

Und Megan dünne Lippen. Die griff nun ihrerseits zum Hörer, so dass eine Stunde später Klempner Nr. 3 bei uns auf die Kiesauffahrt gerollt kam. Damit der nicht schon vorab wusste, was er finden beziehungsweise nicht finden sollte, nahm Schatzi Megan gleich mal komplett in Beschlag: *Brubbel, brubbel, bla, bla* – textete er sie zu. Ich kann mich nicht entsinnen, dass der Kerl bei mir je so viel geredet hätte. Wie sie da so schäkernd unterm Küchenfenster standen, konnte man sogar den Eindruck haben, da läuft mehr zwischen den beiden als das Klo.

Der Klempner hatte unterdessen irgendein dickes Pressluft-Bolzen-Teil ausgepackt und zu einer Bodenklappe am Haus geschleppt. Jetzt machte es alle zwanzig Sekunden laut *wumm!* und das Haus erzitterte in den Grundmauern. Doch kein Klempner? Doch ein Abrissunternehmer? In Amerika würde ich nichts ausschließen.

»Mami! Komm schnell!«, riefen die Kinder und zeigten auf die Gehwegplatten vorm Haus, zwischen deren Fugen braune Grütze hochgedrückt kam. Wie gut, dass es schon dunkel wurde. Was sollten bloß die Nachbarn von uns denken?! Und auch die Blümchen im Vorgarten taten mir leid. Angesichts dessen, was da gerade über die Beetkante auf sie zugekrochen kam, hätten die bestimmt gern Reißaus genommen.

»Shit! Shit! Shit!«, kam Schatzi angelaufen. Manchmal findet er ja dann doch die richtigen Worte. »Wir haben die Ursache gefunden!«, rief er aufgeregt. »Willst du mal den größten Klopapierpfropfen aller Zeiten sehen?«

Nein, den wollte ich bestimmt nicht sehen. Und mich selber auch nicht. Wie würde ich mir je wieder unter die Augen treten können?

»April, April!«, rief Schatzi und legte seine Kauwerkzeuge bloß.

Eigentlich hätte er jetzt Anspruch gehabt auf eine kieferorthopädische Adhoc-Behandlung: alle Schneidezähne nach innen. »Okay, erzähl, was war es wirklich?«

»Du glaubst gar nicht, was diese Straßenarbeiter für Hirnis sind! Die haben euch offensichtlich letzte Woche von der Kanalisation abgekoppelt. Und dann beim Wiederanschließen leider ein Rohr übersehen. Seither hat sich das ganze Abwasser in den Leitungen gestaut.«

Das Ende vom Lied? Über das Wochenende teilten wir uns alle ein Klo. Waschmaschine und Spülmaschine waren tabu. Zusätzlich kam dreimal täglich ein raumschiffgroßer Pumpwagen angefahren, um die Leitungen leer zu saugen. Man setzte offensichtlich große Erwartungen in die deutsche Produktivität.

Übrigens! Was die Guinea-Pig-Popos anging, da spross es wieder üppig. Wie sich rausgestellt hatte: kein Pilz, nur Sonnenmangel. Kann ja mal vorkommen in Kalifornien.

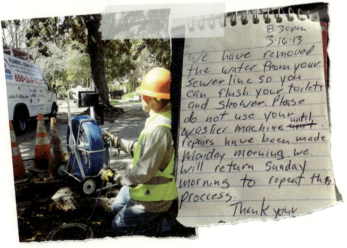

May

Sunday
26

Gütiger Gott! Schon Mai!

Plötzlich war offensichtlich, in was für Riesenschritten unser Aufenthalt seinem Ende entgegenging. Wie beim rosaroten Panther fragte ich mich: ›Wer hat an der Uhr gedreht?‹ Wo hatte der Eimer das Loch? Die Zeit ihr Leck? Gerade hatte ich aufgehört, Deutschland zu vermissen, da musste ich anfangen, Amerika hinterherzutrauern. Dabei gab es noch so viel zu entdecken und zu begreifen.

Vor einer Woche hatte ich mir den *Bay-to-Breakers*-Lauf in San Francisco angeschaut. Wow. Wer sagte, dass Amerika spießig ist? Ein Nackedei-Marathon!

Ich war für zwei Tage mit Schatzi in New York gewesen. In der St. Patrick's Cathedral hatte ich mich gefühlt wie ein Wurm. Und von außen betrachtet sah die Kathedrale selber aus wie ein Wurm zwischen all den aufragenden Wolkenkratzern. Am Ausgang hatte ich eine tolle Fabel gelesen. Über drei Maurer, die gefragt wurden, was ihre Arbeit sei. Einer hatte geantwortet: »Ich maure!«

Der zweite: »Ich mache eine Wand!«

Und der dritte: »Ich baue eine Kirche!«

Auf die *South-by-Southwest-Interactive*-Messe nach Austin in Texas hatte es mich ebenfalls verschlagen. Berühmt als »Spring Break for Geeks«. Auszeit für Fachtrottel. Berühmt aber auch für seine eins Komma fünf Millionen Fledermäuse, die sich jeden Morgen unter der Kongressbrücke schlafen hängen, während zweihunderttausend Computermenschen in den Tag ausschwärmten. Wer war skurriler?

9:00 AM

»Sag mal, Mama?«, hatte Kolja vor zwei Wochen gefragt. »In der Schule ist ein ›5-K-Lauf‹. Könnt ihr da nicht auch mitlaufen, du und Papa?«

Ich hatte mich kurz mit Schatzi besprochen: fünf Kilometer? Achtundzwanzig Mal ein Fußballfeld rauf und runter? Nicht ohne, aber hinzukriegen. Ich joggte ja jetzt zweimal die Woche. Sozusagen Miss Turnschuh aus der Seneca Street. Eine Frage der Mutterehre, mein Kind beim Scheitern zu unterstützen. Denn völlig klar: Fünfhundert Meter und der Bengel würde japsend am Kantstein stehen.

Es war schon brütend heiß, als wir mit Kolja und Caspi, der auch scheitern wollte, an der Startlinie Aufstellung nahmen. Um uns Lehrer, Schüler, in die Jahre gekommene Jane Fondas mit Haut wie Ötzi. Babes, Muskelprotze, Hansis, Uschis, Einbeinige. Ein Volkslauf wie aus dem Bilderbuch.

»Ten … nine … eight … seven …!«, zählte der Starter runter. Ich streichelte Kolja den Kopf. ›Mami ist ja da!‹, sollte das signalisieren. Gut fürs Urvertrauen.

»… six … five … four … three …!« Ein letzter Blick zu Schatzi. »Wir sehen uns in sieben Stunden im Ziel!« Ich grinste.

»… two … one!«

Ein Pistolenknall. Und sechshundert Füße machten Asphalttreten. Noch einmal kurz sah ich Koljas Sohlen Funken schlagen, dann war der Bursche weg. Seinem Bruder Caspar hinterher, der schon nach einer Sekunde zwei Längen Vorsprung hatte. Okay. Händchenhalten würde schwierig werden. Aber typisch Kinder: Laufen los wie die Hammel. Null Verstand. Und nach fünf Minuten das große Gejaule: ›Ich kann nicht mehr!‹

9:15 AM

»Siehst du sie irgendwo?«, fragte Schatzi durch beschlagene Brillengläser. Wir hatten ein paar Briketts draufgelegt. Wie er dampfte und tropfte, konnte man denken, er hätte einen Abstecher in die Sauna gemacht. Man möge es ihm nachsehen, da waren ja diese zwanzig Kilo Bart zu schleppen. Auch mir rann der Schweiß in Strömen. ICH war durchepiliert. »Nee!«, keuchte ich mit wunder Lunge und Seitenstichen. »Wie vom Erdboden verschluckt!«

Mir wurden die Beine schwer. *Microsoft*, eine Trailersiedlung, eine Baumschule hatten wir bereits links liegengelassen, jetzt gabelte sich die Strecke – machte eine Schlaufe, bevor es auf selbem Weg zurückging.

Und endlich! An dieser Gabelung holten wir den ersten unserer Söhne ein: Caspar. Das Dumme nur: Der war in falscher Richtung unterwegs, nämlich schon wieder zurück. Dicht hinter ihm: Kolja. Beide schienen mir ziemlich frisch.

So nicht! In Zukunft halbe Müsliration!

9:23 AM

Mit letzter Kraft schleppten Schatzi und ich uns über die Ziellinie. Da standen wir. Hände auf die Knie gestützt, schnaufend, zitternd.

Was für eine Demütigung!

Gibt ja viele Arten, wie dir deine Kids auf der Nase rumtanzen. Aber Minuten vor einem im Ziel ankommen? Der Gipfel der Respektlosigkeit.

Schwamm drüber.

Schatzi und die Jungs fielen an einem Stand mit Orangenspalten ein und begannen die Auslage leer zu saugen wie die Vampire. Ich schnappte mir die Autoschlüssel. In Saratoga musste Yelli von einer Übernachtungsparty abgeholt werden.

9:53 AM

Was regelmäßig passiert: Du denkst: ›Das war ganz okay.‹ Und im Nachhinein musst du feststellen: ›Voll den Blödsinn erzählt, falsch gelacht, doof angezogen‹.

Was nie passiert: Du denkst: ›Ich Pfeife, voll abgelost!‹ Und dann kommt jemand und sagt: ›Gratulation! Sie waren herausragend.‹

Mein Handy klingelte. »Hey, Alte, beeil dich, du musst ganz schnell zurückkommen!«, schrie Schatzi völlig aus dem Häuschen in die Leitung. »Gerade ist Siegerehrung! Die haben dich ausgerufen! Du bist DRITTE!«

Okay, bevor Sie jetzt anfangen, mich toll zu finden: Dritte in der Kategorie Ü 40. Und ich bin auch nur deswegen so schnell gelaufen, weil ich meine Söhne einholen wollte.

Aber das kann ja alles unser Geheimnis bleiben.

May

**Friday
31**

4 : 30 PM

»Hast du alles?«

»Ja.«

»Geld?«

»Ja.«

»Ausweise?«

»Ja!«

»Wo ist die Kreditkarte?«

»Hier!«

Schatzi guckte ein wenig enttäuscht. Mist. Nichts zu beanstanden.

Und ich hatte gerade das totale Déjà-vu …

Konnte es sein?

Oder hatte ich mich vertan?

War es wirklich schon zehn Monate her, dass wir uns auf dem glühend heißen, nach Asphalt stinkenden *Orchid-In*-Parkplatz Tschüss gesagt hatten?

Ja.

Gott, war die Zeit gerast! Die kriegte mit Sicherheit Punkte in Flensburg.

Und jetzt stand der erste eklige Abschied an:

Heute war der Tag, an dem Schatzi als Erster von uns ›Holladijo‹ rufen und seine Zelte hier in Amerika abbrechen würde.

Einen ganzen Monat später war er damals gekommen, einen ganzen Monat früher als seine Family musste er jetzt leider auch wieder los. ›So is des mit die Business-Gspusis‹, würde Rosie sagen. ›Des g'hört zum Package!‹

Jetzt standen Schatzi und ich hier mit Pipi in den Augen, Hand in Hand am Airport San Francisco, um uns herum Kinder und Koffer. Ich hörte mich sagen: »Mach dir mal keine Sorgen!« Und spürte mich denken: ›Shit.‹

Nicht zum ersten Mal wäre ich jetzt gern mit Schatzis Frau verheiratet gewesen. Dann hätte ich jemanden gehabt, der allein den Umzug machte. Das Haus abwickelte. Die Kids abnabelte. Wieder ins Motel zog. Um am 27. in Las Vegas am Airport zu stehen, ready for zehn Tage Wohnmobiltour. Ready, um bei Rumpeldipumpel und klapperndem Geschirr das Jahr Amerika so richtig gemütlich ausklingen zu lassen.

Und nicht zum ersten Mal tat mir Schatzi auch ein klitzekleines bisschen leid. Denn eigentlich steht er ja nicht auf Rumpeldipumpel im Wohnmobil. Der will tausendmal lieber Sonnenuntergänge in Half Moon Bay und morgens scrambled eggs vom Buffet.

Da hatte sich mal wieder seine Uschi, die alte Bestimmer-Ziege, durchgesetzt.

TEIL 7

Have you ever had a dream, Neo, that you were so sure was real? What if you were unable to wake from that dream? How would you know the difference between the dream world and the real world?

Aus *The Matrix*

Meine Schwiegermutter, die Brigitte, ist auch schon mal ausgewandert. Die kommt nämlich aus dem Riesengebirge, ehemaliges Schlesien. Ihre Geschichte kenne ich, seit ich Schatzi kenne. Eines der vielen Familienerbstücke, für das sich kein so rechter Platz fand bislang, weder im Regal noch im Kopf.

Als sie sechs war, 1946, machte es *klopf, klopf* an der Haustür. Tschechen mit Gewehr und Lust auf Tapetenwechsel. Es blieben Brigitte und ihrer Mutter zwei Stunden Zeit, zwanzig Kilo Gepäck in einen Leinensack zu stopfen, sich das Vereinsabzeichen »N«, Němec, *deutsch,* um den Oberarm zu binden, und am Bahnhof einzufinden, wo man in einen Viehwaggon kletterte. Die zwei hatten, wenn man so will, Riesendusel – sie kamen mit dem Leben davon. Sechzig Jahre brauchte es und sehr, sehr viel gutes Zureden, bis Brigittes Mutter die Kraft fand, in den Touristenbus zu steigen und ihrem verflossenen Häuschen in Grenzbauden im Riesengebirge einen Besuch abzustatten.

Früher hätte ich gesagt: Heimat ist das, was du mit dir trägst, am besten in der praktischen 30-ml-Travellergröße. Nach Amerika weiß ich: Es gibt Millionen fantastische Egal-Plätze auf dieser Welt. Aber Heimat ist, wie die Rose am Haus riecht und das Treppenhaus knarrt. Nur hier genau so. Nirgendwo anders.

Brigitte hatte mir erzählt von einem Dachbodenfund: dem Leinensack der Flucht. Darin ein Zettel ihrer Mutter: *Nicht wegschmeißen. Für meine Enkel.*

June

Thursday 6

5:30 PM

»If I say *pipeline*,
YOU say no!
Pipeline?«
»No!«
»*Pipeline*?«
»No!«

Einen Zigarettenkippenwurf entfernt von Schatzis Kuddel-WG hatte sich Barack Obama in der Lincoln Avenue zum Dinner angekündigt. Zwanzigtausend Dollar bar auf den Tisch und du durftest mitspachteln. War gerade Wahlkampf.

Ab 101-Highway-Abfahrt bis rein nach Downtown Palo Alto säumte nun alles die Strecke, was Amerika in puncto Polizeiwagen, Gitter und Absperrhütchen zu bieten hatte.

Gerade mal vierzig Demonstranten hatten es in der nahe gelegenen Hamilton Avenue hinter die Absperrung geschafft. Da standen sie jetzt wie hindekoriert – als ob Hollywood einen Protestfilm drehte. Plakate hoch, eine attraktive Demo-Oberbevollmächtigte gab's auch, die war für den Takt zuständig. Und da das nun mal hier Amerika war, wurde nicht einfach Randale gemacht, es wurde gerappt:

»Hey?
Obama?!
We!
Don't!
Want!
A!
Pipeline!
Drama!«

Ich guckte meine große Tochter von der Seite an. Die war sichtlich beeindruckt. Wegen der ganzen Vollsperrungen hatten wir uns mit dem Auto verfranzt, nun standen wir auch hinter irgendeinem der vielen Gitter. »Mensch, Yelli, hier is ja was los!«, stupste ich sie an.

Dann kam auch schon die Wagenkolonne des Präsidenten angerauscht. Mindestens fünfundzwanzig Fahrzeuge: durchgepanzerte, schwarzverspiegelte Lincoln-Stretchlimos, ein riesiger Van mit geöffneter Kofferraumklappe, aus der die Gewehrläufe ragten. Auf der Ladefläche kniende Scharfschützen in Kampfanzügen. Und hinten dran der Ambulance-Car. Zum Nähen und Flicken, wenn's vorne *Bumm* machte. Tough country.

In Sekundenschnelle war die Wagenkolonne an uns vorbeigeschossen. Ich würde mal sagen: Selbst wenn Barack dagesessen hatte mit dem Opernglas vor der Nase: keine Chance, die Plakate zu lesen, keine Chance, den Rap zu hören.

6 : 30 PM

Die Kartons für den Umzug waren eingetroffen. Nicht die bestellten sechzig. Immerhin zehn. Auch keine Tape-Abroller, nur Tape. Das würden wir wohl nach alter Packersitte mit den Zähnen abreißen müssen.

Die Stunde der Wahrheit, sie war gekommen.

In sieben Tagen schon stand hier ein mittelgroßer Zwanzig-Fuß-Übersee-Container vor der Tür, um ausgewählte Teile unseres Amerika-Haushalt-Sammelsuriums nach Potsdam zu schaffen. Wenn man bedenkt: Mit sieben Koffern waren wir seinerzeit gekommen. Wow! Was man in einem Jahr doch so alles hamstert. Über Houston in Texas verschifft, würde der Container mit etwas Glück in acht Wochen Bremerhaven erreichen. Passend zu unserer Rückkehr nach Deutschland.

Bis dahin die Challenge: Das Tiefkühlfach leer futtern. Den Wein wegtrinken. Wir durften keinen Alkohol in den Container tun. Was an Möbeln und Hausrat nicht mit sollte, an den Mann bringen. Wie doch alles zu Ende ging. Ich wurde ganz melancholisch.

Plötzlich hörte ich Koljas lautes Schluchzen. Der lag gerade mit seinem fiependen Snickers auf dem Bauch im Bett und nahm Abschied.

Hier wartete das nächste Drama: Guinea Pigs durften nämlich doch nicht wie Chihuahuas in der Handtasche mitfliegen. Da hatten Schatzi und ich uns gegenseitig Quatsch erzählt. Büxte der Kollege im Passagierraum aus und fing an, irgendwo am Kabel zu nagen, dann war's das womöglich. Dann konnte das Flugzeug vielleicht anschließend nur noch rechtsrum fliegen. Will man ja auch nicht. Und zehn Stunden im Frachtraum zwischen Alligatoren und Würgeschlangen? Da, fürchtete ich, machte das kleine Herzchen schlapp.

Mir war ganz übel. Das arme Kind. Und dass Hoppel nicht mehr hoppelte, das hatte ich ihm auch noch nicht gebeichtet. Wann auch? Jetzt vielleicht? »Man muss die Kinder ihre Trauer auch durchleben lassen!«, hatte mir eine GISSV-Mutter verklickert.

Mit Barack und Obama leider das gleiche Desaster. Beide Lovebirds hatten keine Ringe. Auf so was achtest du natürlich nicht beim Kauf. Da guckst du nur: Alle Federn dran? Da guckst du nicht: Sind die verheiratet oder Single? Problem: Ohne Ringe nix raus aus Amerika. Nachberingen? Möglich. In einem Spezialinstitut drei Autostunden von Palo Alto entfernt. Unter Vollnarkose würde dort ein Chip implantiert. Danach konnte man mit dem Scanner über die Piepmätze. Und das Display würde einem sagen: *Hi, wir sind Barack & Obama, wir kommen aus Amerika!* Oder so ähnlich. Plus Impfung. Plus sechswöchige Quarantäne. Die Frage war: Wenn die irgendwann in Deutschland ankamen, saßen die dann noch grade auf der Stange?

7:30 PM

Ich war dabei, Bilder einzustellen in unser amerikanisches Au-pair-Profil, wir wollten den USA-Spirit nach Potsdam rüberretten, ich hatte ein Girl aus Philadelphia im Auge – als Caspi ins Schlafzimmer gerannt kam. Sein Blick fiel auf den Bildschirm. Er hielt kurz inne:

»Was ist denn das? Nimm mal richtige Bilder! Die sehen ja aus, als ob wir lieb wären!«

Neulich in der Kita

Doubtfire: „Was ich nochmal sagen wollte, Frau Kessler...!"

Ich: „Ja...?" (schluck)

Doubtfire: „Die Lilly hat ja doch recht oft Nasenbluten..."

Ich: „Stimmt, der Arzt sagt, das ist der Plexus Kieselbach!"

Doubtfire: „Den Plexus Kieselbach kenn ich nicht! Aber Lilly popelt ja gern in der Nase. Und neulich während der Mittagsruhe, da habe ich sie ermahnt: ‚Lilly, lass, sonst kriegst du wieder Nasenbluten!' Und wissen Sie, was sie geantwortet hat?"

Ich: „Na...?"

Doubtfire: „‚Ich weiß!' Und hat weitergepopelt!"

June

Saturday 8

3:30 PM

»Brauchst du ganz zufällig noch ein Sofa?«
»Nein, danke.«
»Einen Mixer vielleicht?«
»Nee, sehr lieb, hab ich aber auch schon.«
Ich gab's auf.

Seit Tagen nun schon versuchte ich, meinen Hausstand an den Mann zu bringen. Ganz schön schwer, wenn alle schon alles haben, weil sie ständig Leuten begegneten wie mir, die ihnen Zeugs aufnötigten. Expat-Schicksal. Und alle schienen in Panik vor dem Tag der eigenen Abreise, wenn der Container vor der Tür stand und mit ihm die Frage: Wohin mit all dem Zeugs, das nicht reinpasst? Speziell mit Elektrogeräten war das Problem: Die liefen hier alle auf hundertzwanzig Volt Wechselspannung. Einmal in eine deutsche Zweihundertdreißiger-Steckdose gestöpselt und es machte *kokel-peng*!

Nun stand ich hier mit Romans Mutter am Küchentresen. Die hatte eigentlich nur Caspar zurückbringen wollen nach einer Sleepover-Party. Und war gleich mal von mir ins Haus gezerrt worden, wo sie sich jetzt fühlen musste wie der Käfer im Schlund der fleischfressenden Pflanze. Mir tat mein eigener Besuch leid.

Kolja war neben mir auf einen Barhocker geklettert, da zappelte er nun schon eine Weile rum und empfahl sich mit einer blöden Zwischenfrage nach der anderen. Gern hätte ich ihm irgendwo eine Wäscheklammer hingemacht. Aber nicht nur, dass er zappelte und dazwischenquatschte. Während ich mich unterhielt, fuchtelte und wedelte er auch in einer Tour mit seiner Hand vor meinem Gesicht herum. Und dann passierte es.

Beim siebenundzwanzigsten Mal Fuchteln und Wedeln verschätzte er sich leider mit dem Fuchtel- und Wedelabstand.

Zack! Klatsch! hatte ich eine Backpfeife sitzen.

Romans Mutter guckte nicht schlecht.

»Raus mit dir!«, pfiff ich meinen Sohn an. »Ab in dein Zimmer! Dich will ich erst mal nicht mehr hier sehen!«

Schamesrot, mit eingezogenen Schultern, schlich Kolja von dannen.

Was Yella und Caspar für einen ganz tollen Zeitpunkt hielten, sich gegenseitig an die Schienbeine zu treten.

War ich denn hier im Irrenhaus gelandet?

6 : 30 PM

So kam ich nicht weiter. Vorgestern war eine Studentin dagewesen. Wir waren durch das Haus geschlendert, als sei das die Verbrauchermesse *Du & Deine Welt*, sie hatte Fotos gemacht und sich fürs Schlafzimmer entschieden. Das heißt, sie hatte zugestimmt, dass ich ihr das alles schenken darf. Gestern hatte sie dann mit drei Kumpels auf der Matte gestanden und laut über mein Bett beratschlagt:

»Krichste das Ding überhaupt rauf auf deinen Pick-up?«

»Nee, weiß nich. Is ja schon sperrig! Was für'n Oschi!«

»Und wennste die Matratze knickst? Der Rest sind ja nur Latten.«

Ich schluckte. Man hat sein Heia-Bettchen ja lieb. Da sollen andere gefälligst mit Respekt drüber sprechen.

Dann fehlte der Inbusschlüssel und man vertagte sich auf unbestimmt.

In sechsunddreißig Stunden stand hier der Container. In zweiundsiebzig Stunden hatte ich ein Date mit meiner Lieblings-Megan zur Hausübergabe. Bis dahin musste ich Tabula rasa gemacht haben.

»Ah geh, Katja, relax. Jetzt machst dir amoi koanen Kopf!«

Rosie war völlig zuversichtlich. Und ich wild entschlossen, mich von ihr anstecken zu lassen.

»I helf da, d'Sochn losz'wern. I schick dir amoi a ganz a g'scheite Company! De Salvation Army. De kemma nach Haus und nemma ois mit und gebn's den armen Leit. De ham a scho oanem Spezl von mir gholfen. Dem Sam – Gott hab ihn selig! Des war a ganz guade Seel. Doch in da Nacht hot's dann *pfft!* g'macht. Sei Herzl. Des wor's! Ja mei, so schnell kann's gehn!«

Okay, dann mal her mit der Heilsarmee. Ja toll, dass die kamen, und wir lebten sogar noch.

8:10 PM

»*Mr. und Mrs. Dursley im Ligusterweg Nummer 4 waren stolz darauf, ganz und gar normal zu sein, sehr stolz sogar …!*«

Ich lag ein letztes Mal mit den Kindern auf Decken gekuschelt vor dem Kamin, ein letztes Mal brannte das Feuer. Ein letztes Mal las ich aus *Harry Potter* vor. Vorhin hatte ich mit Caspar noch eine Runde Schach gespielt. Nicht das letzte Mal. Leider. Ich spiele nämlich nicht gerne gegen ihn, er gewinnt immer. Sind halt stets die falschen Dinge, von denen du Abschied nehmen musst.

Ich hatte nicht in Erinnerung, dass unser Abschied aus Deutschland so traurig gewesen war wie jetzt unser Abschied hier aus Palo Alto. Das hier schmerzte tiefer, andere Stelle, andere Herzkammer.

Vielleicht, weil dieses Jahr so intensiv gewesen war?

Weil du Dinge, die zu Hause schieflaufen, als Mist wahrnimmst? Und Mist, der dir auf Reisen passiert, als Abenteuer? Und wer sagt schon gern dem Abenteuer Tschüss und *hallo Mist*?

Schon jetzt hatten meine Erinnerungen einen romantischen Sepia-Stich. Beim Blick über die Schulter fand ich alles toll und alles positiv. Wie würde das erst in einem Jahr sein?

In der Küche hockten Barack und Obama nichtsahnend unter einer Kokosnuss-Hälfte und erzählten sich – *Bbrrr! Wwrr! Ttrrr!!* – komische Sachen. Die würden übermorgen zu einer argentinischen Familie kommen. Die zwei Rabauken hatten oft genervt. Aber dass sie demnächst nicht mehr nerven würden, der Gedanke stimmte mich wahnsinnig melancholisch.

Schon die ganze Zeit missbrauchte Lilly – zu wach zum Schlafen, zu müde zum Wachsein – ihre Geschwister und mich als Turngerät. Was den Unruhefaktor anging, nahmen sie und die Lovebirds sich nicht viel.

Ich war nun auf Seite sechs angekommen: »*Um halb neun griff Mr. Dursley nach der Aktentasche und gab seiner Frau einen Schmatz auf die Wange und ...*«

»Was ist ›Schmatz‹?«, unterbrach Lilly.

»Na, die küssen sich, die haben sich lieb.«

»Ich weiß, warum Männer Frauen küssen!«, gab sich meine Jüngste top informiert.

»Njä, Lilluschi, sagen Ela warum?«

»Weil die dann sexy machen!«

June

Sunday 9

9:30 AM

»Hallo?« Schatzi's calling. From Übersee.

Der war seit hundertsiebzig Stunden zurück in Deutschland. Und saß nun ein bisschen vor seinem neuen alten Leben wie der Hase vor der Schlange:

»Weißt du was?« Er war ganz fassungslos. »Ich find die Lichtschalter nicht! Und ich muss ständig überlegen: Der oder der – welcher ist der Postkastenschlüssel?«

Und gleichzeitig war er am Schwärmen: Wie toll doch alles roch. Wie grün die Natur sei. Und wie köstlich, ein Croque Monsieur in der *Garage* zu essen. Die *Garage* ist ein Restaurant. Um Missverständnissen vorzubeugen. Ansonsten, nein, nicht unterwegs. Nur zu Hause eingebuddelt. Ich bekam eine detailreiche Schilderung der bestandenen Abenteuer.

Gefolgt von Schnappschüssen aus Haus und Garten, die er mir nebenbei mailte: ein Blättchen hier, ein Halm da. Das Juni-Licht, wie es durchs Küchenfenster fiel. Und irgendwas in meinem Hals zog sich zu: schon schön daheim. Und schön auch hier. Als wir damals unsere Reise nach Kalifornien antraten, tat ich das mit dem Wissen: Ich komme zurück. Jetzt wusste ich, ich komme nicht zurück. Und ich musste ganz objektiv sagen: Nie hatten die Burger besser geschmeckt; nie war der Himmel über Palo Alto blauer. Auch die Grillen im Garten zirpten dieses Jahr besonders nett.

»Schon schade!« Ich meine mich zu erinnern, dass ich seufzte. »Ich hab echt schlimmen Abschiedskummer!«

»Du machst dasselbe durch wie ich …!« Kurzer Talk-Stopp. Schatzi erinnerte sich offensichtlich daran, was ich

ihm beigebracht hatte: »… Nein, *eigentlich* wollte ich sagen, ich weiß, wie DU dich fühlst.«

11:30 Am

Ich hatte die tägliche Post vom Flurboden gefischt, die uns der Postbote sieben Tage die Woche durch den Schlitz schob. Mein Blick fiel auf einen Umschlag, der mir vertraut vorkam:

Department of Motor Vehicle.

Mensch, von den Kollegen hatte ich ja lange nichts gehört!

Dear Misses Kessler …, huschte ich über den Text. *Wir sind so sorry to inform you, that your driving license ist demnächst ungültig. Prolongation only if you can nachweisen gültige Aufenthaltsgenehmigung. Greetings, your DMV*

Und da hatte ich mich so angestrengt für das blöde Teil. Amerika wollte sich selbst zurück. Demnächst gab's mich nicht mehr. Mein Ich machte Bekanntschaft mit dem Tintenkiller.

June

Friday 14

10:30 AM

Hoch auf dem gelben Wagen
sitz ich beim Schwager vorn.
Vorwärts die Rosse traben,
lustig schmettert das Horn.
Felder, Wiesen und Auen,
leuchtendes Ährengold!
Ich möcht ja so gerne noch schauen,
aber der Wagen, der rollt!

Tönte die Marschmusik aus dem Multi-Purpose-Room. Heute mal nicht mit den Fischerchören. Heute dargeboten als Instrumental-Version von fünf schaurig quietschenden Violinen. Die Bögen schrabbelten und hüpften über die Saiten, dass du Harndrang bekamst.

Nun *Pour Elise*.

»Eins, zwei, drei!«, zählte die Musiklehrerin den Takt. Los ging's: großes sechs-schrilliges Blockflötenkonzert. Diesmal zog's in den Wurzelfüllungen.

Wer schulpflichtige Kinder hat, weiß: Einfach so in die Ferien verdrücken is nich. Vorher wird den Mamis und Papis noch vorgeführt, was die lieben Kleinen so alles können und gelernt haben im letzten Jahr.

Der letzte Querschläger war verhallt. Der Direktor erklomm die Bühne, stellte sich neben den Musiziernachwuchs, nahm das Mikro in die Hand und guckte über das Meer der versammelten Köpfe: Schüler, Eltern, Lehrer, Erzieher.

»Ich bin ein professioneller Optimist!«, begann er seine Rede. »Viele wunderbare gemeinsame Stunden liegen hinter uns. Vielleicht auch einige wundersame. Aber ich sage immer: *That's the way the cookie crumbles!*« Er freute sich und nickte seinem Gedanken ein paar Mal hinterher. »Wir haben Gemeinschaft erlebt. Unseren Walk-a-thon. Oktoberfest, Halloween, Weihnachtsmarkt – name them! Wir haben Freundschaften geschlossen ...«

Die Ersten fingen an zu weinen.

»... wir haben gelernt, was es bedeutet, sich fern von etwas Altem auf etwas Neues einzulassen. Dass dieses Neue sehr schön sein kann ...«

Das Schluchzen wurde immer lauter.

»... aber dass es eben manchmal heißt, Abschied zu nehmen.«

Jetzt gab es kein Halten mehr.

»Lassen Sie mich Ihnen eines sagen. Die Tränen sind der Beweis: Es war eine gute Entscheidung, eine richtige. Nur dem Guten weinen wir hinterher!« Jetzt machte auch The Professional Optimist eine kleine Pause. »Ich möchte nun alle Schülerinnen und Schüler zu mir nach vorne auf die Bühne bitten, die nach den Sommerferien nicht zu uns an die GISSV zurückkehren werden.«

Zu meinen Füßen hatten sich Schülerinnen an den Händen gefasst, umarmten sich, wollten einander nicht gehen lassen.

Ich schluckte krampfhaft.

Damit hatte ich nicht gerechnet.

Ich schaute zu meinen Kindern, die nun zögerlich einer nach dem anderen aufstanden. Etwas unsicher gaben sie ihren Freunden, neben denen sie gekniet hatten, ein Knüffchen. Als wollten sie sagen: ›Na denn, ähm, servus! Oder wie läuft das hier?‹ Dann suchten sie sich ihren Weg Richtung Bühne. Und mit ihnen mehr und mehr und immer noch mehr Kinder.

Schließlich standen da oben an die achtzig Schüler, eine kleine Völkerwanderung, mal betreten guckend, mal aufgekratzt winkend, mal blind in Tränen aufgelöst. Gott. Auch damit hatte ich nicht gerechnet. Auf dem Hallenboden: deutliche Lücken. Achtzig Schüler, die gehen – das sind achtzig beste Freunde und Freundinnen, die zurückbleiben und denen ein bisschen das Herz bricht. Nie war mir das klarer als in diesem Moment.

Ich fühlte für diese Kinder. Ich dachte an meine. Auch sie hatten hier alle in nur einem Jahr ihre weltallerbesten Lebensabschnittsfreunde gefunden: Caspar seinen Tischtennishelden, Kolja seinen Ko-Professor. Yelli ihre Glitzernachhilfe. Lilly? Well. Die hatte auf jeden Fall mit der Sprache Freundschaft geschlossen. Die konnte jetzt am allerbesten von allen Englisch. »This is none of your business!«, hatte sie mich neulich zusammengefaltet.

11:30 Am

»Na?«, meinte Doubtfire junior. Heute die ganz großen Ohrringe. »Schon alles gepackt?«

»Nee, wir sind dabei. Ist ja dann doch eine ganze Menge.«

Sie guckte mich an mit ihrem Hackebeil-Lächeln. Ich guckte zurück. Ich war mir sicher, wir würden uns noch ganz viele Briefe schreiben, wie sehr wir uns vermissten. »Ich wollte noch mal sagen, die Lilly hat das hier wirklich ganz, ganz toll gemacht, das Jahr.«

Wahrscheinlich hatte sie beim Umstöpseln ihre Kabel durcheinandergebracht. Sie wollte sicherlich sagen: ›War die Lilly denn schon in der Reparatur?‹

»Nein, wirklich«, setzte sie nach, »das wollte ich wirklich noch mal gesagt haben: Ich bin sehr zufrieden! Glückwunsch. Du kannst echt stolz sein auf deine Tochter. Ich werde sie vermissen.«

»Wow«, war alles, was mir dazu einfiel.

Sie guckte mich an, ohne eine Miene zu verziehen.

»Wie kommt's?« Da werd mal einer schlau aus dieser Frau.

Sie zog, wie so oft in der Vergangenheit, ihre rechte Braue hoch, ich meine, da war sogar so was wie ein Lächeln um ihren Mund, ein klitzekleines, g'schamiges. Und dann meinte sie: »Man lernt ja nie aus.«

June

Sunday 16

3:20 PM

Kolja lag im Jungenzimmer auf dem einzigen Bett, das stehengeblieben war zwischen zusammengerollten Teppichen und gepackten Kartons. Er schrie und weinte und fasste sich an die Brust. Angefeuert von seinem Bruder Caspar, der fand: »Komm! Stirb wie ein Mann!«

Was war denn jetzt schon wieder los?

»Beim Bücken, da war, da war, da war auf einmal so ein stechender Schmerz«, würgte mein Sohn unter Tränen hervor. »Hier, Mama!« Er legte sich seine kleine Hand auf den Brustkorb.

Gott.

Ich presste mein Ohr auf sein Herz.

»*Bumm! Bumm! Bumm! Bumm!*« Im harten Stechschritt. Auweia.

»Und wann hat das angefangen?«

»Eben gerade!«, gab Kolja zu Protokoll. Und heulte weiter Rotz und Wasser.

Ich fühlte seinen Puls. Ich fühlte seine Stirn. Ich war ratlos. Hier lag ein Siebenjähriger, kein fünfundsiebzigjähriger arteriosklerotischer Kettenraucher.

Ich setzte Kolja zur Ablenkung vor *Winnetou*. Legos waren ja schon alle eingepackt. Die wirkten sonst auch immer Wunder. Und: Wer braucht Paracetamol, wenn weißer Bruder mit rotem Bruder? Hugh!

Half nichts. Tränen rannen weiter.

»Und wenn du mal badest?«

3:40 PM

Dem jungen Mann ging's schon gleich viel besser.
Er verschwand in ein Handtuch gewickelt Richtung Küche und kam mit einem Teller zurück, auf dem irgendein undefinierbarer dunkler Klops lag. Bäuchlings legte er sich auf mein Bett und fing an zu futtern.
»Was soll das sein?«
»Das ist eine Boulette aus Mexiko.«
Bestimmt vom *International Food Day* vor drei Tagen.
Mein Kind pulte liebevoll die Bohnen aus dem Hack. Dann verschwand es erneut. Den Teller mit den sterblichen Überresten der Boulette ließ es einfach auf der Bettdecke stehen.
Das Nächste, was ich hörte, war wieder lautes Weinen.

4:00 PM

Kolja schluchzte und schluchzte und fasste sich immer wieder an die Brust. Jetzt bekam ich es doch mit der Angst. Mein Verdacht: eine schwere Herzbeutelreizung. Ist ja nicht so, dass ich umsonst Medizin studiert hätte. Ich werde sogar oft mit Christiaan Barnard verwechselt. Dem berühmten Herzspezialisten. So was sollte man sehr ernst nehmen. Da musste auf jeden Fall ein Arzt draufgucken.

5:00 PM

Der Arzt fuhr mit dem Stethoskop auf Koljas Brust Lokomotive.
»Inhale!«, forderte er.
»And now: exhale!«
Koljas Brustkorb hob und senkte sich.
»Good boy.«
Ich muss ja sagen: Das Stanford Hospital und ich, wir

waren uns echt ans Herz gewachsen über das Jahr. Was für ein Luxus: An den Tresen gehen und sagen: »Hi Blanca!« Und man kannte sich schon von ganz vielen Blusengesprächen, wo Blanca gelobt hatte: »Such a lovely piece!« Und du dachtest: ›Muss die mal zum Optiker?‹

»Cough!«

Kolja hustete. Er hatte schon lange aufgehört zu weinen, einen roten Leuchtturm im Gesicht, wo mal seine Nase war.

»Open your mouth!«, der Arzt zog sich sein Stethoskop aus den Ohren, Kolja streckte artig die Zunge raus. »Fine! – And now: Bend your elbow!« Könnte ja sein, dass da was weh tat. Und ins Ohr guckte der Arzt ebenfalls. »So, dann ziehen wir das jetzt mal alles wieder an …« Er half Kolja, das T-Shirt in der Hose zu verstauen. »Pass mal auf, ich erklär dir mal was! Ich glaub, ich weiß, was du hast.«

Mein Kind saß andächtig und blass auf seiner Untersuchungsliege und guckte voller Erwartung.

»Also, Kolja, das Herz tut uns Menschen niemals weh. Nur in den allerseltensten Fällen. Da haben wir nämlich gar keine Nerven drin.« Kolja grinste verlegen. »Aber ich sag dir mal was: Natürlich kann es da drin ganz doll weh tun«, der Arzt legte sich die Hand auf die Brust, »wie Hölle, ich kenn das auch. – Hast du vielleicht viel vor in nächster Zeit? Was sind so deine Pläne?«

Kolja erzählte. Dies und das. Wegfahren. Und Koffer. Und Hannelore vom *Afternoon Club*.

»Donnerwetter!«, meinte der Arzt beeindruckt. »Das ist ja mal ein Programm. Wie schön!« Er rollerte auf seinem Bürostuhl ein bisschen dichter zu Kolja: »Aber weißt du? Manchmal muss man auch sagen: Ich kann nicht mehr! Das ist mir ein bisschen zu viel!«

»Ja«, schnuffelte mein Kind.

June

**Monday
17**

1:00 PM

»Thank you! Please sign here!«

John, der Ober-Containerbelader, reichte mir einen Stapel Dokumente zur Unterschrift: Frachtbriefe. Packlisten. Zollerklärungen, Versicherungspapiere, Haftungsausschlüsse, Fakturen, Bills, Blablas, Ich-weiß-nicht-was. Dreißig wichtig aussehende Zettel mit Durchschlag – jeder einzelne war mit Kürzel KK zu versehen. Gern hätte ich das Clipboard gleich mal weitergereicht an den Mann, der bei uns mit KD zeichnet. Der hat einfach die schönere Handschrift. Aber der war leider ja nicht da.

Noch ein letztes Mal guckte ich skeptisch in die Runde:

Wer hatte hier so alles Kartons geschleppt?

Der Ober-Containerbelader. Zwei Unter-Containerbelader, Ela, ich.

Okay. Wer von uns sah so aus, als würde er Stoßzähne oder angereichertes Uran in den Karton mit der Unterwäsche schmuggeln? Weiß man ja, da wird der Zoll leicht stinkig.

Dann dachte ich: Sei's drum.

Und machte überall Krickelkrackel.

Der Container kam nun auf den Sattelschlepper. Die Ladung wurde verbolzt, damit sie nicht verrutschen konnte, und ich ein letztes Mal mit ernster Miene gefragt: »Everything okay?« Als ginge das Bernsteinzimmer auf Reisen. Nicht Schatzis Mountainbike mit den Potenzverstärkerreifen, Koljas Legokisten, Caspis ausgedienter Gipsarm, Yellis Miniatur-Hindernisse.

Ich nickte.

Zack, schwangen die Stahltüren zu. Quietschte der Riegel. Kam die Metallplombe ans Schloss.

Ela und ich guckten uns völlig erschossen an. Wir hatten eine Horrornacht hinter uns. Zu sechst in den zwei übriggebliebenen Betten. Caspar die ganze Zeit am Zähneknirschen und Armerudern. Und dann noch Mücken. Bis vier Uhr hatte ich nicht in den Schlaf gefunden. Ich ging zurück in mein immer noch viel zu volles Haus.

In der Seneca Street zirpten die Grillen ihren Mittagssong.

2:00 PM

Schnaufend kam ein alter Truck in der Auffahrt zum Halten: *Giving hope today* – stand auf der Seite. Ein Typ mit hängender Hose krabbelte aus dem Vehikel. Und einer, der heute seine Zähne zu Hause im Glas gelassen hatte. Ist ja auch irgendwie ein Klischee, dass Menschen von der Heilsarmee immer Schirmmützen tragen und randlose Brillen.

Ich muss sagen: Mittlerweile war ich sehr, sehr im Reinen mit mir und der Heilsarmee. Ich fand die Idee schön und warm, armen Menschen, die nicht so viel hatten, helfend unter die Arme zu greifen. Wie würden sie sich freuen über diese fast neuen und, wie ich ja persönlich fand, wunderschönen Möbel. Das gab doch dem ganzen Konsum und Gekaufe und Geldausgegebe einen tieferen Sinn.

In der Tat: Die beiden Heilsarmisten waren sichtlich beeindruckt, was für aparte und moderne Sachen sie bekamen.

Sie griffen sich die blütenweißen Matratzen mit ihren schwitzigen Pranken und stellten sie im Beet ab. Lehnten die abgehängten Bilder so gegen den Tisch, dass sich die Tischecke durchdrückte. Waren ungehalten, dass ich die Bettgestelle noch nicht auseinandergeschraubt hatte. Wei-

gerten sich, das Geschirr mitzunehmen, weil es nicht in Kartons verpackt war. Und fanden ganz zum Schluss winzige Hohlräume in ihrem Laderaum, wo sie ganze Stehlampen samt Schirmen reinstopften.

Eins musste man den Jungs lassen: Als die fertig waren mit meinem schönen neuen Hausrat, sah der wirklich aus wie von der Heilsarmee.

5:00 PM

»Und die müssen auch immer sonnenbaden!«, erklärte Kolja gewissenhaft. »Und sie mögen gern Apfel!«

Wir waren zu Hause bei Hannelore aus dem *Afternoon Club*. Die ließ sich gerade geduldig von meinem Sohn in der Bedienung von Twixx und Snickers unterweisen. »Sag mal?«, hatte sie sich gestern vor ihn gekniet und seine Wange gestreichelt. »Ich merk, du machst dir da große, große Sorgen wegen deiner Meerschweinchen. Was hältst du denn davon, wenn *ich* die nehme?« Und bei Kolja hatte es hörbar *plumps!* gemacht. Die zehn Kilo auf seiner Seele, die gerade abfielen. Über seinen Kopf hinweg zwinkerte Hannelore mir jetzt zu. Was für eine tolle Erzieherin.

»Und wenn du sie streichelst, dann immer hier.« Kolja zeigte auf eine Stelle zwischen den Knopfaugen.

»Du, Kolja, kann ich dich denn auch immer anrufen, wenn ich Fragen habe?«, wollte Hannelore von dem kleinen Tierpapi wissen.

Kolja straffte sich: »Das kriegst du hin, Hannelore!«, sprach er der Erzieherin Mut zu.

June

Wednesday 19

10:00 AM

»*Pfuu!*«, rief Megan. Und machte die Backofentür lieber ganz schnell wieder zu.

Ihr Husband Buffalo – so was passiert, wenn deine Eltern zu viele Hollywoodfilme gucken – checkte auch noch mal, fand aber ebenfalls: »I think this needs to be cleaned!« Dann lief er weiter hinter seinem Frauchen her wie der Hund hinterm Frolic.

Hausübergabe. Die letzten vierundzwanzig Stunden hatten Ela und ich wie doof geschrubbt.

»I mogs da gor net sogn, Katja«, raunte mir Rosie ins Ohr. Sie hatte mich mal eben beiseitegenommen, jetzt guckte sie bedeutungsschwanger zu Megan rüber, die am Küchencounter angelangt war und einen kleinen Riss entdeckt hatte in der zwanzig Jahre alten Kunststoffarbeitsplatte. »I glaub, dess des noch Stress gibt heit. Des sogt mir *des* hiar!« Sie tippte sich an die Nase.

Ich atmete tief durch. Mein »des« sagte mir das auch.

Megan hatte nun die Kamera aus der Tasche geholt und ließ den Zoom ausfahren. Da kam eine ganz, ganz lange Tülle vorn aus ihrem Ding raus, während sie sich über die Arbeitsplatte beugte. So eine Art technische Erektion. *Klick, klick, klick!*

Über meinem Kopf hörte ich es rumpeln. Bestimmt Ela, die noch schnell die letzten Staubflocken jagte. Konnte sich Zeit lassen. Wenn das in diesem Tempo weiterging, waren wir nicht vor morgen oben.

Rosie hatte sich beherzt neben Megan gepflanzt. Leckte ihren Daumen an, rubbelte. Dann erklärte sie fachmännisch: »Wear and tear!«

Wear and tear?

Megan drehte sich nun zu einer Dame mit Clipboard, die sie sich als weiteren Beistand mitgebracht hatte und die schon die ganze Zeit eifrig Notizen machte. Die beiden besprachen sich leise.

»Sog amoi: Habt's ihrs denn koanen *Walkthrough* g'macht, damals beim Einzug?«, nahm mich Rosie erneut zur Seite. Sie schien echt alarmiert.

»Was ist ein Walkthrough bitte?«

»Wos des is? Na des is, wenn ma Stückl für Stückl ois checkt, wos hi is, und dann doa eine Aufstellung machen tut.«

»Nee, Sue Ellen wollte nur wissen, ob ich noch Fragen hätte.«

Rosie guckte mich an, als wollte sie fragen: ›San 'mer denn von allen guaden Geistern verlassen?‹

»Aber die Sue Ellen war so nett!«

11:20 AM

Wir waren nun im Garten angekommen.

Bisherige Bilanz: eine fehlende blaue Küchenkachelecke links neben dem Küchenwaschbecken. Schwer zu ersetzen, weil sozusagen historisch. Kratzer im Türrahmen. Kratzer an den Fensterrahmen. Okay, ich gebe zu, das waren Barack und Obama. Wie die Bieber. Immer am Nagen. Der *Comcast*-Mann hatte seine *Comcast*-Box einfach in den explodierenden Kabelsalat des Sicherungskastens gedrückt. Das war so nicht korrekt. Raus. Ich hatte die Vogeltränke umgestellt. Bitte zurück. Und mit Blick zur Esszimmerdecke hatte Buffalo wissen wollen: »Where's the chandelier?!« Als hätte ich mir den Kronleuchter in die Handtasche gesteckt. Okay. Kam's halt wieder an den Haken, das barocke Kitschteil. Plus: Backofen saubermachen. Plus: Sprung in der Küchenarbeitsplatte.

Gerade befummelte Megan die Auffahrtslampen aus der Zeit der Hunnenkriege. Eine stand ein bisschen schief.

Mmmh. Rein theoretisch, nach Abzug von Plus und Minus unter Berücksichtigung der Mondphasen …

Okay!

War ich rübergemüllert. Ich wollt's gar nicht leugnen. Neulich Morgen beim Zurücksetzen auf dem Weg zur Schule.

»Aber Rosie, das sind doch am Ende alles Kinkerlitzchen!«, raunte ich. »Wir haben hier mit vier kleinen Kindern gewohnt, das Haus sieht trotzdem top aus! Wir haben ein Heidengeld gezahlt! Dafür durften wir uns wochenlang den Hintern abfrieren! Ständig ist was ausgefallen! Die soll sich mal entspannen!«

Rosie zog Schultern und Brauen hoch. »Da sog I bloß: *Welcome to America!* Sog i da bloß.« Sie beugte sich mit Profimiene vor: »Aber oans is g'wiss: Doa musst's net noch Ami-Land fahrn, um depperte Leit z'treffen. Des konnst dahoam aa ganz guad.«

11:40 AM

Zum Showdown hatten wir rund um den Küchencounter Aufstellung genommen: Megan, Buffalo, die Clipboard-Lady, ich, Rosie.

Megan tippte fleißig mit dem Kuli auf einzelne Clipboard-Positionen. Dazu ließ sie sich von der Clipboard-Lady Infos ins Ohr flüstern. Ab und an nickte sie. Keine Frage: In ihrem Kopf ratterte gerade die Rechenmaschine.

Es ging um drei Monatsmieten Kaution. Geparkt auf einem amerikanischen Underkonto. Unerreichbar für uns, wenn Megan nicht ihren kleinen Daumen hob. Ich wurde langsam nervös.

»Wear and tear!«, erklärte Rosie resolut. Und tippte nun ihrerseits mit dem Kuli auf dem Clipboard rum.

Natürlich hatte ich mich mittlerweile schlaugemacht. Wear & tear, das hieß übersetzt: *Juhu.* Du kannst ja nicht über deinen Fußboden schweben als Mieter. Du musst das Klo benutzen dürfen, auch wenn's dann nicht mehr blinkt wie neu. Normale Abnutzung halt.

»You know, Katja?« Megan holte tief Luft. So, als hätte sie sich die ganze Zeit sehr, sehr zurückhalten müssen. Aber jetzt war Schluss. Jetzt kamen die Wahrheiten auf den Tisch. »Ich möchte auf eine Sache hinweisen, die eine gewisse juristische Schwierigkeit darstellt für mich.« Sie wartete einen kleinen Moment, bevor sie ihre Harpune abschoss: »In diesem Haus wurden Meerschweinchen gehalten.«

Ich guckte irritiert zu Rosie.

Ihr Blick sagte alles: ›Da konnst nix machn. Mei des sogt mi, jetzt hat sie di!‹

6 : 20 PM

Waren die denn hier alle mit dem Klammerbeutel gepudert?

Es hatte sich rausgestellt: Irgendwo im kleingedruckten Teil des Kleingedruckten gab es einen Passus im Mietvertrag, und der sagte klipp und klar: *No guinea pigs!*

Das war über dem Passus: *No parrots!*

Und unter dem Passus: *No au-pairs!*

Für jeden Warmblüter, der in die Seneca Street zog, hätte ich Megan einzeln um Erlaubnis fragen müssen.

Am Ende war ich froh gewesen, ihre Mängelliste unterschreiben zu dürfen, bevor sie mich auf drei Millionen Dollar verklagte. Dabei hatte sie doch so eine nette Mutter.

Wir hatten Ela unter vielen Tränen und Lilluschka-Ela-traurik! zum Flughafen gebracht, auf Wiedersehen bis in zwei Wochen in Germany. Hanni hatte sich schon vor einer Woche in die Ferien verabschiedet.

Jetzt stand eine kleine Premiere an.

Ich drehte den Schlüssel im Schloss. Natürlich musste Lilly noch schnell die Türglocke drücken: *Dingdingdongding! Dongdongdingding!* – ertönte der Glockenschlag von Big Ben.

Herzlich willkommen und bitte eintreten in Schatzis Kuddel-WG. Nur ohne Kuddels. Die waren ja schon alle ausgeflogen.

Das Haus gab's natürlich noch, es war auch nicht unbewohnt. Da hockte ein Typ auf der Couch.

Das hätte mir auch mal vor Monaten einer erzählen sollen: Da fahre ich ins Valley, friste monatelang ein Strohwitwendasein ohne Schatzi. Und ziehe anschließend in seiner Wohnung mit seinem Mitarbeiter zusammen.

June

**Thursday
27**

9:20 PM

»Ich freu mich so, so, so, dass ich euch wiedersehe!« Schatzi war ganz aus dem Häuschen. »Wie schön, schön, schön ist das!!! Aber, sag mal, habt ihr nicht eine Kleinigkeit vergessen?«

Wir waren gerade mit drei Stunden Verspätung in Las Vegas gelandet.

Ich umarmte ihn erst mal fertig.

Auch die Kinder hatten noch fünfundzwanzig Geschichten zu erzählen.

Genau.

Da war noch was. Aber was?

Mir fiel's gerade nicht ein.

»Kinder, ich glaube, eure Mama hat vergessen, dass Papa heute Geburtstag hat.«

10:20 PM

Wir checkten in einem der vielen Remmidemmi-Hotels ein, wo du vor lauter Spielautomaten den Aufzug nicht findest und reiner Sauerstoff aus der Aircondition kommt, damit die Touris länger durchhalten beim Geldverspielen.

Dann hatten wir erst mal ganz, ganz viel Zeit bis zum Start unserer großen zehntägigen Wohnmobiltour. Ich finde, man kann nicht ein Jahr in Amerika gewesen sein und dann nicht am Grand Canyon.

Unsere Freunde Theresa und Stefan – Klammer auf: Weltenbummler. Klammer zu –, mit denen wir verabredet waren, waren leider samt Kids am Airport Berlin gestrandet. Sie brauchten noch eine Einreiseerlaubnis für die USA.

Was für ein überragendes Gefühl, auf Leute zu stoßen, die auch nicht wissen, was ESTA ist.

July

Saturday
6

11:45 AM

Ich will gar nicht schwelgen, wie schön und intensiv diese Tage des Abschieds waren für Schatzi und mich. Wie aberwitzig die sandburgartigen Gebirgsformationen vom Zion- und Bryce-Nationalpark. Wie adrenalinträchtig die handtuchbreiten Passstraßen Richtung Grand Canyon. Das war kein Wohnmobiltrip, das war eine Art Rumpel-Wallfahrt. Tausend Kilometer durch Nevada und Utah, die das letzte Jahr sacken ließen. Was noch quersaß, an die richtige Stelle rüttelten. Unser amerikanischer Jacobsweg. Mit freundlicher Unterstützung von hundertzwanzig PS, unseren Freunden, einem allzeit bereiten Campingklo und ganz viel kaltem Bier.

Jeden Abend hatten sich auf unseren Gesichtern Schweiß und Staub zur Fangopackung der besonderen Art verdichtet. Jeden Abend ging ich mit dem Gefühl zu Bett: Katja, du lächerliche Mikrobe. Sollte es mir bis dahin nicht klar gewesen sein – jetzt aber! Gott gab's! Er lebte in Amerika. Er war ein kleines Kind, das für sein Leben gern mit Steinen und Matschepampe spielte und Gräben im Maßstab 1 000 000:1 aushob.

Aber keine Sorge! Natürlich blieben Schatzi und ich uns auch auf den letzten Metern Amerika treu: Ein Schlamassel folgte der nächsten Eselei. Wie immer bewiesen wir unser gutes Händchen für schlechtes Timing.

1. An zehn von zehn Tagen zeigte das Thermometer fünfundvierzig Grad im Schatten. Es war, als wäre der Sonne die Sicherung durchgebrannt. Völlig gaga. Liefst du barfuß

über den Sand, drohten Verbrennungen dritten Grades. Ausgerechnet jetzt tobte in Nevada und Utah die Jahrhunderthitzewelle. Es gab sogar Tote zu beklagen.

2. Was liegt näher, als baden zu gehen, wenn es heiß ist? Wir versenkten unsere Alabasterkörper in einem der vielen Stauseen. Gefühlte Wassertemperatur fünfunddreißig Grad. Und standen recht zügig wieder am Ufer, um uns zu kratzen wie die Affen. Die Haut ein Meer roter Quaddeln. Wäre ja auch schade, du reist ab aus Amerika und hast nicht einen einzigen Parasiten mitgenommen: in diesem Falle mikroskopisch kleine Zerkarien. »Swimmer's itch« genannt.

3. Und als sei das unser amerikanischer Running Gag, musste Schatzi wieder mal früher abfliegen. Ausnahmsweise nicht wegen Business. Diesmal wegen irgendwelcher obskuren Visa-Fristen. Echt: Ein Jahr USA – und du hast einen Doktor cum laude in Aufenthaltsrecht. Im Ergebnis saß ich nun vier Tage allein am Steuer unseres 3,5-Tonnen-Wohnmobils, hinten drin die vier Kids. Vorneweg unsere Freunde. Und übte mich in Demut. Ist eben nicht die vierspurige A7, auf der du da üblicherweise unterwegs bist in Utah und Nevada, ist gern auch die steil abschüssige Schotterpiste ohne Leitplanke zwischen dir und dem Hunderte Meter tiefen Abgrund.

* * *

Sei's drum.

Eine fantastische Zeit war nun zu Ende, unser oberallerletzter Tag in Amerika gekommen. Ich mit klopfendem Herzen auf dem Weg zum Airport. Theresa und Stefan, unseren Freunden, hatte ich bereits im Hotel Tschüss gesagt. Die flogen erst heute Nachmittag mit ihren Kids – bequem von Las Vegas aus mit dem Transatlantikflieger.

Bei uns sah die Sache leider einen Ticken komplizierter aus. Wie immer. Aus Kostengründen hatten wir meinen Rückflug und den der Kinder schon vor zwölf Monaten gebucht – und zwar über San Francisco. Da mussten wir also jetzt erst mal hin, achthundert Kilometer nach Westen. In Schatzis Ex-Palo-Alto-WG bunkerten auch noch diverse Koffer, die darauf warteten, dass ich sie auf dem Zwischenstopp einsammelte. Der durchgetaktete Marschplan war also wie folgt: Mit *United Airlines* bis San Fran, Koffer fassen, mit *Swiss* weiter nach Zürich. Dann Berlin. Und mit ein bisschen Glück stand dort am Airport Tegel in zwanzig Stunden Schatzi am Gate.

Mit ein bisschen Glück.

Und dann klingelte – wie so oft in diesem Jahr Amerika – das Handy.

Und es brachte – auch daran hätte ich eigentlich schon gewöhnt sein müssen – nicht ganz so gute News:

»Pass mal auf«, meinte Schatzi aus dem fernen Deutschland, die Stimme eine einzige Sorge: »Ich glaub nicht, dass du heute noch nach Hause fliegst! Vor acht Minuten ist in San Francisco ein koreanisches Flugzeug mit dreihundertfünfzig Menschen an Bord abgestürzt.«

12:30 PM

Es war grässlich.

Grässlich ist gar kein Ausdruck.

Am Flughafen Las Vegas brach auf der Stelle alles zu-

sammen. Die Arrival- und Departure-Anzeigen: ein Meer aus »delayed« und »canceled«. Mir war bis dahin nicht klargewesen, was für ein Drehkreuz San Francisco ist. Einer der größten Airports der Welt – auf einen Schlag komplett gesperrt. Aber das war nur der eine Aspekt. Während ich mit achthundert Leuten – den Gepäckwagen zentimeterweise vorwärtsschiebend, die Kids ziehend – Schlange stand an einem der zwei Umbuchungscounter, liefen über die Hallenmonitore erste Katastrophenbilder: das lichterloh brennende, aufgerissene, ausgefranste Flugzeugwrack, schwarzer Qualm, Sanitäter, Krankenwagen, Löschfahrzeuge, Blaulicht. Fetzen, Trümmer, ausgefahrene Rettungsrutschen – wohin du gucktest, die Apokalypse. Amateuraufnahmen der Boeing, wie sie über die Bay schlittert, sich überschlägt. Es lief einem kalt den Rücken hinunter. Da hatten gerade ein paar Menschen fürs Fliegen mit dem Leben bezahlt.

Runway 28L – informierte das durchlaufende Textband; da war ich auch schon ganz oft gelandet – *Asiana Airlines, crash while landing, mindestens drei Tote, hundertachtzig Verletzte.*

4 : 30 PM

Vier Stunden später hatte ich mich bis zum *United-Airlines*-Schalter vorgewartet, im Schlepp vier durstige, erschöpfte Kinder. Aber ich konnte ja meinen Platz in der Schlange unmöglich aufgeben, um mit der Bande eine Limo trinken zu gehen. Und allein losschicken in dem Gewühle? Besser auch nicht.

Per Handy hielt mich Schatzi über die aktuellen Entwicklungen auf Runway 28L auf dem Laufenden. Über seine Ticker- und Agenturmeldungen war er, obwohl weit weg in Deutschland, viel besser informiert als ich hier vor Ort. Es sah nicht gut aus: Sämtliche Flüge nach und aus

San Francisco waren ersatzlos gestrichen. Niemand konnte sagen, wann die Flugsperre aufgehoben würde und wieder Maschinen gingen. Derzeit liefen die Untersuchungen zur Absturzursache, das gesamte Rollfeld war weiträumig abgesperrt.

»So sorry!«, bedauerte nun die *United-Airlines*-Dame freundlich, aber bestimmt, als ich meine fünf Tickets vor ihr auf dem Counter ausbreitete: »Sie kommen zu spät! Ich kann Sie leider nicht umbuchen! Keine Flüge nach San Francisco mehr verfügbar! Jetzt nicht. Und auch nicht die nächsten sieben Tage! Alles restlos ausgebucht!« Ich musste mal kurz nach Luft schnappen. Sie tippte noch ein wenig in ihrem System rum, als hätte sie die Hoffnung, einen Flieger mit vierhundert freien Plätzen zu finden. Aber das Prinzip war mir klar: Wer pfiffig war, hatte bestimmt schon vor Stunden online umgebucht, statt sich hier vor diesem blöden Schalter in die Schlange einzureihen. Und wer noch fuchsmäßiger drauf war, hatte bestimmt Doppel- und Triple-Reservierungen gemacht in der Hoffnung, so auf der ersten Maschine zu sein, die irgendwie rauskam. »Aber ich kann Sie auf die Warteliste setzen«, bot mir die *United-Airlines*-Lady höflich an. Sie hatte bestimmt meinen Blick gesehen. Warteliste?! Da machte ich mir noch weniger Illusionen. Gut möglich, dass ich dann ein paar Tage hier am Airport abhing, bis es hieß: ›Herzlichen Glückwunsch! Wir haben Tickets! Aber leider nur vier! Wer bleibt denn jetzt mal hier?‹ – »Und wenn Sie's bei *Delta* oder *American Airlines* versuchen?« Die *United-Airlines*-Dame warf einen vielsagenden Blick Richtung Konkurrenz. Ich drehte mich um. Kilometerlange Warteschlangen auch dort. Machte die gerade Witze?

Ich sortierte in meinem Kopf mal kurz alle alternativen Travel-Optionen.

Auto? Okay. Zehn Stunden Fahrt quer durch eine ziemlich leere Wüste und ein ziemlich totes Death Valley. Keine gute Idee.

Warten? Wie lange? Einen Tag? Eine Woche? Da stand zu viel in den Sternen.

Nicht über San Fran fliegen? Aber was war dann mit den Tickets? Gab ja leider kein Geld zurück. Mal abgesehen davon, dass in Palo Alto noch unsere ganzen Koffer rumstanden. Legte ich also auch gleich ad acta.

Tricksen? Von hier nach Sacramento oder San José fliegen? Regionalflughäfen in der Nähe von San Fran? Dann mit Mietwagen weiter. – »So sorry!«, meinte die Schalterdame. »Die Idee hatten leider auch schon andere!«

Das war ja zum Mäusemelken.

»Und was können Sie mir überhaupt anbieten?« Ich war völlig frustriert. Offensichtlich wollte das Schicksal, dass ich hier in Las Vegas überwinterte.

Die *United-Airlines*-Lady zog eine Braue hoch, fing an zu tippen und meinte schließlich: »Los Angeles! Morgen früh, erste Maschine, sechs Uhr!«

6 : 30 PM

Okay. Es hatte keinen Zweck. Heute war kein Rauskommen mehr aus Las Vegas. Und Los Angeles immerhin die nächste Großstadt. War doch auch eine Option. Von dort nur noch sechs Stunden mit dem Auto. Schon war ich in San Francisco. Ich beschloss, dass mir das total Mut machte.

Ich sammelte die Kids ein, die jetzt schon seit Ewigkeiten auf dem kalten Hallenboden hockten und iPad spielten. Von anderen Reisenden mit Wasser und Cookies gesponsert. Wir kletterten in ein Taxi zurück nach Las Vegas.

»Welcome back«, meinte die Hotelrezeptionistin.

Und dann meinte sie noch: »So sorry, we are fully booked.«

8:30 PM

Es war nicht zu fassen: In diesem ganzen, blöden, verschissenen Luxus-Las-Vegas gab es kein einziges freies Zimmer mehr. 4th-of-July-Wochenende. Ein ganzes Land stand Kopf und feierte seine Unabhängigkeit. Auf *meine* Kosten. Ich klapperte Rezeption für Rezeption ab wie Maria auf der Suche nach einem Stall. Um schließlich mit den Kids in einer Kaschemme am Flughafen unterzukommen. Egal, war ja eh nur für ein paar Stunden. Und wenn alle Stricke rissen: Steffi Graf wohnte hier gleich um die Ecke. Die freute sich bestimmt, wenn mal ein paar Landsleute klingeln kamen.

July

Sunday 7

7:00 AM

Es sagt sich so schön: Der Weg ist das Ziel.

Aber als ich an diesem Morgen um kurz nach sieben mit vier jauligen, überdrehten Kindern in Los Angeles in einen kleinen Toyota von *Alamo Car Rental* stieg, hatte ich das Gefühl, ich muss schreien. Am liebsten hätte ich uns direkt nach San Francisco gebeamt. Während meine kleine Bande nach fünfzig Kilometern eingeschlafen war, versuchte ich mich mit Singen und Fenster auf wach zu halten. Um vier Uhr morgens war meine Nacht zu Ende gewesen. Hinter mir schwitzige Stunden in einem viel zu kleinen Bett mit viel zu vielen Kindern.

Und was vor mir lag – auch ungewiss: War das hier jetzt unser allerletzter Tag in Amerika? Oder doch nur der vor-allerletzte?

Ich versuchte die Hotline von *Swiss Air* zu erreichen. Es meldete sich ein Call-Center in Indien. Da hatte man gerade große Probleme mit dem Computer. Der war leider abgestürzt. Und so konnte man mir nicht sagen, ob heute eine Maschine ging. Und wenn ja, ob ich umgebucht war. In was für einem Film war ich hier gerade? Wer hatte sich dieses grottenschlechte Drehbuch ausgedacht?

2:30 PM

Geschafft!

Vierhundert Meilen, sieben Stunden und zehn Liter Kaffee später stand ich nun tatsächlich am Airport San Fran vor dem *Swiss*-Schalter und schob der Check-in-Lady abgehetzt meine Unterlagen über den Tresen. Schatzi hatte in

Erfahrung gebracht, dass heute um siebzehn Uhr ein Flieger ging. Ich hatte jemanden gefunden, der unsere Koffer auf seinen Pick-up geschmissen und sie mir zum Airport gebracht hatte. Die standen hier nun alle fein säuberlich in Reihe vor dem Counter, ready, in irgendeinem Flugzeugbauch zu verschwinden. Die Kids waren ausgeschlafen und fast so was wie gut drauf. Das Happy End konnte also nun endlich starten.

»So sorry!« Die *Swiss*-Dame guckte mich über ihren Computer hinweg bedauernd an. »Ich kann Sie leider nicht finden! Wann waren Sie denn gebucht?«

»Gestern.«

»Oh! An die Daten komme ich nicht mehr ran. Das kann ich jetzt so leider nicht prüfen.«

Wollte die mich verscheißern?

Die hielt meine Buchungsunterlagen in Händen. Schwarz auf weiß unsere Namen. Fünfmal: *flight confirmed*. Ich war bestimmt nicht die Erste, die hier heute angedackelt kam. Ich …

Ach, was soll's.

An dieser Stelle fing ich an zu heulen.

5:00 PM

Ticktack.
Ticktack.

Jetzt stand ich hier schon seit zweieinhalb Stunden vor dem Counter und schaute zu, wie Hans und Franz eincheckten. Viel Spaß in Europa. Ein *Swiss*-Supervisor hatte wiederholt unseren Fall geprüft, war aber auch voll Bedauern: »So sorry. Wir kommen nicht an die Daten.« Mein Reisebüromann schlief in Deutschland den Schlaf der Gerechten, zwei Uhr morgens – von dort war also keine Hilfe zu erwarten. Bis vor einer halben Stunde hatte es noch freie Plätze gegeben auf dem Flieger, das wusste ich. Bis

zum Schluss hatte ich gehofft. Doch nun erschien auf der Digitalanzeige über dem menschenleeren Schalter: *Flight closed.*

Und jetzt? Zurück nach Palo Alto?

Der Supervisor winkte mich hektisch an den Counter:

»Misses Kessler?«

»Yes?«

»Ich hab gerade noch mal mit meiner Kollegin gesprochen – die meint sich dunkel zu erinnern, den Namen Ihrer Tochter Yella irgendwo im System gelesen zu haben. Okay, wir müssen schnell machen! Ich nehme das auf meine Kappe! Ich bring Sie zur Maschine! Aber das heißt rennen, rennen, rennen. Und das Gepäck bleibt hier. Okay? Ich brauche *jetzt* Ihre Entscheidung! Dann rufe ich beim Gate an!«

5:10 PM

Ich hätte den Mann küssen können. Im Schweinsgalopp ging's mit dem Supervisor als Eisbrecher vorneweg durch den Flughafen. Am Sicherheitscheck nutzte er seine Dienstmarke, hakte das schwarze Absperrbändel aus und schob uns einfach vorne an den Anfang der Schlange.

»Lauft, Kinder!«, keuchte ich, nachdem wir abgetastet und durchleuchtet waren. Die arme Lilly auf ihren kurzen Beinchen zerrte ich einfach hinter mir her.

Unsere letzten Minuten in Amerika hatte ich mir etwas anders vorgestellt.

6:00 PM

Langsam rollte unser Flieger zur Startbahn. Der Schweiß lief mir die Schläfen hinunter, meine Kleidung klebte am Körper. Was für eine Action, was für ein Stress. Aber wir hatten's geschafft. Wir waren tatsächlich auf dem Weg nach Hause. Ich holte tief Luft, zog die Schuhe aus und guckte nach rechts:

Da schob sich gerade – Bullange für Bullange – die abgestürzte, ausgebrannte, zerfetzte *Asiana*-Maschine ins Bild. Zum Greifen nahe. Die ausgedienten Rettungsrutschen wie schlaffe graue Häute aus den Wracktüren hängend. Mir stockte der Atem. Ein Wunder, dass jemand diesen Flieger lebend verlassen hatte. Was für ein makabrer Abschied. Auf Wiedersehen Amerika.

Die *Swiss*-Maschine kam nun mit einem Ruck zum Stehen. Fünf Sekunden vergingen. Dann fing sie an, auf dem Teller zu drehen. Dabei schwenkte die Bugkamera wie in Zeitlupe über Runway 28L.

Eine Szene wie aus einem schlechten Stephen-King-Buch.

Auf dem Kabinenmonitor erschien nun noch mal gestochen scharf und in Großaufnahme das abgerissene Fahrwerk. In die Gegend katapultierte Triebwerkteile. Trümmer, Verwüstung, Tod im Umkreis von wenigen hundert Metern. Dann schob sich Buchstabe für Buchstabe der wie ein Frühstücksei aufgebrochene Flugzeugrumpf mit A-S-I-A-N-A A-I-R-L-I-N-E-S vor die Linse.

Die Kamera schwenkte weiter.

Und erfasste schließlich die in der Sonne friedlich glitzernde San Francisco Bay.

Im Flieger war es mucksmäuschenstill.

Ich gelobte hoch und heilig: Das nächste Mal, wenn ich mich beim Jammern erwische, haue ich mir selber eine runter.

6 : 15 PM

Wir schraubten uns in den glockenblumenblauen kalifornischen Himmel. Zur Rechten tauchte San Francisco im Bullauge auf und wirkte wie ein Friedensangebot: Golden Gate Bridge, Alcatraz, Sausalito, Transamerican Pyramid – alles leuchtete um die Wette.

Was für ein Geschenk, dass ich hier leben durfte.
Und nun – da war ich mir ganz sicher: Auf Wiedersehen!

TEIL 8

> It wasn't logic
> It was love.
>
> Aus *Sex and the City*

August

Saturday
3

13:00 MEZ

Da sitze ich also nun in der Potsdamer Sommersonne, eine Weißweinschorle in der Hand. Seit vier Wochen sind wir zurück, die Koffer kamen mit drei Tagen Verspätung hinterher. Die Bienen summen. Ich habe das mal gecheckt: Alle zweihunderttausend noch da.

Im Garten spielt Kolja mit Hoppel. Ein überglücklicher Kaninchen-Professor, Leine in der Hand. Man geht grad Gassi. Erst war er ja doch ein wenig besorgt: Hoppel ist im Laufe des letzten Jahres geschrumpft. Und hat helles Fell bekommen. Sieht alles danach aus, als ob Winnie ihn nicht gut gefüttert hätte in ihrer Kaninchenpension.

Neben mir im Korbstuhl: Schatzi. Schwer beschäftigt mit seiner neuen Ober-Lieblings-App: *Vine*. ›Mein Leben in Loops.‹ Nachdem es vorher immer geheißen hat: ›Mein Leben durch den Sucher der Kamera.‹ Wenn in sechs Monaten die App kommt ›Mein Leben in echt‹, dann wird er bestimmt denken: ›Wow, wer ist eigentlich der Typ da?‹

Was habe ich gelernt in diesem Jahr Amerika?

Ich habe gelernt: Menschen ändern sich. Männer nicht.

Ich habe auch gelernt, dass Amerikaner Menschen sind, die anhalten, um zu bremsen. Und dass wir Deutschen ein wahnsinnig lustiges Volk sind. Aber nicht, weil wir so viel lachen.

Mir ist klargeworden: Was immer passiert – die Hauptsache ist, dass die Hauptsache die Hauptsache bleibt.

Dieses Die-sind-so-und-wir-sind-so ist eine vage Wissenschaft mit mehr Ausnahmen als Regeln. Was bleibt? Ein

paar wenige harte statistische Fakten, zum Beispiel: Wir Deutschen sind Klopapierfalter, die Amerikaner Knüller.

Und was immer man von den Amis halten mag: Die Landschaft haben sie wirklich großartig hingekriegt.

In meinem E-Mail-Fach: *Grüße vom Santa Clara Pet Hospital*: *Dear Barack, dear Obama, today is your birthday!* Auf meinem Schreibtisch: Eintrittskarten zu einer Schießshow in Tombstone. Ein paar wenige greifbare Indizien, dass ich überhaupt weg war. Man ist gleich wieder so drin in seinem alten Leben.

Henni, Yellis Freundin, ist traurig. Ein Jahr lang hat sie umsonst zum lieben Gott gebetet: »Bitte, lieber Gott, mach, dass die Yella sitzenbleibt!« Henni ist jünger. Dann wär man in einer Klasse.

Mister Carlos ist zu klein geworden. Nicht im Sinne von Hoppel. Yella ist gewachsen. Ein Jahr umsonst Georgel. So relativieren sich die Dinge.

Nachbarn, Freunde, Verwandte, alle halten sich taktvoll zurück. Ich glaub, die wollen uns nicht auf die Nerven gehen. Oder fremdeln die einfach nur? Dann sollten wir's vielleicht so machen wie mit unseren Hühnern, die wir uns nach Amerika angeschafft haben. In einem Buch habe ich gelesen, Neuzugänge im Hühnerhaus sollte man mit Essig besprühen. Dann riecht das alles wie eine Soße. Macht's den anderen Hühnern leichter.

Vor einer Woche beim Joggen ist mir irgend so ein alter Knacker mit seinem Elektrofahrrad in die Wade gefahren. Erst voll die wüsten Beschimpfungen, dabei war er schuld. Und beim Weiterfahren noch ein: »Von hinten siehste auch besser aus als von vorn!« Ich will mein ›Hi, how are you doing today?‹ zurück.

Vorgestern bei *Pferde Meyer*. Yella ohne Geld an der Kasse, ich telefonisch zugeschaltet:

»Nein, Kreditkartennummer durchgeben geht bei uns nicht!«

»Nein, Onlinebanking geht auch nicht!«

»Nein, ich hab keinen Computer hier, um E-Mails zu empfangen!«

»Nein. Mein Smartphone ist in meiner Tasche hinten im Aufenthaltsraum!«

Ja, mir wachsen Haare auf dem Rücken, ich wohne im Baum und esse Bananen. So wird das nix mit Deutschland.

Alltag macht Dioptrien, habe ich gelernt.

Fahr weg und du siehst dich scharf.

Wenn das Glück Umwege fährt und durch die Hintertür kommt:

Sag dir, es ist mit amerikanischem Navi unterwegs.

Love you, America.

Nachgedanken

Nichts ist erfunden in diesem Buch! Alles ist wahr. Bis auf das bisschen, was nicht wahr ist. Überhaupt möchte ich mich nicht darauf festlegen lassen, ob jemand blonde Haare hatte – oder doch blaue. Und ob es letztlich vorigen Montag passierte oder doch am Dienstag des darauffolgenden Monats.

Schatzi und Omi Kiel sind Künstlernamen.

Meine vier Kinder heißen tatsächlich, wie sie heißen. Ich habe Sorge, dass sie dieses Buch lesen und mir Vorwürfe machen werden, dass ich sie als zu nett beschreibe. Sie sind jetzt in dem Alter.

Schatzi kam während des Schreibens gern in mein Büro: »Ach, ich wünschte, ich könnte auch den ganzen Tag hier sitzen und aus dem Fenster gucken!« Ob er weiß, dass er dann von morgens bis abends hundsgemeine Sachen über sich selbst schreiben müsste? Da mache ich mir auch Sorgen.

Ich möchte mich bedanken bei meiner großartigen Lektorin Julika Jänicke, die manche Seite zehnmal lesen musste. Immer mit meinem Versprechen: »*Das* ist aber jetzt die endgültige Version!«

Bei meiner Hausfrauen-Jury: Theresa, Ariane, Timo, Sarah, Havva, Dietlinde aus Tötensen fürs Lesen und Kritisieren.

Bei meinen Synchronstimmen: Sissi, Ulli, Andi, Oliver, Robert, Agnieszka, die mir halfen, Deutschland durchs Buch wehen zu lassen.

Bei Lars. Für Bett, Speis und Trank auf Usedom, meinem deutschen Half Moon Bay, wohin ich zweimal zum Schreiben abtauchte.

Bei den wunderbaren Freundinnen, die ich im Silicon Valley doch nach ein wenig Graben und Schürfen gefunden habe: Karin, Katja, Yolanda, Monika, Alexandra.

Und bei allen anderen, die mich notgedrungen ertragen haben, möchte ich mich auch bedanken. Ich war bestimmt die Pest!

Giulia Enders

Darm mit Charme
Alles über ein unterschätztes Organ

Mit schwarz-weiß Illustrationen
von Jill Enders
288 Seiten. Klappenbroschur
Auch als eBook erhältlich.
www.ullstein-verlag.de

Ausgerechnet der Darm!

Das schwarze Schaf unter den Organen, das einem doch bisher eher unangenehm war. Aber dieses Image wird sich ändern. Denn Übergewicht, Depressionen und Allergien hängen mit einem gestörten Gleichgewicht der Darmflora zusammen. Das heißt umgekehrt: Wenn wir uns in unserem Körper wohl fühlen, länger leben und glücklicher werden wollen, müssen wir unseren Darm pflegen. Das legen die neuesten Forschungen nahe. In diesem Buch erklärt die junge Wissenschaftlerin Giulia Enders vergnüglich, welch ein hochkomplexes und wunderbares Organ der Darm ist. Er ist der Schlüssel zu Körper und Geist und eröffnet uns einen ganz neuen Blick durch die Hintertür.